XSLT 2.0
Fortgeschrittene Anwendungen

Marco Skulschus, Marcus Wiederstein

XSLT 2.0

Fortgeschrittene Anwendungen

mitp

Bibliografische Information Der Deutschen Bibliothek –
Die Deutsche Bibliothek verzeichnet diese Publikation in der Deutschen Nationalbibliografie; detaillierte bibliografische Daten sind im Internet über <http://dnb.ddb.de> abrufbar.

ISBN 3-8266-1530-1
1. Auflage 2005

Lektorat: Sabine Schulz, Christine Siedle
Sprachkorrektorat: Petra Heubach-Erdmann
Satz und Layout: G&U e.Publishing Services GmbH, Flensburg
Druck: Media-Print, Paderborn

Inhaltsverzeichnis

Vorwort

Herzlich willkommen zum dritten Buch einer dreiteiligen Reihe zur Transformation von XML mit Hilfe von XSLT und XSL-FO, auch bekannt unter der Abkürzung XSL (eXtensible Stylesheet Language). In diesem dritten Band geht es weniger um neue Syntaxstrukturen, vielmehr lernen Sie, wie Sie intelligente und sehr anspruchsvolle Algorithmen für den täglichen Einsatz entwerfen. Dabei handelt es sich nicht um ein Kochbuch, in dem eine Vielzahl an Rezepten enthalten ist. Zwar werden Sie einige Beispiele tatsächlich schnell durch Kopieren einsetzen können, doch sollen Sie durch unsere Beispiele vielmehr angeregt werden, Ihre Transformationen so aufzubauen, dass Sie auch in XSL effiziente Abläufe entwickeln.

Zielsetzung

Es ist nicht unbedingt das Ziel der gesamten Buchreihe, Einsatzmöglichkeiten von XML aufzuzeigen oder ein allgemeines Grundverständnis der unzähligen Abkürzungen in diesem Bereich der Software-Technik zu liefern. Vielmehr soll sich hier alles um die Transformation von XML-Strukturen in andere Formate oder ebenfalls XML drehen. Neben einer Darstellung der Syntax, die im ersten und im zweiten Band erfolgt, geht es nun im dritten Band verstärkt um solche Bereiche der Einsatzfähigkeit, die direkt mit der Transformation zusammenhängen. Eine grundlegende Perspektive aller drei Bücher und unseres eigenen Ansatzes bzw. unser persönliches Interesse sind darauf ausgerichtet, wiederverwendbare Komponenten zu schaffen. Sie stellen bei der Entwicklung von Algorithmen und Anwendungen einen Grundbaustein dar, der sich nicht nur darin erschöpft, objektorientiert zu arbeiten. Es lässt sich zwar mit der Objektorientierung bereits ein großer Bestandteil von wiederverwendbaren Komponenten schaffen, doch auch die Struktur einer Anwendung, der Datenbankaufbau, der Einsatz von Sprachen wie SQL, PL/SQL, Transact SQL und natürlich die XML-Integration erlauben weitergehende Zerlegung in geeignete Komponenten.

Da es nicht möglich ist, in XSLT objektorientiert zu arbeiten, dieser Standard allerdings auch qua Existenz eine Möglichkeit der Auslagerung und Wiederverwendung des Transformationsalgorithmus bietet, gibt es spezielle Voraussetzungen und Eigenschaften, wie die XSLT-Syntax einzusetzen ist, um wiederverwendbare Komponenten zu entwickeln. Wir möchten Ihnen bereits beim Erlernen der genauen Syntax einige Hinweise geben, wie Algorithmen wiederverwendbar entworfen werden können bzw. welche Bedingungen für XML-Strukturen zutreffen müssen oder sollten, um mit wenig Quelltextzeilen und leicht pflegbaren Anwendungen zum Ziel zu kommen. In diesem dritten Band gehen wir nun ausführlich auf Techniken der Wiederverwendung ein und stellen dabei auch Datenbanklösungen sowie interessante Ansätze von XML-Projekten dar, die uns in eigenen Projekten oder in Erzählungen von Projekten begegnet sind.

Warum haben wir uns überhaupt für drei Bücher entschieden? Es gibt bereits verschiedene Bücher zu XSLT auf dem Markt, wie Ihnen bereits aufgefallen ist. Auch im Internet finden sich verschiedene gut gemachte Anleitungen und Texte, wie mit XSLT zu arbeiten ist. Natürlich möchten und werden wir uns inhaltlich von diesen Texten unterscheiden. Ein spezieller Punkt der Unterscheidung sind die gerade erwähnten wiederverwendbaren Komponenten, einen weiteren Punkt stellen die Zusammenhänge zwischen Transformation und Modellierung dar, die wir in dieser Form noch nicht ausdrücklich an anderer Stelle gefunden haben – außer in unseren Köpfen oder einigen PowerPoint-Folien für Besprechungen und Beratungsvorträge. Die Aufteilung in drei Bücher lässt sich so begründen, dass nicht jeder Leser alle drei Werke benötigt und er vielleicht eine Auswahl treffen möchte. Einige möchten möglicherweise auch nach und nach alle drei Bände kaufen und nicht von vorneherein ein erschreckend umfangreiches Buch in der Hand halten.

- Der erste Band, »XSLT und XPath für HTML, Text und XML«, stellt die Syntax von XSLT dar. Sie umfasst die Standards von XSLT 1.0 mit dem Titel XSL Transformations (XSLT), Version 1.0, W3C Recommendation 16 November 1999 unter `http://www.w3.org/TR/xslt` und XPath 1.0 mit dem Titel XML Path Language (XPath), Version 1.0, W3C Recommendation 16 November 1999 unter `http://www.w3.org/TR/xpath` aus Version 1 und die Standards XSLT 2.0 mit dem Titel XSL Transformations (XSLT), Version 2.0, W3C Working Draft 12 November 2003 unter `http://www.w3.org/TR/xslt20/` und XPath 2.0 mit dem Titel XML Path Language (XPath) 2.0, W3C Working Draft 23 July 2004 unter `http://www.w3.org/TR/xpath20/`. Sie lernen in diesem Band die allgemeine Erstellung von XSLT-Dateien für die Transformation von XML in die Zielformate HTML, XML und Text.
- Der zweite Band, »XSL-FO für PDF und Druck«, stellt die Syntax von XSL-FO 1.0 bzw. XSL 1.0 mit dem Titel Extensible Stylesheet Language (XSL), Version 1.0, W3C Recommendation 15 October 2001 unter `http://www.w3.org/TR/xsl/` dar. Sie lernen in diesem Band, wie Druckerzeugnisse wie z.B. PDF-Dateien aus XML-Daten erzeugt werden. Dies erfordert einen eigenen Standard mit einer Vielzahl an unterschiedlichen Elementen, um Seitenbereiche, Seitenverläufe, Text- und Absatzformate sowie zusätzliche Dokumenteigenschaften anzugeben wie Inhaltsverzeichnisse.
- Der dritte, vorliegende Band stellt keine besondere Syntax dar, sondern kombiniert die einzelnen vorgestellten Standards mit allgemeinen Techniken, die nur die Transformation betreffen, mit Ideen, wie XSLT-Anwendungen aufgebaut

werden können, und solchen Techniken wie die Verwendung einer Datenbank, um XML- und sogar XSLT-Daten abzuspeichern und dynamisch für Transformationsabläufe zusammenzusetzen.

Jedes Buch steht für sich. Jedoch bilden sie alle zusammen eine Einheit, die sich insbesondere aus der übergeordneten Zielsetzung speist, Transformationen möglichst raffiniert zu erstellen, um gute Algorithmen zu entwerfen.

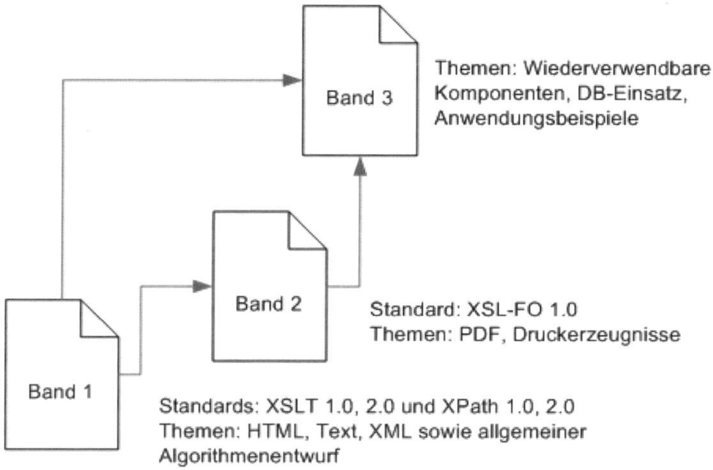

Abb. 1: Aufbau der Reihe

Leserkreis

Die drei Bücher richten sich an Leser, die in jedem Fall bereits grundlegende Kenntnisse in XML und seinen Einsatzbereiche haben. Spezielle Einsatzbereiche bzw. einige Anregungen zu fortgeschrittenen oder ungewöhnlichen Einsatzmöglichkeiten erhalten Sie im vorliegenden dritten Band. Umfassende Kenntnisse über XSLT erhalten Sie im ersten Band. Die komplette Syntax von XSLT ist für die Verwendung von XSL-FO vonnöten, wenn Sie dynamisch FO-Bäume aus XML-Daten erzeugen wollen. Zwar lässt sich auch ein Einsatz denken, bei dem direkt in den FO-Baum die Inhalte eingetragen werden, als würde man ein HTML-Dokument erstellen, doch dies ist sicherlich nur in ganz wenigen Ausnahmefällen eine Lösung für ein technisches Problem. In den meisten Fällen wird man XSLT und XSL-FO zusammen verwenden, um einen FO-Baum zu erzeugen.

Dieser Teil der Reihe richtet sich speziell an Leser, die mit der Syntax von XSLT und XSL-FO vertraut sind und die also die Inhalte der ersten beiden Bände bereits verinnerlicht haben. Dabei liegt der Schwerpunkt unserer Beispiele in diesem Band vor allen Dingen auf der Arbeit mit XSLT und weniger im Bereich XSL-FO. Wir wollen Ihnen Anregungen für die eigene Entwicklung von anspruchsvollen Algorithmen und für den Aufbau von DB-gestützten XML-Anwendungen geben. Insbesondere letzteres Thema könnte natürlich ganze Bücher füllen, sodass wir mit einigen Beispielen vor allen Dingen darauf aufmerksam machen können, wie man verschiedene Datenbanksysteme für seine Anwendung sinnvoll einsetzen kann. Durch die sehr umfangreiche Funktionsbibliothek, die XSLT 2.0 durch XPath 2.0 nutzen kann, eröffnen sich im Vergleich zu XSLT 1.0 völlig ungeahnte Neuerungen. Möglicherweise werden viele Leser, die mit XSLT 1.0 bereits vertraut sind, dieses Buch nach Einsatzbeispielen für die neuen Funktionen durchstöbern. Wir dürfen Ihnen an dieser Stelle versichern, dass Sie auf Ihre Kosten kommen werden. Wir beschäftigen uns seit Anbeginn der XSLT-Ära mit diesem Thema und haben diese lange Zeit – zumindest in den Dimensionen der EDV – damit verbraucht, von einer Zeit zu träumen, in der »dies, das und jenes« möglich sein könnte. Diese Zeiten sind jetzt angebrochen, und wir hoffen, dass Sie sie mit unserem Buch kennen lernen werden.

Autoren

Ein solches Werk bzw. drei an der Zahl schreibt man nicht alleine, sondern teilt sich die Arbeit so auf, wie persönliche Interessen und Wissen vorhanden sind.

Marco Skulschus arbeitet als Junior-Berater und Marcus Wiederstein als Senior-Berater bei der Comelio GmbH (`www.comelio.com`) in Essen (Ruhrgebiet). Marco Skulschus (`marco.skulschus@comelio.com`) beschäftigt sich mit XML in den Programmiersprachen Java, PL/SQL und PHP sowie im Datenbanksystem Oracle, während Marcus Wiederstein (`marcus.wiederstein@comelio.com`) die .NET-Programmiersprachen C# und VB für XML-Projekte verwendet und XML im MS SQL Server einsetzt. Er ist MCSD, MCDBA und MCSE. In Zusammenarbeit sind bereits umfangreiche Werke zu XML Schema, Java, PHP, Oracle und SQL entstanden.

Weitere Lern-Ressourcen

Online-Material vom Verlag:

Alle Übungsdateien in XML, XSLT, XSL-FO und entsprechende Ergebnisse finden Sie auf der Verlagsseite von mitp `www.mitp.de` oder auf der Firmenseite von Comelio unter `www.comelio.com`.

Weitere Bücher von mitp:

- XSLT und XPath, Marco Skulschus und Marcus Wiederstein
- XSL-FO für PDF und Druck, Marco Skulschus und Marcus Wiederstein

- Java und XML für Dummies, Barry Burd
- VoiceXML 2.0, Carsten Günther, Markus Klehr
- XML IT-Studienausgabe, Elliotte R. Harold
- XML ENT-PACKT, Dr. August Mistlbacher, Alfred Nussbaumer
- XML für Dummies, Frank Boumphrey, Ed Tittel
- XML GE-PACKT, Alfred Nussbaumer, Dr. August Mistlbacher
- XML mit Flash MX 2004, Michael Rüttger

Online-Material vom W3C:

- XSL Transformations (XSLT), Version 1.0, W3C Recommendation 16 November 1999 unter `http://www.w3.org/TR/xslt`
- XML Path Language (XPath), Version 1.0, W3C Recommendation 16 November 1999 unter `http://www.w3.org/TR/xpath`
- XSL Transformations (XSLT), Version 2.0, W3C Working Draft 12 November 2003 unter `http://www.w3.org/TR/xslt20/`
- XML Path Language (XPath) 2.0, W3C Working Draft 23 July 2004 unter `http://www.w3.org/TR/xpath20/`
- Extensible Stylesheet Language (XSL), Version 1.0, W3C Recommendation 15 October 2001 unter `http://www.w3.org/TR/xsl/`
- Extensible Markup Language (XML) 1.0 (Third Edition), W3C Recommendation 04 February 2004 unter `http://www.w3c.org/TR/2004/REC-xml-20040204/`
- XML Schema Part 1: Structures, W3C Recommendation 2 May 2001 unter `http://www.w3c.org/TR/xmlschema-1/`
- XML Schema Part 2: Datatypes, W3C Recommendation 02 May 2001 unter `http://www.w3c.org/TR/xmlschema-2/`

Buchgestaltung

Text

Wie in allen Informatikbüchern so finden Sie auch in diesem verschiedene typografische Hervorhebungen für *wichtige Begriffe* oder `Quelltext` sowie `Internetadressen` oder `Dateinamen`.

```
Quelltextblöcke haben besondere Formatierungen.
```

Gerade im XML-Bereich ist es mit Hilfe geeigneter Editoren besonders einfach, korrekte und formschöne Formatierungen/Einrückungen zu erreichen. Wir möchten Sie an dieser Stelle darauf hinweisen, dass wir die Formschönheit bei der Verwendung von `xsl:attribute` in Quelltexten zu Gunsten der korrekten Verwendung dieses Elements vernachlässigt haben. Damit keine ungewünschten Leerzeichen/Absatzmarken in die Ausgabe gelangen, verzichten wir komplett auf zusätzliche Einrückungen, die eigentlich aufgrund des Zeilenumbruchs notwendig wären. Wenn es an diesen Stellen also einmal nicht besonders »schön ausschaut«, was wir geschrieben haben, dann ist dies mit Überlegung geschehen.

Aufbau

Die Themen sind weitestgehend so bunt zusammengestellt, wie es unserer Erfahrung nach herkömmliche und von nun an neue Techniken in XSLT erfordern. Daher gibt es eigentlich keine besondere Reihenfolge, in der Sie die Kapitel lesen sollten. Wir haben sie mit Hilfe eines Zettelkastens entworfen und dann versucht, sie in eine gewisse Ordnung und Reihenfolge zu bringen. Letztendlich sollte es allerdings möglich sein, mit einem interessanten Kapitel in der Buchmitte zu beginnen und dann wie in einem Lesebuch nach vorne und nach hinten zu springen.

Kapitel 1

Vorlagen und Strukturen

Es lassen sich verschiedene Themenkreise beschreiben, in denen die Art und Weise der Modellierung später bei der Verarbeitung für Vor- oder auch für Nachteile sorgen kann. Dies hängt zunächst ausschließlich mit den von einer DTD oder einem XML Schema erzwungenen Strukturen im Instanzdokument zusammen. Dabei ist die Syntax, in der die Regelungen für das Instanzdokument geschrieben wurden, unbedeutend. Techniken und Überlegungen, die sich mit diesen Strukturen beschäftigen, wollen wir in diesem Kapitel darstellen. Im nächsten Kapitel konzentrieren wir uns dann stärker auf das Einbinden der XML Schema-Dokumente in die Transformation und verlassen damit den Kreis der Kristallisation der im Regeldokument formulierten Bedingungen.

1.1 Vorlagentypen

Bei der Arbeit mit XSLT und auch XSL-FO trifft man schnell auf Situationen, in denen man ein bestimmtes XML-Dokument für leichter zu verarbeiten hält als ein anderes. Dies kann unterschiedliche Ursachen haben und erscheint vielen Programmierern nicht immer als Ausfluss von konkreten Modellierungsregeln, sondern vielmehr als Zufälle, die mehr mit spontanen gut formulierten Algorithmen oder mit im XML-Datenstrom vorgegebenen und damit aus externen Quellen bedingten vorhandenen Strukturen zusammenhängen. Allerdings sind diese Zufälle durchaus nur dann als solche zu sehen, wenn die Dokumente tatsächlich mit wenig Bedacht auf die spätere Verarbeitung hin modelliert wurden. Solche Zufälle können auch eintreten, wenn sich eine Verarbeitungsnotwendigkeit ergibt, die ursprünglich gar nicht mit den Daten vorgesehen war und sich nun umso leichter mit dem vorhandenen Datenmaterial realisieren lässt.

In diesem Abschnitt möchten wir zunächst zwei grundsätzlich verschiedene Vorlagentypen präsentieren, die bei der Verarbeitung von gut modellierten Strukturen häufiger eingesetzt werden können als bei schlecht modellierten Strukturen. Was überhaupt gut modellierte Strukturen sind, nach welchen Kriterien sie beurteilt werden können und wie man Strukturen für eine gute Verarbeitung optimieren kann, sehen wir dann im nächsten Abschnitt.

Die Überlegungen, die wir in diesem Kapitel anstellen, sind übrigens nicht die gleichen wie im nächsten Kapitel, in dem es allerdings auch um Modellierung geht. Während sich in diesem Kapitel eine Konzentration auf die bereits vorliegenden

Strukturen ergibt, fokussiert das nächste Kapitel vielmehr die Möglichkeit, mit der XML Schema-Syntax bzw. mit dem vorhandenen XML Schema-Dokument direkt in XSLT zu arbeiten und beispielsweise auf Bezeichner für Datentypen zuzugreifen. Dies erfordert notwendigerweise ein XML Schema, während die Überlegungen in diesem Kapitel zunächst ohne eine konkrete Modellierung in einer gegebenen Syntax auskommen und ausschließlich von den vorhandenen Daten als Basis ausgehen.

1.1.1 Grundlagen

Wenn Sie sich an die ersten beiden Bände zurückerinnern, dann werden Ihnen fast nur Beispiele einfallen, in denen Vorlagenstrukturen auf konkrete Gegebenheiten in einem Dokument reagierten. Entweder verarbeitete eine Vorlage ein Element mit einem bestimmten Namen oder sie verarbeitete es eben nicht. Für jedes Element, das Kinder aufwies und bei dem sich aus Gründen der Übersichtlichkeit, der besseren Wartbarkeit oder einfach des logischen Aufbaus des Transformationsalgorithmus eine eigene Vorlage anbot, haben wir eine solche erstellt.

Allerdings kann man sich auch Vorlagen vorstellen, die sich in keinster Weise an bestimmten Bezeichnern im XML-Datenstrom orientieren. Sie erscheinen dagegen von den Element- und Attributnamen völlig losgelöst und erscheinen als allgemeine Vorlagen. Anstatt also auf Element- und Attributnamen zu reagieren, reagieren sie auf Strukturen, die mit Hilfe der Platzhalterzeichen in XPath und den Strukturen im XML-Dokument angetrieben werden. Dabei lassen sich natürlich als Einschränkung keine sonderlich unterschiedlichen Verarbeitungsroutinen entwerfen, wenn man – wie in unserem ersten Beispiel – versucht, eine Verarbeitung ausschließlich mit Hilfe von allgemeinen Vorlagen zu gestalten. Allerdings muss das puristische erste Beispiel dieses Abschnittes auch durchaus nicht das Ziel der eigenen täglichen Arbeit sein, sondern zeigt lediglich, wie weit man die Technik der allgemeinen Vorlagen treiben kann. In Wirklichkeit wird man im Normalfall versuchen, so weit es möglich ist, allgemeine Vorlagen für tatsächlich gleich verarbeitete Strukturen zu verwenden und überall dort, wo individuelle Verarbeitungsroutinen benötigt werden, auch solche zu entwerfen.

1.1.2 Konkrete Vorlagen

Als Beispiel für die allgemeinen Vorlagen haben wir ein aus den anderen Büchern bereits bekanntes Dokument verwendet, dem man auf den ersten Blick überhaupt nicht ansieht, dass sich jemand um seine Struktur sonderlich viele Gedanken gemacht hat. Das ist auch tatsächlich der Fall :-) Wir haben es nämlich genau aus diesem Grund für die Vorstellung der allgemeinen Vorlagen ausgewählt, damit man erkennen kann, dass man das Konzept auch auf völlig ungewöhnliche Dokumente anwenden kann, ohne die im weiteren Verlauf des Kapitels diskutierten Modellierungstechniken verwenden zu müssen.

Innerhalb des Wurzelelements **Rechnungen** liegen mehrere **Rechnung**-Elemente, die Kundendaten und Rechnungsdaten in sehr einfachen Feldern für Namen- und Adressbestandteile sowie mit verwendeten Telefontarifen speichern.

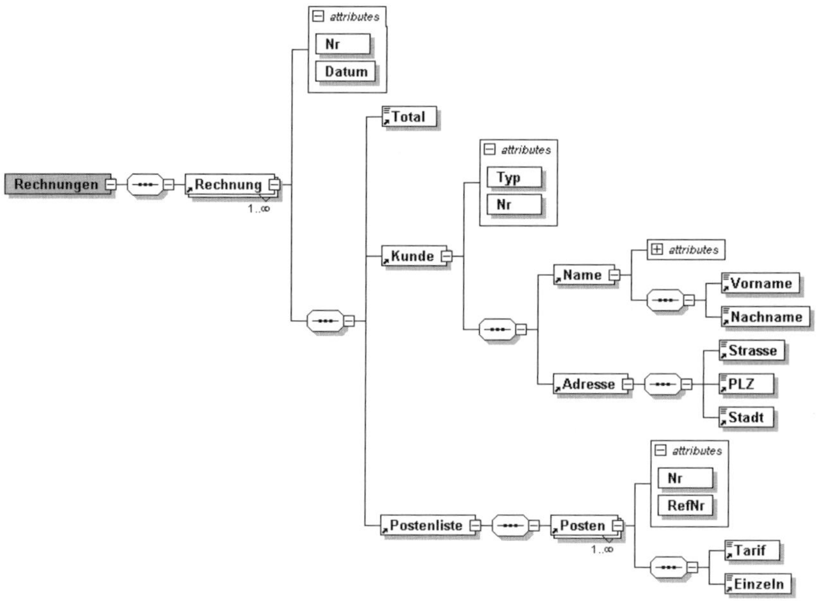

Abb. 1.1: Struktur der Rechnungsübersicht

Einen Auszug eines solchen Dokuments haben wir im nachfolgenden Quelltext abgedruckt. Es besteht nur aus einer einzigen Rechnung, aber alle weiteren Rechnungen haben natürlich bei sich wandelnden Daten den gleichen Aufbau.

```
<Rechnungen xmlns:xsi="http://www.w3.org/2001/XMLSchema-instance"
   xsi:noNamespaceSchemaLocation="111_01.xsd">
  <Rechnung Nr="12553" Datum="2004-12-31">
    <Total>22.77</Total>
    <Kunde Typ="p" Nr="489">
      <Name Anrede="Herr">
        <Vorname>Fritz</Vorname>
        <Nachname>Noll</Nachname>
      </Name>
      <Adresse>
        <Strasse>Auf dem Aspei 6</Strasse>
        <PLZ>44801</PLZ>
```

```
        <Stadt>Bochum</Stadt>
      </Adresse>
    </Kunde>
    <Postenliste>
      <Posten Nr="65341" RefNr="12553">
        <Tarif>Frühstück</Tarif>
        <Einzeln>2.85</Einzeln>
      </Posten>
      <Posten Nr="65342" RefNr="12553">
        <Tarif>Mittagspause</Tarif>
        <Einzeln>6.34</Einzeln>
      </Posten>
      ...
    </Postenliste>
  </Rechnung>
  ...
```

Listing 1.1: `111_01.xml` – Rechnungsliste

Bei einer konkreten Verarbeitung kann man sich vollständig auf das Ping-Pong-Spiel stützen und die gesamte Transformation auf Pärchen aus den beiden Elementen `xsl:apply-templates` und `xsl:template` aufbauen. Dabei sucht das erste Element passende Vorlagen für die Bezeichner, die im `select`-Attribut angegeben werden. Solche passenden Vorlagen werden dann über das zweite Element gebildet, wobei die Bezeichner wieder in seinem `match`-Attribut auftauchen. Das Vorgehen ist bei mittelkomplizierten Strukturen einfach anzuwenden; die Transformationen lassen sich ebenfalls leicht sukzessive durch unterbrechende Tests aufbauen und auch gut pflegen. Bei umfangreichen, tief verschachtelten Strukturen dagegen neigen sie zu schlechter Lesbarkeit, da auch der Leser des Transformationsdokuments die häufigen und über viele Zeilen hinweg reichenden Sprünge des Prozessors nachvollziehen muss.

Was die Lesbarkeit allerdings stark vereinfacht, ist natürlich das Auffinden von aus dem XML- oder XML Schema-Dokument bekannten Strukturen. Möchte man herausfinden, was – mit Blick auf das vorliegende Dokument – aus dem Element `Name` wird, so lässt sich zunächst das passende `xsl:apply-templates`-Element finden, in dem dieser Bezeichner auftritt. Hiernach weiß man, wo überall das Element aufgerufen bzw. verarbeitet werden soll. Wie dann seine Verarbeitung aussieht, kann man aus der passenden Vorlage ersehen, in der der Bezeichner im `match`-Attribut erscheint. Geht es einem Leser eines Transformationsdokuments lediglich um dieses Element oder reicht es, die einzelnen Module/Vorlagen herauszufinden, aus denen ein Algorithmus aufgebaut ist, kann dies durch Scrollen oder die Suchen-Funktion der Entwicklungsumgebung erfolgen.

Im nachfolgenden Quelltext haben wir einen zusammengehörigen Auszug aus dem gesamten Quelltext abgedruckt, den wir für die Verarbeitung der Rechnung erstellt haben. In der Vorlage für das Element Kunde befindet sich genau das beschriebene aufrufende Element (Ping). An diese Vorlagen schließen sich dann zwei Vorlagen (Pong) für die beiden Kindelemente Name und Adresse an. Die Vorlage für den Kunden wird von einer anderen Stelle aus aufgerufen, die man suchen kann oder auch nicht, solange diese übergeordnete Verarbeitung in Ordnung ist und nicht zur Diskussion steht. Alle drei Vorlagen zusammen ergeben ein fertiges Modul, das sowohl die Verarbeitung des Elements Kunde als auch seiner beiden Kinder Name und Adresse beschreibt. – Eigentlich eine einfache Angelegenheit.

```
<!-- Vorlage für Kunde -->
  <xsl:template match="Kunde">
    <p>
      <xsl:value-of select="('Typ:', @Typ, '| Nr:', @Nr)" separator=" "/>
    </p>
    <p>
      <xsl:apply-templates select="Name | Adresse"/>
    </p>
  </xsl:template>
  <!-- Vorlage für Adresse -->
  <xsl:template match="Adresse">
    <xsl:value-of select="(Strasse, 'in', PLZ, Stadt)" separator=" "/>
  </xsl:template>
  <!-- Vorlage für Name -->
  <xsl:template match="Name">
    <xsl:value-of select="(@Anrede, Vorname, Nachname)" separator=" "/>
    <br/>
  </xsl:template>
```

Listing 1.2: 112_01.xslt – Verarbeitung des Elements Kunde

In der HTML-Ausgabe sehen wir das gesamte Ergebnis. Wir haben die Verarbeitung sehr einfach gehalten, damit nicht zu viel Quelltext produziert wird. Daher ist natürlich auch das Ergebnis relativ simpel und nicht gerade ein Designschmuckstück.

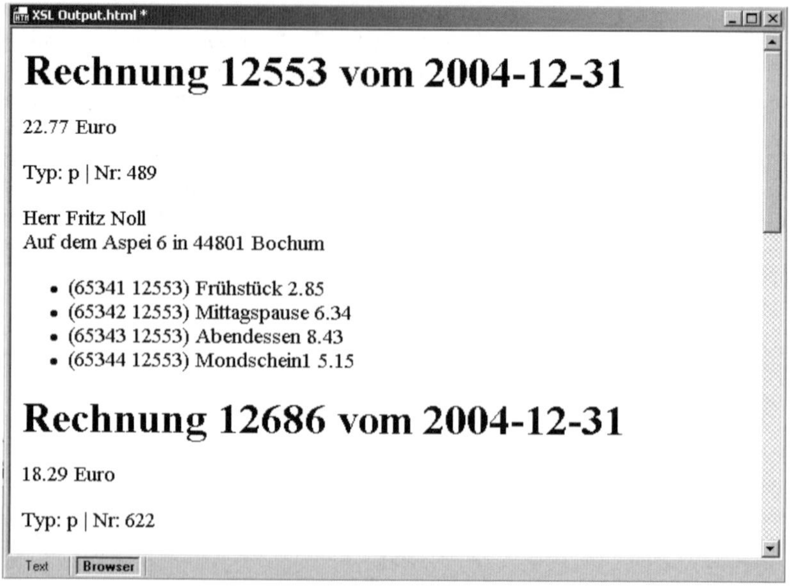

Abb. 1.2: Ausgabe in HTML

1.1.3 Allgemeine Vorlagen

Ganz anders verhält sich die Arbeit mit so genannten allgemeinen Vorlagen. Weder ihre Erstellung noch das Nachvollziehen des Algorithmus sind einfach. Diese beiden Hürden stellen sicherlich die Quelle des Widerstands gegenüber solchen Techniken dar. Auch muss man bei der Erstellung regelmäßig Fehlerkorrekturen vornehmen, die sich weniger auf Details der Ausgabe beziehen, sondern üblicherweise in unberücksichtigten Fällen, falschen Abläufen oder ungewollten Nebeneffekten liegen.

Ihr unbestechlicher Vorteil liegt allerdings auch weniger in raffinierten Ausgaben und individuellen Verarbeitungen von bestimmten Elementen und ihren Attributen, sondern gerade in der Möglichkeit, diese Transformationen auf beliebige Dokumente anzuwenden. Im ersten Band dieser Reihe haben wir einige solcher Beispiele für die Erzeugung von SQL-Quelltexten und CSV-Dateien gegeben. Dort war die Struktur sehr übersichtlich, und die Ausgabe war sehr beschränkt bzw. besonders einfach. Mit der nun folgenden Vorlage kann man allerdings jede beliebige XML-Datei verarbeiten und wird alle Elemente und Attribute ausgeben können. Wir möchten uns nicht dafür verbürgen, dass immer auch interessante oder sinnvolle Dateien herauskommen, aber bei den (elementorientierten) Beispielen, die bisher im Vordergrund standen, müsste die Ausgabe durchaus brauchbar sein, um sich einen Überblick über die Inhalte des XML-Dokuments zu verschaffen.

Das heißt, die Transformation wird weniger für eine besonders raffinierte Ausgabe durchgeführt, als in diesem Fall vielmehr, um einen strukturierten Eindruck der XML-Daten zu erhalten. Nichtsdestoweniger lässt sich natürlich auch bei einer bestimmten eingegrenzten Menge an XML-Dokumenten ein Algorithmus entwickeln, der auch raffinierte Ausgaben unter Berücksichtigung von fallweise unterschiedlichen Strukturvarianten erzeugt.

Was meinen wir überhaupt mit dem Begriff Strukturen? – In unserem Fall beschränken wir uns auf die einfachen Strukturen wie Eltern-Kind-Beziehung, Besitz von Textknoten im Gegensatz zu Kindknoten und Vorhandensein von Attributen. Zusätzlich ist wichtig, dass die Namen von Attributen von Elementen auch für die Ausgabe geeignet sind und nicht beispielsweise aus unverständlichen Akronymen oder Abkürzungen bestehen.

Die allgemeinen Vorlagen zeichnen sich gerade dadurch aus, dass sie nicht auf bestimmte Bezeichner reagieren, die für ein einzelnes XML-Dokument oder für eine Reihe von Dokumenten gelten, die sich alle auf das gleiche Regeldokument beziehen. Viel wichtiger ist dabei, dass sie mit Platzhalterzeichen und geeigneten Routinen versuchen, auf Strukturen zu reagieren, und dadurch eine viel größere Anzahl an verschiedenen Dokumenttypen zu verarbeiten versuchen. Dabei bleibt natürlich eine individuelle Verarbeitung oder eine spezielle Auswahl von Elementen, Sortierung oder fallbezogene Verarbeitung auf der Strecke. Bevor wir Vor- und Nachteile dieser Methode aufzeigen, zeigen wir Ihnen zunächst ein Beispiel für eine solche Transformation. Sie ist extra allgemein gehalten und beschäftigt sich ebenfalls extra mit einem Dokument, das nicht speziell für diese Art von Verarbeitung geschaffen wurde. Wir streben eine ähnliche Ausgabe wie zuvor an, allerdings so, dass man wesentlich mehr Dokumentarten mit dem vorliegenden Tansformationsdokument zu Leibe rücken könnte.

In der Startvorlage beginnen wir wie sonst auch wieder mit dem Wurzelknoten und geben als Titel den Namen des Wurzelelements aus. Dies ist bereits ein wichtiges Merkmal: Die Bezeichner im XML-Dokument sollten so gewählt sein, dass man sie auch für die Ausgabe von z.B. Titeln oder Spaltenköpfen verwenden können sollte. In diesem Fall ist dies eigentlich bei allen Bezeichnern gegeben.

Innerhalb der Startvorlage benötigen wir nun eine möglichst allgemeine Form, um die gesamten Elemente und Attribute zu verarbeiten. Dies erreichen wir mit einem Vorlagenaufruf in einem `xsl:apply-templates`-Element, die passende Vorlage für Kindelemente bzw. eigentlich überhaupt Elementknoten aufruft. Dass ein Wurzelknoten Kinder besitzt, ist überaus wahrscheinlich, da das Dokument sonst recht kurz wäre. Wichtig ist die Unterscheidung für diese Kinder, ob sie selbst wiederum Kinder besitzen oder nicht. Wenn sie nämlich nur Textknoten enthalten, dann sollten diese ausgegeben werden, wobei für das ganze Dokument eine Form von unsortierter HTML-Liste angestrebt wird. Damit man in HTML später nur noch die Listenelemente ausgeben muss, ist es an dieser Stelle in der Startvorlage bereits wichtig, dass die Kinder, die selbst wieder Elternknoten sind, passende Vorlagen innerhalb eines `ul`-Elements aufrufen, damit einfacher eine Liste ausgegeben werden kann.

```
<!-- Startvorlage -->
<xsl:template match="/">
  <html>
    <head>
      <title>
        <xsl:value-of select="local-name(/*)"/>
      </title>
    </head>
    <body>
      <xsl:choose>
        <xsl:when test="count(child::*) &gt; 0">
          <xsl:apply-templates select="child::*"/>
        </xsl:when>
        <xsl:otherwise>
          <ul>
            <xsl:apply-templates select="child::*"/>
          </ul>
        </xsl:otherwise>
      </xsl:choose>
    </body>
  </html>
</xsl:template>
```

Listing 1.3: `113_01.xslt` – Startvorlage

Für die Kinder, die gerade aufgerufen worden sind, und damit für alle Knoten führen wir ebenfalls wieder einen Test auf weitere Kinder durch. Sobald keine Kinder vorhanden sind, soll der Textknoten in einem Listenelement ausgegeben werden. Sobald jedoch Kinder im Dokument existieren, soll zunächst ein Titel ausgegeben werden, der den Elementknoten mit Kindern und seine möglichen Attribute verarbeitet. Diese Verarbeitung steckt wiederum in einer ausgelagerten, benannten Vorlage, um für die verschiedenen Überschriften, die in HTML ausgegeben werden, Quelltextzeilen bezüglich der Titelausgabe nicht zu wiederholen. Die Zuweisung der verschiedenen Überschriftenarten erfolgt nach einem einfachen Muster. In Abhängigkeit von der Anzahl der Elternelemente ermittelt die Hierarchieebene des Elements und wählt nach ihr die passende Überschriftsebene in HTML.

Damit die weiteren Knoten verarbeitet werden und die Transformation nicht stockt, folgt ganz am Ende ein erneutes `xsl:apply-templates`, das passende Vorlagen für weitere Knoten sucht.

```
<!-- Vorlage für Kinder -->
<xsl:template match="child::*">
  <xsl:choose>
    <!-- 1. Fall: Kinder vorhanden -->
    <xsl:when test="count(child::*) &gt; 0">
      <!-- Zuordnung der Titel -->
      <xsl:choose>
        <xsl:when test="count(ancestor::*) = 0">
          <h1>
            <xsl:call-template name="Titel"/>
          </h1>
        </xsl:when>
        <xsl:when test="count(ancestor::*) = 1">
          <h2>
            <xsl:call-template name="Titel"/>
          </h2>
        </xsl:when>
        <xsl:when test="count(ancestor::*) = 2">
          <h3>
            <xsl:call-template name="Titel"/>
          </h3>
        </xsl:when>
        <xsl:when test="count(ancestor::*) = 3">
          <h4>
            <xsl:call-template name="Titel"/>
          </h4>
        </xsl:when>
        <xsl:when test="count(ancestor::*) &gt; 3">
          <h5>
            <xsl:call-template name="Titel"/>
          </h5>
        </xsl:when>
      </xsl:choose>
    </xsl:when>
    <!-- 2. Fall: Keine Kinder vorhanden -->
    <xsl:otherwise>
      <li>
        <xsl:value-of select="(local-name(.), ': ', .)"/>
      </li>
    </xsl:otherwise>
  </xsl:choose>
  <!-- Weiterverarbeitung der Knoten -->
  <xsl:apply-templates select="child::*"/>
</xsl:template>
```

Listing 1.4: 113_01.xslt – Kinder

Die benannte Vorlage für die Ausgabe des Titels ist sehr kurz. Sie gibt – wie schon in der Startvorlage gesehen – den Elementnamen als Titel aus und ruft eine passende Vorlage für mögliche Attribute auf.

```
<!-- Vorlage für Titel -->
<xsl:template name="Titel">
  <xsl:value-of select="local-name(.)"/>
  <xsl:apply-templates select="attribute::*"/>
</xsl:template>
```

Listing 1.5: `113_01.xslt` – Titelausgabe

Die Attribute werden in Form einer Liste innerhalb eines Klammerausdrucks ausgegeben. Dass sich in der Vorlage eine auf den ersten Blick möglicherweise komplizierte Fallunterscheidung verbirgt, ist nur dem Umstand geschuldet, dass um die gesamten Attribute erstens zwei Klammern benötigt werden und dass eine Liste in der Form a, b und c bzw. bei nur zwei Elementen a und c entstehen soll. Dies erfordert verschiedene Untersuchungen, ob das gerade gefundene Attribut das erste, letzte oder sogar einzige Attribut oder ein Attribut zwischen dem ersten und letzten Attribut ist. In Wirklichkeit ist die Ausgabe nicht halb so aufregend, wie es die Fallunterscheidung vermuten lässt.

```
<!-- Vorlage für Attribute -->
<xsl:template match="attribute::*">
  <xsl:choose>
    <!-- 1. Fall: Position 1 -->
    <xsl:when test="position()=1">
      <xsl:text> (</xsl:text>
    </xsl:when>
    <!-- 2. Fall: Position > 1 und nicht letzte -->
    <xsl:when test="position() &gt; 1 and not(position()=last())">
      <xsl:text>, </xsl:text>
    </xsl:when>
    <!-- 3. Fall: Attribut nicht alleine-->
    <xsl:when test="position()=last() and not(position() = 1)">
      <xsl:text> und </xsl:text>
    </xsl:when>
  </xsl:choose>
  <!-- Wertausgabe -->
  <xsl:value-of select="(local-name(.), .)" separator=": "/>
  <!-- Schlussausgabe -->
  <xsl:if test="position()=last()">
    <xsl:text>)</xsl:text>
  </xsl:if>
```

```
  </xsl:template>
</xsl:stylesheet>
```

Listing 1.6: `113_01.xslt` – Attribute

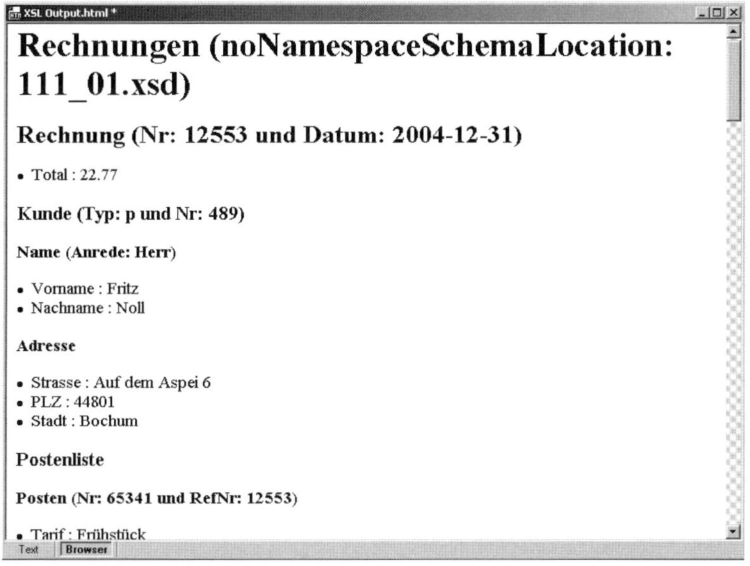

Abb. 1.3: Ausgabe in HTML

Verständlicherweise ist die Ausgabe nicht sonderlich raffiniert. Auch für die Präsentation in einer tatsächlichen Internetanwendung oder gar für eine größere Öffentlichkeit, die man auch mit spektakulärem Design und Seitenaufbau beeindrucken will, ist sie nicht geeignet. Das geben wir gerne zu. Allerdings sind alle Informationen verfügbar. Dazu zählen mit Blick auf das ebenfalls ausgegebene Attribut des Wurzelelements auch Informationen, die mehr mit dem XML-Dokument an sich, aber weniger mit den präsentierten Daten zu tun haben, aber dennoch kann man dieses Transformationsdokument für verschiedene andere Ausgaben verwenden.

Ohne lange auf die genaue Dokumentstruktur einzugehen, die sowohl aus dem Dokumentbaum als auch aus dem kurzen Textauszug sichtbar werden sollte, wollen wir mit einem anderen Beispiel und daher mit einem anderen Datenaufbau zeigen, dass trotz des vielleicht nicht perfekten Designs (Vielleicht lieber eine Tabelle? Vielleicht lieber eine nummerierte Liste?) die schnelle Betrachtung eines XML-Datenstroms mit wenigen Mausklicks in einer Entwicklungsumgebung oder dem einfachen Aufruf des XSLT-Dokuments im Rahmen eines von Ihnen geschriebenen Programms wirklich sehr leicht gelingt und auch ein akzeptables Ergebnis liefert.

Dieses Mal handelt es sich um eine Anrufliste, in der verschiedene Anrufe mit Dauer und Preis sowie dem Anrufenden und dem Angerufenen enthalten sind. Verschiedene Elemente besitzen wieder Attribute, einige Elemente haben Kinder, andere haben Textknoten, die Dokumentstruktur ist nicht in irgendeiner Art und Weise symmetrisch, denn Text- und Kindknoten treten auf der gleichen Hierarchiehöhe auf.

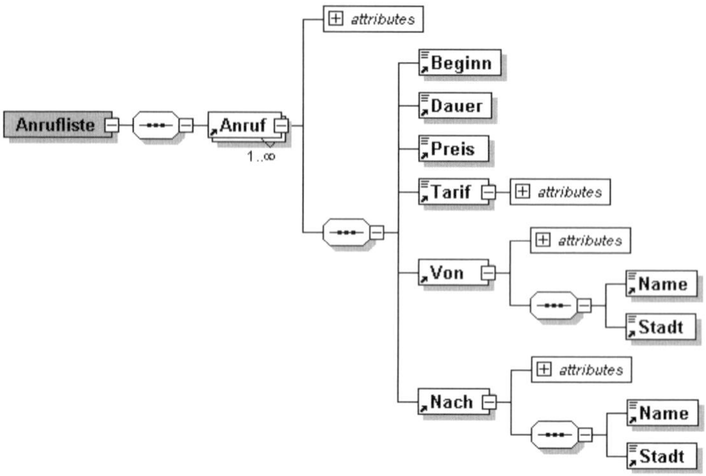

Abb. 1.4: Dokumentstruktur einer Anrufliste

```
<Anruf Nr="4880" Typ="g">
  <Beginn>20.06.03 09:06:00</Beginn>
  <Dauer>4</Dauer>
  <Preis>2</Preis>
  <Tarif Nr="7">Schicht1</Tarif>
  <Von Nr="29">
    <Name>König Hof Weinkellerei GmbH</Name>
    <Stadt>Duisburg</Stadt>
  </Von>
  <Nach Nr="7">
    <Name>ELMO Elektro Mommse GmbH</Name>
    <Stadt>Gelsenkirchen</Stadt>
  </Nach>
</Anruf>
```

Listing 1.7: `113_02.xml` – Anrufliste

Eine Zuweisung der gerade vorgestellten XSLT-Datei ergibt erneut eine übersichtliche Aufstellung der XML-Daten. Wichtig für die Ausgabe sind natürlich auch hier ausgabetaugliche Namen und nicht etwa kryptische oder zu sehr auf die Anwendung hin bezogene Element- und Attributnamen. Allein die Geschwindigkeit, mit der eine schnelle Ausgabe erzeugt werden konnte, macht die Anmutung der Ausgabe um einiges angenehmer.

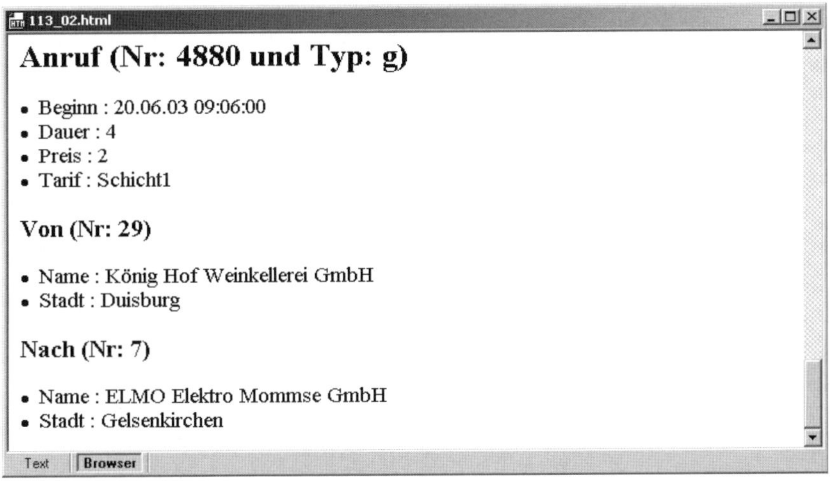

Abb. 1.5: Ausgabe in HTML

1.1.4 Bedeutung von XPath

Wie immer bei der Arbeit mit XSLT oder XSL-FO ist natürlich der Einsatz von XPath entscheidend für die erstellten Algorithmen. Mit den neuen Versionen von XSLT und XPath – wobei hier vor allen Dingen die umfangreiche neue Funktionsbibliothek genannt werden muss – kann diese Bedeutung für die Erstellung von Algorithmen gar nicht hoch genug eingeschätzt werden. Auf einige allgemeine Tatbestände werden wir im weiteren Verlauf dieses Kapitels eingehen. Die Einbindung von XML Schema-Dateien direkt in die XSLT-Datei sowie natürlich die Vielzahl der neuen Funktionen werden uns sogar in eigenen Kapiteln noch beschäftigen, sodass diese beiden Themen hier nur als wichtig genug charakterisiert werden können.

An dieser Stelle möchten wir allerdings mit einem Beispiel auf mögliche andere Konzeptionen hinweisen, die XPath in ein ganz neues Licht rücken und sowohl für Vorlagen, die speziell für bestimmte Bezeichner entwickelt wurden, als auch für allgemeine Vorlagen von hoher Einsatzfähigkeit sind. Möglicherweise erschien Ihnen die Struktur der Vorlage, die in Abhängigkeit der Hierarchieebene verschiedene Überschriften in HTML von H1 an absteigend auswählte, vertraut. Mit einer anderen Programmiersprache hätte man natürlich die ganze Angelegenheit mit einer Zeichenkettenverknüpfung viel schneller einrichten könnten, denn der einzige und auch entscheidende Unterschied zwischen den verschiedenen Fällen besteht ja nur aus den unterschiedlichen Zahlen, aus denen sich in HTML die Überschriftelemente h1, h2, h3 etc. zusammensetzen. Möchte man die gleiche Ausgabe erzeugen, so ließe sich dies in XSLT 2.0 mit Hilfe von XPath 2.0 tatsächlich syntaktisch viel kürzer erledigen. Allerdings müssen wir zugeben, dass wir für die Erstellung der jetzt vorgestellten Variante länger gebraucht haben als für die althergebrachte Notation. Dies liegt darin, dass durch die Auslagerung der Fallunterscheidung in XPath zwar Quelltext in XSLT eingespart, aber viel schwierigerer Quelltext in XPath benötigt wird. Nichtsdestotrotz ist die Zeileneinsparung erheblich, sodass Sie sicherlich einen guten Eindruck haben, wie wichtig XPath für die Erstellung von sowohl speziellen wie auch allgemeinen Vorlagen ist.

```
<!-- Vorlage für Kinder -->
<xsl:template match="child::*">
  <xsl:choose>
    <xsl:when test="count(child::*) &gt; 0">
      <xsl:value-of select="('&lt;h',if (count(ancestor::*)+1 &gt; 6)
                                         then (6)
                                         else (count(ancestor::*)+1), '&gt;')"
                    disable-output-escaping="yes"/>
      <xsl:value-of select="local-name(.)"/>
      <xsl:apply-templates select="attribute::*"/>
      <xsl:value-of select="('&lt;/h',if (count(ancestor::*)+1 &gt; 6)
                                          then (6)
                                          else (count(ancestor::*)+1), '&gt;')"
                    disable-output-escaping="yes"/>
      ...
```

Listing 1.8: 114_01.xslt – Einsatz von Kontrollstrukturen in XPath

Neben den Voraussetzungen, die auf der Seite der XML-Daten bzw. ihrer Struktur vorliegen, um gut allgemeine Vorlagen zu verwenden, gibt es allerhand verschiedene Bereiche in XPath, mit denen diese Vorlagen überhaupt erst syntaktisch erstellt werden können. Während die Strukturen (hoffentlich) von uns (in)direkt beeinflusst werden können, lässt sich natürlich an den technischen Umsetzungsmöglichkeiten von unserer Seite aus nicht viel rütteln. Würde XPath kein Platzhalterzeichen wie das Sternchen unterstützen, bräche ja sozusagen die ganze Technik der allgemeinen Vorlagen wie ein Kartenhaus in sich zusammen.

Unser Anliegen ist es, Sie auf das technische Rüstzeug aufmerksam zu machen und Ihnen dabei im weiteren Verlauf des Kapitels Hinweise zu geben, wie Sie spezielle Strukturen in XML einrichten können, mit denen die vorhandenen Instrumente optimal zum Einsatz kommen können.

Folgende Knotenarten, die auch bei einer allgemeinen Verarbeitung gefunden werden sollen, sind vorhanden,[1] wobei sich die Ankerverweise (Rauten: #) auf das in Fußnote 1 angegebene Dokument beziehen.

- Wurzelknoten (engl. root nodes), #root-node, Abschnitt *Root Node*
- Elementknoten (engl. element nodes), #element-nodes, Abschnitt *Element Nodes*
- Textknoten (engl. text nodes), #section-Text-Nodes, Abschnitt *Text Nodes*
- Attributknoten (engl. attribute nodes), #attribute-nodes, Abschnitt *Attribute Nodes*
- Namensraumknoten (engl. namespace nodes), #namespace-nodes, Abschnitt *Namespace Nodes*
- Prozessoranweisungen (engl. processing instruction nodes), #section-Processing-Instruction-Nodes, Abschnitt *Processing Instruction Nodes*
- Kommentare (engl. comment nodes), #section-Comment-Nodes, Abschnitt *Comment Nodes*

Allgemeine Auswahlausdrücke

Mit Hilfe verschiedener Jokerzeichen bzw. allgemeiner Auswahlausdrücke gelingt es, unterschiedliche Knoten wie Elemente, Attribute, Prozessoranweisungen usw. zusammen oder getrennt voneinander auszuwählen. Dadurch lässt sich jeder Knoten in die automatische und bezeichnerlose Verarbeitung einbinden. Diese mit dem allgemeinen, wenngleich auch nicht ganz korrekten Begriff *Jokerzeichen* benannten Auswahlausdrücke stellen das Fundament für die Erstellung allgemeiner Vorlagen dar, weil sie die Verwendung von Bezeichnern unnötig machen und vielmehr Knotenarten auszuwählen helfen.

Eine mögliche Form eines Knotentests stellt der Artentest[2] (engl. KindTest) dar. Die Möglichkeiten wurden gegenüber XPath 1.0 stark erweitert und reagieren nun auch auf Datentypangaben von XML Schema. Die folgende Übersicht fasst die verschiedenen Artentests zusammen, wobei das Jokerzeichen Sternchen natürlich nicht zu den Artentests gehört, sondern als Eingabeparameter bei einigen Ausdrücken verwendet wird. Die vorhandenen Artentests sind allerdings für die Erstellung von allgemeinen Vorlagen so wichtig, weil sie mit oder ohne Einsatz des Sternchens die verschiedenen Knoten eines Dokuments aufspüren können. Aus Gründen der Vollständigkeit haben wir auch den Namen als Parameter in der Liste belassen, obwohl er natürlich in unseren Überlegungen gerade keine Rolle spielen soll.

---

1 Vgl. XML Path Language (XPath), Version 1.0, W3C Recommendation 16 November 1999, Abschnitt Data Modell unter `http://www.w3.org/TR/1999/REC-xpath-19991116#data-model`.

2 Vgl. XML Path Language (XPath) 2.0, W3C Working Draft 22 August 2003 Abschnitt 3.2.1.2 Node Tests unter `http://www.w3.org/TR/2003/WD-xpath20-20030822/#node-tests`.

- `node()` findet jeden Knoten.
- `text()` findet jeden Textknoten.
- `comment()` findet jeden Kommentarknoten.
- `element()` findet jeden Elementknoten.
- `element(elementname)` findet jeden Elementknoten mit dem angegebenen Namen oder dessen Ersetzungsgruppe diesen Namen trägt und einen passenden Datentyp besitzt.
- `element(elementname, *)` findet jeden Elementknoten mit dem angegebenen Namen oder dessen Ersetzungsgruppe diesen Namen trägt unabhängig vom Datentyp.
- `element(elementname, typname)` findet jeden Elementknoten mit dem angegebenen Namen und dem angegebenen Datentyp.
- `element(*, typname)` findet jedes Element mit dem angegebenen Datentyp.
- `element(xpathpfad)` findet jedes Element mit dem angegebenen Namen und im Schema vorhandenem Datentyp in Abhängigkeit des XPath-Pfades.
- `attribute()` findet jeden Attributknoten.
- `attribute(@attributname, *)` findet jedes Attribut mit dem angegebenen Attributnamen unabhängig von seinem Datentyp.
- `attribute(@*, datentypname)` findet jedes Attribut unabhängig vom Namen mit dem angegebenen Datentyp.
- `document-node()` findet jeden Dokumentknoten.
- `document-node(element(elementname))` findet jedes Dokumentelement, das das angegebene Element enthält.

Da einige Achsen sehr häufig auftreten und teilweise Ausdrücke eine beeindruckende – um nicht zu sagen: Furcht einflößende – Länge erreichen können, existieren einige wenige, aber dafür umso nützlichere Vereinfachungen, die als *abgekürzte Syntax*[3] (engl. abbreviated syntax) bekannt sind. In diese Rubrik fällt nun auch unser schon so hoch gelobtes Sternchen für die Auswahl von Knoten oder – in Kombination mit der Attributachse – für Attribute. Allerdings ist auch der Schrägstrich nicht zu verachten, wie folgende Aufstellung zeigt:

- * Alle Kindknoten des Kontextknotens
- `@*` Alle Attribute des Kontextknotens
- / Wurzelknoten

3 Vgl. XML Path Language (XPath) 2.0, W3C Working Draft 22 August 2003, Abschnitt 3.2.4 Abbreviated Syntax unter `http://www.w3.org/TR/2003/WD-xpath20-20030822#abbrev`.

- /* Wurzelelement
- //* Alle Knoten
- . Kontextknoten
- .. Elternknoten des Kontextknotens

Achsen

Ohne erneut auf die verschiedenen Achsen in XPath einzugehen oder sie erneut vorzustellen, da Sie im ersten Band für jede Achse Beispiele und eine Grafik finden, wollen wir an dieser Stelle nur darauf hinweisen, dass in Zusammenhang mit dem Sternchen natürlich in jeder beliebigen Richtung Element- bzw. Attributknoten gesucht werden können.

Wie Sie bereits in unserem Einführungsbeispiel gesehen haben, lässt sich die allseits einsetzbare Kind-Achse verwenden, um Knoten in Dokumentrichtung zu finden und jeden einzelnen Knoten zu bemerken. Dagegen kann man mit der Eltern- und Eltern-Eltern-Achse und passenden Funktionen Hierarchieebenen bestimmen bzw. sich auf diesen Hierarchieebenen bewegen. Die Attribut-Achse ist natürlich immer unverzichtbar, wenn Attribute mit Hilfe des Sternchens gesucht werden.

Die vorhandenen Achsen[4] heißen:

- `ancestor` (Eltern-Eltern-Achse)
- `ancestor-or-self` (Vorfahren-und-ich-Achse)
- `attribute` (Attribut-Achse)
- `child` (Kind-Achse)
- `descendant` (Kindeskinder-Achse)
- `descendant-or-self` (Kindeskinder-und-ich-Achse)
- `following` (Nachfolger-Achse)
- `following-sibling` (Folgende-Geschwister-Achse)
- `namespace` (Namensraum-Achse)
- `parent` (Eltern-Achse)
- `preceding` (Vorgänger-Achse)
- `preceding-sibling` (Vorherige-Geschwister-Achse)
- `self` (Ich-Achse)

4 XML Path Language (XPath) 2.0, W3C Working Draft 22 August 2003 Abschnitt 3.2.1.1 Axes unter `http://www.w3.org/TR/2003/WD-xpath20-20030822/#axes`.

Reguläre Ausdrücke

Ganz neu in XSLT und XPath ist die Möglichkeit, die sehr nützlichen regulären Ausdrücke als Muster für z.B. die Auswahl oder die sonstige Verarbeitung von Textknoten zu verwenden. Damit bewegt man sich zwar oftmals in die Nähe von bezeichnerbehafteten oder besonders spezialisierten und damit möglicherweise das Konzept verletzenden allgemeinen Vorlagen, aber man kann mit regulären Ausdrücken sowohl auf Namen wie auf Textinhalte reagieren. Da dies ein völlig neues Thema für Transformationen ist, haben wir ebenfalls das ganze Kapitel 9 dafür vorgesehen.

Funktionen

Die stark erweiterte Funktionsbibliothek wird noch Thema verschiedener Abschnitte und eines umfangreichen Anhangs sein, in der die einzelnen Funktionen wenigstens grob charakterisiert und mit einem Beispiel belegt werden. Neben Funktionen für die Verarbeitung der Textinhalte in Form von Umwandlung oder Abfrage sowie für die Manipulation besonderer Inhalte wie Zeitinformationen gibt es einen ganzen Strauß an unterschiedlichen neuen Knotenmengenfunktionen, die für quantitative und qualitative Tests genutzt werden können.

XPath-Kontrollstrukturen

Die neu in XPath eingeführten Kontrollstrukturen für Fallunterscheidungen[5] und Schleifen[6] ersetzen nicht notwendigerweise die Kontrollstrukturen in XPath. Dies liegt zum einen an einer zwangsläufig sehr verkürzten und damit fast stenografischen Syntax. Sie erleichtert weder die Formulierung noch das Verständnis von entsprechenden Anweisungen. Da sie Sequenzen erzeugen und natürlich nur solche Verarbeitungen zulassen, die sich wiederum mit reinen XPath-Ausdrücken formulieren lassen und die daher nicht auf XSLT- oder XSL-FO-Elemente zurückgreifen, kann man durchaus nicht jeden früheren Abschnitt mit Hilfe der neuen Syntax verkürzen und komprimieren. Allerdings wird man in vielen Fällen nun doch wie in der Alternative des Eingangsbeispiels gezeigt auf diese Syntax für die Verkürzung von Quelltext zurückgreifen, um gerade Textredundanzen zu entfernen, die durch die XSLT-Syntax hervorgerufen werden.

Sequenzen

Das Datenmodell von XPath 2.0 fußt auf dem Fundament einer Einheit (engl. item), das sich mit anderen Einheiten zu einer Sequenz (engl. sequence) zusammenschließen kann. Diese tauchen beispielsweise nun innerhalb von runden

5 Vgl. XML Path Language (XPath) 2.0 im Abschnitt 3.8 Conditional Expressions unter `http://www.w3.org/TR/2003/WD-xpath20-20030822#id-conditionals`.

6 Vgl. XML Path Language (XPath) 2.0 im Abschnitt 3.7 For Expressions unter `http://www.w3.org/TR/2003/WD-xpath20-20030822#id-for-expressions`.

Klammern in einem `xsl:value-of`-Element auf und erlauben tatsächlich eine der bedeutendsten Syntaxverkürzungen, die man schnell kennen und lieben lernen wird. Dieses Konzept bietet aus sich selbst heraus keine Besonderheiten oder eigenständigen Konzepte für die Entwicklung von allgemeinen Vorlagen. Vielmehr sind es die neuen Funktionen und syntaktischen Formulierungen, die es erfordern, die Sequenzen hier zu erwähnen.

1.2 Voraussetzungen auf Strukturseite

Während der letzte Abschnitt sehr komprimiert auf einige aus unserer Sicht wesentliche Aspekte einging, die für die Entwicklung von allgemeinen Vorlagen auf Basis der vorhandenen Instrumente notwendig sind, wollen wir nun in diesem Abschnitt für die eher theoretischen und möglicherweise wenig illustrativen Ausführungen Beispiele geben. Um die bereitstehenden Werkzeuge auch gut nutzen zu können, lohnt es sich, schon bei der Datenmodellierung zu berücksichtigen, dass man Zeit und Kraft gewinnt, wenn man auf allgemeine Vorlagen setzt. Diese stellen in XSLT ja letztendlich so etwas wie wiederverwendbare Komponenten dar, die nach einem einmaligen Erstellen oder einem fortgeführten Pflegen in einzubindenden XSLT-Vorlagenbibliotheken die Arbeit mit neuen XML-Strukturen erleichtern. Die Praxis zeigt allerdings immer wieder, dass es Strukturen gibt, die sich besonders für die Verarbeitung mit allgemeinen Vorlagen eignen, während sich andere dagegen eher sperrig und unangenehm verhalten.

Grundlagen

Die Überlegungen dieses Abschnitts führen letztendlich dazu, Änderungen an der Modellierung vorzunehmen, um eine spezielle Technik der Verarbeitung vorzunehmen. Dies mag auf den ersten Blick so klingen, als wollte man den Bock zum Gärtner machen und nun die Daten von der Art ihrer Verarbeitung abhängig machen. Dies ist nämlich ein Vorgehen, das möglicherweise die Unabhängigkeit der Daten von ihrer Verarbeitung irreparabel schädigt. Wir werden allerdings keinesfalls solche Ideen vorbringen, die dazu führen könnten, beispielsweise Datenredundanzen einzurichten, weil man nachher »so schön auf die Daten zugreifen kann«. Unsere Vorschläge sollen mehr dazu führen, nicht nur für die Verarbeitung, sondern überhaupt auch aus intrinsischen Gründen gute Modellierungen hervorzubringen. Wir sehen daher unsere Vorschläge mehr wie eine gut normalisierte Datenbank, die ja auch nicht nur deswegen in viele einzelnen Relationen aufgespalten wird, damit man die Daten bei einem Export leichter auf Disketten speichern kann, weil die Datenmenge pro Tabelle kleiner ist.

1.2.1 Benennung

Eine der einfachsten Vereinbarungen, die zwischen Modellierer und Verarbeiter zu treffen ist, sollte die Auswahl von Bezeichnern sein, mit denen man gut arbeiten kann. Und das ist in unseren Augen nur dann der Fall, wenn man die Elementnamen wie im Einstiegsbeispiel auch sofort für die Ausgabe verwenden kann. Kryptische Namen oder Abkürzungen sollten daher unterbleiben.

Grundlagen

Folgende Gründe lassen sich für eine solche Benennungsregel finden:

- Die Daten werden tatsächlich – wie es ja der Philosophie von XML entspricht – selbstbeschreibend. Die Semantik der Daten wird auch ohne umfangreiche Lektüre des XML Schema-Dokuments und seiner oder anderer Dokumentationsinformationen verständlich. Es ist auch nicht notwendig, besonders tief gehende Kenntnisse des abgebildeten Datenuniversums zu haben. Je technischer oder spezieller die Daten sind, desto schwerer wird dies natürlich realisierbar.
- Die Bezeichnungen eignen sich in allen oder wenigstens in vielen Fällen für die Ausgabe von Spaltenköpfen, Titeln oder einfach nur für Aufzählungsinformationen.

Folgende Gründe sprechen gegen eine solche Benennungsmethode:

- Die Daten sollen nicht nur selbst verschlüsselt oder möglichst entkoppelt von anderen Daten im gleichen Dokument oder in der gleichen Anwendung (Datenbank) sein, sondern diese Forderung gilt auch für ihre Bezeichner. Dies lässt sich bisweilen in Umgebungen antreffen, in denen Datenkonsolidierungen mit XML durchgeführt werden sollen, wobei die Daten über möglicherweise wenig sichere Kanäle übertragen und auch aus Datenschutzgründen nicht zu Personen etc. zugeordnet sein dürfen und daher hauptsächlich aus Schlüsseln oder anderen Zahlformaten bestehen.
- Die Bezeichnungen sind aufgrund ihrer Bedeutung schlecht für eine Ausgabe geeignet, weil sie zu sehr langen Bezeichnern führen könnten. Wenngleich auch die Kritik, dass XML-Daten bisweilen mehr Beschreibungs- als Nutzdaten umfassen und daher bei steigender Datenmenge auch bei schnellen Netzwerkverbindungen und hohen Rechnerleistungen die Anwendung verlangsamen können, in vielen Anwendungen durch die technische Entwicklung in den Hintergrund gedrängt wird, gibt es natürlich immer wieder krasse Ausnahmen. Bei sehr technischen oder auch sehr spezialisierten Informationen wie z.B. Bilanzdaten kann es sein, dass voll ausgeschriebene und nicht abgekürzte Bezeichner regelmäßig mehr als zehn Zeichen oder sogar das Doppelte umfassen. Dies kann leicht dazu führen, dass durch den doppelten Zeichenbedarf aufgrund von Start- und Schluss-Tag die prozentuale Menge der Nutzdaten zu klein wird.

- Die Bezeichner sind von einem externen Gremium wie einem Unternehmenszusammenschluss oder einer anderen Standardisierungsbehörde normiert und können daher nicht geändert werden.
- Die Bezeichner stammen in dieser Form aus einer anderen Datenquelle wie z.B. einer Datenbank und stellen dort Feldnamen, Datentypnamen etc. dar. Durch die Beibehaltung dieser Bezeichner ergibt sich eine semantische Konsistenz der Daten zwischen verschiedenen Speicherungsgebilden und erleichtert die Arbeit für die Programmierer.

Es ist zwangsläufig im Einzelfall immer wieder diskussionsbedürftig, inwieweit die im XML-Dokument verwendeten Bezeichner selbst wieder Informationen tragen, die sich beispielsweise später in der Ausgabe wiederfinden. Allerdings geraten so die Bezeichner plötzlich auf eine ganz andere Ebene. Sie sind in diesem Augenblick durchaus nicht mehr Beschreibungsdaten, die nur für die Verarbeitung notwendig sind, sondern sie dienen auch wieder als Nutzdaten, da sie ja für die Ausgabe verwendet werden.

Gegen solche K.O.-Argumente wie das vorletzte in Form von standardisierten Bezeichnern lässt sich eigentlich gar nichts ausrichten, weil wir selbst auch Verfechter von fertigen Standards sind, um auf die Arbeit von anderen Gruppen zurückzugreifen und die Wahrscheinlichkeit zu erhöhen, eine qualitativ hochwertige Modellierung mit geringem Arbeitseinsatz zu erreichen und später vielleicht sogar auf standardisierte Verarbeitungsweisen zurückgreifen zu können, die noch einmal den Arbeitseinsatz senken können.

Bleibt zusammenfassend nur zu erwähnen, dass man sich immerhin die Frage stellen sollte, ob für das gesamte Dokument oder wenigstens für einzelne Teile geschickte Benennungen auch dazu führen können, für die Ausgabe der Daten bereits fertige Texte in der Datei vorzufinden. Bei ohnehin kleinen Datenmengen ließe sich auch im Fall einer Standardisierung überlegen, Elemente oder Attribute eines anderen Namenraumes einzufügen, die die ausgabebezogenen Daten enthalten. Alternativ ließe sich hier bei einer überschaubaren Menge an Daten auch eine Übersetzung in Form einer längeren Fallunterscheidung oder einer Parameterliste denken.

Funktionen zur Verarbeitung von Namen

Da der Einsatz von allgemeinen Vorlagen vom guten Einsatz von XPath abhängt, wollen wir Ihnen zunächst die vorhandenen Funktionen zur Verarbeitung von Namen nennen. Sie ermitteln entweder die Zeichenketten von Namen oder können Namensräume erkennen, Präfixe ausmachen oder getrennt auf Namensraum- und Namensbestandteile zugreifen. Mit den vorhandenen Funktionen lässt sich relativ allgemein der vorhandene Name auslesen und – was in diesem Abschnitt diskutiert werden soll – auch ausgeben.

Mit den Funktionen der Zeichenkettenverarbeitung lässt sich dann die Zeichenkette eines Namens oder natürlich eines Präfixes weiter untersuchen. Dies führt dann nicht notwendigerweise zu einer tatsächlichen allgemeinen Vorlage, die von der konkreten Benennung losgelöst ist, doch kann man ein Namensschema verwenden – siehe nächstes Beispiel –, das auf Grundmuster der Benennung und nicht auf reine individuelle Bezeichner zugreift. Die Zeichenkettenfunktionen haben wir hier nicht erwähnt.

Zunächst gibt es einige Funktionen zur Verarbeitung von QNames[7]. Sie erkennen und verarbeiten auch Namensraumangaben bzw. Namensraumpräfixe.

fn:resolve-QName (Abschnitt 11.1.1)

- Allgemeine Syntax:
  - `fn:resolve-QName($qname as xs:string?, $element as element()) as xs:QName?`
- Bedeutung: Liefert einen lokalen QName ohne Namensraum.

fn:expanded-QName (Abschnitt 11.1.2)

- Allgemeine Syntax:
  - `fn:expanded-QName($paramURI as xs:string?, $paramLocal as xs:string) as xs:QName`
- Bedeutung: Liefert einen expandierten QName (lokaler Name und Namensraum) mit dem Namensraum aus `$paramURI` und dem lokalen Namen in `$paramLocal`.

fn:local-name-from-QName (Abschnitt 11.2.2)

- Allgemeine Syntax:
  - `fn:local-name-from-QName($arg as xs:QName?) as xs:NCNAME?`
- Bedeutung: Liefert den lokalen Namen von `$arg`, der auch einen Namensraum enthält.

fn:namespace-uri-from-QName (Abschnitt 11.2.3)

- Allgemeine Syntax:
  - `fn:namespace-uri-from-QName($arg as xs:QName?) as xs:anyURI?`
- Bedeutung: Liefert den Namensraum von `$arg`, der auch einen Namensraum enthält.

---

7 Vgl.: XQuery 1.0 and XPath 2.0 Functions and Operators, W3C Working Draft 23 July 2004, Abschnitt 11 Functions Related to QNames unter `http://www.w3.org/TR/xpath-functions/#QName-funcs`.

fn:namespace-uri-for-prefix (Abschnitt 11.2.4)

- Allgemeine Syntax:
  - `fn:namespace-uri-for-prefix( $prefix as xs:string, $element as element()) as xs:anyURI?`
- Bedeutung: Liefert den Namensraum für das Argument `$prefix`, das ein Namensraumpräfix ist, und das `$element`.

fn:in-scope-prefixes (Abschnitt 11.2.5)

- Allgemeine Syntax:
  - `fn:in-scope-prefixes($element as element()) as xs:string*`
  - Bedeutung: Liefert die Namensraumpräfixe des Elements `$element`.

Dann gibt es verschiedene Funktionen direkt zur Namensermittlung.[8]

fn:name (Abschnitt 14.1.1)

- Allgemeine Syntax:
  - `fn:name() as xs:string`
  - `fn:name($arg as node()?) as xs:string`
- Bedeutung: Liefert Namen und Namensraum des Elements `$arg`.

fn:local-name (Abschnitt 14.1.2)

- Allgemeine Syntax:
  - `fn:local-name() as xs:string`
  - fn:local-name($arg as node()?) as xs:string
- Bedeutung: Liefert Namen ohne Namensraum des Elements `$arg`.

fn:namespace-uri (Abschnitt 14.1.3)

- Allgemeine Syntax:
  - `fn:namespace-uri() as xs:anyURI`
  - fn:namespace-uri($arg as node()?) as xs:anyURI
- Bedeutung: Liefert den Namensraum des Elements `$arg`.

Einfaches Beispiel

Dieser Abschnitt soll Ihnen zeigen, wie Sie mit geschickter Benennung dazu kommen, allgemeine Vorlagen so einzusetzen, dass die vorhandenen Namen auch gleichzeitig für die Ausgabe geeignet sind. Die einzusetzenden Funktionen sind einfach und von ihrer Anzahl her überschaubar. Bei einfachen Dokumenten lässt sich die Technik gut einsetzen. Bei Dokumenten, die komplexe Inhalte (durch-

8 Vgl.: XQuery 1.0 and XPath 2.0 Functions and Operators, W3C Working Draft 23 July 2004, Abschnitt 14.1 Functions and Operators on Nodes unter `http://www.w3.org/TR/xpath-functions/#d1e6238`

schnittlicher Umsatz pro Kunde innerhalb einer Region oder allgemein auch spezialisierte Bezeichnungen innerhalb technischer, betriebswirtschaftlicher oder wissenschaftlicher Bereiche) enthalten, kann es leicht passieren, dass man innerhalb eines Namens nicht den gesamten Sachverhalt ausdrücken kann. Hier sollte man durch Verschachtelung und geeignete Eltern-Kind-Strukturen versuchen, dennoch weitestgehend gute, ausgabetaugliche Bezeichner zu finden.

Unser aktuelles Beispiel enthält eine Liste mit Monaten und Tarifen sowie ihren Umsatz und ihren Pro-Kopf-Umsatz und die Kundenzahl.

```
<Monatsliste>
  <Monat>
    <Datum>01.04</Datum>
    <Pro-Kopf-Umsatz>0.0251</Pro-Kopf-Umsatz>
    <Kunden>25649</Kunden>
    <Tarifliste>
      <Tarif>
        <Name>Mondschein1</Name>
        <Umsatz>644.69</Umsatz>
      </Tarif>
    </Tarifliste>
  </Monat>
  ...
```

Listing 1.9: 211_01.xml – Umsatzzahlen

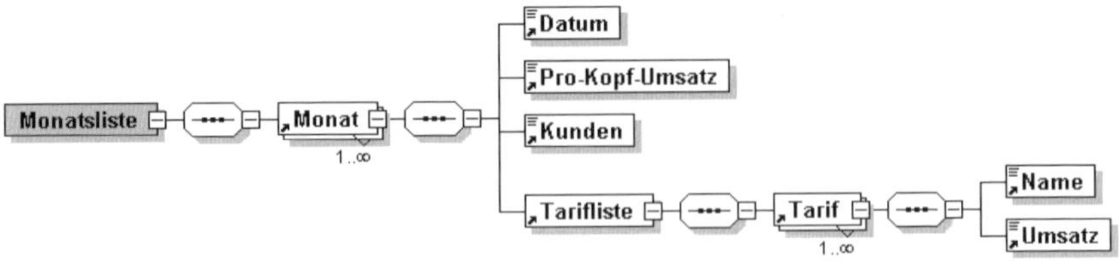

Abb. 1.6: Dokumentstruktur

Wir streben eine einfache HTML-Ausgabe an, bei der die vorhandenen Namen direkt auf der HTML-Seite als Titel ausgegeben werden sollen. Die Verarbeitung ähnelt sehr dem Einführungsbeispiel. So gibt es ebenfalls eine Zuordnung von Überschriftelementen in HTML, die von der Ebene in XML abhängig sind. Die interessante Verarbeitung konzentriert sich innerhalb einer einzigen Vorlage. Die Startvorlage haben wir nicht abgedruckt, da sie lediglich den HTML-Grundbaukasten enthält und die Verarbeitung gefundener Kindknoten antreibt.

Es sind insgesamt drei Fälle zu unterscheiden, wobei wir in diesem Beispiel zwei Elementnamen erkennen, die den Bestandteil `liste` enthalten und tatsächlich einzelne Elemente in Listenform enthalten. Dies betrifft z.B. das Element `Monatsliste`, das mehrere `Monat`-Elemente besitzt. In einer Fallunterscheidung differenzieren wir die Verarbeitung in drei Fällen.

Der erste Fall erkennt solche Knoten, die den Wortbestandteil `liste` im Namen führen, und vergibt für sie in Abhängigkeit der Verschachtelungstiefe passende HTML-Überschriften und gibt ihren Namen als Titel aus. In der Variablen `Listen-Vorfahren` speichert man die Anzahl der Elemente, die auf der Vorfahren-Achse gefunden werden und ebenfalls das Wort `liste` enthalten. Der Wert wird benutzt, um die Überschriftenhierarchie zu ermitteln.

```
<xsl:template match="child::*">
  <xsl:choose>
    <!-- Fall 1: Name enthält "Liste" -->
    <xsl:when test="contains(lower-case(local-name()), 'liste')">
      <xsl:variable name="Listen-Vorfahren" select="count(ancestor::*
                        [contains(lower-case(local-name()), 'liste')])"/>
      <!-- Zuordnung von Überschriften anhand der Listen-Vorfahren -->
      <xsl:choose>
        <xsl:when test="$Listen-Vorfahren = 0">
          <h1>
            <xsl:value-of select="local-name(.)"/>
          </h1>
        </xsl:when>
        <xsl:when test="$Listen-Vorfahren = 1">
          <h2>
            <xsl:value-of select="local-name(.)"/>
          </h2>
        </xsl:when>
        <xsl:when test="$Listen-Vorfahren &gt; 1">
          <h3>
            <xsl:value-of select="local-name(.)"/>
          </h3>
        </xsl:when>
      </xsl:choose>
      <ul>
        <xsl:apply-templates select="child::*"/>
      </ul>
    </xsl:when>
```

Listing 1.10: 211_01.xslt – Erster Fall

Im zweiten Fall geht es darum, die Kinder zu verarbeiten, die direkte Kinder von solchen Listenelementen sind. Für sie gilt, dass ihre Werte und ihr Name in einem HTML-Listenelement ausgegeben werden und ihre Kinder wiederum innerhalb des Listenpunkts verarbeitet werden.

```
    <!-- Fall 2: Elternname enthält "Liste" -->
    <xsl:when test="contains(lower-case(parent::*/local-name()),
   'liste')">
      <li>
        <xsl:value-of select="local-name(.)"/>
        <br/>
        <xsl:apply-templates select="child::*"/>
      </li>
    </xsl:when>
```

Listing 1.11: 211_01.xslt – Zweiter Fall

In einem dritten Fall verarbeiten wir Elemente, deren Eltern nicht das Wort `liste` enthalten (das sind dann Kinder der Listenelemente) und die auch selbst nicht das Wort `liste` enthalten. Die letzte Unterscheidung ist notwendig für Listenelemente, die sich innerhalb von Kindern von Listenelementen befinden. Auch hier gibt man wieder den Namen und den Wert aus.

```
    <!-- Fall 3: Name und Eltern-Name enthalten nicht "Liste" -->
   <xsl:when test="not(contains(lower-case(parent::*/local-name()), 'liste'))
                  and not(contains(lower-case(local-name()), 'liste'))">
      <xsl:value-of select="(local-name(.), ': ', .)"/>
      <br/>
    </xsl:when>
  </xsl:choose>
</xsl:template>
```

Listing 1.12: 211_01.xslt – Dritter Fall

Die Ausgabe ist dieses Mal tatsächlich sehr einfach; allerdings ist das Dokument auch nicht sehr komplex. Man sieht, dass die Namen der Elemente und ihre Bedeutung als Listenelement korrekt erkannt wurden und auch die Überschriften richtig zugewiesen wurden.

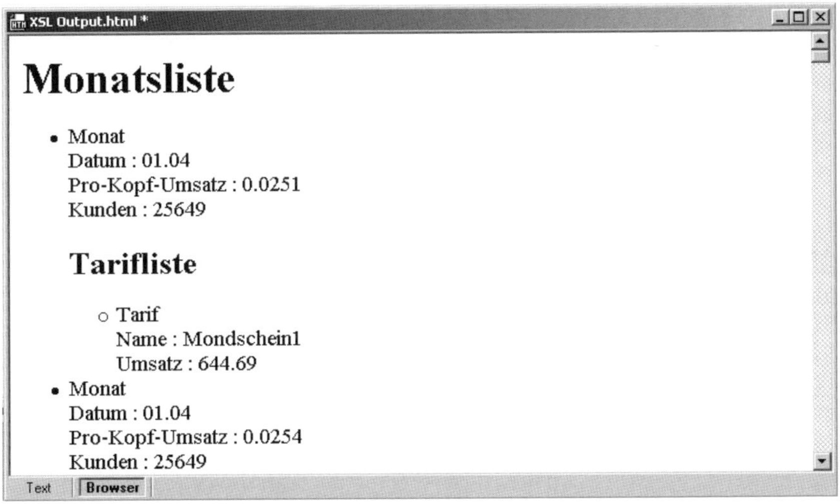

Abb. 1.7: Ausgabe im Browser

Dieses Beispiel kombiniert die allgemeine Verarbeitung der Namen mit schematisierten Namenskombinationen. Dies können Präfixe oder einfach angeschlossene Namensbestandteile wie Formatierungsangaben in Form von `titel` oder `liste` oder auch Strukturen sein wie `sammlung`, `einheit` oder `gruppe`. Anregungen für solche zusammengesetzten Namen kann man sich leicht aus anderen XML-Vokabularen vom W3C oder Industrievereinigungen besorgen, in denen teilweise recht lange Namen erscheinen, weil oftmals bei abstrakten Konzepten keine kurzen Namen verfügbar sind.

Beispiel mit Namensräumen

Als Erweiterung zu den Namen sehen wir hier auch die Namensräume, für deren Bearbeitung auf Zeichenkettenebene wir eine kleine Erweiterung vorbereitet haben. Innerhalb des Ihnen schon bekannten Dokuments haben wir zwei Namensräume der RuhrFon GmbH aus der Marketing- und der Buchhaltungsabteilung eingefügt. Sie werden im Wurzelelement bekannt gemacht. Ihre Präfixe benutzt man im ganzen Dokument.

```
<rf:Monatsliste xmlns:rf="http://www.ruhrfon.biz/marketing"
   xmlns:bh="http://www.ruhrfon.biz/buchhaltung" xmlns:xsi="http://
   www.w3.org/2001/XMLSchema-instance" xsi:schemaLocation="http://
   www.ruhrfon.biz/marketing
212_02.xsd">
  <rf:Monat>
    <rf:Datum>01.04</rf:Datum>
```

```
      <bh:Pro-Kopf-Umsatz>0.0251</bh:Pro-Kopf-Umsatz>
      <rf:Kunden>25649</rf:Kunden>
      <rf:Tarifliste>
        <rf:Tarif>
          <rf:Name>Mondschein1</rf:Name>
          <bh:Umsatz>644.69</bh:Umsatz>
        </rf:Tarif>
      </rf:Tarifliste>
    </rf:Monat>
  ...
```

Listing 1.13: 211_02.xml – Einsatz von Namensräumen

Der Dokumentaufbau ist unverändert. Lediglich die Namensräume sind neu hinzugekommen.

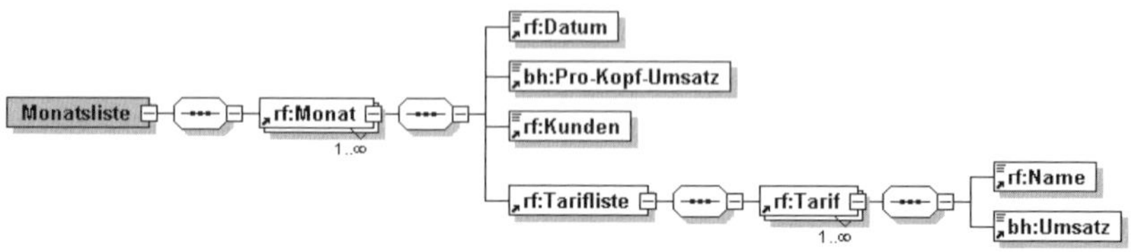

Abb. 1.8: Dokumentbaum mit Namensräumen

Im nächsten kurzen Quelltext geben wir neben dem vollständigen Namen des Elements auch noch explizit den zugehörigen Namensraum-URI aus.

```
<!-- Fall 3: Name und Eltern-Name enthalten nicht "Liste" -->
<xsl:when test="not(contains(lower-case(parent::*/local-name()), 'liste')) and
                not(contains(lower-case(local-name()), 'liste'))">
  <xsl:value-of select="(name(.), ' (', namespace-uri(.), '): ', .)"/>
  <br/>
</xsl:when>
```

Listing 1.14: 211_02.xslt – Ausgabe des Namensraumes

Die Ausgabe in HTML wird dadurch in keiner Weise besser lesbar, doch soll dieses Beispiel auch lediglich zeigen, wie solche Informationen aufgerufen und ausgegeben werden können. Es gibt auch Möglichkeiten, Knoten anhand ihrer Namensräume auszuwählen und daher getrennt oder grundsätzlich anders zu verarbeiten.

Abb. 1.9: Ausgabe in HTML

Es ist möglich, über die Namensraum-Achse für ein Element vorhandene Namensraumknoten zu erkennen und ihre Zeichenketteninhalte wiederum zu verarbeiten bzw. mit XPath-Prädikaten zu untersuchen. Dann gelingt es, Namensraum-URIs getrennt von ihren Präfixen auszulesen und für weitere Verarbeitungen zu nutzen. Das nachfolgende Beispiel enthält eine kurze Fingerübung für die entsprechenden Funktionen in XPath.

```
<!-- Fall 1: Name enthält "Liste" -->
<xsl:when test="$Listen-Vorfahren = 0">
  <h1>
    <xsl:value-of select="name(.)"/>
  </h1>
  <!-- Verfügbare Namensräume -->
  <ul>
    <xsl:for-each select="namespace::*[not(contains(.,'w3'))]">
      <li>
        <xsl:value-of select="."/>
      </li>
    </xsl:for-each>
  </ul>
  <!-- Verfügbare Namensraumpräfixe -->
  <ul>
    <xsl:for-each select="in-scope-prefixes(.)[not(contains(.,'x')
                          or string-length(.) = 0)]">
      <li>
        <xsl:value-of select="."/>
      </li>
    </xsl:for-each>
  </ul>
</xsl:when>
```

Listing 1.15: `211_03.xslt` – Erkennen von Namensräumen

Als Ergebnis erhält man jeweils eine Liste von nicht zum W3C gehörenden Namensräumen und ihren Präfixen. Für die zweite Liste ist besonders wichtig, den Standardnamensraum ohne Präfix in der Ausgabe auszuschalten, indem man eine Zeichenkettenlänge von mehr als null Zeichen fordert.

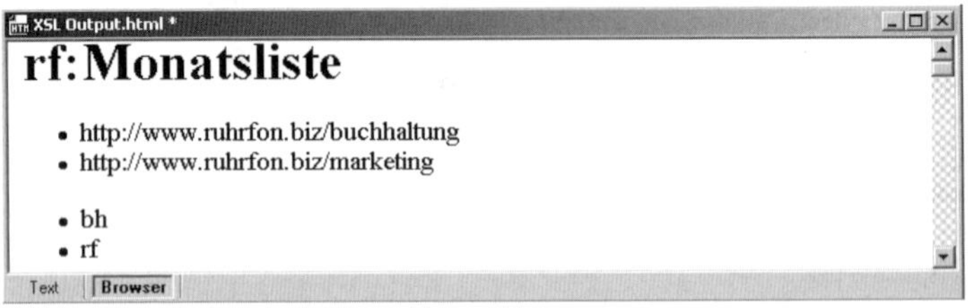

Abb. 1.10: Ausgabe in HTML

1.2.2 Eltern-Kind-Strukturen

Bereits im letzten Beispiel hatte man eine wesentliche Strukturierung des Dokuments durch die Verwendung von umschließenden Eltern erreicht. Dies betrifft die Elemente `Monat` und `Tarif`, wobei Letztere in einer andere Struktur nun in folgendem Beispiel erscheinen. Wir verraten vermutlich nichts Neues, wenn wir sagen, dass in XML einige Elemente Kinder enthalten und damit Elternelemente sind und dass daher andere Elemente Kinder solcher Elternelemente sind. Es ist ebenfalls einfach erkennbar, dass sich durch solche Strukturen Geschwister-Strukturen ergeben.

Grundlagen

Wie allerdings schon bei der Diskussion der Nutzung von Benennungen, so ist es für uns auch im Fall der Strukturierung immer wieder möglich, dass wir auch in größeren Projekten, die deutlich längere Lebenszyklen als ein oder zwei Jahre haben und deren Datenmodellierung sogar in verkäufliche Produkte einfließt, auf Modellierungen treffen, in denen innerhalb des Wurzelknotens beliebige Elemente in völlig ungeordneter Weise aufeinander folgen.

Dies führt dazu, dass ähnliche Elemente nur schwer erkannt werden oder jedes Mal über ihren Namen aufgerufen werden müssen, um eine passende Vorlage auszuwählen. Ebenfalls sind Erweiterungen von Dokumenten nur überaus umständlich für die Transformation zu berücksichtigen, weil bei ungeschickter Verschachtelung (Eltern-Kind-Strukturierung) neue Elementnamen überall in den XPath-Ausdrücken der Transformationsdokumente einzufügen sind. Bei unseren kurzen Beispielen ist möglicherweise der Nutzen der hier vorgestellten Technik nicht unmittelbar ersichtlich. Vergleichen Sie allerdings die Anzahl der Elemente in Ihren geplanten Dokumenten mit der Elementanzahl in unserem Beispiel und versuchen Sie abzuschätzen, was fünf- oder zehnmal mehr Elemente für Arbeitsaufwand oder auch -erleichterung bieten können, wenn sie geschickt strukturiert sind.

Folgende allgemeine Modellierungshinweise können wir geben. Sammeln Sie innerhalb von Elternelementen

- gleiche Elemente, die den gleichen Namen und den gleichen Aufbau besitzen. Dies ist der einfachste Fall und ist normalerweise völlig problemlos zu realisieren bzw. ist fast ein Modellierungsfehler, wenn er nicht erkannt wurde.
- ähnliche Elemente, die den gleichen Datentyp besitzen oder gleich verarbeitet werden sollen. Dies ist schon diskussionswürdig, weil die Verarbeitung eigentlich erst nach der Modellierung betrachtet wird oder die bereits genutzten oder angedachten Elementnamen gänzlich unterschiedlich sind.
- erweiterbare Elemente, die zunächst nur als einzelner Wert ohne Geschwister auftreten und möglicherweise in Zukunft Geschwister in Form von ähnlichen Elementen erhalten. Dies ist besonders schwer durchsetzbar, weil Befürchtungen bestehen, zu tief zu verschachteln oder unnütze Elternelemente zu erstellen. Die letztere Sorge ist durchaus berechtigt, allerdings ist die Wahrscheinlichkeit, dass Datenstrukturen im Laufe der Zeit eher zu- als abnehmen, durchaus hoch.

Durch eine solche Aufbereitung kann man sehr einfach eine einzige allgemeine Vorlage für alle Kinder entwickeln, deren Namen nicht notwendigerweise bekannt sein müssen. Stattdessen erstellt man eine Vorlage für das Elternelement (enthält Umsatzzahlen, Mitarbeiter, Grundstücke oder gleich typisierte Messdaten), dessen Kinder nach dem gleichen Schema verarbeitet werden. Wie viele Kinder genau verfügbar sind, ist unerheblich, da sie innerhalb eines Elternelements platziert sind. Auch wenn neue Kinder mit gleichem oder anderem Namen hinzukommen, ist dies nicht von Bedeutung, solange sie gleich verarbeitet werden.

In Erweiterung dieses Ansatzes lässt sich noch ein Benennungsschema oder mit Hilfe von Attributen ein Typisierungsschema verwenden, das in RDF (Resource Description Framework) zum Einsatz kommt. Da die Elternelemente eigentlich keine andere Aufgabe haben, als Elemente für eine einfache XPath-Adressierung zu umschließen, kann man sie im Namen oder mit Attributwerten auch mit zusätzlichen Informationen ausstatten. Diese könnten für die Verarbeitung nützliche Angaben enthalten. Ein `typ`-Attribut könnte die Werte `sammlung` oder `reihenfolge` speichern oder der Elementname könnte diese Bezeichnungen enthalten. Es ließe sich hier auch anregen, sofort die Bezeichner aus dem RDF zu verwenden, da sie dort definiert sind und man auf einen anderen Standard des W3C zurückgreift.

Dies kann die Reihenfolgebeziehung der enthaltenen Kinder betreffen:

- Reihenfolge: Die Anordnung der Kinder in Dokumentrichtung entspricht einer notwendigen Reihenfolge bzw. ist für die Verarbeitung von Bedeutung. Einfaches Beispiel: Hier könnte die Verarbeitung z.B. zu einer nummerierten Liste führen.

- Sammlung: Die Anordnung der Kinder in Dokumentrichtung entspricht keiner notwendigen Reihenfolge bzw. ist nicht für die Verarbeitung von Bedeutung. Einfaches Beispiel: Hier könnte die Verarbeitung z.B. zu einer nicht nummerierten Liste führen.

Beispiel zur Modellierung

Mit der bereits von den Daten her bekannten Umsatzaufstellung pro Monat und Tarif wollen wir die gegebenen Tipps illustrieren. Eine sehr sinnvolle und sicherlich schnell auf Gegenliebe stoßende Verbesserung ist die Gruppierung der Daten. Dies ließe sich für die Verarbeitung natürlich auch in XSLT erledigen, doch ist es durchaus arbeitserleichternd, wenn die Monate alle abgerufenen Tarife in der Tarifliste enthalten und nicht nur einen. (Um ehrlich zu sein, hatten wir das vorherige Dokument auch nur deswegen so schlecht aufgebaut, damit wir es jetzt korrigieren können.)

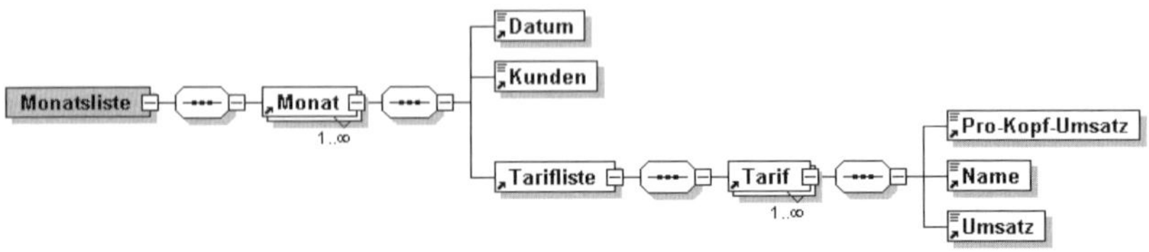

Abb. 1.11: Erster Versuch

Dies ergibt dann ein Dokument wie folgendes:

```
<Monatsliste xmlns:xsi="http://www.w3.org/2001/XMLSchema-instance"
  xsi:noNamespaceSchemaLocation="212_02a.xsd">
  <Monat>
    <Datum>01.04</Datum>
    <Kunden>25649</Kunden>
    <Tarifliste>
      <Tarif>
        <Pro-Kopf-Umsatz>0.0251</Pro-Kopf-Umsatz>
        <Name>Mondschein1</Name>
        <Umsatz>644.69</Umsatz>
      </Tarif>
      <Tarif>
        <Pro-Kopf-Umsatz>0.0254</Pro-Kopf-Umsatz>
        <Name>Frühstück</Name>
        <Umsatz>650.57</Umsatz>
      </Tarif>
      ...
```

Listing 1.16: 212_01.xml – Leicht verbesserte Umsatzaufstellung

Nun schauen wir uns das Dokument noch einmal an und korrigieren es mit Hilfe der Benennungsempfehlungen und einer völlig veränderten Struktur im Bereich der Tarifliste. Weil unterschiedlich benannte, aber gleich verarbeitete Elemente im Element `Tarif` zu finden waren, gibt es nun ein `Umsatz`-Element, das das bereits vorhandene Elemente `Pro-Kopf-Umsatz` und das ehemalige `Umsatz`-Element im Namen `Gesamt-Umsatz` enthält. Da davon auszugehen ist, dass möglicherweise weitere Informationen zum Tarif benötigt werden wie z.B. Gültigkeit oder Tariftyp, befindet sich ein einzelnes `Name`-Element in einem Element `Beschreibung`. Dies ist in einer Projektsitzung schwierig zu vermitteln, weil ja eindeutig ein einzelnes Element mit einem scheinbar unnützen Elternelement versehen wird. Da allerdings tatsächlich im Datendokument private und geschäftliche Tarife enthalten sind und diese mit Sicherheit irgendwann getrennt voneinander ausgelesen werden sollen (Durchschnittsberechnungen, Gruppierung, Sortierung etc.), wäre dies ein Vorschlag, den man vorsorglich umsetzen sollte.

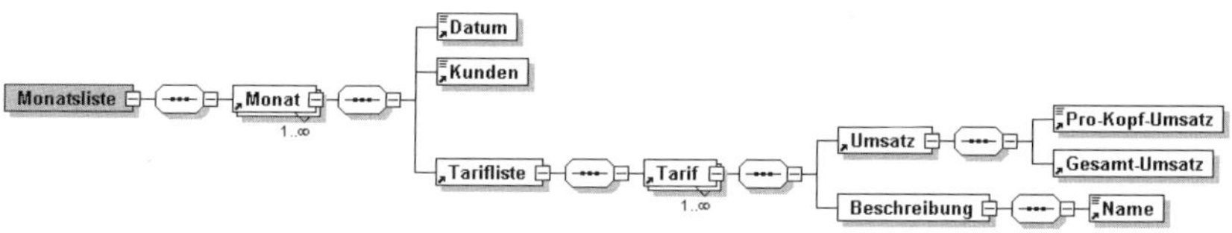

Abb. 1.12: Zweiter Versuch

Wenn man sich schon die Mühe macht, ähnliche Elemente unter einem Elternelement zu vereinen, dann lohnt sich auch, eine Vereinfachung der Benennungen durchzuführen. Weil die Kinder eines `Umsatz`-Elements ohnehin Umsatzzahlen in verschiedenen Ausprägungen (pro Kopf, gesamt, im Vergleich zum Vormonat, Zuwachsrate etc.) enthalten, kann man die Namen auf `Pro-Kopf` und `Gesamt` verkürzen.

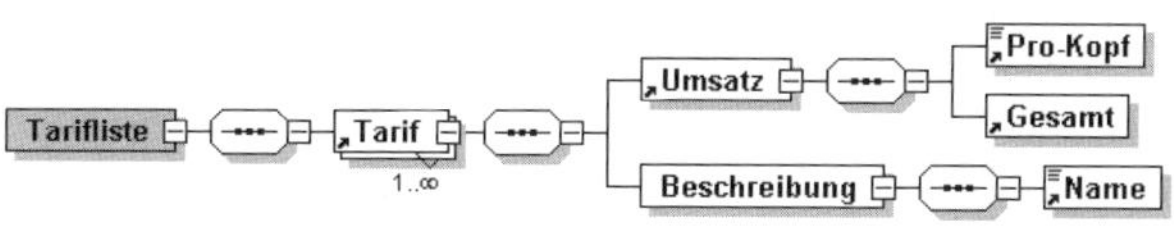

Abb. 1.13: Dritter Versuch

Sehr diskussionswürdig ist weiterhin die Modellierung von `Datum` und `Kunden`. Hier ist – so soll die Annahme sein – zunächst schwierig abzuschätzen, inwieweit hier Ober- oder Unterbegrifflichkeiten in den Datenstrukturen vorzufinden sind oder sein werden. Dass man mehr Zeitinformationen speichert, scheint eher unwahrscheinlich. Dass man detailliertere Kundeninformationen benötigt, ist insoweit fraglich, als dass sich diese erweiterten Zahlen auf andere Daten (pro

Stadt, pro Tarif) beziehen müssten. Dies allerdings wäre dann eher im `Tarif`-Element unterzubringen und nicht als allein stehendes Konstrukt, weil möglicherweise Datenredundanzen auftreten können. Da dies nicht klar zu erkennen ist, bleibt es zunächst im Dokument so wie jetzt. Eine Verlagerung in den `Umsatz`-Bereich mit neuen Werten ist allerdings kein Problem, solange die Verarbeitung (in unserem Fall immer Ausgabe in HTML) die gleiche ist und der Datentyp zu den potenziellen Geschwistern im `Umsatz`-Element passt.

```
<Monatsliste xmlns:xsi="http://www.w3.org/2001/XMLSchema-instance"
   xsi:noNamespaceSchemaLocation="212_03.xsd">
  <Monat>
    <Datum>01.04</Datum>
    <Kunden>25649</Kunden>
    <Tarifliste>
      <Tarif>
        <Umsatz>
          <Pro-Kopf>0.0251</Pro-Kopf>
          <Gesamt>644.69</Gesamt>
        </Umsatz>
        <Beschreibung>
          <Name>Mondschein1</Name>
        </Beschreibung>
      </Tarif>
      ...
```

Listing 1.17: `212_03.xml` – Neufassung der Umsatzübersicht

Beispiel zur Verarbeitung

Als beispielhafte Verarbeitung dieses Dokuments soll es nicht darum gehen, völlig allgemein zu arbeiten, sodass ein Transformationsdokument für unterschiedliche XML-Dokumenttypen entsteht. Stattdessen richtet sich unser Augenmerk darauf, eine Transformation zu erstellen, die auch bei sich wandelnden Dokumentstrukturen entweder gar keine Änderung oder nur kleinere Anpassungen erfordert. Wenn sich natürlich Namen ändern oder ganze Hierarchieverschiebungen ergeben, die in der Transformation ebenfalls über Namensaufruf und damit nicht völlig allgemein abgebildet werden, dann kommt man nicht umhin, Änderungen an diesen Bezeichnern auch in der Transformation vorzunehmen.

Wir gehen allerdings in unserem Beispiel davon aus, dass grundlegende Strukturen erhalten bleiben und hierarchisch tiefer angesiedelte Strukturen möglichst allgemein verarbeitet werden. Die Startvorlage ruft zunächst eine passende Vorlage für das Element `Monat` auf.

```
<!-- Startvorlage -->
  <xsl:template match="/Monatsliste" priority="2.0">
    <html>
      ...
      <body>
        <xsl:apply-templates select="Monat"/>
      </body>
    </html>
  </xsl:template>
```

Listing 1.18: 212_03.xslt – Startvorlage

Diese Vorlage für das Element Monat erstellt eine Tabelle und arbeitet danach ausschließlich mit Hilfe der Eltern-Kind-Beziehung. Die inhärente und nicht zu modellierende Bedeutung von Kindern für die Ausgabe ist dabei für Änderungen der XML-Strukturen natürlich sehr wichtig. In unserem Fall werden aus den Namen der Kinder von Monat Spaltenköpfe, sodass neue Elemente, die – aus welchen Gründen auch immer – sich nicht für die Ausgabe oder für die Erzeugung von Spaltenköpfen eignen, hier fehl am Platz wären oder einen namentlichen Aufruf der anderen Elemente erfordern würden.

Für die Ausgabe der Datenreihen rufen wir diese Kindknoten erneut auf und suchen passende Vorlagen für sie.

```
<!-- Vorlage für Monat -->
<xsl:template match="Monat" priority="2.0">
  <h2>
    <xsl:value-of select="(position(), local-name(.))" separator=".) "/>
  </h2>
  <table border="1">
    <tr>
      <xsl:for-each select="child::*">
        <th>
          <xsl:value-of select="local-name(.)"/>
        </th>
      </xsl:for-each>
    </tr>
    <xsl:apply-templates select="child::*"/>
  </table>
</xsl:template>
```

Listing 1.19: 212_03.xslt – Vorlage für Monat

Die gerade erwähnten passenden Vorlagen für die Kindknoten von Monat werden ausdrücklich nicht über ihren Namen weiterverarbeitet, sondern über eine Vorlage, die speziell für Kinder :-) geschrieben wurde. Sie enthält verschiedene Fälle, die sich explizit auf das vorhandene Dokument beziehen und die unterschiedlichen Situationen abfragen, in denen Kindknoten auftreten können. Wichtig ist allerdings, dass auch bei wachsender Dokumentstruktur auf mehreren Kindebenen die Transformation nicht anzupassen ist. Ob man mit der vorhandenen Vorlage drei oder vier Kindelemente beliebigen Namens verarbeitet oder ob diese wiederum Kinder enthalten, ist zunächst egal, solange mit der strukturierten Ausgabe in Tabellenform eine sinnvolle Ausgabe erzielt wird. Damit soll dieses Beispiel verdeutlichen, wie man sich die Arbeit bei sich verändernder Dokumentstruktur erleichtern kann, wenn man allgemeine Vorlagen einsetzt.

Im Quelltext haben wir die verschiedenen Kommentare hervorgehoben, die jeweils die Fälle oder die Ausgabearten bezüglich der angestrebten Tabelle ankündigen.

```
<!-- Vorlage für Kinder -->
<xsl:template match="child::*">
  <xsl:choose>
  <!-- Eltern = Monat -->
    <xsl:when test="local-name(parent::*)='Monat'">
      <xsl:choose>
      <!-- Keine Kinder, sondern Textknoten -->
        <xsl:when test="count(child::*) = 0 and exists(text())">
          <td>
            <xsl:value-of select="."/>
          </td>
        </xsl:when>
        <!-- Ein Kind -->
        <xsl:when test="count(child::*) = 1">
          <td>
            <xsl:value-of select="."/>
          </td>
        </xsl:when>
        <!-- Mehr als ein Kind -->
        <xsl:when test="count(child::*) &gt; 1">
          <td>
            <xsl:apply-templates select="child::*"/>
          </td>
        </xsl:when>
      </xsl:choose>
    </xsl:when>
    <!-- Eltern != Monat -->
    <xsl:when test="not(local-name(parent::*)='Monat')">
      <table border="1">
        <tr>
        <!-- Kinder von Monat -> TH -->
          <xsl:for-each select="child::*">
```

```
            <th>
              <xsl:value-of select="local-name(.)"/>
            </th>
          </xsl:for-each>
        </tr>
        <tr>
          <xsl:for-each select="child::*">
            <td>
            <!-- Kinder von Kinder von Monat -> TD -->
              <xsl:for-each select="child::*">
                <xsl:value-of select="('(', local-name(.),')',.)"/>
                <br/>
              </xsl:for-each>
            </td>
          </xsl:for-each>
        </tr>
      </table>
    </xsl:when>
  </xsl:choose>
</xsl:template>
```

Listing 1.20: 212_03.xslt – Ausgabeanweisungen

In HTML enthält man eine Tabelle, die ihrerseits wiederum mehrere kleine Tabellen enthält. Jeder Spalte in der äußeren Tabelle stellt ein Kind von Monat dar. Sollten hier also in Zukunft mehr Kinder erscheinen, dann würden zwangsläufig mehr Spalten ausgegeben werden. Sind in den Kindern Textknoten enthalten, werden diese in der Zelle ausgegeben. Enthalten die Kinder dagegen ebenfalls wieder Kinder, so werden diese bis zur in der vorher abgedruckten Vorlage berücksichtigten Hierarchietiefe ebenfalls in Tabellenform ausgegeben. Sollten hier ebenfalls mehr Kinder erscheinen, werden die Kindeskinder von Monat in mehr Spalten dieser Tabellen ausgegeben. Dies betrifft zurzeit die Elemente Umsatz und Beschreibung. Sollten dann wiederum mehr Kinder der Kindeskinder auftreten, entstünden automatisch längere Tabellen, da diese Elemente in den Zellen zu finden sind, wobei als Beschriftung eingeklammerte Ausdrücke entstehen.

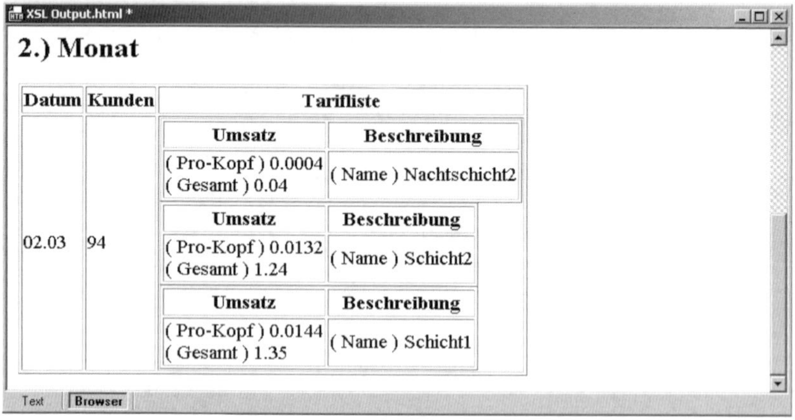

2.) Monat

Datum	Kunden	Tarifliste	
		Umsatz	Beschreibung
02.03	94	(Pro-Kopf) 0.0004 (Gesamt) 0.04	(Name) Nachtschicht2
		(Pro-Kopf) 0.0132 (Gesamt) 1.24	(Name) Schicht2
		(Pro-Kopf) 0.0144 (Gesamt) 1.35	(Name) Schicht1

Abb. 1.14: Ausgabe in HTML

1.2.3 Attribute vs. Elemente

Ein häufiges Mittel, um sehr flexible Strukturen in XML zu erhalten, ist die Verwendung eines Metavokabulars für die Speicherung der Inhalte. Die Beschriftung und damit die Semantik der Daten lagert man wie ihre Werte und – für eine bessere Verarbeitung – ihre Datentypangaben ebenfalls in Attributwerte oder in Textknoten aus. Diese Modellierung ist recht eigenwillig, hat spezifische Vor- und Nachteile, sollte allerdings immer auch als Alternative in Betracht gezogen werden.

Grundlagen

Die genaue Vorgehensweise bei einer solchen Modellierung ist am einfachsten dem Quelltext im nächsten Abschnitt zu entnehmen, sofern Sie sich noch nicht mit der XML-Modellierung beschäftigt haben. Das Grundprinzip erfordert, dass in den Element- und Attributnamen ein Metavokabular zum Einsatz kommt. Dieses kann sich auch in sehr allgemeiner Weise auf die beschriebenen Daten beziehen. In unserem Fall haben wir dagegen ein sehr allgemeines Vokabular gewählt, um das Grundprinzip beispielhaft besonders deutlich zu machen. Die Werte der solchermaßen modellierten Elemente befinden sich dann wie auch bei elementorientierten Dokumenten in Textknoten und Attributwerten. Der besondere Unterschied liegt darin, dass die eigentlichen Werte wie Beschreibungen gleichermaßen als Werte im XML-Dokument auftreten.

Die Vorteile einer solchen Modellierung:

- Große Flexibilität bei wechselnden oder sich verändernden Datenstrukturen
- Umfangreiche Einsatzmöglichkeiten der gleichen Modellierung für verschiedene Datenstrukturen oder verschiedene Versionen derselben Struktur

- Möglichkeit, sehr wenige Transformationsdokumente vorzuhalten, um unterschiedliche Strukturen gleich zu verarbeiten
- Möglichkeit, individuell zu arbeiten und über die als Werte gespeicherten Bezeichner zu suchen

Die Nachteile einer solchen Modellierung:

- Die Adressierung mit XPath erfordert für die einfache Lokalisierung über einen Elementnamen bereits ein Prädikat, da der Wert des Namens in einem Attributwert enthalten ist.
- Das Lesen der Daten in Rohform ist erschwert durch die gleichzeitige Speicherung von Beschreibungen und Daten in derselben Aufbereitungsform (Textknoten oder Attributwerte).
- Validierung der Daten mit einfachem XML Schema ist nur schwer möglich, weil man mit der XML Schema-Syntax nicht die in Wertform gespeicherten Beschreibungen validieren kann

Beispiel

Unser Beispiel enthält sehr wenige Elemente. Innerhalb einer so genannten `sammlung` befinden sich mehrere Elemente in unstrukturierter Folge. Sie enthält als Sammlungsinhalt ein oder mehrere Elemente des Typs `einheit`. Diese wiederum besitzt wie die `sammlung` einen Namen und speichert einzelne Werte in `wert`-Elementen, die entweder direkt einen Textknoten mit dem Wert enthalten oder die selbst wieder `wert`-Elemente als Kinder besitzen. Alle Elemente, die Werte speichern, geben zusätzlich zum `name`-Attribut auch den Datentyp des gespeicherten Werts in einem `typ`-Attribut und in den XML Schema-Datentypen an.

Damit das Beispiel leicht zu verstehen ist, haben wir einfach die bereits bestehende XML-Datei des vorherigen Beispiels in dieses attributorientierte Format übertragen. Sie können also mit einem direkten Vergleich die veränderte Struktur nachvollziehen.

```
<sammlung name="Monatliste" xmlns:xsi="http://www.w3.org/2001/XMLSchema-
   instance" xsi:noNamespaceSchemaLocation="123_01.xsd">
  <einheit name="Monat">
    <wert name="Datum" typ="xs:gYearMonth">2004-01</wert>
    <wert name="Kunden" typ="xs:integer">25649</wert>
    <sammlung name="Tarifliste">
      <einheit name="Tarif">
        <wert name="Umsatz">
          <wert name="Pro-Kopf" typ="xs:decimal">0.0251</wert>
          <wert name="Gesamt" typ="xs:decimal">644.69</wert>
        </wert>
        <wert name="Beschreibung">
```

```
            <wert name="Name" typ="xs:string">Mondschein1</wert>
          </wert>
        </einheit>
        ...
```

Listing 1.21: `123_01.xml` – Attributorientierte Modellierung

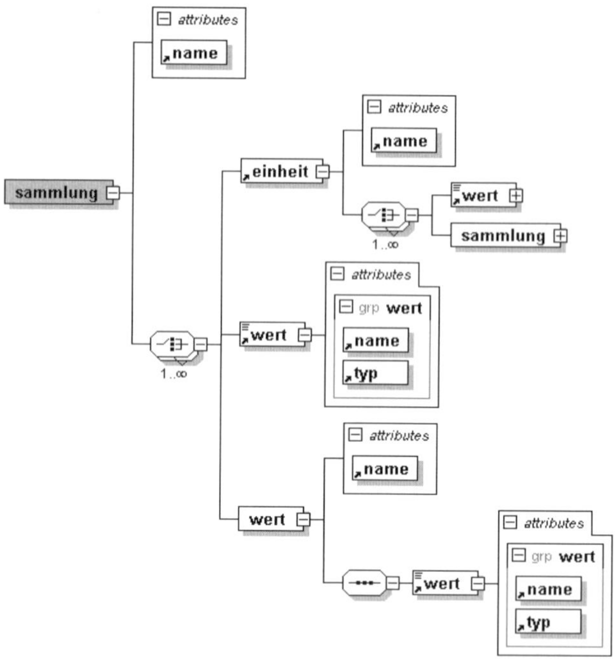

Abb. 1.15: Element- und Attributstruktur

Innerhalb der Startvorlage wird lediglich sehr allgemein nach passenden Vorlagen für die einzelnen Elemente gesucht.

```
<!-- Startvorlage -->
<xsl:template match="/">
  <html>
    ...
    <body>
      <xsl:apply-templates/>
    </body>
  </html>
</xsl:template>
```

Listing 1.22: `123_01.xslt` – Startvorlage

Der gesamte Algorithmus basiert nun nicht auf längeren Fallunterscheidungen wie zuvor, die teilweise auch schwierig aufzubauen sind oder deren Pflege auch schon einmal zu nicht erkannten Nebeneffekten durch unberücksichtigte Fälle und Zustände führen kann, sondern auf sehr kurzen einzelnen Vorlagen für die verschiedenen Elemente. Für das Element `einheit` ruft die passende Vorlage zunächst eine passende Vorlage für das Attribut `name` auf, um dann allgemein nach passenden Vorlagen für ihre Kinder zu suchen.

```
<!-- Vorlage für einheit -->
<xsl:template match="einheit">
  <xsl:apply-templates select="@name"/>
  <xsl:apply-templates/>
</xsl:template>
```

Listing 1.23: `123_01.xslt` – Vorlage für Element `einheit`

Für das Element `sammlung` existiert eine Vorlage, die ebenfalls zunächst eine passende Vorlage für das Attribut `name` sucht, um danach eine nicht nummerierte Liste auszugeben. Kinder von `sammlung` sollen dann in dieser Liste verarbeitet werden.

```
<!-- Vorlage für sammlung -->
<xsl:template match="sammlung">
  <xsl:apply-templates select="@name"/>
  <ul>
    <xsl:apply-templates/>
  </ul>
</xsl:template>
```

Listing 1.24: `123_01.xslt` – Vorlage für Element `sammlung`

Normalerweise hätten wir wie in den zurückliegenden Beispielen eine einzige Vorlage für das Element `wert` erstellt, in der mit einer Fallunterscheidung die verschiedenen Zustände dieses Elements untersucht und dann passend verarbeitet werden. Als Alternative stellen wir hier Vorlagen vor, die die verschiedenen Fälle bereits im `match`-Attribut in Form eines XPath-Prädikats besitzen. Dies verkürzt den Quelltext, was die eine einzige Vorlage anbetrifft, verringert allerdings durchaus nicht das Problem, dass durch die verschiedenen Zustände dieses Elements auch verschiedene Fallunterscheidungen – nun in Form von Vorlagen – notwendig sind.

Der erste Fall betrifft die `wert`-Elemente, die einen Textknoten enthalten und daher sofort als Listenpunkt unter Zugriff auf das `name`-Attribut ausgegeben werden können.

```
<!-- Vorlage für wert mit Textknoten -->
<xsl:template match="wert[exists(text())]">
```

```
    <li>
      <xsl:value-of select="(@name, ': ')"/>
      <xsl:apply-templates/>
    </li>
  </xsl:template>
```

Listing 1.25: `123_01.xslt` – Vorlage für verschiedene `wert`-Elemente

Die zweite Vorlage für das `wert`-Element behandelt den Fall, in der kein Textknoten, sondern weitere `wert`-Elemente als Kinder auftreten. In diesem Fall soll eine nummerierte Liste ausgegeben werden, vor der eine passende Vorlage für das allgemein beschreibende `name`-Attribut gesucht wird. Innerhalb dieser Liste werden dann passende Vorlagen gesucht, die sich – in der aktuellen Variante des Dokuments – auf `wert`-Elemente beziehen. Daher wird die vorher vorgestellte Vorlage aufgerufen, die nach passenden Vorlagen sucht.

Eine passende Vorlage für Textknoten findet sich auch. Diese ist hier extra angegeben, damit nicht auch Attributwerte durch eine simple Vorlagensuche einfach ausgegeben werden, obwohl dies nicht erwünscht ist.

```
  <!-- Vorlage für wert ohne Textknoten -->
  <xsl:template match="wert[not(exists(text()))]">
    <xsl:apply-templates select="@name"/>
    <ol>
      <xsl:apply-templates/>
    </ol>
  </xsl:template>
  <!-- Vorlage für text() -->
  <xsl:template match="text()">
    <xsl:value-of select="."/>
  </xsl:template>
```

Listing 1.26: `123_01.xslt` – Ausgabe von Textknoten

Die Vorlage für das `name`-Attribut, die bereits sehr oft aufgerufen wurde, gibt den Attributwert einfach in einem einfachen Listenpunkt aus.

```
  <!-- Vorlage für @name -->
  <xsl:template match="@name">
    <li>
      <xsl:value-of select="."/>
    </li>
  </xsl:template>
```

Listing 1.27: `123_01.xslt` – Ausgabe des Attributs name

Als Ergebnis erhält man eine längere Liste, die ihrerseits wiederum Unterlisten enthält. Wir halten persönlich die einfache Ausgabe für sehr gelungen, weil das Dokument gut lesbar erscheint. In diesem besonderen Fall ist eine solch gute Lesbarkeit angesichts der eher schwierigen Lesbarkeit der Originaldaten überaus wichtig.

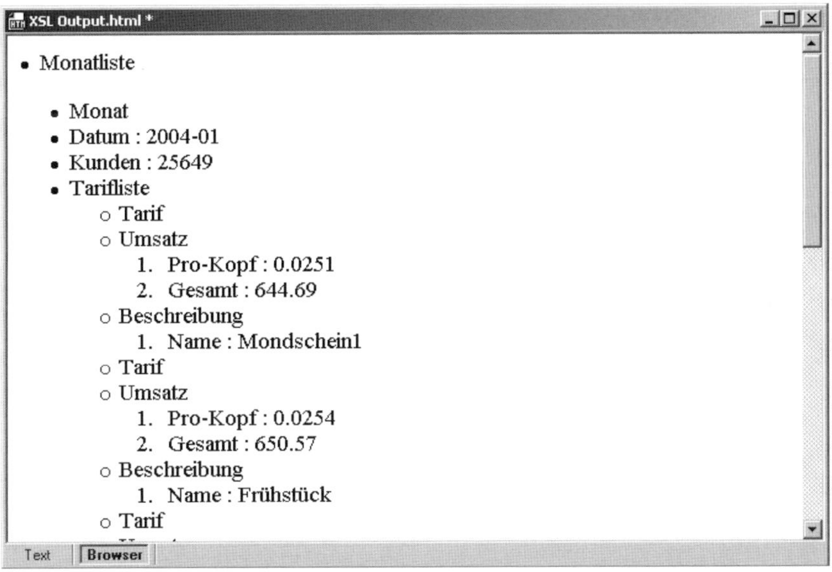

Abb. 1.16: Ausgabe in HTML

Kapitel 2

Eigene XSLT-Funktionen

Trotz des sehr stark erweiterten Funktionsumfangs von XPath gibt es natürlich immer Bedarf an wiederverwendbaren Komponenten, die man entweder in einer einzigen Transformation mehrfach verwenden möchte oder die für eine ganze Anwendung in verschiedenen Transformationen zum Einsatz kommen können. Mit Hilfe der allgemeinen Vorlagen haben wir Ihnen bereits ein Konzept vorgestellt, wie man wiederverwendbare Komponenten in XSLT erstellen kann. Diese hingen allerdings doch sehr vom Ping-Pong-Spiel und damit der Vorlagenautomatik ab. In diesem Kapitel wollen wir uns noch einmal mit der Erstellung von wiederverwendbaren Komponenten beschäftigen, dabei jedoch benannte Vorlagen und Stylesheet-Funktionen (neu in XSLT 2.0) diskutieren.

2.1 Benannte Vorlagen in XSLT 1.0

Das Ziel dieses Kapitels besteht darin, Ihnen Techniken mit XSLT zu zeigen, mit denen Sie in die Lage versetzt werden, wiederverwendbare Komponenten zu erstellen. Dies könnten natürlich ganz einfache XSLT-Dateien sein, die über Import oder Inklusion in eine andere XSLT-Datei eingebunden werden. Solche Techniken werden im ersten Band dieser Reihe ausführlich erläutert[1] und sollen hier nicht noch einmal Gegenstand einer Diskussion sein.

Tatsächlich können sich hinter solchermaßen eingebundenen Vorlagen auch sehr spezialisierte und aufgrund der Bezeichnerverwendung innerhalb der Vorlagen keine allgemeinen Bausteine verbergen. Unser Ziel sind allerdings genau solche allgemeinen Bausteine, wobei es jetzt nicht darauf ankommt, sie über Platzhalter wie im vorherigen Kapitel aufzubauen, sondern ihnen einen Namen zu geben und sie über diesen aufzurufen.

2.1.1 Grundlagen

Die einfachste Möglichkeit, auch in XSLT 1.0 schon solche benannten wiederverwendbaren Vorlagen zu erstellen, stellen benannte Vorlagen dar. Wir werden in diesem Abschnitt solche Ihnen schon bekannten Vorlagen noch einmal aus einer ganz anderen Perspektive betrachten, nämlich in Form von Funktionen oder Prozeduren, wie sie auch zur Erledigung von wiederholt auftretenden Anweisungen in

1 Vgl. Skulschus/Wiederstein, XSLT und XPath (Band 1), S. 275

anderen Programmiersprachen zum Einsatz kommen. Es soll also eine Vorlage entstehen, die in einer anderen Vorlage eine Methode einer Hilfsklasse oder eine Unterroutine, eine DB-Funktion oder überhaupt eine Funktion wäre. Da wir natürlich in XSLT keine objektorientierten und nicht einmal prozedurale Strukturen, sondern deklarative Strukturen zur Algorithmenbildung besitzen, ist der Vergleich nur sehr einfach und sehr oberflächlich zu machen. Man wird diesen benannten Vorlagen nicht notwendigerweise ansehen, dass sie spezielle Vorlagen für unsere Anwendung darstellen. Vielleicht liegen sie in einer entsprechend benannten Datei, die von mehreren anderen XSLT-Dateien eingebunden wird, sie weisen einen besonderen Namensraum auf oder befolgen spezielle Namenskonventionen.

Lediglich der Programmierer wird wissen, dass dies spezialisierte Vorlagen für allgemeine Umwandlungen, Transformationen oder Berechnungen sind. Sie bestehen aus folgenden Bestandteilen:

- Ein möglichst allgemeiner Name, der auf ihre Wiederverwendbarkeit deutlich hinweist. Dieser Name könnte genauso gut in einer anderen Programmiersprache für eine ähnlich aufgebaute oder mit ähnlichen Algorithmen ausgestattete Methode/Funktion/Routine stehen.
- Eine Parameterliste, die einzelne Werte oder ganze Knoten bzw. Knotensätze erwartet. Diese Parameter tragen auch Namen, die nicht mit Namen aus dem XML-Datenstrom Ähnlichkeiten aufweisen, sondern eher allgemeiner Natur sind. Dies soll verdeutlichen, dass eine universelle Einsetzbarkeit der Vorlage durch diese Schnittstellen gegeben ist.
- Der Aufruf erfolgt dann gerade nicht über das Ping-Pong-Spiel[2], sondern mit Hilfe des Vorlagennamens unter Verwendung der benötigten Parameter.
- Der Rückgabewert einer solchen Vorlage erfolgt dann über die Ausgabe im XML-Ausgabestrom mit Hilfe von `xsl:text`, `xsl:value-of` oder einer Textknoten-Ausgabe in einem Element.

Damit Sie einen Überblick über die verschiedenen Syntaxstrukturen erhalten, haben wir für die drei Bausteine die unterschiedlichen XSLT-Elemente noch einmal in der nachfolgenden Aufstellung zusammengefasst.

Mit Hilfe von `xsl:template`[3] legt man eine Vorlage in XSLT an. In unserem Fall besitzt sie das optionale `name`-Attribut zur Angabe eines Namens, verzichtet allerdings auf das `match`-Attribut (Angabe eines XPath-Ausdrucks zur automatischen Vorlagenauswahl bzw. zur Angabe einer Vorlagenregel) und das `mode`-Attribut (unterscheidender Bezeichner für eine Vorlagenvariante). Mit Hilfe des Attributs `priority` lässt sich die Wichtigkeit numerisch und damit absolut ohne die automa-

2 Vgl. Skulschus/Wiederstein, XSLT und XPath (Band 1), S. 49

3 Vgl. XSL Transformations (XSLT) Version 2.0, W3C Working Draft 2 May 2003 im Abschnitt 6.1 Defining Templates unter `http://www.w3c.org/TR/xslt20/#d0e6793`.

tische Einstufung durch den Prozessor vorgeben. Mit Hilfe des as-Attributs lässt sich der Rückgabewert angeben (neu in XSLT 2.0).

Die allgemeine Syntax für das xsl:template-Element lautet:

```
<!-- Kategorie: Deklaration -->
<xsl:template
  match = pattern
  name = qname
  priority = number
  mode = tokens
  as = sequence-type>
  <!-- Content: (xsl:param*, sequence-constructor) -->
</xsl:template>
```

Ein Parameter lässt sich für eine benannte Vorlage wie auch eine Vorlagenregel über xsl:param angeben. Das name-Attribut legt den Parameternamen fest. Das select-Attribut wählt einen Standardwert aus, der überschrieben werden kann, sobald die Vorlage mit diesem Parameter aufgerufen wird. Das Attribut required gibt an, ob der Parameter für die Vorlage verpflichtend beim Aufruf übergeben werden muss (neu in XSLT 2.0). Das Attribut as gibt den erwarteten Datentyp an (neu in XSLT 2.0).

Die allgemeine Syntax für das xsl:param-Element[4] lautet:

```
<!-- Kategorie: Deklaration -->
<xsl:param
  name = qname
  select = expression
  as = sequence-type
  required = "yes" | "no">
  <!-- Content: sequence-constructor -->
</xsl:param>
```

Mit Hilfe des Elements xsl:with-param lässt sich innerhalb eines xsl:apply-templates- oder xsl:call-template-Elements eine Vorlage unter Zuführung von Parameterwerten aufrufen. Mit dem Attribut name gibt man den zu übergebenden Parameter an, während das Attribut select den Wert in Form eines XPath-Ausdrucks (Knoten, Knotensatz, Zeichenkette, Zahl) vorgibt.

4 Vgl. XSL Transformations (XSLT) Version 2.0, W3C Working Draft 2 May 2003 im Abschnitt 9.2 Parameters unter http://www.w3c.org/TR/xslt20/#parameters und Skulschus/Wiederstein, XSLT und XPath (Band 1), S. 179

Die allgemeine Syntax für das `xsl:with-param`-Element[5] lautet:

```
<xsl:with-param
  name = qname
  select = expression>
  <!-- Content: sequence-constructor -->
</xsl:with-param>
```

Durch das Element `xsl:call-template` kann man eine benannte Vorlage aufrufen. Ihr Name sitzt im `name`-Attribut. Als Kindelement sind ein oder mehrere `xsl:with-param`-Elemente optional zugelassen. Sie erlauben die Übergabe von Werten an Parameter.

Die allgemeine Syntax für das `xsl:call-template`-Element[6] lautet:

```
<!-- Kategorie: Instruktion -->
<xsl:call-template
  name = qname>
  <!-- Content: xsl:with-param* -->
</xsl:call-template>
```

Mit Hilfe dieser Bestandteile lässt sich das anlegen, was wir seit vielen Jahren in Seminaren und bei Kunden als »missbrauchte Vorlagen« vorstellen. Auf der einen Seite sind es ganz gewöhnliche Vorlagen, die keine besondere Syntax besitzen oder in irgendeiner Art und Weise syntaktisch aus dem Raster fallen. Auf der anderen Weise bieten sie einen erhöhten Nutzen bei der täglichen Arbeit mit ihnen, der sie in die Nähe von Routinen/Funktionen etc. bringt. Wir nennen sie deswegen missbrauchte Vorlagen, weil sie anders sind als gewöhnliche benannte Vorlagen und für sehr viele Dinge eingesetzt, also sozusagen missbraucht werden.

Es hat sich nach den vielen Jahren Arbeit mit XSLT 1.0 herausgestellt, dass der Name eine durchaus gute Wahl war, denn das Wort Stylesheet-Funktionen ist nun in XSLT 2.0 nicht nur als Konzept, sondern sogar als neues Element in die Sprache eingeführt worden. Daher scheint unser Name auch weiterhin seine Daseinsberechtigung zu besitzen.

---

5 Vgl. XSL Transformations (XSLT) Version 2.0, W3C Working Draft 2 May 2003 im Abschnitt 10.1.1 Passing Parameters to Templates unter `http://www.w3c.org/TR/xslt20/#with-param`.

6 Vgl. XSL Transformations (XSLT) Version 2.0, W3C Working Draft 2 May 2003 im Abschnitt 10.1 Named Templates unter `http://www.w3c.org/TR/xslt20/#named-templates`.

2.1.2 Verwendung

In einem längeren Beispiel möchten wir die gesamte Philosophie einführen, die sich hinter den missbrauchten Vorlagen verbirgt. Als Datenbasis greifen wir auf ein XML-Dokument zurück, das eine Liste aller Telefontarife der RuhrFon GmbH enthält, ergänzt um einige Umsatzinformationen. Die Struktur des Dokuments ist für dieses Beispiel weniger wichtig als seine genauen Daten, denn die verschiedenen Textknoten enthalten Inhalte, die nicht mit den Datentypen von XML Schema übereinstimmen. Wenn Sie einen Blick in das nachfolgende Dokument werfen, dann sehen Sie, dass es Datums- und Uhrzeitwerte gibt, die genau nicht den Datentypen `xs:date` oder `xs:time` entsprechen, sondern entweder ein deutsches Format besitzen oder sogar nur einfache Ganzzahlwerte sind. Ähnliches gilt für die Umsatz- bzw. Kundenzahlen im unteren Bereich des Dokuments, wo nicht nur Gruppentrennzeichen, sondern auch Dezimaltrennzeichen deutschen Formats verwendet werden.

```
<Tarifliste xmlns:xsi="http://www.w3.org/2001/XMLSchema-instance"
   xsi:noNamespaceSchemaLocation="212_01.xsd">
  <Tarif>
    <Name Nr="7" Typ="g">Schicht1</Name>
    <Gueltigkeit>
      <Von>01.01.03</Von>
      <Bis>31.12.03</Bis>
    </Gueltigkeit>
    <Uhrzeit>
      <Von>7</Von>
      <Bis>15</Bis>
    </Uhrzeit>
    <Preis/>
    <Umsatz>
      <Summe>2.313,50</Summe>
      <Kunden>787</Kunden>
      <Durchschnitt>2,94</Durchschnitt>
    </Umsatz>
  </Tarif>
  ...
```

Listing 2.1: `212_01.xml` – Tarifliste

Das Dokument an sich ist sehr simpel aufgebaut. Innerhalb eines Wurzelelements `Tarifliste` befinden sich mehrere `Tarif`-Elemente in Folge. Sie enthalten einige Kinder mit Textknoten und andere Kinder mit weiteren abhängigen Kindern. Diese beschreiben die `Gueltigkeit`, also in welchem Jahreszeitraum ein Tarif angeboten wurde, und die `Uhrzeit`, also wann am Tag ein Tarif innerhalb des Gültigkeitszeitraumes benutzt werden konnte. Felder für `Name` und `Preis` des Tarifs sind dann genauso vorhanden wie ein Element `Umsatz`, in dem die gesamte Umsatzsumme, die Anzahl der Kunden, die diesen Tarif genutzt haben, sowie der durchschnittliche Umsatz des Tarifs enthalten sind.

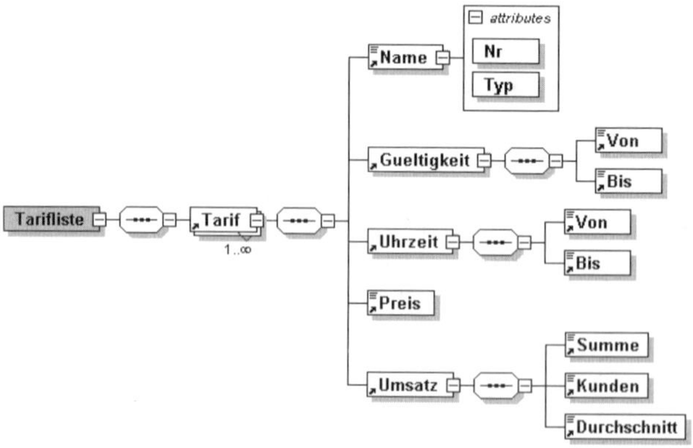

Abb. 2.1: Dokumentstruktur

In diesem Fall möchten wir zur Abwechselung einmal kein HTML-Dokument als Ausgabe erzeugen, sondern ein XML-Dokument mit gleicher Struktur, aber wesentlich besseren und vor allen Dingen einfach zu validierenden Textknoten. Das heißt, die vorhandenen Textknoten sollen fast alle in solche umgewandelt werden, die mit XML Schema-Datentypen überprüft werden können. Sollten Sie für die beiden genannten Typen nicht das korrekte Format wissen, dann werden Sie sich die Struktur anhand des nachfolgenden Beispiels leicht denken können. Für das Datum gilt das ISO-Format (amerikanisches Format), für die Uhrzeit ein digitales mit Doppelpunkten und für die Dezimalzeichen das amerikanische.

```
<Tarifliste xmlns:xsi="http://www.w3.org/2001/XMLSchema-instance"
   xsi:noNamespaceSchemaLocation="212_02.xsd">
  <Tarif>
    <Name Nr="7" Typ="g">Schicht1</Name>
    <Gueltigkeit>
      <Von>2003-01-01</Von>
      <Bis>2003-12-31</Bis>
    </Gueltigkeit>
    <Uhrzeit>
      <Von>7:00:00</Von>
      <Bis>15:00:00</Bis>
    </Uhrzeit>
    <Umsatz>
```

```
      <Summe>2313.50</Summe>
      <Kunden>787</Kunden>
      <Durchschnitt>2.94</Durchschnitt>
    </Umsatz>
  </Tarif>
  ...
```

Listing 2.2: 212_02.xml – Korrekte Datentypen

In der Startvorlage steckt dieses Mal gleich die gesamte Ausgabe. Lediglich die genaue Ausprogrammierung der Umwandlung wird in speziellen Vorlagen geregelt. Aus Gründen der Lesbarkeit erzeugen wir die XML-Elemente im Ausgabestrom nicht mit dem `xsl:element`-Element, sondern mit einfachen Tags wie in HTML. Die Umwandlungen der Texte erfolgt dann über die missbrauchten Vorlagen, in denen natürlich die interessantesten Punkte des Beispiels stecken.

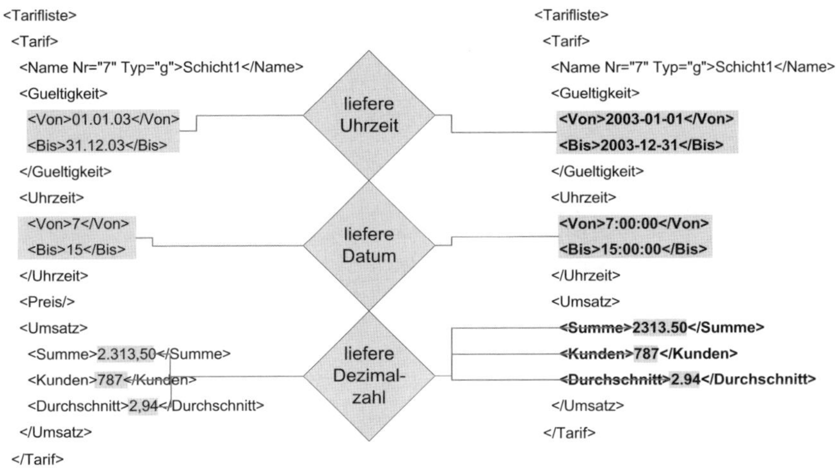

Abb. 2.2: Umwandlungsprozess

Innerhalb der Startvorlage befinden sich dann selbstverständlich auch die Aufrufe der missbrauchten Vorlagen. Sinn und Zweck dieser Vorlagen ist die Vereinfachung des Lebens allgemein. Diese Vereinfachung zeigen wir jetzt nur einmal ganz kurz mit Hilfe der Verwendung unserer missbrauchten Vorlagen. Die fett gedruckten Aufrufe dieser Vorlagen führen dazu, dass die unter ihrem Namen verdeckten Algorithmen zur Datenumwandlung aufgerufen werden. In der Syntax von XSLT 2.0 gibt es neue Techniken für ähnliche Strukturen, deren Aufruf deutlich als Aufruf ausgelagerter Funktionen auffällt. In diesem Fall könnte sich dies im Vergleich zu einer Vorlage wie `Namensausgabe` oder `Tabellentitel` nicht so deutlich widerspiegeln.

```
<!-- Startvorlage -->
<xsl:template match="/Tarifliste">
  <Tarifliste xsi:noNamespaceSchemaLocation="212_02.xsd">
    <xsl:for-each select="Tarif">
      <Tarif>
        <xsl:copy-of select="Name"/>
        <Gueltigkeit>
          <!-- Umwandlung in xs:date -->
          <xsl:for-each select="Gueltigkeit/child::*">
            <xsl:call-template name="liefereDatum">
              <xsl:with-param name="deutschesDatum" select="."/>
            </xsl:call-template>
          </xsl:for-each>
        </Gueltigkeit>
        <Uhrzeit>
          <!-- Umwandlung in xs:time -->
          <xsl:for-each select="Uhrzeit/child::*">
            <xsl:call-template name="liefereUhrzeit">
              <xsl:with-param name="Stunde" select="."/>
            </xsl:call-template>
          </xsl:for-each>
        </Uhrzeit>
        <!-- Umwandlung in xs:decimal -->
        <Umsatz>
          <xsl:for-each select="Umsatz/child::*">
            <xsl:copy>
              <xsl:call-template name="liefereDezimalzahl">
                <xsl:with-param name="deutscheZahl" select="."/>
              </xsl:call-template>
            </xsl:copy>
          </xsl:for-each>
        </Umsatz>
      </Tarif>
    </xsl:for-each>
  </Tarifliste>
</xsl:template>
```

Listing 2.3: 212_01.xslt – Umfangreiche Startvorlage

Die erste missbrauchte Vorlage liefereDatum dient der Erzeugung von Elementen mit Namen des übergebenen Elements und der Umwandlung vom deutschen Datumsformat in das ISO-Datumsformat. Die Schnittstelle nach außen bildet der Parameter deutschesDatum, der einen Elementknoten und nicht nur einen Textknoten erwartet. Der Algorithmus zur Umwandlung ist – wir sind ganz ehrlich – besonders simpel und unspektakulär. Zur besseren Lesbarkeit haben wir drei Variablen erstellt, die mit Hilfe der einfachen `substring`-Funktion die passenden Felder aus dem vorhandenen Datum unter einem passenden Namen – `Tag`, `Monat` und `Jahr` – speichern. Die Ausgabe bzw. der Rückgabewert ist dann ebenso einfach ein Element, das so heißt wie das übergebene Element, und ein Textknoten im passenden Format, den wir mit der `concat`-Funktion aus den drei Variablen zusammensetzen.

```
<!-- Vorlage zur Datumsumwandlung -->
<xsl:template name="liefereDatum">
  <!-- Parameter -->
  <xsl:param name="deutschesDatum"/>
  <!-- Variablen zu Ausgabe -->
  <xsl:variable name="Tag" select="substring($deutschesDatum/text(),
 1,2)"/>
  <xsl:variable name="Monat" select="substring($deutschesDatum/text(),
 4,2)"/>
  <xsl:variable name="Jahr"
                select="concat('20',substring($deutschesDatum/text(),
 7,2))"/>
  <!-- Ausgabe -->
  <xsl:element name="{local-name($deutschesDatum)}">
    <xsl:value-of select="concat($Jahr, '-', $Monat, '-', $Tag)"/>
  </xsl:element>
</xsl:template>
```

Listing 2.4: 212_01.xslt – Umwandlung in xs:date

Beim gerade abgedruckten Beispiel kommt es auch weniger auf die genaue Programmierung der Syntax in XSLT an, sondern darauf, dass dies eine Vorlage ist, die sich tatsächlich in keiner Weise mit genauen Elementstrukturen auseinander setzt. Tatsächlich kann man sie immer aufrufen, wenn man in einem Feld ein deutsches Datum findet und ein ISO-Datum benötigt. Das Ergebnis im Ziel-XML-Dokument entspricht dann der Struktur, die im nachfolgenden XML Schema-Auszug angegeben ist.

```
<xs:element name="Gueltigkeit">
  <xs:complexType>
    <xs:sequence>
      <xs:element name="Von" type="xs:date"/>
      <xs:element name="Bis" type="xs:date"/>
    </xs:sequence>
  </xs:complexType>
</xs:element>
```

Listing 2.5: 212_02.xsd – XML Schema-Komponente zur Validierung

Die missbrauchte Vorlage `liefereUhrzeit` erledigt eine ähnliche Arbeit für die Umwandlung von Ganzzahlen in das `xs:time`-Format `hh:mm:ss` wie die zuvor präsentierte `liefereDatum`-Vorlage. Auch diese Vorlage lässt sich überall einsetzen, wo ein komplettes Element mit korrigierter Stundenangabe erzeugt werden soll, unabhängig davon, wie es heißt. Innerhalb der Vorlage gibt es einen Test auf den genauen Wert der Stundenangabe, weil im ISO-Format keine 24 zulässig ist, sondern der Tag mit 0 Uhr beginnt und endet. Im XML-Dokument bzw. in der Spieldatenbank ist allerdings die Stunde 24 zulässig.

```
<!-- Vorlage zur Stundenumwandlung -->
<xsl:template name="liefereUhrzeit">
  <!-- Parameter -->
  <xsl:param name="Stunde"/>
  <!-- Ausgabe -->
  <xsl:element name="{local-name($Stunde)}">
    <xsl:choose>
      <xsl:when test="not($Stunde = 24)">
        <xsl:value-of select="concat($Stunde/text(),':00:00')"/>
      </xsl:when>
      <xsl:otherwise>
        <xsl:text>00:00:00</xsl:text>
      </xsl:otherwise>
    </xsl:choose>
  </xsl:element>
</xsl:template>
```

Listing 2.6: `212_01.xslt` – Umwandlung in `xs:time`

Im Ergebnis entspricht dann die Ausgabe der `liefereDatum`-Vorlage der Struktur, wie sie im nachfolgenden XML Schema-Auszug angegeben ist.

```
<xs:element name="Uhrzeit">
  <xs:complexType>
    <xs:sequence>
      <xs:element name="Von" type="xs:time"/>
      <xs:element name="Bis" type="xs:time"/>
    </xs:sequence>
  </xs:complexType>
</xs:element>
```

Listing 2.7: `212_02.xsd` – XML Schema-Komponente zur Validierung

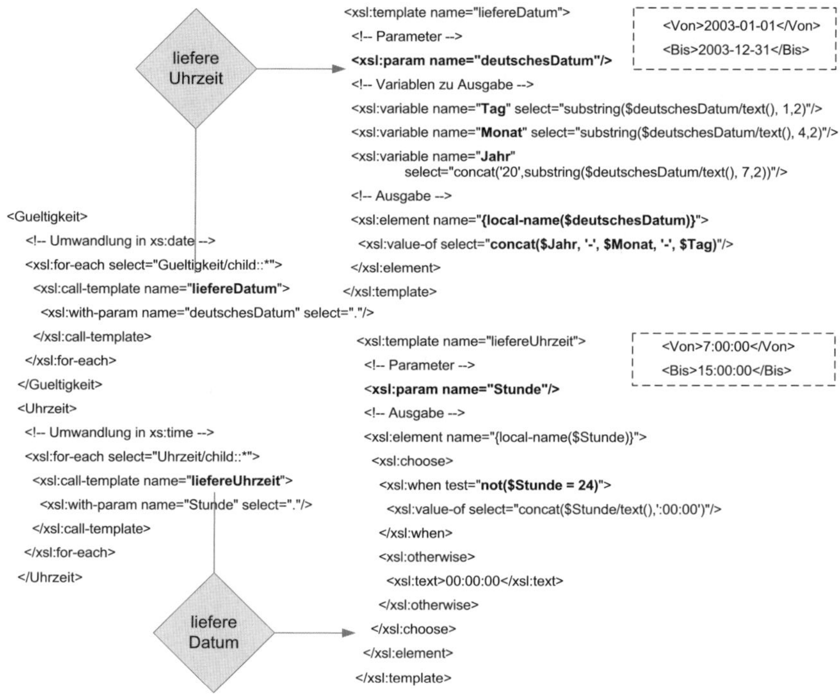

Abb. 2.3: Struktur des Vorlagenaufrufs

Für die Umwandlung von deutschen Zahlen mit Dezimalkomma und dem Punkt als Gruppentrennzeichen muss man einen aufwändigeren Algorithmus verwenden, der in XSLT 2.0 völlig überflüssig wäre. Dort gibt es nämlich eine passende `replace`-Funktion, die einfach die benötigten Zeichen in der Zeichenkette austauschen kann. Für XSLT 1.0 ist dies leider nicht möglich – oder zum Glück, denn so können wir kurz ein Beispiel mit Rekursion einfügen. Weil die Ersetzung von Unterzeichenketten in XSLT 1.0 nicht ganz so einfach ist wie in der Nachfolgerversion, lohnt sich hier ganz deutlich die Verwendung einer missbrauchten Vorlage, weil jeder andere Quelltext mit solchen Dingen wie Rekursion immer sehr schnell überfrachtet wirkt.

Zur Erklärung des Inhalts der Vorlage ist so viel zu sagen, dass diese Vorlage nicht einen Elementknoten, sondern einen Textknoten erwartet. Von ihm erhält die lokale Variable `Zeichen` das erste Zeichen, das dann innerhalb der `xsl:choose`-Anweisung untersucht wird. Ein Punkt wird gelöscht, ein Komma wird zu einem Punkt umgewandelt, und ein anderes Zeichen wird ohne Änderung ausgegeben. Diese Fallunterscheidung und ebenso der rekursive Aufruf der Vorlage sind davon abhängig, dass die Länge der übergebenen Zeichenkette wenigstens ein Zeichen enthält. Die Länge wird aus Gründen der besseren Lesbarkeit in einer eigenen lokalen Variablen Laenge gespeichert. Für den rekursiven Aufruf benötigt man die um das bearbeitete Zeichen verkürzte Zeichenkette des ursprünglichen Parameterwerts. So wird jedes Zeichen der Reihe nach verarbeitet und die Vorlage immer wieder mit einer kürzeren Zeichenkette aufgerufen.

```
<!-- Vorlage zur Zahlenumwandlung -->
<xsl:template name="liefereDezimalzahl">
  <!-- Parameter -->
  <xsl:param name="deutscheZahl"/>
  <!-- Variablen -->
  <xsl:variable name="Zeichen" select="substring($deutscheZahl, 1,1)"/>
  <xsl:variable name="Laenge" select="string-length($deutscheZahl)"/>
  <xsl:variable name="neueDeutscheZahl" select="substring($deutscheZahl, 2,
                                                              $Laenge)"/>
  <!-- Ausgabe -->
  <xsl:if test="not($Laenge = 0)">
    <!-- Ersetzung -->
    <xsl:choose>
      <xsl:when test="$Zeichen = ','">
        <xsl:text>.</xsl:text>
      </xsl:when>
      <xsl:when test="$Zeichen = '.'"/>
      <xsl:otherwise>
        <xsl:value-of select="$Zeichen"/>
      </xsl:otherwise>
    </xsl:choose>
    <!-- Rekursiver Aufruf -->
    <xsl:call-template name="liefereDezimalzahl">
      <xsl:with-param name="deutscheZahl" select="$neueDeutscheZahl"/>
    </xsl:call-template>
  </xsl:if>
</xsl:template>
```

Listing 2.8: 212_01.xslt – Umwandlung in Dezimalzahl

Das Ergebnis entspricht dann folgender Struktur in XML Schema. Alle drei Elemente, die Zahlen enthalten, speichern diese nun korrekt im Dezimalformat des Datentyps xs:decimal mit Dezimalpunkt, wo es notwendig ist.

```
<xs:element name="Umsatz">
  <xs:complexType>
    <xs:sequence>
      <xs:element ref="Summe"/>
```

```
      <xs:element ref="Kunden"/>
      <xs:element ref="Durchschnitt"/>
    </xs:sequence>
  </xs:complexType>
</xs:element>
<xs:element name="Durchschnitt" type="xs:decimal"/>
<xs:element name="Summe" type="xs:decimal"/>
<xs:element name="Kunden" type="xs:decimal"/>
```

Listing 2.9: 212_02.xsd – XML Schema-Komponente zur Validierung

2.2 Komplexer Aufbau von Vorlagen

In vielen Punkten lassen sich in XSLT Algorithmen so entwickeln wie in anderen Programmiersprachen auch. Bisweilen findet man Lösungen, die tatsächlich an die Grenze des Machbaren gehen und teilweise vielleicht auch mehr um den Beweis des Umsetzbaren ausgeführt wurden. XSLT bietet keine sonderlich komplexe Struktur, als dass man nun versuchen müsste, alle theoretisch möglichen Berechnungen, die mit hauseigenen Mitteln nicht zu bewerkstelligen sind, über entsprechend umständliche Transformationen und mit den vier Grundrechenarten doch noch zu berechnen. Ebenso gibt es sicherlich auch auf der Seite des Entwurfs Grenzen, die weniger durch eine zu geringe Syntaxkomplexität gesteckt werden als durch den gesunden Menschenverstand.

In diesem Abschnitt wollen wir uns den Grenzen des gesunden Menschenverstands nähern, ihn aber sicherlich nicht überschreiten. Stattdessen sollen Sie sehen, wie Sie mit dem Wissen aus den ersten beiden Büchern auch Programmabläufe realisieren, die Sie unter Garantie bereits in anderen Programmiersprachen umgesetzt haben. Dazu zählen solche Techniken wie die Programmierung von Algorithmenvarianten, die sich nur in wenigen Zeilen unterscheiden und daher entweder mit Hilfe von Parameterwerten geschaltet oder über unterschiedliche, aber ähnliche, Vorlagen-/Methoden-/Routinennamen differenziert werden. Dann werden wir Ihnen Möglichkeiten zeigen, eine Art von Vielgestaltigkeit bzw. Überladung von Vorlagen zu erreichen, wobei die einfache Überladung in der XSLT-Syntax auch in Version 2.0 überhaupt nicht vorgesehen ist. Zum Schluss nähern wir uns dann der generischen Programmierung von Vorlagen, mit der dann sicherlich die höchste Stufe der Wiederverwendbarkeit in einer Transformation erreicht werden kann.

Die Quelltexte selbst können nicht im Sinne eines Kochbuchs verstanden werden. Dazu sind sie zu wenig zahlreich und nicht unterschiedlich genug. Stattdessen sollen sie Ihnen helfen, sich selbst ein Bild vom möglichen Aufbau von Transformationsdateien zu machen, die darüber hinausgehen sollen, für jedes neue XML-Dokument, das Sie verarbeiten sollen, auch prompt eine komplett neue XSLT-Datei zu entwerfen. Möglicherweise werden Sie auch im Internet oder in der Literatur Kochbuchbeispiele finden, die Sie mit dem Grundverständnis dieses Kapitels dann besser verstehen und einsetzen können.

2.2.1 Variantenauswahl über Vorlagennamen

Eine häufige Aufgabe besteht darin, dass verschiedene Varianten eines Algorithmus zu erstellen sind. In unserem Fall betrifft dies die Ausgabe von Werten in einem korrekten ISO-Datum, um dem Datentyp `xs:date` von XML Schema Genüge zu tun. Dabei haben wir bislang nur eine Lösung, in der ein neues Kindelement erzeugt wird. Was soll aber getan werden, wenn kein neues Kindelement, sondern ein Attribut benötigt wird?

Ab und an kommt man in solchen Situationen auf die Idee, einfach den gesamten Quelltext, der bereits für die erste Lösung fertig ist und funktioniert, zu kopieren und ihn mit kleinen Änderungen zu versehen. In späteren Berufsjahren oder bei komplexeren Sprachen könnte man entweder einen ganz anderen Entwurf der verschiedenen Methoden/Funktionen etc. verwenden oder mit einem Parameter eine Variante auswählen. In diesem Abschnitt stellen wir Ihnen den Lösungsweg vor, auf dem Sie mit verschiedenen Vorlagen und dem gleichen Parameter arbeiten.

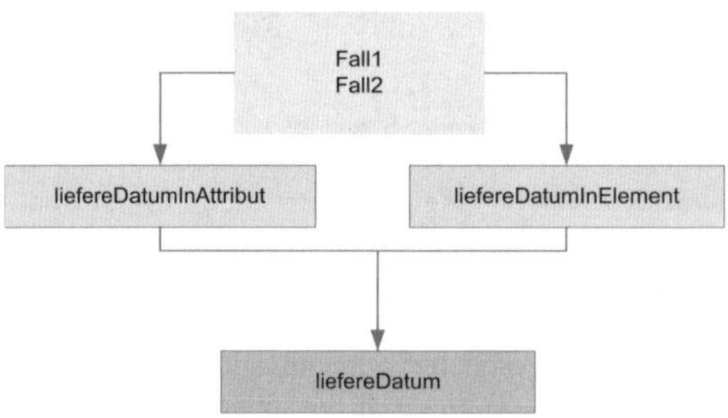

Abb. 2.4: Variantenauswahl über Namen

In unserer Anwendung haben wir also den Fall, dass wir bisweilen ein Element und bisweilen ein Attribut mit einem ISO-Datum erzeugen wollen. Der Inhalt (Attributwert und Textknoten) beider Knoten ist identisch, sodass wir diesen Teil des Algorithmus in eine eigene Vorlage auslagern können. Mit Hilfe geeigneter Namen für die Vorlagen können wir dann für jede Variante eine Vorlage erstellen. Jede dieser Vorlagen hat zurzeit die gleiche Parameterstruktur. Dies vereinfacht ebenfalls den Aufruf, weil man sehr leicht durch die simple Änderung des Namens oder auch nur – bei guter Namenskonvention – eines Namensbestandteils die Ausgabe beeinflussen kann. Durch die verschiedenen Namen erreicht man auch möglicherweise eine bessere Selbstdokumentation des Quelltextes. Dies könnte allerdings auch durch gute Parameterwerte erreicht werden, wobei allerdings diese Parameterwerte schon wieder von vorneherein einem anderen Programmierer bekannt und damit irgendwo genauestens dokumentiert werden müssen. Auch müsste man sich hinsichtlich des Parametereinsatzes innerhalb der Vorlage auf Fehler einstellen, die sich speziell auf die übergebenen Werte beziehen.

Sollte jemals der Fall eintreten, dass für eine bestimmte Ausgabe verschiedene Parameter notwendig sind, dann lässt sich diese Notwendigkeit mit der vorliegenden Lösung ebenfalls einfach realisieren. Da für jede Variante nur die für sie notwendigen Parameter erwartet werden, können solche Spezialfälle problemlos für andere Varianten umgesetzt werden. Es kann also nicht der Fall auftreten, dass für eine Variante bzw. für einen Parameterwert automatisch auch ein anderer Parameter überhaupt gesetzt oder auch mit einem bestimmten Wert gesetzt werden muss. Dieses eher ungünstige Design führt leicht zu entsprechenden Laufzeitfehlern, weil man solche Abhängigkeiten nur schlecht selbstdokumentierend programmieren kann.

Es kommt offensichtlich deutlich heraus, dass der nun vorgestellte Aufbau unsere Empfehlung für das Design von Variantenprogrammierung darstellt. Nichtsdestoweniger gibt es verschiedene Fälle, in denen die im nächsten Abschnitt umgesetzte Parameteralternative ebenfalls eine gute Modellierung bedeutet.

Den Aufruf der noch zu erstellenden Vorlagen zeigt das nachfolgende Skript, in dem die Vorlage `liefereDatumInAttribut` anstelle ihrer Schwestervorlage `liefereDatumInElement` aufgerufen wird. Der Name des zu erzeugenden Knotens wird im neuen Parameter `Name` abgefragt. Den Wert dagegen übergeben wir weiterhin mit Hilfe des Parameters `deutschesDatum`.

```
<Gueltigkeit>
  <!-- Umwandlung in xs:date -->
  <xsl:call-template name="liefereDatumInAttribut">
    <xsl:with-param name="deutschesDatum" select="Gueltigkeit/Von"/>
    <xsl:with-param name="Name" select="'Start'"/>
  </xsl:call-template>
  <xsl:call-template name="liefereDatumInAttribut">
    <xsl:with-param name="deutschesDatum" select="Gueltigkeit/Bis"/>
    <xsl:with-param name="Name" select="'Ende'"/>
  </xsl:call-template>
</Gueltigkeit>
```

Listing 2.10: `221_01.xslt` – Aufruf von ähnlichen Vorlagen

Es existieren also zwei Vorlagen `liefereDatumInElement` und `liefereDatumInAttribut`. Sie weisen beide die gleiche Parameterliste auf und unterscheiden sich lediglich in der Ausgabe. Während die erste Vorlage mit Hilfe des Elements `xsl:element` einen Kindknoten als Rückgabewert erzeugt, gibt die zweite Vorlage mit Hilfe des Elements `xsl:attribute` ein Attribut im Ausgabestrom aus. Der Parameter `deutschesDatum` wird in den beiden äußeren Vorlagen gar nicht verarbeitet, sondern lediglich an die nachfolgend aufgerufene Vorlage `liefereDatum` weitergeleitet, also durchgetunnelt.

Die Vorlage `liefereDatum` entspricht weitestgehend ihrer Vorgängerin aus dem letzten Abschnitt, sodass wir hier den Quelltext nur als Auszug wiedergeben. Der einzige relevante Unterschied besteht freilich darin, dass nur der Wert, nicht aber der umschließende Knoten (Attribut oder Element) ausgegeben wird.

```
<xsl:template name="liefereDatumInElement">
  <!-- Parameter -->
  <xsl:param name="deutschesDatum"/>
  <xsl:param name="Name"/>
  <!-- Ausgabe -->
  <xsl:element name="{$Name}">
    <xsl:call-template name="liefereDatum">
      <xsl:with-param name="deutschesDatum" select="$deutschesDatum"/>
    </xsl:call-template>
  </xsl:element>
</xsl:template>
<xsl:template name="liefereDatumInAttribut">
  <!-- Parameter -->
  <xsl:param name="deutschesDatum"/>
  <xsl:param name="Name"/>
  <!-- Ausgabe -->
  <xsl:attribute name="{$Name}"><xsl:call-template name="liefere-
 Datum"><xsl:with-param name="deutschesDatum" select="$deutschesDatum"/
 ></xsl:call-template></xsl:attribute>
</xsl:template>
<xsl:template name="liefereDatum">
  <!-- Parameter -->
  <xsl:param name="deutschesDatum"/>
  <!-- Variablen zu Ausgabe -->
  ...
  <!-- Ausgabe -->
  <xsl:value-of select="concat($Jahr, '-', $Monat, '-', $Tag)"/>
</xsl:template>
```

Listing 2.11: `221_01.xslt` – Varianten ähnlicher Verarbeitung

Das Ergebnis für die Attribute entspricht dem nachfolgenden sehr kurzen Quelltextauszug, in dem für eines der vielen `Gueltigkeit`-Elemente in der Datendatei seine zwei Attribute `Start` und `Ende` mit ISO-Datumswerten ausgegeben werden.

```
<Gueltigkeit Start="2003-01-01" Ende="2003-12-31"/>
```

Listing 2.12: `213_01.xml` – Ausgabe in XML

Das Ziel der gesamten Transformation war also eine Datei, in der die beiden Zeitbegrenzungen als Attribute ausgegeben wurden. Der gesamte Rest der Datei erzeugt die gleiche Ausgabe wie zuvor, was in Abbildung 2.5 deutlich wird.

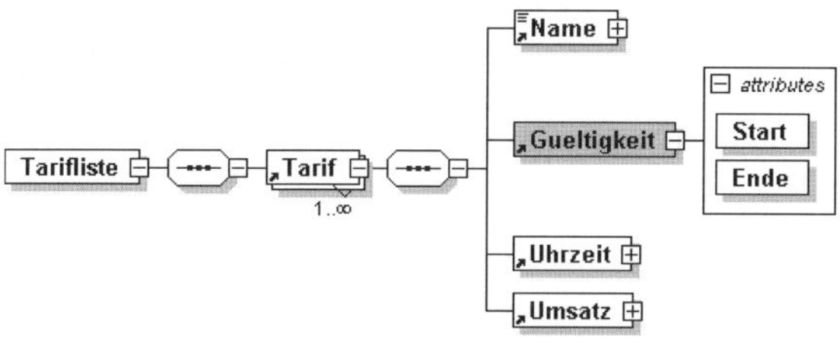

Abb. 2.5: Dokumentstruktur

2.2.2 Variantenauswahl über Parameter

Auch wenn wir uns gerade weder fein noch nett über die Modellierung von Varianten mit Hilfe von Parametern ausgelassen haben, so wollen wir dies als einfache Lösung hier vorstellen. Das Vorlagendesign zur Variantenprogrammierung unter Einsatz eines Schaltparameters, der die verschiedenen Varianten auswählt, ist insoweit angenehm, als dass nur eine einzige Vorlage und nicht ein ganzer Strauß aus Vorlagen entsteht, die möglicherweise aufgrund ihrer Vielzahl verwirrend sind.

Ein großes Problem, das nicht immer von vorneherein bei der Planung ausgeschlossen werden kann, ist die Notwendigkeit von zusätzlichen Parametern. Als Beispiel wollen wir hier eine HTML-Ausgabevorlage nennen, die für eine bestimmte Eltern-Kind-Struktur oder auch für bestimmte gegebene Element- und Attributnamen verschiedene HTML-Ausgaben erzeugen kann. Hier könnte man in einer ersten Version der Software nur sortierte (Elternelement `ol`) oder nicht sortierte Listen (Elternelement `ul`) berücksichtigen, die jeweils auch nur ein `type`-Attribut (Art der Aufzählungszeichen bzw. Art der Nummerierung) in HTML und damit auch einen zusätzlichen `typ`-Parameter in der XSLT-Volage benötigen. Was soll allerdings geschehen, wenn auch Definitionslisten (Elternelement `dl` mit zwei verschiedenen Kindern `dt` und `dd`) ausgegeben werden sollen? In diesem Fall ist in HTML kein `type`-Attribut vorhanden und muss auch nicht übergeben werden. Wenn zu viele Parameterwerte übergeben werden, muss dies keine Katastrophe sein, schön ist es beim Aufruf allerdings auch nicht. Sollte dann auch noch eine Tabellenausgabe realisiert werden, sind plötzlich derart viele Parameterwerte für eine flexible Ausgabe interessant, dass die ursprüngliche Parameteranzahl um ein Vielfaches übertroffen wird (Breite, Ausgabe Spaltenköpfe, Rahmen, Farbe etc.).

- Bisweilen kann man solche Missgeschicke lösen, indem Sie einige Parameterwerte, wenn sie fälschlicherweise unnötig übergeben werden, einfach nicht beachten. In unserem Fall würde dies bedeuten, dass man ausgehend vom wichtigsten Parameter – nämlich dem `Ausgabetyp` – nur die für ihn wichtigen Parameter überhaupt in der Fallunterscheidung berücksichtigt.
- Manchmal lässt sich eine gewisse Selbstdokumentation auch mit Hilfe von guten Namenskonventionen lösen, sodass der Wert im wichtigsten Parameter gleichzeitig das Präfix von anderen Parametern ist. In unserem Fall könnte also im `Ausgabetyp` der Wert `tab` für Tabelle erwartet werden. Gleichzeitig würden alle anderen Parameter, die speziell für die Tabellenformatierung sind, mit `tab` beginnen wie `tabBreite`, `tabSpaltenkoepfe` usw.

Nichtsdestotrotz entstehen so Konstruktionen, die immer mehr Parameter und Arbeit mit der Dokumentation erfordern als notwendig. In unserem Beispiel haben einige Parameter numerische, prozentuale, hexadezimale oder boolesche Werte. Diese sind eigentlich einfach zu überprüfen und anzuwenden. Ein Wert von 100% in einem Parameter, der sich um die Breite einer Tabelle kümmert, ist sehr einfach zu verstehen. Ebenso kann man leicht einen Parameter für die Breite von Rahmen einsetzen, der numerische Werte für Pixel erwartet. Es sind eher solche Werte kompliziert und fehlerträchtig, die standardisierte Zeichenketten erwarten. Dies betrifft sowohl den wichtigsten Parameter Ausgabetyp als auch solche Parameter wie Schaltparameter (Spaltenköpfe ja/nein).

Es ist nun mal nicht so einfach zu merken, ob der Wert zur Textfettung `fett` oder `dick` oder der Wert für die Spaltenkopfausgabe `true`, `0` oder `ja` war. Ebenso ist es schwierig zu merken, ob für die Ausgabe einer Liste die Werte `ul`, `UL` oder `einfacheListe` waren. Natürlich muss man auch die Namen von Vorlagen kennen, doch könnten diese in einer Entwicklungsumgebung auch angezeigt werden und lassen sich meist einfacher dokumentieren bzw. standardisiert ausgeben als Parameternamen und ihre möglichen Werte, die tief im Quelltext der Vorlage in Fallunterscheidungen nachgeprüft werden.

Zusammenfassend lässt sich also sagen, dass in einigen Fällen die Parameterlösung durchaus denkbar ist. In vielen Fällen allerdings führt sie zu unschöner Modellierung, die sowohl schwer wartbar als auch schwer verwendbar ist, und sollte daher vermieden werden. Die wenigen Fälle, in denen die Parameterlösung gut einsetzbar ist, beschränken sich auf die folgenden:

- wenige Parameter
- in späteren Software-Versionen unveränderliche Anzahl an Parametern
- Erwartung von einfachen Datentypen und wenig Einsatz von Zeichenketten
- Verwendung von guten Bezeichnernamen bei unterschiedlichen Parametergruppen
- Verwendung von Wahrheitswerten für Parameterwerte, so weit möglich

Wir verwenden in unserem Beispiel einen Parameter `Ausgabetyp`, der die beiden Werte `Element` oder `Attribut` erwartet. Sie entscheiden, welche Art von Element mit dem übergebenen Knotennamen erzeugt werden soll.

```
<Gueltigkeit>
  <!-- Umwandlung in xs:date -->
  <xsl:for-each select="Gueltigkeit/child::*">
    <xsl:call-template name="liefereDatum">
      <xsl:with-param name="deutschesDatum" select="."/>
      <xsl:with-param name="Ausgabetyp" select="'Element'"/>
    </xsl:call-template>
  </xsl:for-each>
</Gueltigkeit>
```

Listing 2.13: `222_01.xslt` – Aufruf des Schaltparameters

Anstelle mehrerer Vorlagen gibt es jetzt nur noch eine einzige. Diese enthält den gesamten Quelltext, der notwendig ist, um verschiedene Knotenarten anhand des Parameters `Ausgabetyp` auszugeben. Das Kernstück einer solchen Vorlage ist eine längere Fallunterscheidung, die die verschiedenen Fälle, wie sie von den Werten der Variantenparameter abgebildet werden, untersucht und dementsprechende Anweisungen ausführt. Als sehr einfache Fehlerbehandlung gibt die nachfolgende Vorlage in einem Debugger eine Meldung aus, dass keiner der beiden erwarteten Parameter übergeben wurde.

```
<xsl:template name="liefereDatum">
  <!-- Parameter -->
  <xsl:param name="deutschesDatum"/>
  <xsl:param name="Ausgabetyp" select="'Element'"/>
  <!-- Variablen zu Ausgabe -->
  ...
  <xsl:variable name="ISODatum" select="concat($Jahr, '-', $Monat, '-', $Tag)"/>
  <!-- Ausgabe -->
  <xsl:choose>
    <xsl:when test="$Ausgabetyp = 'Element'">
      <xsl:element name="{local-name($deutschesDatum)}">
        <xsl:value-of select="$ISODatum"/>
      </xsl:element>
    </xsl:when>
    <xsl:when test="$Ausgabetyp = 'Attribut'">
      <xsl:attribute name="{local-name($deutschesDatum)}">
        <xsl:value-of select="$ISODatum"/>
```

```
      </xsl:attribute>
    </xsl:when>
    <xsl:otherwise>
      <xsl:message>Falscher Parameterwert für Ausgabetyp {Element |
                   Attribut}</xsl:message>
    </xsl:otherwise>
  </xsl:choose>
</xsl:template>
```

Listing 2.14: 222_01.xslt – Verwendung einer Schaltvariable für Varianten

2.2.3 Überladen von Vorlagen

Um es gleich vorwegzunehmen: In der Dokumentation wird für die neuen Stylesheet-Funktionen sehr deutlich darauf hingewiesen, dass keine Überladung für Funktionen möglich ist.[7] Genauso verhält es sich auch mit Vorlagen. Dennoch gibt es natürlich wie immer Tricks und Kniffe, mit denen eine Art von Überladung dennoch in XSLT eingerichtet werden kann. Für XSLT 1.0 und 2.0 stellen wir jeweils unterschiedliche Lösungsansätze vor.

Da grundsätzlich keine Überladung möglich ist, ist das Ergebnis der Trickserеien insoweit beschränkt, als dass nur solche Überladung eingerichtet werden kann, bei der die einzelnen Parameter unterschiedliche Datentypen aufweisen. Zusätzlich funktioniert die Lösung nur mit der Vorlagenautomatik, nicht jedoch mit benannten Vorlagen. Damit ist die gesamte Diskussion in diesem Kapitel eigentlich fehl am Platz, weil bisher die ausgelagerten Komponenten stets als benannte Vorlagen auftraten. Da jedoch diese Vorlagen ohne Namen allgemeine Ausführungseinheiten umschließen und darüber hinaus mit einer Art von Überladungstechnik aufwarten können, wollen wir sie dennoch hier erwähnen.

Lösung für XSLT 1.0

In XSLT 1.0 benötigt die Lösung zur Einrichtung von überladenen benannten Vorlagen für die Datentypen, mit denen die verschiedenen Parameter auseinander gehalten werden, Voraussetzungen in den XML-Daten. Dies ist natürlich sofort ein Nachteil, weil damit die Daten spezielle Informationen besitzen müssen, die lediglich für die Verarbeitung interessant sind und ansonsten für niemanden von Bedeutung sind.

Als Beispiel beschäftigen wir uns erneut mit einer Tarifliste, in der für Zeitangaben zwei verschiedene Datentypen in gleichen Elementen gespeichert werden. Dies betrifft den Zeitraum der Gültigkeit eines Telefontarifs, der sich zum einen durch

---

7 Vgl.: XSL Transformations (XSLT) Version 2.0, W3C Working Draft 2 May 2003, Abschnitt 10.3.1 Defining a Stylesheet Function unter `http://www.w3c.org/TR/xslt20/#d0e10541`.

eine Kalenderperiode in einem Geschäftsjahr und zum anderen durch Uhrzeiten an einem Tag beschreiben lässt. Während natürlich für die Kalenderinformationen Daten in Form des `xs:date`-Datentyps gespeichert werden, verwendet man für die Stundeninformationen Daten in Form von `xs:time`. Da die beiden atomaren Werte jeweils in einem `Von`- und `Bis`-Element gespeichert werden, deren Bedeutung nur durch das Elternelement ersichtlich ist, lohnt es sich, eine Vorlage zu erstellen, auf die beide Elemente gleichermaßen reagieren. Ihre Verarbeitung ist teilweise völlig gleich, da natürlich in beiden Fällen zunächst das `Von`-Element, gefolgt von einem Bindestrich und dann das `Bis`-Element ausgegeben werden soll. Ihre Verarbeitung ist allerdings auch unterschiedlich, wenn man die genaue Ausgabe der Textknoten betrachtet, weil hier nicht die Datentypformatierung benutzt werden soll, sondern eine deutsche Zeitformatierung. Genau für diese Formatierung sind die überladenen Vorlagen zu verwenden.

Damit nachher die verschiedenen Vorlagen automatisch anhand der Datentypen ausgewählt werden können, enthält das XML-Dokument die Datentypinformationen in einem `Typ`-Attribut der `Von`- und `Bis`-Elemente bereit.

Die gleichen Überlegungen gelten auch für sämtliche Kinder von `Umsatz`, das verschiedene Zahleninformationen enthält, die Ganzzahlen oder Dezimalzahlen umfassen. Auch sie sind in XML korrekt für die XML Schema-Datenypen gespeichert, was allerdings ihre Ausgabe erschwert.

```
<Tarifliste xmlns:xsi="http://www.w3.org/2001/XMLSchema-instance"
   xsi:noNamespaceSchemaLocation="223_01.xsd">
  <Tarif>
    <Name Nr="7" Typ="g">Schicht1</Name>
    <Gueltigkeit>
      <Von Typ="xs:date">2003-01-01</Von>
      <Bis Typ="xs:date">2003-12-31</Bis>
    </Gueltigkeit>
    <Uhrzeit>
      <Von Typ="xs:time">7:00:00</Von>
      <Bis Typ="xs:time">15:00:00</Bis>
    </Uhrzeit>
    <Umsatz>
      <Summe Typ="xs:decimal">2313.50</Summe>
      <Kunden Typ="xs:integer">787</Kunden>
      <Durchschnitt Typ="xs:decimal">2.94</Durchschnitt>
    </Umsatz>
```

```
</Tarif>
...
```

Listing 2.15: 223_01.xml – Vorbereitung für Überladen

Zur Formatierung von Zahlen besitzen wir zunächst eine allgemeine Formatierungsangabe unter dem Namen `deutsch`, in der für unsere Zwecke das Gruppentrennzeichen und das Dezimaltrennzeichen festgelegt werden. Die Startvorlage besteht dann ansonsten nur aus dem allgemeinen Aufruf, passende Vorlagen für alle drei Kinder von `Tarif` zu suchen. Wichtig ist uns, dass Sie an den sehr allgemeinen Aufrufen ohne Datentypbetrachtung erkennen, dass die Vorlagen tatsächlich quasi automatisch auf die verschiedenen Datentypen reagieren. Dass dies in XSLT 1.0 etwas brachial über die Angabe der Datentypen in den XML-Daten geschieht, ist ein kleines Manko, wird aber gleich für die Lösung in XSLT 2.0 verschwinden.

```
<xsl:decimal-format decimal-separator="," grouping-separator="."
                    name="deutsch"/>
<!-- Startvorlage -->
<xsl:template match="/Tarifliste">
  <html>
    ...
      <xsl:for-each select="Tarif">
        ...
        <xsl:apply-templates select="Gueltigkeit | Uhrzeit | Umsatz"/>
      </xsl:for-each>
    </body>
  </html>
</xsl:template>
```

Listing 2.16: 223_01.xslt – Startvorlage

Die einzelnen Kinder sollen dann eine Liste erzeugen und zur Verarbeitung ihrer Kinder wieder passende Vorlagen finden. Hier sehen Sie auch wieder, dass auf Datentypproblematik kein Wert gelegt wird, da man ganz allgemein auf die Kinder verweist und nicht auf spezielle Elemente oder gar ihre Inhalte.

```
<xsl:template match="Gueltigkeit | Uhrzeit | Umsatz">
  <ul>
    <xsl:apply-templates select="child::*"/>
  </ul>
</xsl:template>
```

Listing 2.17: 223_01.xslt – Umhüllende Vorlagen

Nun kommen wir zu den quasi-überladenen Vorlagen. Das Prinzip ist simpel und hängt ohnehin hauptsächlich von den Daten im XML-Dokument ab. Wenn hier eine falsche Zuordnung steht und einem ISO-Datumsformat der Datentyp `xs:decimal` zugeordnet ist, kommen sehr unschöne Formatierungen bzw. Fehler auf den Bildschirm. Jede Vorlage bezieht sich auf Elemente, deren Namen auch nicht genau angegeben werden, und kontrolliert ihre verschiedenen angegebenen Datentypen. Der Trick ist tatsächlich sehr simpel, weil nur die verschiedenen Typ-Attribute als Unterscheidungsmerkmal zum Einsatz kommen. Die Überladung ist dann mehr in dem Teil des Lokalisierungsschritts zu sehen, der außerhalb des Prädikats steht, denn in Wirklichkeit erstellt man für jeden Fall eine eigene Vorlage. Da jedoch die konkrete Vorlagenauswahl über die Datentypprüfung verläuft und dies in anderen Programmiersprachen eine Möglichkeit ist, Funktionen/Methoden etc. zu überladen, wollen wir das hier auch so betrachten.

```
<!-- Vorlage für Datentyp xs:time -->
<xsl:template match="child::*[@Typ='xs:time']">
  <li>
    <xsl:value-of select="local-name(.)"/>: <xsl:value-of
                                select="substring-before(., ':')"/> Uhr</
 li>
</xsl:template>
<!-- Vorlage für Datentyp xs:date -->
<xsl:template match="child::*[@Typ='xs:date']">
  <li>
    <xsl:value-of select="local-name(.)"/>: <xsl:value-of select="
        concat(substring(.,9,2),'.',substring(.,6,2),'.',subst-
 ring(.,1,4))"/>
  </li>
</xsl:template>
<!-- Vorlage für Datentyp xs:decimal -->
<xsl:template match="child::*[@Typ='xs:decimal']">
  <li>
   <xsl:value-of select="local-name(.)"/>: <xsl:value-of select="format-
                           number(.,'#####,00##', 'deutsch')"/> Euro</li>
</xsl:template>
<!-- Vorlage für Datentyp xs:integer -->
<xsl:template match="child::*[@Typ='xs:integer']">
  <li>
    <xsl:value-of select="local-name(.)"/>: <xsl:value-of select="."/>
  </li>
</xsl:template>
```

Listing 2.18: `223_01.xslt` – Überladene Vorlagen

Die Ausgabe in HTML ergibt, dass tatsächlich durch die verschiedenen Typ-Attribute passende Vorlagen ausgewählt wurden und die einzelnen Textknoten in passender Formatierung erscheinen.

Abb. 2.6: Ausgabe in HTML

Lösung für XSLT 2.0

Mit XSLT 2.0 kann man auf Änderungen in der XML-Datei verzichten, da hier Möglichkeiten bestehen, Datentypen aus XML Schema bzw. eigene und auch die neuen XPath-Datentypen zu verwenden. Insbesondere das Testen auf bestimmte Datentypen stellt natürlich hier die Lösung dar. Daher verkürzen wir unsere XML-Datei um die Attribute zur Datentypspeicherung wieder auf das vorherige Maß.

```
<Uhrzeit>
  <Von>7:00:00</Von>
  <Bis>15:00:00</Bis>
</Uhrzeit>
```

Listing 2.19: 223_02.xslt – Einfache XML-Datei

In der XML Schema-Datei, die jetzt für diese Beispiele noch nicht direkt in die XSLT-Datei eingebunden wird, befinden sich die entsprechenden Datentypangaben für die einzelnen Textknoten.

```
<xs:element name="Uhrzeit">
  <xs:complexType>
    <xs:sequence>
      <xs:element name="Von" type="xs:time"/>
```

```
      <xs:element name="Bis" type="xs:time"/>
    </xs:sequence>
  </xs:complexType>
</xs:element>
```

Listing 2.20: `223_02.xslt` – Validierung in XML Schema

Es gibt unterschiedliche Funktionen in der neuen Funktionsbibliothek von XPath, die für das Testen von Datentypen zur Verfügung stehen. Im nächsten Kapitel werden wir diese neuen Funktionen detaillierter vorstellen. Für dieses Beispiel haben wir uns nicht für eine Funktion, sondern für den Ausdruck `castable as` entschieden. Er liefert dann `true`, wenn ein Knoten sich in den angegebenen Datentyp umwandeln lässt. Auf diesen Ausdruck baut die gesamte Fallunterscheidung auf, die durch die verschiedenen Vorlagen für die einzelnen Datentypen existieren. Das heißt, das Fundament der einzelnen Vorlagen für die verschiedenen Quasi-Überladungen bleibt durchaus auch in XSLT 2.0 erhalten. Man spart allerdings ein, im XML-Dokument diese Datentypen in irgendeiner Form extra anzugeben, was auch als Vorteil zu sehen ist.

```
<!-- Vorlage für Datentyp xs:time -->
<xsl:template match="child::*[text() castable as xs:time]">
  <li>
    <xsl:value-of select="local-name(.)"/>: <xsl:value-of select="substring-
                                           before(., ':')"/> Uhr</li>
</xsl:template>
<!-- Vorlage für Datentyp xs:date -->
<xsl:template match="child::*[text() castable as xs:date]">
  <li>
    <xsl:value-of select="local-name(.)"/>: <xsl:value-of select="
     concat(substring(.,9,2),'.',substring(.,6,2),'.',substring(.,1,4))"/>
  </li>
</xsl:template>
```

Listing 2.21: `223_02.xslt` – Überladen mit tatsächlicher Datentypprüfung

Die Ausgabe ist in diesem Fall die gleiche wie zuvor, sodass wir auf das Beweisfoto verzichten können.

2.2.4 Generische Programmierung

»Generische Programmierung« ist nicht nur ein dramatischer Titel für einen Unterabschnitt, sondern ein sehr spannendes Thema in XSLT. Man muss gleich zuerst feststellen, dass sowohl schon mit unserem kleinen Beispiel wie auch mit den Beispielen einiger anderer Autoren[8] hier sicherlich die Grenzen des guten

8 Vgl. Mike Kay, Sal Mangano (XSLT Cookbook, O´Reilly) oder Dimitre Novatchev (`http://www.topxml.com/members/profile.asp?id= i1005`).

Geschmacks (Lesbarkeit, Verständlichkeit) in XSLT erreicht oder vielleicht sogar überschritten werden. Bei solchen Grenzüberschreitungen wollen wir Sie natürlich gerne mitnehmen und Ihnen zeigen, wie XSLT prinzipiell auch generisch genutzt werden kann.

Das Ziel soll also sein, dass eine Vorlage nicht direkt über ihren Bezeichner aufgerufen wird, sondern dass der Bezeichner als Parameter für einen Aufruf dient. Die einfachste Lösung in Form von `xsl:call-template name="{$meineVorlage}"` schlägt leider fehl, weil eine Attributwertvorlage ja nur für die Ausgabe und nicht für die Laufzeit als Aufruf eingesetzt werden kann. Dennoch gibt es natürlich verschiedene Lösungsansätze, von denen wir einen hier vorstellen wollen. Es ist mit ihm möglich, eine Vorlage mit dem Namen als Parameterwert aufzurufen und sogar weitere Werte zu übergeben. Man benutzt dabei einen sehr trickreichen XPath-Ausdruck sowie spezielle Vorlagenköpfe, die gleichzeitig ein `name`- und ein `match`-Attribut besitzen.

Damit der Einsatz auch sinnvoll erscheint, möchten wir die bekannte Tarifliste nun nicht wieder in HTML, sondern in XML umwandeln. Dabei soll eine Möglichkeit bestehen, mit Hilfe einer einfachen Vorlage aus Kindelementen mit Textknoten oder Attributen wieder Kinder oder Attribute gleichen Namens zu machen. Dabei soll die Ausgabeart (Elemente oder Attribute) ebenso wie die zu verarbeitenden Knoten als Parameter übergeben werden. Im einen Fall besitzt man einen temporären Baum (Menge an Kindern oder Attributen); im anderen Fall übergibt man eine standardisierte Zeichenkette für die Ausgabeart.

Die Startvorlage ist in diesem Fall relativ lang, damit die anderen Vorlagen wirklich nur für die Vorführung der neuen Syntax bereitstehen und so die einzelnen Bereiche der Transformation sehr schön getrennt sind. Innerhalb der Startvorlage erstellen wir ein sehr ähnliches XML-Dokument wie das ursprüngliche und bestimmen, dass für die Elemente `Gueltigkeit` und `Uhrzeit` aus Kindern Attribute werden sollen, während die Kinder des Elementes `Umsatz` zu Elementen werden sollen, was ja schon gegeben ist. Während für das Element `Umsatz` einfach nur ein Kopiervorgang stattfinden soll, legen wir auch noch fest, dass aus den Attributen des Elements `Name` Kindelemente werden sollen. Dies alles kann (angeblich) unsere `KnotenFabrik`-Vorlage, die sich über zwei Parameter steuern lässt: Mit Hilfe des Parameters `Art` gibt man, ob `Elemente` oder `Attribute` zu erzeugen sind; mit Hilfe von `Material` übergibt man in Form eines temporären Baums die zu verarbeitenden Knoten.

```
<!-- Startvorlage -->
<xsl:template match="/Tarifliste">
  <Tarifliste>
    <xsl:for-each select="Tarif">
```

```
      <Tarif>
        <Name>
          <xsl:call-template name="KnotenFabrik">
            <xsl:with-param name="Art" select="'Elemente'"/>
            <xsl:with-param name="Material" select="Name/attribute::*"/>
          </xsl:call-template>
        </Name>
        <Gueltigkeit>
          <xsl:call-template name="KnotenFabrik">
            <xsl:with-param name="Art" select="'Attribute'"/>
           <xsl:with-param name="Material" select="Gueltigkeit/child::*"/>
          </xsl:call-template>
        </Gueltigkeit>
        ...
        <Umsatz>
          <xsl:call-template name="KnotenFabrik">
            <xsl:with-param name="Art" select="'Elemente'"/>
            <xsl:with-param name="Material" select="Umsatz/child::*"/>
          </xsl:call-template>
        </Umsatz>
      </Tarif>
    </xsl:for-each>
  </Tarifliste>
</xsl:template>
```

Listing 2.22: `224_01.xslt` – Startvorlage

Die `KnotenFabrik`-Vorlage enthält nun den generischen Aufruf der weiter unten angegebenen Vorlagen `Elemente` und `Attribute`. Der XPath-Ausdruck, um eine Vorlage mit Hilfe eines Parameterwertes aufzurufen, ist leider nicht so trivial, stellt allerdings auch schon die Hälfte des ganzen Tricks dar. Da nur eine einzige Vorlage vorhanden ist, können wir sie im gesamten Dokument suchen. Man könnte sich jetzt noch vorstellen, Überladung zu realisieren, aber das gehört jetzt nicht zum Thema, es würde überdies noch weitere Prädikate erfordern. Die Herausforderung besteht darin, dass wir nicht eine passende Vorlage für eine Struktur im XML-Dokument suchen, sondern ganz im Gegenteil an dieser Stelle eine Vorlage mit Hilfe von `apply-templates` aufrufen, die allerdings einen bestimmten Namen besitzt. Deswegen sind wir gezwungen, über die `document()`-Funktion auf das XSLT-Dokument selbst zuzugreifen und hier innerhalb desselben die XML-Struktur `xsl:template` anzusprechen, die unsere Bedingungen erfüllt. So gelingt es, den Parameterwert `$Art` tatsächlich in den XPath-Ausdruck einzuschmuggeln – und zwar als Attributwert für das `name`-Attribut von `xsl:template`.

```
<!-- Vorlage KnotenFabrik -->
<xsl:template name="KnotenFabrik">
  <xsl:param name="Art" required="yes" as="xs:string"/>
  <xsl:param name="Material" required="yes"/>
  <xsl:apply-templates select="document('')/*/xsl:template[@name=$Art]">
    <xsl:with-param name="Material" select="$Material"/>
  </xsl:apply-templates>
</xsl:template>
```

Listing 2.23: `224_01.xslt` – Aufruf durch Zeichenkette

Die beiden Vorlagen, deren Namensaufruf hier diskutiert wird, heißen tatsächlich so wie die beiden Parameterwerte `Elemente` und `Attribute`, mit denen zuvor die `KnotenFabrik`-Vorlage beliefert wurde. Damit allerdings der gerade gezeigte Aufruf funktioniert, benötigen wir neben dem `name`-Attribut auch noch ein `match`-Attribut, in dem sich der gerade vorgeführte XPath-Ausdruck widerspiegelt.

Als Inhalte der beiden Vorlagen haben wir eine relativ triviale Verarbeitung des der `KnotenFabrik` gelieferten `Material`-Parameters. Jeder Knoten des temporären Baums wird in ein gleichnamiges Attribut oder Element umgewandelt, das als Wert oder Textknoten den ursprünglichen Inhalt besitzt.

```
<!-- Vorlage Elemente -->
<xsl:template name="Elemente" match="xsl:template[@name='Elemente']">
  <xsl:param name="Material" required="yes"/>
  <xsl:for-each select="$Material">
    <xsl:element name="{local-name(.)}">
      <xsl:value-of select="."/>
    </xsl:element>
  </xsl:for-each>
</xsl:template>
<!-- Vorlage Attribute -->
<xsl:template name="Attribute" match="xsl:template[@name='Attribute']">
  <xsl:param name="Material" required="yes"/>
  <xsl:for-each select="$Material">
    <xsl:attribute name="{local-name(.)}"><xsl:value-of
                select="."/></xsl:attribute>
  </xsl:for-each>
</xsl:template>
```

Listing 2.24: `224_01.xslt` – Einzelne Untervorlagen

Als Ergebnis erhält man tatsächlich eine Tarifliste aus mehreren Tarifen, in denen die Elemente `Name` und `Umsatz` Kindelemente und die Elemente `Gueltigkeit` und `Uhrzeit` Attribute mit den ursprünglichen Inhalten aufweisen.

```
<Tarif>
  <Name>
    <Nr>7</Nr>
    <Typ>g</Typ>
  </Name>
  <Gueltigkeit Von="2003-01-01" Bis="2003-12-31"/>
  <Uhrzeit Von="7:00:00" Bis="15:00:00"/>
  <Umsatz>
    <Summe>2313.50</Summe>
    <Kunden>787</Kunden>
    <Durchschnitt>2.94</Durchschnitt>
  </Umsatz>
</Tarif>
```

Listing 2.25: Ausgabe in XML

2.3 Stylesheet-Funktionen in XSLT 2.0

Auch in XSLT 2.0 hat die Technik der missbrauchten Vorlagen ihre Bedeutung noch nicht verloren. Die neu in dieser Version eingeführten, so genannten Stylesheet-Funktionen[9] erlauben die Erstellung von Funktionen, die in XPath aufgerufen werden können. Dies erfordert die Angabe eines eigenen Namensraums für diese Funktionen, damit ihre Bezeichner unter gar keinen Umständen mit bereits vorhandenen Funktionen kollidieren.

2.3.1 Grundlagen

Die allgemeine Syntax des neuen `xsl:function`-Elements lautet:

```
<!-- Kategorie: Deklaration -->
<xsl:function
  name = qname
  as = sequence-type
  override = "yes" | "no">
  <!-- Content: (xsl:param*, sequence-constructor) -->
</xsl:function>
```

Die Deklaration stellt ein Element der obersten Ebene dar, damit es von XPath-Ausdrücken im ganzen Transformationsdokument aufgerufen werden kann.

9 Vgl.: XSL Transformations (XSLT) Version 2.0, W3C Working Draft 2 May 2003 Abschnitt 10.3 Stylesheet Functions unter `http://www.w3c.org/TR/xslt20/#stylesheet-functions`.

Folgende Attribute sind vorhanden:

- `name` enthält den Namen der Funktion in Form eines QName, der auch ein Namensraumpräfix enthalten muss.
- `as` gibt optional den Rückgabedatentyp an, in den der erstellte Wert umgewandelt wird, ansonsten wird einfach der Wert so zurückgeliefert, wie er ermittelt wurde.
- `override` legt optional mit dem Wert `yes` fest, dass die so auszeichnete Funktion eine andere Funktion gleichen Namens und Stelligkeit überschreibt und diese Funktion stattdessen verwendet wird.

Als Inhaltsmodell kann es ein, kein oder mehrere `xsl:param`-Elemente[10] enthalten. Die Anzahl der Parameter bestimmt die Stelligkeit (engl. arity) der Funktion. Optionale Parameter oder solche mit Standardwerten sind nicht erlaubt. Das `select`-Attribut ist in diesem Fall für das `xsl:param`-Element unzulässig. Eine solchermaßen angelegte Funktion kann vom ganzen Dokument aus in XPath aufgerufen werden, sofern keine andere Funktion mit gleichem Namen, Stelligkeit und höherer Wichtigkeit (engl. precedence) existiert oder das `override`-Attribut den Wert `no` aufweist und bereits eine gleichnamige Funktion und Stelligkeit existiert.

Innerhalb der Funktion gibt es keine Möglichkeit, auf den Kontextknoten zurückzugreifen oder Funktionen zu seiner Verarbeitung zu nutzen, da der gesamte Kontextbereich nicht verfügbar ist. Dies erfordert in manchen Bearbeitungen im Vergleich zu Vorlagen eine andere Vorgehensweise oder auch einen neuen Parameter, in dem der entsprechende Knoten übergeben wird. Allerdings sorgt diese Einschränkung dafür, dass wirklich nur die Schnittstellen über die Parameter als Zugangswege zur Funktion bereit stehen und man nicht auf sozusagen global vorhandene Werte zurückgreifen kann.

Im Anschluss an diese Parameter, die der Funktion zu übergeben sind, folgen die Anweisungen der Verarbeitung in Form eines Sequenzkonstruktors, um den Rückgabewert zu bestimmen. Dies kann tatsächlich über das Element `xsl:sequence` geschehen, ist aber keine Voraussetzung. Vielmehr lassen sich sämtliche Elemente, die man gewöhnlicherweise für die Ausgabe von Ergebnissen benötigt, zum Einsatz bringen. Dazu zählen `xsl:value-of`, `xsl:text`, `xsl:element`, `xsl:attribute`, `xsl:copy` usw.

Was den Aufbau von Funktionen bzw. Funktionssammlungen und -bibliotheken betrifft, so gelten die gleichen Hinweise, die wir schon für die Vorlagen gegeben haben. Ob man umhüllende Funktionen verwendet, unterschiedliche Verarbeitungsvarianten durch Parameter auslöst oder lieber auf unterschiedliche Funktionsnamen setzt, ist bei den Stylesheet-Funktionen genauso zu überlegen wie bei

10 Vgl.: XSL Transformations (XSLT) Version 2.0, W3C Working Draft 2 May 2003 Abschnitt 9.2 Parameters unter `http://www.w3c.org/TR/xslt20/#parameters`.

missbrauchten Vorlagen. Techniken der Überladung lassen sich bei Stylesheet-Funktionen ausdrücklich nicht verwenden.

2.3.2 Ersatz von benannten Vorlagen

Die in XSLT 2.0 neu eingeführten Stylesheet-Funktionen bieten eigentlich die gleichen Vorzüge wie die Ihnen schon bekannten benannten Vorlagen, die in Form von missbrauchten Vorlagen auch wiederverwendbare Bausteine für Transformationen bilden. Allerdings ist an der Syntax der Funktionen bereits zu erkennen, dass es sich hierbei um eher allgemeine Verarbeitungen handeln, die nicht direkt mit den Bezeichnern der XML-Struktur arbeiten und auf diese auch nicht angewiesen sind. Wenn man also in XSLT 2.0 solche Komponenten erstellen will, dann lohnt es sich aus Gründen einer besseren Selbstdokumentation, die Funktionssyntax zu verwenden und gerade nicht die Syntax zur Erstellung benannter Vorlagen.

Der gesamte Algorithmus innerhalb ehemaliger oder von Ihnen neu erstellter missbrauchter Vorlagen kann völlig gleich bleiben. Es gibt natürlich einige kleine Extra-Arbeiten bei der Verwendung, aber diese sind tatsächlich minimal und sollen mit dem allerersten XML-Dokument dieses Kapitels aufgezeigt werde. Wir gehen also von folgendem XML-Dokument aus, das bereits im ersten Beispiel zum Einsatz kam. Es enthält die Tarifliste mit völlig ungünstigen und schlecht zu validierenden Textinhalten. Entstehen soll eine XML-Datei, in der die XML Schema-Datentypen `xs:date`, `xs:time` und `xs:decimal` validiert werden können.

```
<Tarif>
  ...
  <Uhrzeit>
    <Von>7</Von>
    <Bis>15</Bis>
  </Uhrzeit>
  <Preis/>
  <Umsatz>
    <Summe>2.313,50</Summe>
    <Kunden>787</Kunden>
    <Durchschnitt>2,94</Durchschnitt>
  </Umsatz>
</Tarif>
```

Listing 2.26: `232_01.xml` – Dokument mit einfachen Zeichenketten

Die Stylesheet-Funktionen müssen in einem eigenen Namensraum liegen, damit keine Verwechselung mit der heutigen und sich entwickelnden Funktionsbibliothek auftreten kann. Daher erstellen wir einen Namensraum für die RuhrFon GmbH, den wir nachher für die verschiedenen Funktionen verwenden können.

Der Aufruf einer Stylesheet-Funktion ist genauso einfach wie bei jeder anderen Funktion auch. Lediglich das Namensraum-Präfix muss genannt werden. Man benötigt ansonsten also kein `xsl:call-template` oder Ähnliches, sondern kann die eigenen Funktionen genauso wie fertige Funktionen als Teil eines Ausdrucks aufrufen. In runden Klammern übergibt man per Positionsnotation die einzelnen Parameterwerte an die Funktion in Form von Zeichenketten, Zahlen, XPath-Ausdrücken. Alle Parameter müssen innerhalb der runden Klammern genannt werden. Da es keine Möglichkeit gibt, Standardwerte in der Funktion zu deklarieren, stellt sich auch nicht die Frage, wie man auf diese Standardwerte zugreifen kann.

```
<xsl:stylesheet version="2.0" xmlns:xs="http://www.w3.org/2001/XMLSchema"
   xmlns:xsl="http://www.w3.org/1999/XSL/Transform" xmlns:xsi="http://
   www.w3.org/2001/XMLSchema-instance" exclude-result-prefixes="rf"
   xmlns:rf="http://www.ruhrfon.biz">
  <xsl:output method="xml" version="1.0" encoding="ISO-8859-1"
   indent="yes"/>
  <!-- Startvorlage -->
  <xsl:template match="/Tarifliste">
    <Tarifliste xsi:noNamespaceSchemaLocation="212_01.xsd">
      <xsl:for-each select="Tarif">
        <Tarif>
          ...
          <Uhrzeit>
            <!-- Umwandlung in xs:time -->
            <xsl:for-each select="Uhrzeit/child::*">
              <xsl:copy>
                <xsl:value-of select="rf:liefereUhrzeit(.)"/>
              </xsl:copy>
            </xsl:for-each>
          </Uhrzeit>
          <!-- Umwandlung in xs:decimal -->
          <Umsatz>
            <xsl:for-each select="Umsatz/child::*">
              <xsl:copy>
                <xsl:value-of select="rf:liefereDezimalzahl(.)"/>
              </xsl:copy>
            </xsl:for-each>
          </Umsatz>
        </Tarif>
      </xsl:for-each>
    </Tarifliste>
  </xsl:template>
```

Listing 2.27: `232_01.xslt` – Startvorlage mit Funktionsaufrufen und Namensraum

Die Vorlage für das Erzeugen des Datums lassen wir aus Platzgründen aus. Sie finden es in der Datei `232_01.xslt` und es entspricht inhaltlich dem Beispiel `222_01.xslt`. Wir haben die einzelnen Funktionen möglichst einfach aus den bereits vorhandenen benannten Vorlagen der `222_01.xslt`-Datei entwickelt. Dabei blieb der Mittelteil, der den Algorithmus enthält, gleich, und lediglich die Signatur wurde geändert. Sie werden für das gleiche Beispiel später noch eine wesentlich kürzere Version finden, aber es ist jetzt nur wichtig, dass Sie sehr leicht aus Ihren bestehenden Vorlagen solche Funktionen machen können.

```
<!-- Vorlage zur Stundenumwandlung -->
<xsl:function name="rf:liefereUhrzeit">
  <!-- Parameter -->
  <xsl:param name="Stunde"/>
  <!-- Ausgabe -->
  <xsl:element name="{local-name($Stunde)}">
    <xsl:choose>
      <xsl:when test="not($Stunde = 24)">
        <xsl:value-of select="concat($Stunde/text(),':00:00')"/>
      </xsl:when>
      <xsl:otherwise>
        <xsl:text>00:00:00</xsl:text>
      </xsl:otherwise>
    </xsl:choose>
  </xsl:element>
</xsl:function>
```

Listing 2.28: `232_01.xslt` – Stundenumwandlung

Auch die Rekursion lässt sich mit den Funktionen durchführen, sofern man nicht auf den `for`-Ausdruck in XPath zurückgreifen kann oder möchte. Ein Rekursionsbeispiel bietet die Ermittlung der Dezimalzahl, bei der zeichenweise auf Kommas und Punkte kontrolliert wird, um sie auszutauschen.

```
<!-- Vorlage zur Zahlenumwandlung -->
<xsl:function name="rf:liefereDezimalzahl">
  <!-- Parameter -->
  <xsl:param name="deutscheZahl"/>
  <!-- Variablen -->
  <xsl:variable name="Zeichen" select="substring($deutscheZahl, 1,1)"/>
  <xsl:variable name="Laenge" select="string-length($deutscheZahl)"/>
  <xsl:variable name="neueDeutscheZahl" select="substring($deutsche
                                        Zahl, 2, $Laenge)"/>
  <!-- Ausgabe -->
```

```
    <xsl:if test="not($Laenge = 0)">
      <!-- Ersetzung -->
      <xsl:choose>
        <xsl:when test="$Zeichen = ','">
          <xsl:text>.</xsl:text>
        </xsl:when>
        <xsl:when test="not($Zeichen = ',' or $Zeichen = '.')">
          <xsl:value-of select="$Zeichen"/>
        </xsl:when>
      </xsl:choose>
      <!-- Rekursiver Aufruf -->
      <xsl:value-of select="rf:liefereDezimalzahl($neueDeutscheZahl)"/>
    </xsl:if>
  </xsl:function>
```

Listing 2.29: `232_01.xslt` – Dezimalzahlumwandlung mit Rekursion

Im Ergebnis erhält man dann die Ihnen sicherlich noch bekannte Ausgabe mit `xs:time`, `xs:date` und `xsl:decimal`-Textknoten.

```
<Tarif>
  ...
  <Uhrzeit>
    <Von>7:00:00</Von>
    <Bis>15:00:00</Bis>
  </Uhrzeit>
  <Umsatz>
    <Summe>2313.50</Summe>
    <Kunden>787</Kunden>
    <Durchschnitt>2.94</Durchschnitt>
  </Umsatz>
</Tarif>
```

Listing 2.30: Ausgabe in XML

2.3.3 Verkürzungen in XPath/XSLT 2.0

Da man die Stylesheet-Funktionen ohnehin nur in XSLT 2.0 nutzen kann, bietet es sich an, gleichzeitig auch weitere Techniken aus dem neuen Sprachumfang einzusetzen. Mit ihnen lässt sich das in diesem Kapitel diskutierte Beispiel nun endgültig abschließen und an zwei exemplarischen Stellen mit einer beeindruckend kurzen Syntax ausdrücken.

Die erste Möglichkeit besteht darin, Fallunterscheidungen aus XSLT in solche von XPath umzuformulieren und somit die vielen Aufrufe der Kontrollanweisungselemente zu vermeiden. Wenn die Rückgabewerte ohnehin über `xsl:text` oder `xsl:value-of` ermittelt werden, dann lässt sich dies genauso mit einem einfachen Rückgabewert einer solchen XPath-Fallunterscheidung erledigen. Dies zeigt das nächste Beispiel, das die `liefereUhrzeit`-Funktion radikal verkürzt.

```
<!-- Vorlage zur Stundenumwandlung -->
<xsl:function name="rf:liefereUhrzeit">
  <!-- Parameter -->
  <xsl:param name="Stunde"/>
  <!-- Ausgabe -->
  <xsl:element name="{local-name($Stunde)}">
    <xsl:sequence select="if (not($Stunde = 24))
                          then concat($Stunde/text(),':00:00')
                          else('00:00:00')"/>
  </xsl:element>
</xsl:function>
```

Listing 2.31: `233_01.xslt` – Verwendung von XPath-Fallunterscheidungen

Die Syntaxverkürzung stellt im nächsten Beispiel eine weitaus beeindruckendere Leistung dar. Allerdings liegt dies daran, dass wir die neue `replace`-Funktion zum Einsatz bringen und damit völlig ohne Rekursion arbeiten können. Neben dieser von Stylesheet-Funktionen unabhängigen Begründung wird der Rückgabewert hier über `xsl:sequence` erledigt. Dies ersetzt – und wirklich auch nicht mehr – eine Ausgabe mit `xsl:value-of`. Da man innerhalb von `xsl:value-of` ebenfalls mit einem Sequenzkonstruktor in der Form `select="(einheit, einheit)"` arbeiten kann, betrifft die Entscheidung für das Element `xsl:sequence` weniger die Quelltextverkürzung als die Heraushebung, dass hier der Rückgabewert bearbeitet wird.

```
<!-- Vorlage zur Zahlenumwandlung -->
<xsl:function name="rf:liefereDezimalzahl">
  <!-- Parameter -->
  <xsl:param name="deutscheZahl"/>
  <!-- Rückgabe -->
  <xsl:sequence select="replace(replace(., '\.', ''), ',', '.')"/>
</xsl:function>
```

Listing 2.32: `233_01.xslt` – Verwendung eines Sequenzkonstruktors

Kapitel 3

XML Schema

Ganz neu in XSLT 2.0 ist auch ein Element, das eine XML Schema-Datei[1] einbindet und das die zu transformierenden Instanzdokumente damit beschreibt. Dadurch ist es möglich, auf globale Strukturen im Regeldokument zuzugreifen und die Bezeichner in beispielsweise Fallunterscheidungen zu nutzen. Man hat so eine Möglichkeit, sehr intensiv mit den modellierten Strukturen zu arbeiten und Modellierung und Transformation enger zusammenzuführen. Da in vielen XML-Projekten der Bereich der Modellierung stark vernachlässigt wird, ist hier vielleicht endlich eine Technologie, die auch Zweifler oder Anhänger der Theorie, XML-Modellierung sei nur etwas für die Dokumentation, überzeugt, dass die Arbeit und Zeit, die in die Modellierung gesteckt wird, durchaus sinnvoll investiert sein kann.

Der einzige Wermutstropfen bei dieser sehr interessanten neuen Technik ist, dass nur der Saxon-Prozessor XML Schema in XSLT unterstützt und man ansonsten wohl noch einige Zeit wird warten müssen, bis dies zum Standard gehört. Interessant ist auch, dass sogar sehr große und schon seit langer Zeit erfolgreiche Entwicklungswerkzeuge für XSLT auf eines der interessantesten Merkmale von XSLT 2.0 verzichten (Stand Frühsommer 2005) – Innovation scheint hier nur in neuen schicken Schaltflächen zu bestehen.

3.1 Verwendung

Da es sich bei der Einbindung von XML Schema-Dateien letztendlich nur um einen Einbindungsvorgang wie früher schon bei XSLT 1.0 für andere XSLT-Dateien handelt, ist die Syntax für die Einbindung selbst natürlich sehr einfach. Es gibt ein neues Element, das den Einbindungsvorgang mit einigen Attributen und alternativen Verwendungen durchführt. Die eigentlichen Angaben sind dann natürlich innerhalb der XML Schema-Datei oder – ebenfalls eine Variante – innerhalb der XML Schema-Kinder (!) des Einbindeelements `xsl:import-schema` zu erledigen.

3.1.1 Grundlagen

Ein XML Schema für eine gesamte XML-Datei oder auch nur interessante globale Strukturen wie z.B. spezielle Datentypen lässt sich mit Hilfe des neuen Elements

1 Vgl. XSL Transformations (XSLT) Version 2.0, W3C Working Draft 2 May 2003, Abschnitt 3.10 Importing Schema Components unter `http://www.w3c.org/TR/xslt20/#import-schema`.

`xsl:import-schema` durchführen. Seine konkrete Verwendung kann in Varianten auftreten. Seine allgemeine Syntax lautet:

```
<!-- Kategorie: Deklaration -->
<xsl:import-schema
  namespace = uri-reference
  schema-location = uri-reference />
```

In XPath 2.0 gibt es verschiedene Strukturen, die explizit auf Bezeichner des XML Schemas fokussiert sind, das das Instanzdokument beschreibt, das transformiert werden soll. Dies erfordert natürlich irgendeine Möglichkeit, dieses XML Schema einzubinden, um die Bezeichner der Strukturen wie z.B. die globalen Datentypen bekannt zu machen. Eine Möglichkeit für den XSLT-Prozessor wäre es, auf die Schema-Verknüpfung im Instanzdokument zu setzen und das Dokument dynamisch einzubinden. Dies ist allerdings nicht der Weg, der hier bei XSLT gegangen wird. Stattdessen sollen die Bezeichner, die Schema-Komponenten identifizieren, statisch vor der Transformation bekannt gemacht werden, um beispielsweise fehlerhafte, unbekannte oder unpassende Bezeichner/Strukturen vorab zu bemerken.

Die Verknüpfung wird über das `xsl:import-schema`-Element eingerichtet, dessen Strukturen ähnlich der Verknüpfung im Instanzdokument sind. Es importiert die Bezeichner, die auf der obersten Ebene eingerichtet sind, in das XSLT-Dokument. Dies betrifft einfache und komplexe Datentypen genauso wie globale Elemente und Attribute.

Beide vorhandenen Attribute `namespace` und `schema-location` sind optional, wobei natürlich die fehlende Angabe einer Datei- und Pfadangabe für die Funktionsweise sehr wichtig ist und das Element ansonsten überflüssig macht, wenn nicht innerhalb des Elements XML Schema-Angaben gemacht werden. Im Attribut `schema-location` befindet sich die Verknüpfung zu einer XML Schema-Datei, während das `namespace`-Attribut einen möglichen Namensraum/den Zielnamensraum des XML Schema-Dokuments enthalten kann. Sollten zwei verschiedene Verknüpfungen den gleichen Namensraum benutzen, wird nur die Angabe mit der höchsten Priorität verwendet. Die Priorisierung wird dabei ebenfalls durch die Dokumentrichtung und damit durch die Reihenfolge der Verknüpfungen bestimmt.

Bei der Verknüpfung von XML Schema-Dateien innerhalb von XML Schema-Dateien (`xs:import`, `xs:include` und `xs:redefine`) werden zusätzliche Regelungen benötigt, um virtuell weitere Verknüpfungen für das XSLT-Dokument zu erstellen. Prinzipiell werden einfach weitere verknüpfte XML Schema-Dokumente der Reihe nach geladen, wie dies auch bei importierten XSLT-Dokumenten der Fall ist. Die vier Regelungen zielen darauf ab, quasi zusätzliche `xsl:import-schema`-

Elemente mit Werten zu erzeugen, die sich aus den im XML Schema-Dokument vorhandenen Angaben rekrutieren:

- Sollte in einem `xs:import`-Element im XML Schema-Dokument ein Namensraum enthalten sein, wird das `namespace`-Attribut des virtuellen `xsl:import-schema`-Elements damit gefüllt. Ansonsten wird es nicht erzeugt. Die leere Zeichenkette ist dabei kein gültiger Wert, wenn kein Namensraum angegeben werden soll. In diesem Fall muss das Attribut stets fehlen. Sobald ein Namensraum angegeben ist, muss auch ein XML Schema für diesen Namensraum verwendet werden.
- Das Attribut `schemaLocation` im `xs:import`-Element füllt das entsprechende `schema-location`-Attribut des `xsl:import-schema`-Elements. Sollte es im XML Schema-Dokument nicht vorhanden sein, wird es (natürlich) nicht gefüllt.
- Das Basisverzeichnis, das im `base URI`-Attribut des `xs:import`-Elements in der XML Schema-Datei angegeben ist, dient als Wert für das gleich bedeutende Attribut in dem `xsl:import-schema`-Element, wenn es auch nicht in der allgemeinen Syntax vorhanden ist.

Es gilt der Konfliktlösungsmechanismus für im XML Schema-Dokument doppelt vergebene Bezeichner von XML Schema.

3.1.2 Beispiel

Wie gerade schon erwähnt, sind unterschiedliche Möglichkeiten vorhanden, das `xsl:import-schema`-Element zu nutzen. Der einfachste Weg ist sicherlich, über das Attribut `schema-location` eine Datei aufzurufen. In dieser Datei dürfte im Normalfall die gesamte XML-Struktur beschrieben sein, die im XSLT-Dokument zu verarbeiten ist. Alternativ könnte es sich genauso gut um eine Aufzählung von für die Transformation wichtigen Datentypen handeln, die unabhängig vom restlichen XML-Dokument und seinen konkreten Strukturen eingebunden werden. Ein entsprechendes Beispiel ist besonders kurz und besteht nur aus einer Zeile.

```
<xsl:import-schema schema-location="312_02.xsd"/>
```

Listing 3.1: `312_01.xslt` – Einbinden einer externen Datei

Eine grundsätzliche Alternative ist, auf die externe Datei zu verzichten, und die Angaben lokal zu machen. Dabei benötigt man kein `schema-location`-Attribut, sondern setzt das gesamte XML Schema-Dokument als Inhalt von `xsl:import-schema`. Ob dies notwendigerweise auch für die Modellierung einer gesamten XML-Datei die beste oder gar nur eine gute Lösung ist, muss mit Sicherheit eine Frage bleiben. Auf der einen Seite sind jetzt die Datenstrukturen überhaupt nicht ausgelagert, auf der anderen Seite sind sie auch in der gleichen Datei vorhanden, sodass beim Einbindungsvorgang kein Fehler auftreten kann. Wenn man nun allerdings diese Strukturen weiterverwenden möchte, müsste man diese XSLT-Datei an anderer Stelle importieren, was zwar technisch möglich, aber sicherlich nicht sinnvoll ist, wenn lediglich die Schema-Strukturen für eine mehrfache Nutzung interessant sind.

Einen solchen Weg sollte man eher dann gehen, wenn man ausschließlich auf einige wenige Strukturen zurückgreifen möchte. Dies können beispielsweise Datentypen sein, die – bis auf Ableitungen – unabhängig voneinander existieren. Im nachfolgenden Beispiel ist dies ein Datentyp `Waehrung`. Ansonsten ist in der XML Schema-Struktur nichts vorhanden. Man könnte mit ihr auch kein einziges XML-Dokument validieren, da ja nicht einmal ein Wurzelelement deklariert wird.

```
<xsl:stylesheet version="2.0" xmlns:xsl="http://www.w3.org/1999/XSL/
   Transform" xmlns:xs="http://www.w3.org/2001/XMLSchema" ...>
  <xsl:output method="xml" version="1.0" encoding="UTF-8" indent="yes"/>
  <xsl:import-schema>
    <xs:schema>
      <xs:simpleType name="Waehrung">
        <xs:restriction base="xs:decimal">
          <xs:totalDigits value="10"/>
          <xs:fractionDigits value="2"/>
        </xs:restriction>
      </xs:simpleType>
    </xs:schema>
  </xsl:import-schema>
  <xs:variable name="Total" select="sum(//Umsatz)" as="Waehrung"/>
</xsl:stylesheet>
```

Listing 3.2: `312_01.xslt` – Einbinden eines lokalen Schemas

Eine weitere Alternative ergibt sich bei der Verwendung von Namensräumen. Im folgenden Beispiel existiert ein zusätzlicher Namensraum im Dokument, der als Zielnamensraum des XML Schemas benutzt wird. Damit liegt also der deklarierte Datentyp in diesem Namensraum und muss auch später bei seiner Verwendung mit dem Namensraumpräfix aufgerufen werden.

```
<xsl:stylesheet version="2.0"
                xmlns:xsl="http://www.w3.org/1999/XSL/Transform"
                xmlns:xs="http://www.w3.org/2001/XMLSchema"
                xmlns:rf="http://www.ruhrfon.biz">
  <xsl:output method="xml" version="1.0" encoding="UTF-8" indent="yes"/>
  <xsl:import-schema>
    <xs:schema targetNamespace="http://www.ruhrfon.biz">
      <xs:simpleType name="rf:Waehrung">
```

```
      ...
    </xs:simpleType>
  </xs:schema>
</xsl:import-schema>
<xs:variable name="Total" select="sum(//Umsatz)" as="rf:Waehrung"/>
```

Listing 3.3: 312_02.xslt – Verwendung eines Namensraums

3.2 Mögliche XML Schema-Strukturen

Die Möglichkeiten, die XML Schema-Strukturen in XSLT einzubinden, scheinen zwar für die Zukunft von XSLT und auch für die Entwicklung von Schema-basierten Algorithmen sehr nützlich zu sein, doch die eigentliche Syntax steckt natürlich nicht in XSLT, sondern in XML Schema. Für die Verwendung der in der XML Schema-Datei global vorhandenen Strukturen lassen sich letztendlich alle die Funktionen und Ausdrücke aus XPath nutzen, die sich beispielsweise mit dem Testen, Zuweisungen und Umwandeln von Datentypen befassen. Anstelle der in XPath und XML Schema vorhandenen Datentypen lassen sich nun die eigenen Datentypen aufrufen. Dies ermöglicht es beispielsweise auf sehr elegante Art und Weise, reguläre Ausdrücke, Wertelisten und Längenbeschränkungen zur Überprüfung in einfachen globalen Datentypen unterzubringen und diese nachher zu prüfen. Man muss so nicht die Überprüfung innerhalb der Transformation ausführen, sondern sie steckt dort, wo sie ohnehin hingehört, nämlich in der Modellierung.

Es ist nicht Sinn dieses Kapitels, XML Schema grundlegend zu erklären. Es ist zwar nicht besonders schwierig, auch wenn es einige Spezialthemen besitzt, die zunächst Stirnrunzeln hervorrufen könnten, doch ist die mögliche Syntax zu umfangreich.[2] Allerdings wollen wir ein wenig Geschmack auf XML Schema machen und kurz die Themen überfliegen, die man in XSLT 2.0 auch nutzen kann, damit Sie einen allgemeinen Eindruck gewinnen.

3.2.1 Vordefinierte Datentypen

Im Gegensatz zur DTD, in der die wenigen vorhandenen Datentypen nur für Attribute und dann auch nur für Spezialfälle wie XML-Listen oder Schlüssel(verweise) vorhanden waren, gibt es in XML Schema eine ganze Reihe an Datentypen, die in einem eigenen Standard (Datentypen: `http://www.w3c.org/TR/xmlschema-2/`) definiert wurden und die auch in XSLT bzw. XPath sowie in solchen Standards wie RDF oder OWL zum Einsatz kommen können.

2 Lesen Sie doch stattdessen einfach unser Buch: XML Schema, Skulschus/Wiederstein, Galileo Computing oder werfen Sie einen Blick in den Einführungstext des W3C: `http://www.w3c.org/TR/xmlschema-0/`.

Einerseits dürften Ihnen die meisten Datentypen aus anderen Programmiersprachen oder Datenbanken schon bekannt sein. Auf der anderen Seite würde eine ausführliche Erklärung den Kapitelrahmen sprengen. Daher listen wir sie nur sehr kurz auf.

Einfache Datentypen

In der Liste der einfachen Datentypen gibt es die in vielen anderen Datentypbeschreibungen auch vorhandenen grundlegenden Typen sowie einige spezielle, die in anderen Standards nicht vorhanden sind. Dazu zählen die speziellen Datumstypen, die Feldkombinationen enthalten, und die Sonder-XML-Typen.

Zahlen	Zeichenketten	Zeit	Logik
decimal	string	duration	boolean
float	anyURI	dateTime	
double	QName	time	
hexBinary	NOTATION	date	
base64Binary		gYearMonth	
		gYear	
		gMonthDay	
		gDay	
		gMonth	

Tabelle 3.1: Vordefinierte einfache Datentypen

Abgeleitete Datentypen

Die abgeleiteten Typen sind bereits vordefinierte Einschränkungen von einfachen Datentypen. Hier befinden sich auch die DTD-Datentypen (in Großbuchstaben) sowie viele Zahlendatentypen. Insbesondere für die vielen verschiedenen Zahlen lohnt sich ein intensiver Blick in die Dokumentation.

Zahlen		Zeichenketten	
integer	nonNegativeInteger	normalizedString	ID
nonPositiveInteger	unsignedLong	token	IDREF
negativeInteger	unsignedInt	language	IDREFS
long	unsignedShort	NMTOKEN	ENTITY
int	unsignedByte	NMTOKENS	ENTITIES
short	positiveInteger	Name	
byte		NCName	

Tabelle 3.2: Abgeleitete Datentypen

3.2.2 Benutzerdefinierte Datentypen

Auf Basis der vordefinierten Datentypen lassen sich nun eigene Datentypen erstellen, die dann wiederum in XSLT/XPath genutzt werden können. Dies ist der eigentlich interessante Teil, wobei dies sowohl XML Schema als auch XSLT betrifft. Dass man in XSLT 2.0 die vordefinierten Datentypen nutzen kann, ist bereits eine kolossale Verbesserung, aber das Nutzen eigener Typen setzt dem Ganzen noch ein Sahnehäubchen auf.

Grundlagen

Ein globaler einfacher Typ definiert einen Datentyp, der später im `type`-Attribut aufgerufen werden kann. Die allgemeine Syntax lautet:

```
<xs:simpleType
  final = (#all | (list | union | restriction))
  id = ID
  name = NCName
  {Attribute mit einem Namensraum außerhalb des Schema-Namensraums}>
  Inhalt: (annotation?, (restriction | list | union))
</xs:simpleType>
```

Es ist natürlich möglich, einen eigenen Datentyp zu erstellen, der keine besonderen Eigenschaften hat. Dann benötigt man auch nicht die im nächsten Abschnitt beschriebenen Facetten. Einen solchen eigenen, aber besonders einfachen Datentyp könnte man beispielsweise gut aus Gründen der Selbstdokumentation nutzen. Ein Schulbeispiel ist hier immer der Datentyp `Schluessel`, der einfach nur ein andere Name für `xs:positiveInteger` ist.

Dass ein Wert keine Dezimalzahl, sondern eine Ganzzahl und dazu noch positiv ungleich null ist, kann eine Eigenschaftsbeschreibung von anderen Werten sein wie z.B. von gerundeten absoluten Endsummen, die nachher weiterverarbeitet werden sollen. Aber mit Hilfe des zusätzlichen Namens `Schluessel` (oder natürlich auch `gerundeterAbsolutwert`) lässt sich nachher prüfen, ob ein Wert ein gültiger Schlüsselwert wäre, was im Quelltext von XSLT bzw. XPath einen besseren Eindruck macht als ein Kommentar, in dem die Überprüfung erklärt wird.

Einschränkung durch Facetten

In den meisten Fällen wird man allerdings keine Selbstdokumentation mit Datentyphüllen durchführen, sondern vielmehr zusätzliche Einschränkungen angeben wollen. Dazu benutzt man ebenfalls XML-Elemente und z.B. keine Attribute. Sie tauchen als Kinder der direkten Kinder von `xs:simpleType` auf. Ihre Reihenfolge ist unerheblich, ebenso ihre Kombination, die natürlich sinnvoll und nicht widersprüchlich sein sollte.

In der nachfolgenden Tabelle fassen wir die einzelnen Facetten kurz zusammen. Sie werden sehen, dass viele Dinge hier in Form von XML-Elementen modelliert werden, die in SQL mit CHECK-Bedingungen oder runden Klammern umgesetzt werden.

Typ	Verwendung
length	Gesamtlänge einer Zeichenkette
minLength	Minimale Länge einer Zeichenkette
maxLength	Maximale Länge einer Zeichenkette
pattern	Muster als regulärer Ausdruck für eine Zeichenkette
enumeration	Aufzählung von verwendbaren Werten
whiteSpace	Leerraumbehandlung
maxInclusive	Obere eingeschlossene Grenze
maxExclusive	Obere nicht eingeschlossene Grenze
minExclusive	Untere nicht eingeschlossene Grenze
minInclusive	Untere eingeschlossene Grenze
totalDigits	Gesamtstellenzahl einer Zahl
fractionDigits	Nachkommastellen einer Zahl

Tabelle 3.3: Übersicht der Facetten

Wie man sich vermutlich denken kann, sind nicht alle Facetten für jeden Datentyp zulässig. Die nachfolgende Tabelle gibt eine komprimierte Übersicht für die möglichen Facetten eines jeden einfachen Datentyps.

Datentyp	Einschränkende Facetten
string	length, minLength, maxLength, pattern, enumeration, whiteSpace
boolean	pattern, whiteSpace
float	pattern, enumeration, whiteSpace, maxInclusive, maxExclusive, minInclusive, minExclusive
double	pattern, enumeration, whiteSpace, maxInclusive, maxExclusive, minInclusive, minExclusive
decimal	totalDigits, fractionDigits, pattern, whiteSpace, enumeration, maxInclusive, maxExclusive, minInclusive, minExclusive
duration	pattern, enumeration, whiteSpace, maxInclusive, maxExclusive, minInclusive, minExclusive
dateTime	pattern, enumeration, whiteSpace, maxInclusive, maxExclusive, minInclusive, minExclusive

Tabelle 3.4: Datentypen mit ihren anwendbaren einschränkenden Facetten

Datentyp	Einschränkende Facetten
time	pattern, enumeration, whiteSpace, maxInclusive, maxExclusive, minInclusive, minExclusive
date	pattern, enumeration, whiteSpace, maxInclusive, maxExclusive, minInclusive, minExclusive
gYearMonth	pattern, enumeration, whiteSpace, maxInclusive, maxExclusive, minInclusive, minExclusive
gYear	pattern, enumeration, whiteSpace, maxInclusive, maxExclusive, minInclusive, minExclusive
gMonthDay	pattern, enumeration, whiteSpace, maxInclusive, maxExclusive, minInclusive, minExclusive
gDay	pattern, enumeration, whiteSpace, maxInclusive, maxExclusive, minInclusive, minExclusive
gMonth	pattern, enumeration, whiteSpace, maxInclusive, maxExclusive, minInclusive, minExclusive
hexBinary	length, minLength, maxLength, pattern, enumeration, whiteSpace
base64Binary	length, minLength, maxLength, pattern, enumeration, whiteSpace
anyURI	length, minLength, maxLength, pattern, enumeration, whiteSpace
QName	length, minLength, maxLength, pattern, enumeration, whiteSpace
NOTATION	length, minLength, maxLength, pattern, enumeration, whiteSpace

Tabelle 3.4: Datentypen mit ihren anwendbaren einschränkenden Facetten (Forts.)

Facetten im Detail

Die einzelnen Facetten stellen wir nun noch einmal im Detail vor, wobei wir jetzt auch einige Syntaxbeispiele geben, damit Sie einen Eindruck von XML Schema bekommen.

- Länge: Ein Wert vom Datentyp `nonNegativeInteger`, also einer Ganzzahl einschließlich der Null, gibt die Länge eines Wertes an. Bei Zeichenketten und `anyURI` ist dies die Anzahl der Zeichen und bei den Datentypen `hexBinary`, `base64Binary` bzw. davon abgeleiteten Datentypen die 8-Bit-Oktette.

```
<xs:length
  fixed = boolean : false
  id = ID
  value = nonNegativeInteger
  {Attribute mit einem Namensraum außerhalb des Schema-Namensraums}>
  Inhalt: (annotation?)
</xs:length>
```

Beispiel:

```
<xs:element name="Country">
 <xs:simpleType>
  <xs:restriction base="xs:string">
   <xs:length value="2"/>
  </xs:restriction>
 </xs:simpleType>
</xs:element>
```

- Minimale Länge: Ein Wert vom Datentyp `nonNegativeInteger` (Ganzzahl einschließlich der Null), gibt die minimale Länge eines Wertes an. Bei Zeichenketten und `anyURI` ist dies die Anzahl der Zeichen und bei den Datentypen `hexBinary`, `base64Binary` bzw. davon abgeleiteten Datentypen die 8-Bit-Oktette.

```
<xs:minLength
  fixed = boolean : false
  id = ID
  value = nonNegativeInteger
  {Attribute mit einem Namensraum außerhalb des Schema-Namensraums}>
  Inhalt: (annotation?)
</xs:minLength>
```

Beispiel:

```
<xs:element name="PLZ">
 <xs:simpleType>
  <xs:restriction base="xs:integer">
   <xs:maxInclusive value="5"/>
   <xs:minInclusive value="4"/>
  </xs:restriction>
 </xs:simpleType>
</xs:element>
```

- Maximale Länge: Ein Wert vom Datentyp `nonNegativeInteger` (Ganzzahl einschließlich der Null), gibt die maximale Länge eines Wertes an. Bei Zeichenketten und `anyURI` ist dies die Anzahl der Zeichen und bei den Datentypen `hexBinary`, `base64Binary` bzw. davon abgeleiteten Datentypen die 8-Bit-Oktette.

```
<xs:maxLength
  fixed = boolean : false
  id = ID
  value = nonNegativeInteger
```

```
  {Attribute mit einem Namensraum außerhalb des Schema-Namensraums}>
  Inhalt: (annotation?)
</xs:maxLength>
```

Beispiel:

```
<xs:element name="Beschreibung">
 <xs:simpleType>
  <xs:restriction base="xs:string">
   <xs:maxLength value="255/>
  </xs:restriction>
 </xs:simpleType>
</xs:element>
```

- Muster: Mit Hilfe eines regulären Ausdrucks schränkt man den lexikalischen Bereich und Wertebereich ein.

```
<xs:pattern
  id = ID
  value = anySimpleType
  {Attribute mit einem Namensraum außerhalb des Schema-Namensraums}>
  Inhalt: (annotation?)
</xs:pattern>
```

Beispiel:

```
<xs:element name="PLZ">
 <xs:simpleType>
   <xs:restriction base="xs:positiveInteger">
    <xs:pattern value="[0-9]{5}"/>
   </xs:restriction>
 </xs:simpleType>
</xs:element>
```

- Aufzählung: Für die genaue Angabe der zulässigen Werte eines Datentyps gibt man in einzelnen Aufzählungselementen die genauen Werte vor.

```
<xs:enumeration
  id = ID
  value = anySimpleType
  {Attribute mit einem Namensraum außerhalb des Schema-Namensraums }>
  Content: (annotation?)
</xs:enumeration>
```

Beispiel:

```
<xs:element name="Anrede">
 <xs:simpleType>
  <xs:restriction base="xs:string">
   <xs:enumeration value="Herr"/>
   <xs:enumeration value="Frau"/>
  </xs:restriction>
 </xs:simpleType>
</xs:element>
```

- Leerzeichen: Zeichenketten, die Leerzeichen enthalten, können mit der Leerzeichenfacette unter Angabe der Leerzeichenbehandlung überprüft werden.

```
<xs:whiteSpace
  fixed = boolean : false
  id = ID
  value = (collapse | preserve | replace)
  {Attribute mit einem Namensraum außerhalb des Schema-Namensraums}>
  Inhalt: (annotation?)
</xs:whiteSpace>
```

- Ausgeschlossene Obergrenze/Untergrenze: Die ausgeschlossene Ober-/Untergrenze begrenzt den möglichen Wertebereich nach oben/unten, wobei die Grenze als Wert selbst nicht auftreten darf.

```
<xs:maxExclusive | xs:minExclusive
  fixed = boolean : false
  id = ID
  value = anySimpleType
  {Attribute mit einem Namensraum außerhalb des Schema-Namensraums}>
  Inhalt: (annotation?)
</xs:maxExclusive | xs:minExclusive >
```

- Eingeschlossene Ober-/Untergrenze: Die eingeschlossene Ober-/Untergrenze begrenzt den möglichen Wertebereich nach oben/unten, wobei die Grenze als Wert selbst nicht auftreten darf.

```
<xs:minInclusive | xs:maxInclusive
  fixed = boolean : false
  id = ID
  value = anySimpleType
  {Attribute mit einem Namensraum außerhalb des Schema-Namensraums}>
```

```
  Inhalt: (annotation?)
</xs:minInclusive | xs:maxInclusive >
```

Beispiel:

```
<xs:element name="PLZ">
 <xs:simpleType>
   <xs:restriction base="xs:positiveInteger">
    <xs:minInclusive value="42553"/>
    <xs:maxInclusive value="45128"/>
   </xs:restriction>
 </xs:simpleType>
```

- Maximale Anzahl der Dezimalstellen: Für die Eigenschaften von Dezimalzahlen gibt man mit der `totalDigits`-Facette in einem `positiveInteger`-Wert (positive Ganzzahl ohne null) die Anzahl der Dezimalstellen an.

```
<xs:totalDigits
  fixed = boolean : false
  id = ID
  value = positiveInteger
  {Attribute mit einem Namensraum außerhalb des Schema-Namensraums}>
  Inhalt: (annotation?)
</xs:totalDigits>
```

- Maximale Anzahl der Nachkommastellen: Für die Eigenschaften von Dezimalzahlen gibt man mit der `fractionDigits`-Facette in einem `nonNegativeInteger`-Wert (positive Ganzzahl mit null) die Anzahl der Nachkommastellen an.

```
<xs:fractionDigits
  fixed = boolean : false
  id = ID
  value = nonNegativeInteger
  {Attribute mit einem Namensraum außerhalb des Schema-Namensraums}>
  Inhalt: (annotation?)
</xs:fractionDigits>
```

Beispiel:

```
<xs:element name="Preis">
 <xs:simpleType>
  <xs:restriction base="xs:decimal">
   <xs:totalDigits value="10"/>
```

```
    <xs:fractionDigits value="2"/>
   </xs:restriction>
  </xs:simpleType>
</xs:element>
```

3.2.3 Komplexe Datentypen

Ein globaler komplexer Typ lässt sich im type-Attribut lokal aufrufen und stellt dort seine Eigenschaften zur Verfügung. Er beschreibt global ein Inhaltsmodell von Elementen in Form eines Datentyps, also eines Typs mit Feldern.

```
<xs:complexType
  abstract = boolean : false
  block = (#all | Liste von (extension | restriction))
  final = (#all | Liste von (extension | restriction))
  id = ID
  mixed = boolean : false
  name = NCName
  {Attribute mit einem Namensraum außerhalb des Schema-Namensraums}>
  Inhalt: (annotation?, (simpleContent | complexContent | ((group | all |
choice | sequence)?, ((attribute | attributeGroup)*, anyAttribute?))))
</xs:complexType>
```

Ein Beispiel alleine reicht für das Verständnis, aber natürlich nicht für die Verwendung der Syntax, da innerhalb eines globalen komplexen Typs Inhaltsmodelle, Datentypen und Attribute in Form von Kindern und Kindeskindern auftauchen und damit fast die gesamte XML Schema-Syntax enthalten.

Beispiel:

```
<xs:complexType name="StadtlisteTyp">
  <xs:sequence>
    <xs:element name="Privat">
      <xs:complexType>
        <xs:sequence>
          <xs:element name="Stadt" type="UmsatzTyp" maxOccurs="unbounded"/>
        </xs:sequence>
      </xs:complexType>
    </xs:element>
    <xs:element name="Geschaeftlich">
      <xs:complexType>
        <xs:sequence>
          <xs:element name="Stadt" type="UmsatzTyp" maxOccurs="unbounded"/>
```

```
        </xs:sequence>
      </xs:complexType>
    </xs:element>
  </xs:sequence>
</xs:complexType>
```

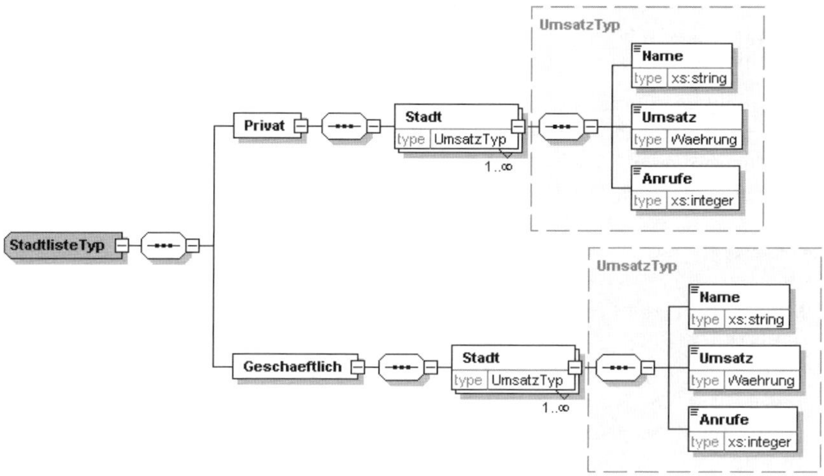

Abb. 3.1: Struktur des Typs `StadtlisteTyp`

Im Beispiel sind unterschiedliche Aspekte gleichzeitig abgebildet. Auf der einen Seite legt der globale komplexe Typ zwei Elemente fest, von denen beide die gleichen Elemente enthalten. Diese hätten sich übrigens zusätzlich auch noch global anlegen und dann per Referenz wieder aufrufen lassen können. Innerhalb dieser beiden Kindelemente tauchen erneut Kinder auf, die über einen anderen globalen komplexen Typ deklariert und hier nur lokal eingefügt werden. In der Abbildung in XMLSpy® erkennt man dann erst, welche Strukturen die beiden Kinder enthalten, ohne dass man den entsprechenden globalen komplexen Typ betrachten muss. Nur im Quelltext ist er nicht vorhanden.

3.2.4 Globale Elemente und Attribute

Neben den einfachen und komplexen Typen können auch Elemente und Attribute sowohl lokal als auch global vorliegen. Global bedeutet, dass sie auf der obersten Ebene innerhalb einer XML Schema-Datei liegen und damit direkte Kinder des Wurzelelements sind. Nur wenn sie global sind, können ihre Eigenschaften in einer XML Schema-Datei per Referenz im `ref`-Attribut (bei den Datentypen war es per Typaufruf im type-Attribut) verwendet werden. Nur solche Elemente und Attribute können dann auch innerhalb von XSLT bzw. XPath zum Einsatz kommen.

Elementdeklaration

Natürlich kann man auch mit Hilfe von XPath 1.0 Elemente über ihren Namen auswählen. Das ist nicht sonderlich interessant. Aber in XPath 2.0 bzw. durch das Einbinden von XML Schema kann man zusätzlich auch noch auf die Datentypangabe zurückgreifen und daher zwischen verschiedenen gleichnamigen Elementen mit unterschiedlichen Datentypen unterscheiden.

Das Element `xs:element` erlaubt, Elemente zu deklarieren. Es enthält sowohl sehr viele Attribute als auch die verschiedenen Elemente für die Inhaltsmodelle (Reihenfolge, Auswahl oder Zusammenstellung) und damit einen Großteil der gesamten XML Schema-Syntax.

```
<element
  abstract = boolean : false
  block = (#all | List of (extension | restriction | substitution))
  default = string
  final = (#all | List of (extension | restriction))
  fixed = string
  form = (qualified | unqualified)
  id = ID
  maxOccurs = (nonNegativeInteger | unbounded)  : 1
  minOccurs = nonNegativeInteger : 1
  name = NCName
  nillable = boolean : false
  ref = QName
  substitutionGroup = QName
  type = QName
  {any attributes with non-schema namespace . . .}>
  Content: (annotation?, ((simpleType | complexType)?, (unique | key | keyref)*))
</element>
```

Einige wichtige Attribute stellen wir kurz vor:

- `name`: Name des Elements
- `type`: Datentyp in Form eines vordefinierten oder benutzerdefinierten einfachen Datentyps oder eines komplexen Typs
- `ref`: Referenzierung auf ein global vorhandenes Element
- `nillable`: Zulässigkeit des leeren Inhaltsmodells, also leeren Elements

- `minOccurs`: minimales Auftreten des Elements in einer Reihenfolge, Standard: 1
- `maxOccurs`: maximales Auftreten des Elements in einer Reihenfolge, Standard: 1

Beispiel:

```
<xs:element name="Stadt" type="StadtTyp"/>
<xs:element name="Umsatz">
  <xs:sequence>
    <xs:element name="Name" type="xs:string"/>
    <xs:element name="Umsatz" type="Waehrung"/>
    <xs:element name="Anrufe" type="xs:integer"/>
  </xs:sequence>
</xs:element>
```

Attributdeklaration

Natürlich kann man auch mit XPath 1.0 Attribute über ihren Namen auswählen. Das ist nicht sonderlich interessant. Aber in XPath 2.0 bzw. durch das Einbinden von XML Schema kann man zusätzlich auch noch auf die Datentypangabe zurückgreifen und daher zwischen verschiedenen gleichnamigen Attributen mit unterschiedlichen Datentypen unterscheiden.

```
<attribute
  default = string
  fixed = string
  form = (qualified | unqualified)
  id = ID
  name = NCName
  ref = QName
  type = QName
  use = (optional | prohibited | required) : optional
  {any attributes with non-schema namespace . . .}>
  Content: (annotation?, simpleType?)
</attribute>
```

Einige wichtige Attribute stellen wir kurz vor:

- `name`: Name des Elements
- `type`: Datentyp in Form eines vordefinierten oder benutzerdefinierten einfachen Datentyps oder eines komplexen Typs
- `ref`: Referenzierung auf ein global vorhandenes Element
- `fixed`: fester Standardwert

- `default`: Standardwert des Attributs
- `use`: Verwendungsweise des Attributs: optional, verboten oder verpflichtend

Beispiel:

```
<xs:element name="Umsatzuebersicht">
  <xs:complexType>
    <xs:sequence>
      <xs:element name="Stadtliste" type="StadtlisteTyp"/>
      <xs:element name="Tarifliste">
        ...
        </xs:element>
    </xs:sequence>
    <xs:attribute name="Datum" use="required"/>
    <xs:attribute name="Kommentar" type="xs:string" use="optional"/>
  </xs:complexType>
</xs:element>
```

3.3 Verwendung eingebundener Strukturen

Letztendlich läuft die Verwendung der eingebundenen Strukturen auf die Verwendung der Datentypnamen hinaus. Daher genügt es, sich sämtliche Möglichkeiten in XPath anzusehen, die mit Datentypen umzugehen wissen. Da wir an verschiedenen Stellen in Band 1 und 3 bereits auf diese Techniken hingewiesen haben, wollen wir es auch dieses Mal bei einer kurzen Übersicht belassen. Der Blickwinkel ist dieses Mal nicht die Verwendung der XML Schema- oder XPath-Datentypen, sondern unserer eigenen, persönlichen, privaten Datentypen.

3.3.1 Datentypausdrücke

Mit Hilfe der Ausdrücke für Datentypen[3] hat man Operator-ähnliche Konstrukte, die für unterschiedliche Tests im z.B. `test`-Attribut von `xsl:if` oder `xsl:when` genutzt werden können. Ebenfalls nutzen kann man sie bei Prädikaten von XPath im `select`-Attribut.

- `Instance Of` prüft darauf, ob ein Wert einem möglichen Datentyp entspricht bzw. eine Instanz von ihm ist. Dies ist keine Umwandlung und auch keine Um-

3 Vgl.: XML Path Language (XPath) 2.0, W3C Working Draft 22 August 2003 Abschnitt 3.10 Expressions on SequenceTypes unter `http://www.w3.org/TR/2005/WD-xpath20-20050404/#id-expressions-on-datatypes`.

wandlungsprüfung, sondern ein reiner Test, ob der übergebene Wert bzw. XPath-Ausdruck einem vorhandenen Datentyp entspricht.

```
InstanceofExpr    ::=    TreatExpr ( "instance" "of" SequenceType )?
```

Beispiel:

```
7.5 instance of xs:decimal
@Datum instance of xs:date
@Datum instance of rf:BerichtdatumTyp
```

- `Cast` wandelt einen Wert in einen anderen Datentyp um. Dies ist also keine Überprüfung, sondern der tatsächliche Umwandlungsvorgang.

```
CastExpr    ::=    ComparisonExpr ( "cast" "as" AtomicType)?
```

Beispiel:

```
if (ElementName castable as TypName)
then ElementName cast as TypName
```

- `Castable` wandelt einen Wert nicht direkt in einen anderen Datentyp um, sondern prüft, ob man ihn umwandeln könnte. Dies ist ähnlich, als wenn man prüfen würde, ob ein Wert eine Instanz eines Datentyps ist, zielt jedoch ausdrücklich auf die Umwandlungsmöglichkeit in einen Zieldatentyp ab.

```
CastableExpr    ::=    CastExpr ( "castable" "as" AtomicType )?
```

- Konstruktorfunktionen legen fest, dass eine gegebene Zeichenkette einem bestimmten Datentyp entspricht:

```
T($x as item) as T
```

Beispiel:

```
xdt:dayTimeDuration("P21D")
xs:date("2005-12-24")
rf:waehrung("21.99")
```

- `Treat` wandelt einen Wert nicht in einen anderen Datentyp um und prüft auch nicht, ob eine Umwandlung funktionieren würde, sondern behandelt den gegebenen Wert so, als wenn er eine Instanz von einem bestimmten Datentyp wäre.

```
TreatExpr ::= CastableExpr ( "treat" "as" SequenceType )?
```

Beispiele:

```
Umsatz treat as element(*, ProKopfUmsatzTyp)
Datum treat as attribute(*, BerichtsdatumTyp)
```

Die folgenden Abkürzungen gelten in allen Fällen der Syntax:

- Darstellung eines Inhaltsmodells: `SequenceType ::= (ItemType OccurrenceIndicator?) | ("empty" "(" ")")`
- Angabe zur Häufigkeit des Auftretens: `OccurrenceIndicator ::= "?" | "*" | "+"`
- Art eines Knotens: `ItemType ::= AtomicType | KindTest | ("item" "(" ")")`
- Atomarer Typ in Form eines Typ-Namens: `AtomicType ::= QName`
- Test auf die Knotenart: `KindTest ::= DocumentTest | ElementTest | AttributeTest | PITest | CommentTest | TextTest | AnyKindTest`

3.3.2 Elementtests

Ein Elementtest[4] wird ausgeführt, um ein Element anhand seines Namens oder seines Typs zu finden. Dabei sind folgende Formen möglich:

- Auffinden eines Elements ohne Angabe von Namen und Datentyp: `element()` oder `element(*)` oder `element(*,*)`
- Auffinden eines Elements mit Angabe von Namen und Datentyp: `element(N, T)`, wobei `N` ein gültiger QName (Bezeichner) und `T` ebenfalls ein gültiger QName ist, wobei Letzterer zusätzlich von `nillable` (leeres Inhaltsmodell) gefolgt werden kann. Der Datentyp muss dabei global vorhanden sein. Der Test ist erfolgreich, wenn:
  - Angegebener Name ist gleich oder es ist der Name der Elementersetzungsgruppe in XML Schema.
  - Angegebener Typname ist gleich oder es ist ein Typ, der durch Ableitung, durch Erweiterung oder Einschränkung von `T` gebildet wird. Sobald die Eigenschaft `nilled` angegeben wurde, vorhanden ist und der Datentyp dies zulässt.

  Beispiele:

  `element(Name, PersonTyp)` findet das Element `Name`, wenn es dem `PersonTyp` entspricht. Dies kann sowohl ein atomarer Typ (Zeichenkette) wie auch ein komplexer Typ (bestehend aus den Kindern `Vorname` und `Nachname`) sein.

---

4 Vgl.: XML Path Language (XPath) 2.0, W3C Working Draft 22 August 2003 Abschnitt 2.4.1.1 SequenceType Matching unter
http://www.w3.org/TR/2003/WD-xpath20-20030822/#id-sequencetype-matching

`element(Umsatz, UmsatzTyp nillable)` findet das Element `Umsatz`, wenn es dem `UmsatzTyp` entspricht. Wenn das Element leer ist, muss dies der Datentyp zulassen, damit das Element gefunden wird.

- Auffinden eines Elements anhand seines Namens ohne Typangabe: `element(N)`, wobei `N` ein gültiger QName (Bezeichner) ist. Der Test ist erfolgreich, wenn:
  - Angegebener Name ist gleich oder es ist der Name der Elementersetzungsgruppe in XML Schema.
  - Angegebener Typname ist gleich der Elementdeklaration oder es ist ein Typ, der durch Ableitung, durch Erweiterung oder Einschränkung dieses Typs gebildet wird. Sobald die Eigenschaft `nilled` angegeben wurde, vorhanden ist und der Datentyp dies nicht zulässt, wird der Knoten gefunden.

  Beispiel:

  `element(Name)` findet das Element `Name`.

- Auffinden eines Elements anhand seines Namens ohne Datentypangabe bzw. mit beliebigem Datentyp: `element(Name, *)`, wobei `N` ein gültiger QName (Bezeichner) ist.

  Beispiel:

  `element(Name, *)` findet das `Name`-Element oder die Elementersetzungsgruppe `Name`.

- Auffinden eines Elements anhand seines Datentyps ohne Angabe des Namens: `element(*, T)`, wobei `T` ebenfalls ein gültiger QName ist, wobei Letzterer zusätzlich von `nillable` (leeres Inhaltsmodell) gefolgt werden kann. Ein Element wird dann gefunden, wenn der angegebene Typname gleich ist oder es sich um einen Typ handelt, der durch Ableitung, durch Erweiterung oder Einschränkung von `T` gebildet wird. Sobald die Eigenschaft `nilled` angegeben wurde, vorhanden ist und der Datentyp dies zulässt.

  Beispiele:

  `element(*, PersonTyp)` findet jedes Element, das dem Datentyp `PersonTyp` entspricht.

  `element(*, NameTyp nillable)` findet jedes Element, das dem Datentyp `NameTyp` entspricht. Es werden dann auch die leeren Elemente gefunden, wenn dies `NameTyp` zulässt.

- Auffinden eines Elements anhand eines XPath-Ausdrucks: `element(P)`, wobei der XPath-Ausdruck `P` von einem global vorhandenen Element- oder Typnamen aus beginnen muss. Der Test ist erfolgreich, wenn:
  - Der Name des Elements entspricht dem letzten Namen des Pfades/dem ausgewählten Element.

- Der Datentyp des gefundenen Elements entspricht dem des über den XPath-Ausdruck gesuchten und dem global deklarierten Element.

Beispiele:

`element(Person/Name/Vorname)` findet die `Vorname`-Elemente, die dem Typ vom global deklarierten Element `Vorname` innerhalb von `Person` entsprechen.

`element(type(NameTyp)/Vorname)` findet das Element `Vorname`, das den Datentyp des global deklarierten `Vorname`-Elements hat und innerhalb der `NameTyp`-Struktur sitzt.

3.3.3 Attributtests

Ein Attributtest[5] wird ausgeführt, um ein Attribut anhand seines Namens oder seines Typs zu finden. Dabei sind folgende Formen möglich:

- Auffinden eines Attributs ohne Angabe von Namen und Datentyp: `attribute()` oder `attribute(*)` oder `attribute(*,*)`
- Auffinden eines Attributs mit Angabe von Namen und Datentyp: `attribute(@N, T)`, wobei `@N` ein gültiger QName (Bezeichner) und `T` ebenfalls ein gültiger QName ist. Der Test ist erfolgreich, wenn:
  - Angegebener Name wird gefunden.
  - Angegebener Typname ist gleich oder es ist ein Typ, der durch Ableitung, durch Erweiterung oder Einschränkung von `T` gebildet wird.

  Beispiel:

  `attribute(@Name, BezeichnungTyp)` findet das Attribut `Name`, wenn es dem `BezeichnungTyp` entspricht. Dies kann nur ein atomarer Typ (Zeichenkette) sein.
- Auffinden eines Attributs anhand seines Namens ohne Typ-Angabe: `attribute(@N)`, wobei `@N` ein gültiger QName (Bezeichner) ist. Der Test ist erfolgreich, wenn:
  - Angegebener Name ist gleich.
  - Angegebener Typname ist gleich der Attributdeklaration oder es ist ein Typ, der durch Ableitung, durch Erweiterung oder Einschränkung dieses Typs gebildet wird.

  Beispiel:

  `attribute(@Name)` findet das Attribut `Name` mit dem Datentyp aus der Deklaration.

---

5 Vgl.: XML Path Language (XPath) 2.0, W3C Working Draft 22 August 2003 Abschnitt 2.4.1.1 SequenceType Matching unter
`http://www.w3.org/TR/2003/WD-xpath20-20030822/#id-sequencetype-matching`

- Auffinden eines Attributs anhand seines Namens ohne Datentypangabe bzw. mit beliebigem Datentyp: `attribute(@N, *)`, wobei `@N` ein gültiger QName (Bezeichner) ist.

  `attribute(@Name, *)` findet das `Name`-Attribut.

- Auffinden eines Attributs anhand seines Datentyps ohne Angabe des Namens: `attribute(@*, T)`, wobei `T` ein gültiger QName ist. Ein Attribut wird dann gefunden, wenn der angegebene Typname gleich ist oder es sich um einen Typ handelt, der durch Ableitung, durch Erweiterung oder Einschränkung von `T` gebildet wird.

  Beispiel:

  `attribute(*, BenzinpreisTyp)` findet jedes Attribut, das dem Datentyp `BenzinpreisTyp` entspricht.

- Auffinden eines Attributs anhand eines XPath-Ausdrucks: `attribute(P)`, wobei der XPath-Ausdruck `P` von einem global vorhandenen Attribut- oder Typnamen aus beginnen muss. Der Test ist erfolgreich, wenn:
  - Der Name des Attributs entspricht dem letzten Namen des Pfades/dem ausgewählten Attribut.
  - Der Datentyp des gefundenen Attributs entspricht dem des über den XPath-Ausdruck gesuchten und dem global deklarierten Attribut.

  Beispiele:

  `attribute(Person/Name/@Anrede)` findet das `Anrede`-Attribut, das dem Typ vom global deklarierten Attribut `Anrede` innerhalb von `Name` entspricht.

  `attribute(type(NameTyp)/@Anrede)` findet das Attribut `Anrede`, das den Datentyp des global deklarierten `Anrede`-Attributs hat und innerhalb der `NameTyp`-Struktur sitzt.

Kapitel 4

Neue Funktionen in XPath 2.0

Im Anhang dieses Buches finden Sie eine umfangreiche Funktionssammlung bzw. eine Übersicht zu den neuen Funktionen, die in XPath 2.0 vorhanden sind und die eine Verwendung der Sprache um ein Vielfaches eleganter machen. Wie es sich immer mit solchen Funktionen verhält, sagt ein Beispiel mehr als jede allgemeine Syntax. Daher haben wir uns in diesem Kapitel zum Ziel genommen, die wesentlichen neuen Funktionsbereiche – Dinge, die man sich früher mühsam mit raffinierten Algorithmen zusammengestellt hat – hier mit Hilfe der Funktionen vorzuführen. Sie werden sehen, dass zwar auf der einen Seite deutlich weniger Bedarf an raffinierten Algorithmen besteht, dass aber auf der anderen Seite die Funktionen auch bisweilen raffinierte Parameterfolgen erwarten, damit sie zur Zufriedenheit des Programmierers funktionieren.

4.1 Arbeiten mit Zahlen

In XSLT lassen sich Zahlwerte von Textknoten und Attributen mit den gewöhnlichen Grundrechenarten bearbeiten. Neben diesen Operatoren war es bisher immer etwas mühselig, Aggregate aus Zahlenreihen zu bestimmen oder auch Rundungen vorzunehmen. Die sehr beschränkten Möglichkeiten aus XPath 1.0 wurden nun in der Version 2.0 insoweit stark erweitert, dass man die Bearbeitungsroutinen, die in SQL Standard sind, nun auch für XML-Daten durchführen kann.

4.1.1 Berechnungen

Mit Hilfe der mathematischen Funktionen[1] lassen sich neben den verfügbaren mathematischen Operatoren Berechnungen durchführen. Das Gros der vorhandenen Funktionen in diesem Bereich beschäftigt sich mit der Rundung.

1 Vgl.: XQuery 1.0 and XPath 2.0 Functions and Operators, W3C Working Draft 23 July 2004 Abschnitt 6.4 Functions on Numeric Values unter `http://www.w3.org/TR/xpath-functions/#d1e1662`.

Übersicht

Funktion	Bedeutung	Syntax
`fn:abs`	Liefert den Absolutwert.	`fn:abs($arg as numeric?) as numeric?`
`fn:ceiling`	Liefert die nächsthöhere Ganzzahl oder die Zahl selbst.	`fn:ceiling($arg as numeric?) as numeric?`
`fn:floor`	Liefert die nächstkleinere Ganzzahl oder die Zahl selbst.	`fn:floor($arg as numeric?) as numeric?`
`fn:round`	Rundet ohne Dezimalstellen.	`fn:round($arg as numeric?) as numeric?`
`fn:round-half-to-even`	Rundet unter Angabe von Dezimalstellen.	`fn:round-half-to-even($arg as numeric?) as numeric?` `fn:round-half-to-even($arg as numeric?, $precision as xs:integer) as numeric?`

Tabelle 4.1: Mathematische Funktionen

Beispiel

Als Beispiel verwenden wir für diese und die nächsten Funktionsgruppen eine Liste von Rechnungen, in denen Kunden und ihre benutzten Telefontarife aufgelistet sind. Für die Rechenoperationen ist insbesondere die `Postenliste` von Bedeutung, da sich hier als Kinder Rechnungsposten verbergen, die Tarife und Kosten enthalten.

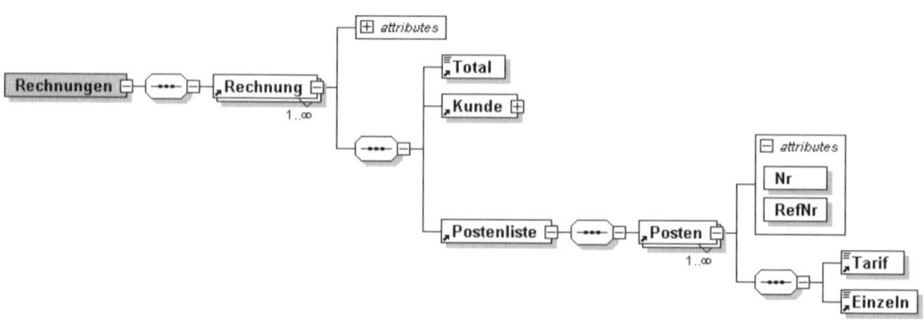

Abb. 4.1: Rechnungsübersicht

Für jede Rechnung, die wir über den Zugriff auf das nur einmal auftretende Element `Name` erhalten, speichern wir in einer Variablen `Anteil` das Verhältnis von individuellem Rechnungsbetrag zur Summe aller Rechnungen in der Datei. Wir geben dann für jede Rechnung eine Übersicht aus, in der mit den verschiedenen Rundungsfunktionen dieser prozentuale Anteilswert ausgegeben wird. Davon runden einige Funktionen auf Ganzzahlen `ceiling` oder `floor`, während andere wie `round-half-to-even` durchaus auch mit einer Präzisionsangabe so runden, wie man sich das für eine konkrete Ausgabe wünschen würde.

```
<xsl:for-each select="//Name">
  <xsl:variable name="Anteil"
              select="ancestor::Rechnung/Total div $Gesamtumsatz"/>
  <tr>
    <td>
      <xsl:value-of select="(@Anrede, Vorname, Nachname)" separator=" "/>
    </td>
    <td>
      <xsl:value-of select="ancestor::Rechnung/Total"/>
    </td>
    <td>
      <xsl:value-of select="round-half-to-even($Anteil*100, 2)"/>
    </td>
    <td>
      <xsl:value-of select="round($Anteil*100)"/>
    </td>
    <td>
      <xsl:value-of select="ceiling($Anteil*100)"/>
    </td>
    <td>
      <xsl:value-of select="floor($Anteil*100)"/>
    </td>
  </tr>
</xsl:for-each>
```

Listing 4.1: 411_01.xslt – Rundungen

Als Ergebnis erhält man im Browser eine Tabelle aller Rechnungen mit den ermittelten und gerundeten Werten. Für den konkreten Fall sind natürlich die groben Auf- und Abrundungen nicht zu verwenden, doch wird es Fälle geben, in denen genau dies gewünscht wird.

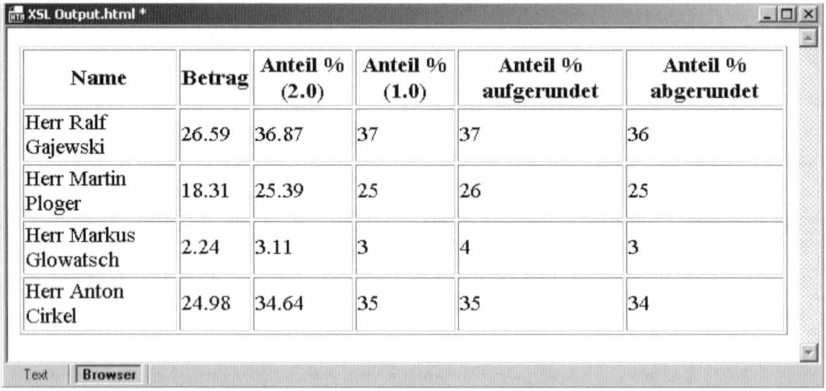

Name	Betrag	Anteil % (2.0)	Anteil % (1.0)	Anteil % aufgerundet	Anteil % abgerundet
Herr Ralf Gajewski	26.59	36.87	37	37	36
Herr Martin Ploger	18.31	25.39	25	26	25
Herr Markus Glowatsch	2.24	3.11	3	4	3
Herr Anton Cirkel	24.98	34.64	35	35	34

Abb. 4.2: Ausgabe in HTML

4.1.2 Aggregate

Mit Hilfe der Aggregatfunktionen[2] lassen sich auf Basis einer Sequenz von gleich oder auch nur ähnlich typisierten Einheiten Werte zusammenfassen oder zählen sowie spezielle Werte heraussuchen. Diese Funktionsgruppe setzt eine Vielzahl der in SQL vorhandenen Standardfunktionen um, die bisher in XPath nicht vorhanden waren und nur über rekursiven Durchlauf aller vorhandenen Elemente oder Attribute ermittelt werden konnten.

Übersicht

Funktion	Bedeutung	Allgemeine Syntax
`fn:count`	Liefert die Anzahl Einheiten, die in einer Sequenz enthalten sind.	`fn:count($arg as item()*) as xs:integer`
`fn:avg`	Liefert den Durchschnitt von Werten einer Sequenz.	`fn:avg($arg as xdt:anyAtomic-Type*) as xdt:anyAtomicType?`
`fn:max`	Liefert den maximalen Wert einer Sequenz von gleich typisierten Werten.	`fn:max($arg as xdt:anyAtomicType*) as xdt:anyAtomicType?` `fn:max($arg as xdt:anyAtomic-Type*, $collation as string) as xdt:anyAtomicType?`

Tabelle 4.2: Aggregatfunktionen

2 Vgl.: XQuery 1.0 and XPath 2.0 Functions and Operators, W3C Working Draft 23 July 2004 Abschnitt 15.4 Aggregate Functions unter `http://www.w3.org/TR/xpath-functions/#aggregate.functions`.

Funktion	Bedeutung	Allgemeine Syntax
`fn:min`	Liefert den minimalen Wert einer Sequenz von gleich typisierten Werten.	`fn:min($arg as xdt:anyAtomicType*) as xdt:anyAtomicType?` `fn:min($arg as xdt:anyAtomicType*, $collation as string) as xdt:anyAtomicType?`
`fn:sum`	Liefert den summierten Wert einer Sequenz von gleich typisierten Werten.	`fn:sum($arg as xdt:anyAtomicType*) as xdt:anyAtomicType` `fn:sum($arg as xdt:anyAtomicType*, $zero as xdt:anyAtomicType?) as xdt:anyAtomicType?`

Tabelle 4.2: Aggregatfunktionen (Forts.)

Beispiel

Aus den vorhandenen Rechnungen sollen pro Rechnung die unterschiedlichen Aggregate ermittelt werden. Es entsteht eine Tabellenreihe mit Minimum, Maximum, Durchschnitt, Anzahl und Summe der verschiedenen Posten.

```
<xsl:template match="Postenliste">
  <td>
    <xsl:value-of select="avg(Posten/Einzeln)"/>
  </td>
  <td>
    <xsl:value-of select="min(Posten/Einzeln)"/>
  </td>
  <td>
    <xsl:value-of select="max(Posten/Einzeln)"/>
  </td>
  <td>
    <xsl:value-of select="max(Posten/Einzeln)-min(Posten/Einzeln)"/>
  </td>
  <td>
    <xsl:value-of select="count(Posten)"/>
  </td>
  <td>
    <xsl:value-of select="sum(Posten/Einzeln)"/>
  </td>
</xsl:template>
```

Listing 4.2: `412_01.xslt` – Aggregatfunktionen

Man erhält im Browser eine ähnliche Ausgabe wie im vorherigen Beispiel, wobei allerdings jetzt Aggregatwerte und keine Rundungen von Anteilswerten ausgegeben werden.

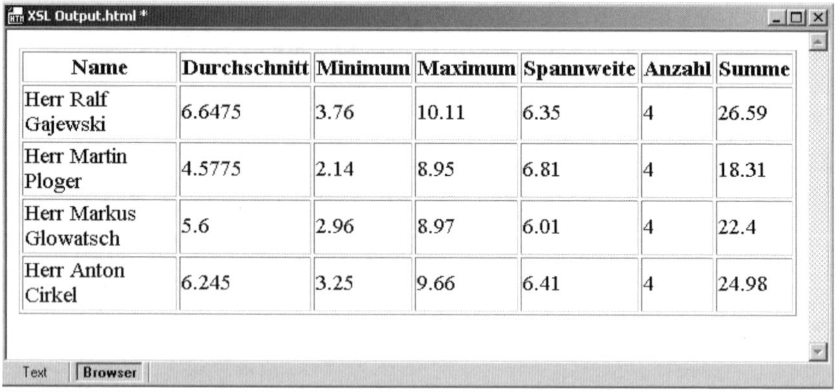

Name	Durchschnitt	Minimum	Maximum	Spannweite	Anzahl	Summe
Herr Ralf Gajewski	6.6475	3.76	10.11	6.35	4	26.59
Herr Martin Ploger	4.5775	2.14	8.95	6.81	4	18.31
Herr Markus Glowatsch	5.6	2.96	8.97	6.01	4	22.4
Herr Anton Cirkel	6.245	3.25	9.66	6.41	4	24.98

Abb. 4.3: Ausgabe in HTML

4.2 Arbeiten mit Zeichenketten

Auch bei den Funktionen zur Zeichenkettenauswahl sind neue Funktionen hinzugekommen, die für SQL-Benutzer zum Standard gehören. Da allerdings bereits in XPath 1.0 die vorhandenen Funktionen zur Unterzeichenkettenauswahl sehr ausgefeilt waren, hat sich hier weniger getan als beim gegenteiligen Verfahren, dem Zusammensetzen von Zeichenketten.

4.2.1 Zeichenkettenwerte

Mit Hilfe der Funktionen zur Bearbeitung von Zeichenkettenwerten[3] lassen sich allgemeine Operationen und Umwandlungen auf Zeichenketten ausüben.

Übersicht

Funktion	Bedeutung	Syntax
`fn:concat`	Verkettung von mehreren `xdt:anyAtomicTypestring`-Werten zu `xs:string`	`fn:concat($arg1 as xdt:anyAtomicType?, $arg2 as xdt:anyAtomicType?, ... ) as xs:string`
`fn:string-join`	Liefert `xs:string` aus einer Verkettung unter Verwendung eines optionalen Trennzeichens.	`fn:string-join($arg1 as xs:string*, $arg2 as xs:string) as xs:string`

Tabelle 4.3: Funktionen für Zeichenkettenwerte

3 Vgl.: XQuery 1.0 and XPath 2.0 Functions and Operators, W3C Working Draft 23 July 2004 Abschnitt 7.4 Functions on String Values unter http://www.w3.org/TR/xpath-functions/#d1e2125.

Funktion	Bedeutung	Syntax
fn:substring	Liefert xs:string aus einem Teilbereich eines xs:string.	fn:substring($sourceString as xs:string?, $startingLoc as xs:double) as xs:string fn:substring($sourceString as xs:string?, $startingLoc as xs:double, $length as xs:double) as xs:string
fn:string-length	Liefert die Länge von xs:string.	fn:string-length() as xs:integer fn:string-length($arg as xs:string?) as xs:integer
fn:normalize-space	Liefert einen normalisierten xs:string.	fn:normalize-space() as xs:string fn:normalize-space($arg as xs:string?) as xs:string
fn:normalize-unicode	Liefert einen normalisierten xs:string aus dem ersten Argument in der Form des zweiten Arguments.	fn:normalize-unicode($arg as xs:string?) as xs:string fn:normalize-unicode($arg as xs:string?, $normalizationForm as xs:string) as xs:string
fn:upper-case	Großschreibung	fn:upper-case($arg as xs:string?) as xs:string
fn:lower-case	Kleinschreibung	fn:lower-case($arg as xs:string?) as xs:string
fn:translate	Liefert einen xs:string anhand einer Übersetzungsvorschrift.	fn:translate($arg as xs:string?, $mapString as xs:string, $transString as xs:string) as xs:string
fn:escape-uri	Liefert den xs:string aus xs:anyURI mit Fluchtzeichen.	fn:escape-uri($uri-part as xs:string?, $escape-reserved as xs:boolean) as xs:string
fn:codepoints-to-string	Liefert xs:string aus einer Sequenz Zeichenpunkte.	fn:codepoints-to-string($arg as xs:integer*) as xs:string
fn:string-to-codepoints	Liefert eine Sequenz Zeichenpunkte aus einem xs:string.	fn:string-to-codepoints($arg as xs:string?) as xs:integer*

Tabelle 4.3: Funktionen für Zeichenkettenwerte (Forts.)

Beispiel

Aus der Sammlung Rechnungen beschäftigt sich dieses Beispiel nun mit der Adresse von Kunden der RuhrFon GmbH. Wir haben in den Feldern Vorname und Nachname einige Leerzeichen eingefügt, die nachher in der Ausgabe natürlich nicht erscheinen sollen. Sie sind oft in XML-Dateien zu finden, wenn in der Datenbank solche Leerzeichen zu finden sind und beim Datenexport leider kein Abschneiden dieser Zeichen durchgeführt wird.

```
<Name Anrede="Herr">
  <Vorname>Ralf          </Vorname>
  <Nachname>Gajewski          </Nachname>
</Name>
```

Listing 4.3: 421_01.xml – Eingefügte Leerzeichen

Im Dokumentbaum erkennt man, dass innerhalb des Elements Kunde zwei Kinder namens Adresse und Name auftauchen, die die üblichen Adress- und Namensbestandteile als weitere Kinder besitzen. Sie sollen im Ergebnis als Liste von Kundenadressen ausgegeben werden.

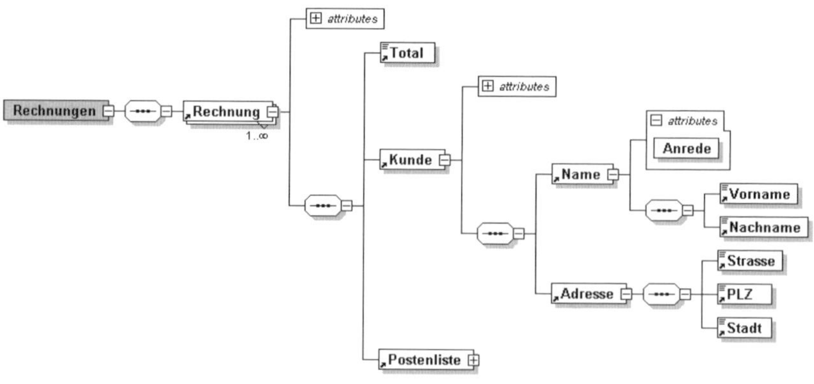

Abb. 4.4: Kundenname und -adresse

Ziel der Ausgabe ist eine Textdatei, damit insbesondere die Leerzeichenproblematik und die typografische Formatierung deutlich im Ergebnis zu sehen ist.

Für die Ausgabe des Namens wird aus Gründen der mehrfachen Verwendung eine Variable benutzt, die aus den Feldern Vorname und Nachname eine einzige Zeichenkette erzeugt. Dabei werden zunächst die jeweiligen Leerzeichen mit Hilfe einer

Funktion gelöscht und die Zeichenkette zusammengesetzt. Alternativ hätte man genauso gut die Funktion `concat` anstelle von `string-join` benutzen können, wobei allerdings das Leerzeichen nicht als eigenes Trennzeichen angegeben werden muss, sondern als Parameter genauso wie die zusammenzusetzenden Zeichenketten. Bei mehr als zwei Zeichenketten, die miteinander verknüpft werden sollen und die immer mit dem gleichen Trennzeichen wie ein Leerzeichen verbunden werden sollen, lohnt sich der Einsatz von `string-join` im Vergleich zu `concat`.

Dieser zusammengesetzte Name wird danach aus gestalterischen und pädagogischen Gründen in Großbuchstaben ausgegeben. Danach setzen wir die Funktion `string-to-codepoints` ein, die jeden einzelnen Buchstaben in eine Einheit einer Sequenz aus Unicode-Zeichenpunkten umsetzt. Dies hilft uns, einen XPath-`for`-Ausdruck dafür zu verwenden, so viele Gedankenstriche auszugeben wie Namensbuchstaben vorhanden sind, um eine Linie unter dem Namen zu erhalten.

```
<!-- Vorlage für Name -->
<xsl:template match="Name">
  <xsl:variable name="Name" select="string-join((normalize-space(Vorname),
                                    normalize-space(Nachname)), ' ')"/>
  <xsl:value-of select="upper-case($Name)"/>
  <xsl:text>&#xD;</xsl:text>
  <xsl:value-of select="for $i in string-to-codepoints($Name) return '-'"/>
  <xsl:text>-&#xD;</xsl:text>
</xsl:template>
<!-- Vorlage für Adresse -->
<xsl:template match="Adresse">
  <xsl:value-of select="(Strasse, concat(PLZ, ' ', Stadt))" separator="&#xD;"/>
  <xsl:text>&#xD;</xsl:text>
</xsl:template>
```

Listing 4.4: `421_xslt` – Zeichenkettenfunktionen

Man erhält eine sehr einfache Textausgabe einer Kundenadresse mit einem in Großbuchstaben geschriebenen Namen, einer Unterstreichung und natürlich der eigentlichen Adresse.

```
ANTON CIRKEL
------------
Otte-Str. 50
45897 Gelsenkirchen
```

Listing 4.5: Ausgabe in Text

4.2.2 Unterzeichenketten

Mit Hilfe der Funktionen zur Bearbeitung von Unterzeichenkettenwerten[4] lassen sich verschiedene Arten von Unterzeichenketten aus Zeichenketten auswählen. Hier sind keine Neuerungen in XPath 2.0 zu verzeichnen, da relativ umfangreiche Unterzeichenkettenbearbeitungen schon früher möglich waren und hier kein großer Bedarf an weiteren Funktionen bestand.

Übersicht

Funktion	Bedeutung	Syntax
`fn:contains`	Prüft auf die Existenz einer Zeichenkette in einer anderen.	`fn:contains($arg1 as xs:string?, $arg2 as xs:string?) as xs:boolean` `fn:contains($arg1 as xs:string?, $arg2 as xs:string?, $collation as xs:string) as xs:boolean`
`fn:starts-with`	Prüft, ob eine Zeichenkette mit einer anderen beginnt.	`fn:starts-with($arg1 as xs:string?, $arg2 as xs:string?) as xs:boolean` `fn:starts-with($arg1 as xs:string?, $arg2 as xs:string?, $collation as xs:string) as xs:boolean`
`fn:ends-with`	Prüft, ob eine Zeichenkette mit einer anderen endet.	`fn:ends-with($arg1 as xs:string?, $arg2 as xs:string?) as xs:boolean` `fn:ends-with($arg1 as xs:string?, $arg2 as xs:string?, $collation as xs:string) as xs:boolean`
`fn:substring-before`	Liefert eine Unterzeichenkette vor einer anderen.	`fn:substring-before($arg1 as xs:string?, $arg2 as xs:string?) as xs:string` `fn:substring-before($arg1 as xs:string?, $arg2 as xs:string?, $collation as xs:string) as xs:string`
`fn:substring-after`	Liefert eine Unterzeichenkette nach einer anderen.	`fn:substring-after($arg1 as xs:string?, $arg2 as xs:string?) as xs:string` `fn:substring-after($arg1 as xs:string?, $arg2 as xs:string?, $collation as xs:string) as xs:string`

Tabelle 4.4: Funktionen für Unterzeichenketten

4 Vgl.: XQuery 1.0 and XPath 2.0 Functions and Operators, W3C Working Draft 23 July 2004 Abschnitt 7.5 Functions Based on Substring Matching unter `http://www.w3.org/TR/xpath-functions/#substring.functions`.

Beispiel

Für die Darstellung der verschiedenen Funktionen haben wir uns ein – wie wir hoffen – sehr schönes Beispiel ausgedacht, in dem nicht nur die Funktionen, sondern auch die neue Gruppierung von XSLT 2.0 zum Einsatz kommt. Es soll erneut eine Textdatei entstehen, in der die vorhandenen Tarife alphabetisch ausgegeben werden sollen, wobei die Buchstaben A, B, C etc. als Titel wie in einem Lexikon oder Wörterbuch erscheinen sollen. Dies ist natürlich nur mit Hilfe von Gruppierungen und Sortierungen möglich.

Der Textausschnitt, der für dieses Beispiel zu bearbeiten ist, stammt erneut aus der Postenliste und bearbeitet insbesondere das Element `Tarif`, das den Namen des verbrauchten Tarifs enthält.

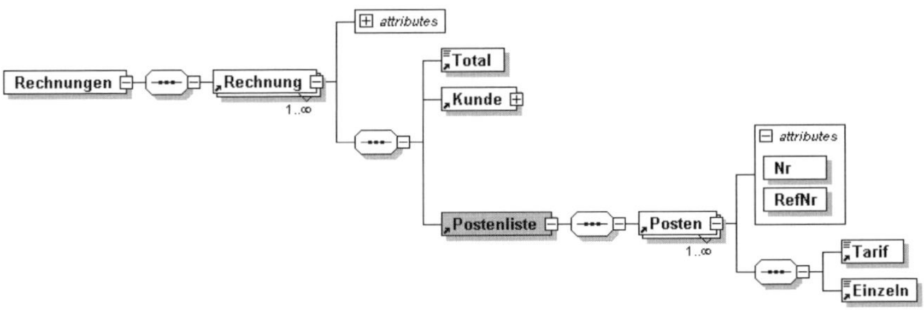

Abb. 4.5: Struktur der Postenliste

Zunächst erstellen wir eine Gruppierung, indem wir mit Hilfe der `substring`-Funktion aus allen Tarifen den ersten Buchstaben auswählen. Diese Buchstaben werden im Anschluss sortiert, damit ein Lexikonanschein entsteht. Normalerweise werden dann einfach die entsprechenden Tarife und ihre Umsätze pro Rechnung ausgegeben. Zusätzlich sollen allerdings die beiden Tarife `Mondschein1` und `Mondschein2` zusammen in einem Mondschein-Tarif ausgegeben werden, der die Summe aus beiden Einzeltarifen pro Rechnung enthält. Wenn also ein Kunde vor und nach Mitternacht mit `Mondschein1` und `Mondschein2` telefoniert hat, dann erscheint in unserer Ausgabe nur ein Mondschein-Tarif mit der Summe aus beiden Einzeltarifen. Dies alles regeln die Funktionen `starts-with` und `ends-with`, die genau auf gemeinsame Unterzeichenketten vorher oder nachher reagieren. Verwendbar ist auch noch die Funktion `contains`, die darauf prüft, ob eine bestimmte Unterzeichenkette in einer anderen Zeichenkette enthalten ist.

```
<xsl:for-each-group select="//Posten" group-by="substring(Tarif,1,1)">
  <xsl:sort select="current-grouping-key()"/>
```

```
    <xsl:value-of select="('&#xD;[', current-grouping-key(), ']&#xD;')"/>
    <xsl:for-each select="current-group()">
      <xsl:choose>
        <xsl:when test="starts-with(Tarif, 'Mondschein')
                         and not(ends-with(Tarif, '2'))">
         <xsl:value-of select="('- (', @RefNr, ')', substring-before(Tarif, '1'),
                    ': ', sum(ancestor::Postenliste/Posten[contains(Tarif,
                      'Mondschein')]/Einzeln), '&#xD;')"/>
        </xsl:when>
        <xsl:otherwise>
          <xsl:value-of select="('- (', @RefNr, ')', Tarif, ': ', Einzeln,
                           '&#xD;')"/>
        </xsl:otherwise>
      </xsl:choose>
    </xsl:for-each>
</xsl:for-each-group>
```

Listing 4.6: 422_01.xslt – Bearbeitung von Unterzeichenketten

Wir sind von der Ausgabe ganz begeistert, vor allen Dingen schon deshalb, weil die Gruppierung mit XSLT 2.0 so einfach ist. Abgesehen davon halten auch die bereits bekannten Funktionen, was sie immer schon versprochen haben.

```
[ M ]
- ( 12212 ) Mittagspause :  10.11
- ( 12212 ) Mondschein :  3.94
...
- ( 12941 ) Mittagspause :  8.01
- ( 12941 ) Mondschein :  3.25
```

Listing 4.7: Ausgabe in Text

4.3 Arbeiten mit Knoten

Während die vorher präsentierten Funktionen sich mit den Werten von Attributen und Inhalten von Textknoten beschäftigten, gibt es einen großen Bedarf an Knotenfunktionen, die Knoten an sich ohne Berücksichtigung ihres Inhalts bearbeiten sollen. Durch die Einführung der Sequenzen hat sich hier sehr vieles getan und eine Vielzahl an neuen Funktionen ist hinzugekommen. Meistens benutzt man für die Auswahl, Anordnung und Vorbereitung von Knoten vor der eigentlichen Verarbeitung ihrer Inhalte diese Knotenfunktionen, wobei die erweiterten Möglichkeiten in vielen Fällen zu ganz neuen Algorithmen führen können.

4.3.1 Knotenfunktionen

Mit Hilfe der Knotenfunktionen[5] ist es möglich, allgemeine Informationen über Knoten in Erfahrung zu bringen. Insbesondere die Ermittlung des Namens ist wichtig für die Entwicklung allgemeiner Vorlagen, die auf die Namen in der Ausgabe zugreifen.

Übersicht

Funktion	Bedeutung	Syntax
`fn:name`	Liefert den Namen des Knotens mit Namensraum-Präfix.	`fn:name() as xs:string` `fn:name($arg as node()?) as xs:string`
`fn:local-name`	Liefert den Namen des Knotens ohne Namensraum-Präfix.	`fn:local-name() as xs:string` `fn:local-name($arg as node()?) as xs:string`
`fn:namespace-uri`	Liefert den Namensraum-URI.	`fn:namespace-uri() as xs:anyURI` `fn:namespace-uri($arg as node()?) as xs:anyURI`
`fn:number`	Wandelt Wert in `xs:double` um.	`fn:number() as xs:double` `fn:number($arg as xdt:anyAtomicType?) as xs:double`
`fn:lang`	Prüft auf die angegebene Sprache im `xml:lang`-Attribut.	`fn:lang($testlang as xs:string?) as xs:boolean` `fn:lang($testlang as xs:string?, $node as node()) as xs:boolean`
`fn:root`	Liefert Wurzelelement des Baums.	`fn:root() as node()` `fn:root($arg as node()?) as node()?`

Tabelle 4.5: Knotenfunktionen

Beispiel

Die XML-Datei wird an einer Stelle ein wenig geändert. Für die Angabe, aus welcher Sprache die gespeicherten Werte stammen, setzen wir für den Namen das `xml:lang`-Attribut mit den ISO-Sprachkürzeln ein.

```
<Name xml:lang="de" Anrede="Herr">
  <Vorname>Ralf</Vorname>
```

5 Vgl.: XQuery 1.0 and XPath 2.0 Functions and Operators, W3C Working Draft 23 July 2004 Abschnitt 14.1 Functions and Operators on Nodes unter http://www.w3.org/TR/xpath-functions/#d1e6238.

```
  <Nachname>Gajewski</Nachname>
</Name>
```

Listing 4.8: `431_01.xml` – Verwendung eines Sprachattributs

Für den Test auf den Wert des `xml:lang`-Attributs kann man die `lang`-Funktion einsetzen, spart sich also explizit den Aufruf des Attributs und seines Werts. Ist der Wert `de`, wird also ein deutscher Text gespeichert, was dazu führt, dass die deutschen Elementnamen ebenfalls ausgegeben werden. In allen anderen Fällen nützen die deutschen Elementnamen nichts, und man gibt – ganz verkürzt – nur die Werte und `Mr.` aus. Auf den Test von »Herr« und »Frau« verzichten wir ganz kurz, weil dafür keine passenden Knotenfunktionen existieren.

```
<xsl:template match="Name">
  <xsl:choose>
    <xsl:when test="lang('de')">
      <xsl:value-of select="(@Anrede, ' ')"/>
      <xsl:for-each select="child::*">
        <xsl:value-of select="(local-name(.), ': ',  ., ' ')"/>
      </xsl:for-each>
    </xsl:when>
    <xsl:otherwise>
      <xsl:value-of select="('Mr. ', Vorname, ' ', Nachname)"/>
    </xsl:otherwise>
  </xsl:choose>
</xsl:template>
```

Listing 4.9: `431_01.xslt` – Knotenfunktionen

In der Ausgabe erhält man eine HTML-Ansicht mit Kunden und ihren verbrauchten Tarifen. Die hier vorgestellte Knotenfunktion `local-name` ist wie ihr Pendant `name` besonders gut einzusetzen bei allgemeinen Vorlagen, die auf die Element- und Attributnamen zugreifen und sie z.B. wie hier auch für die Ausgabe nutzen.

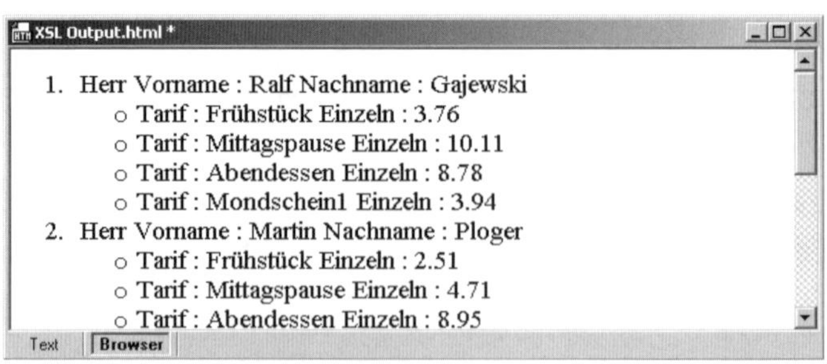

Abb. 4.6: Ausgabe in HTML

4.3.2 Sequenzfunktionen

Mit Hilfe der Sequenzfunktionen[6] ist es möglich, Einheiten und ganze Sequenzen zu verarbeiten. Da die Sequenzen ganz neu als Konzept in XPath 2.0 eingeführt worden sind, sind diese Funktionen daher alle neu und müssen auf ihre Praxistauglichkeit sozusagen noch getestet werden.

Übersicht

Funktion	Bedeutung	Syntax
`fn:boolean`	Wandelt in einen Wahrheitswert um.	`fn:boolean($arg as item()*) as xs:boolean`
`fn:index-of`	Liefert eine Sequenz von `xs:integer`-Werten in Form von Index-Werten für Einheiten.	`fn:index-of($seqParam as xdt:anyAtomicType*,$srchParam as xdt:anyAtomicType) as xs:integer*` `fn:index-of($seqParam as xdt:anyAtomicType*, $srchParam as xdt:anyAtomicType, $collation as xs:string) as xs:integer*`
`fn:empty`	Prüft auf vorhandene Einheiten.	`fn:empty($arg as item()*) as xs:boolean`
`fn:exists`	Prüft auf Existenz einer Sequenz.	`fn:exists($arg as item()*) as xs:boolean`
`fn:distinct-values`	Liefert die Werte ohne Duplikate.	`fn:distinct-values($arg as xdt:anyAtomicType*) as xdt:anyAtomicType*` `fn:distinct-values($arg as xdt:anyAtomicType*, $collation as xs:string) as xdt:anyAtomicType*`
`fn:insert-before`	Setzt eine Einheit vor eine andere.	`fn:insert-before($target as item()*, $position as xs:integer, $inserts as item()*) as item()*`
`fn:remove`	Entfernt eine Einheit.	`fn:remove($target as item()*, $position as xs:integer) as item()*`
`fn:reverse`	Kehrt Reihenfolge um.	`fn:reverse($arg as item()*) as item()*`

Tabelle 4.6: Sequenzfunktionen

6 Vgl.: XQuery 1.0 and XPath 2.0 Functions and Operators, W3C Working Draft 23 July 2004 Abschnitt 15.1 General Functions and Operators on Sequences unter http://www.w3.org/TR/xpath-functions/#general-seq-funcs.

Funktion	Bedeutung	Syntax
`fn:subsequence`	Liefert einen Teil der Sequenz.	`fn:subsequence($sourceSeq as item()*, $startingLoc as xs:double) as item()*` `fn:subsequence($sourceSeq as item()*, $startingLoc as xs:double, $length as xs:double) as item()*`
`fn:unordered`	Prüft auf Ordnung von Einheiten.	`fn:unordered($sourceSeq as item()*) as item()*`

Tabelle 4.6: Sequenzfunktionen (Forts.)

Beispiel

Unser Beispiel untersucht die insgesamt verbrauchten Tarife innerhalb der gesamten Rechnungen. Dabei prüft die Funktion `exists` zunächst darauf, ob überhaupt `Tarif`-Elemente vorhanden sind. Hier hätte man früher mit `count` gearbeitet. Die neue Funktion `distinct-values` ist sehr raffiniert und ermittelt tatsächlich wie das `DISTINCT`-Schlüsselwort in SQL die überhaupt vorhandenen Tarife, das heißt, sie blendet die Duplikate aus. Dies war früher nur rekursiv mit einer eigenen Vorlage möglich und stellt eine solche Erleichterung dar, dass man die Funktion nur um ihrer selbst willen immer mal wieder einsetzen könnte.

Mit Hilfe der Funktion `index-of` füllen wir eine Variable für jeden Tarif. Sie enthält die Positionsnummern der verschiedenen Posten, die den gerade verarbeiteten Tarif enthalten. Daher weiß man gleichzeitig, wie viele Posten gleichen Namens verfügbar sind und wo sie liegen. Dies wird genutzt, um in der Ausgabe die Anzahl der Fundstellen sowie diese Positionen auszugeben.

Die verschiedenen Funktionen liefern entweder Zeichenketten/Zahlen bzw. Wahrheitswerte oder wiederum Sequenzen zurück. Es ist daher unerlässlich, vorab aus der allgemeinen Syntax genau herauszulesen, was als Ergebnis präsentiert wird, um zu wissen, wie man es verarbeiten kann. Dies ist natürlich immer der Fall, stellt allerdings bei den Sequenzen eine Herausforderung dar, weil zunächst noch nicht allzu viele Beispiele in der Literatur oder im Internet verfügbar sind.

```
<xsl:template match="/Rechnungen">
    <Umsatz>
      <xsl:choose>
        <xsl:when test="exists(//Tarif)">
          <Verwendete-Tarife>
            <xsl:for-each select="distinct-values(//Tarif)">
              <Tarif>
                <xsl:variable name="Tarif" select="."/>
```

```
<xsl:variable name="Indizes"
              select="index-of(//Tarif, $Tarif)"/>
<Name>
  <xsl:value-of select="$Tarif"/>
</Name>
<xsl:if test="not(empty($Indizes))">
  <Fundstellen>
    <xsl:attribute name="Zahl"><xsl:value-of
     select="count($Indizes)"/></xsl:attribute>
    <xsl:for-each select="$Indizes">
      <Fundstelle>
        <xsl:value-of select="."/>
      </Fundstelle>
    ...
```

Listing 4.10: 432_01.xslt – Sequenzfunktionen

Heraus kommt eine Liste `Verwendete-Tarife`, in der die einzelnen Tarife benannt werden, wobei auch ihre Fundstellen sowie die Anzahl aufgezeichnet wird.

```
<Verwendete-Tarife>
  <Tarif>
    <Name>Frühstück</Name>
    <Fundstellen Zahl="4">
      <Fundstelle>1</Fundstelle>
      <Fundstelle>5</Fundstelle>
      <Fundstelle>9</Fundstelle>
      <Fundstelle>13</Fundstelle>
    </Fundstellen>
  </Tarif>
  ...
</Verwendete-Tarife>
```

Listing 4.11: Ausgabe in XML

Als zweites Beispiel schneiden wir in einem temporären Baum namens `Tarife-Lang` die einzelnen Posten aus. In einem zweiten temporären Baum namens `Tarife-Kurz` speichern wir dagegen nur einen Ausschnitt der gesamten Posten von der ersten bis zur fünften Position. Die Ausgabe soll eine übersichtliche Tabelle erzeugen, die die eindrucksvollen Möglichkeiten der verschiedenen Sequenzfunktionen aufzeigen soll. Mit Hilfe der Funktion `distinct-values` geben wir erneut die überhaupt vorhandenen Tarife aus. Dabei ist zu beachten, dass wir als Parameter im temporären Baum die Kinder `Tarif` angeben.

```
<tr>
  <xsl:variable name="Tarife-Lang" select="//Posten"/>
  <xsl:variable name="Tarife-Kurz" select="subsequence($Tarife-Lang,1,5)"/>
  <td>
    <xsl:for-each select="distinct-values($Tarife-Lang/Tarif)">
      ...
  <td>
    <xsl:for-each select="$Tarife-Kurz">
      ...
  <td>
    <xsl:for-each select="reverse($Tarife-Kurz)">
      ...
  <td>
    <xsl:for-each select="remove($Tarife-Kurz,1)">
      ...
  <td>
    <xsl:for-each select="insert-before($Tarife-Kurz/Tarif,2,'Test')">
      ...
  <td>
    <xsl:for-each select="unordered($Tarife-Kurz/Tarif)">
      ...
</tr>
```

Listing 4.12: `432_02.xslt` – Sequenzfunktionen

Es lohnt sich, wenn Sie sich das Ergebnis genau daraufhin ansehen, welche Ausgabe jede einzelne Funktion hervorruft. Letztendlich arbeiten verschiedene Funktionen genauso wie einige Zeichenkettenfunktionen, wobei als zu bearbeitende Einheiten keine Zeicheneinheiten, sondern Knoteneinheiten bearbeitet werden, die bisweilen auch schon einmal Zeichen(folgen) sein können.

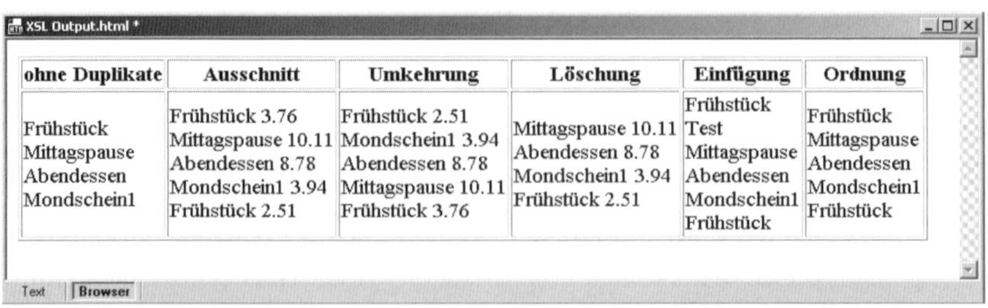

ohne Duplikate	Ausschnitt	Umkehrung	Löschung	Einfügung	Ordnung
Frühstück Mittagspause Abendessen Mondschein1	Frühstück 3.76 Mittagspause 10.11 Abendessen 8.78 Mondschein1 3.94 Frühstück 2.51	Frühstück 2.51 Mondschein1 3.94 Abendessen 8.78 Mittagspause 10.11 Frühstück 3.76	Mittagspause 10.11 Abendessen 8.78 Mondschein1 3.94 Frühstück 2.51	Frühstück Test Mittagspause Abendessen Mondschein1 Frühstück	Frühstück Mittagspause Abendessen Mondschein1 Frühstück

Abb. 4.7: Ausgabe in HTML

4.3.3 Kardinalität von Sequenzen

Mit Hilfe der Kardinalitätsfunktionen[7] ist es möglich, auf die Häufigkeit von Knoten Rücksicht zu nehmen. Dabei reagieren diese Funktionen auf die Zustände, die als Kardinalität bei einer Document Type Definition angegeben werden können: 1 oder 0, 1 oder mehr und genau 1. Die Funktionen lösen einen Fehler aus oder liefern die Knotenmenge zurück; sie liefern leider keinen Wahrheitswert zurück, wenn die Bedingung, auf die sie eine Knotenmenge überprüfen, erfüllt oder nicht erfüllt wird. Dass ein Fehler ausgelöst wird, ist möglicherweise ein Grund dafür, warum die Funktionen in gewöhnlichen XSLT ohne umfangreiche Programmierung außerhalb der eigentlichen Transformationsdatei sicherlich wenig Einsatzmöglichkeiten finden werden.

Übersicht

Funktion	Bedeutung	Syntax
`fn:zero-or-one`	Liefert die Eingabesequenz, wenn sie keine oder eine Einheit enthält, oder einen Fehler.	`fn:zero-or-one($arg as item()*) as item()?`
`fn:one-or-more`	Liefert die Eingabesequenz, wenn sie eine oder mehr Einheiten enthält, oder einen Fehler.	`fn:one-or-more($arg as item()*) as item()+`
`fn:exactly-one`	Liefert die Eingabesequenz, wenn sie genau eine Einheit enthält, oder einen Fehler.	`fn:exactly-one($arg as item()*) as item()`

Tabelle 4.7: Kardinalitätsfunktionen

Beispiel

Als Beispiel haben wir im XML Schema die mögliche Kardinalität innerhalb der `Postenliste` auf optional gesetzt, was die `Posten` anbelangt. Dies führt zwar nicht gerade zu sinnvollen Rechnungen, wenn gar keine `Posten`-Elemente vorhanden sind, ermöglicht aber einen Einsatz der verschiedenen Funktionen.

7 Vgl.: XQuery 1.0 and XPath 2.0 Functions and Operators, W3C Working Draft 23 July 2004 Abschnitt 15.2 Functions That Test the Cardinality of Sequences unter `http://www.w3.org/TR/xpath-functions/#cardinality-funcs`.

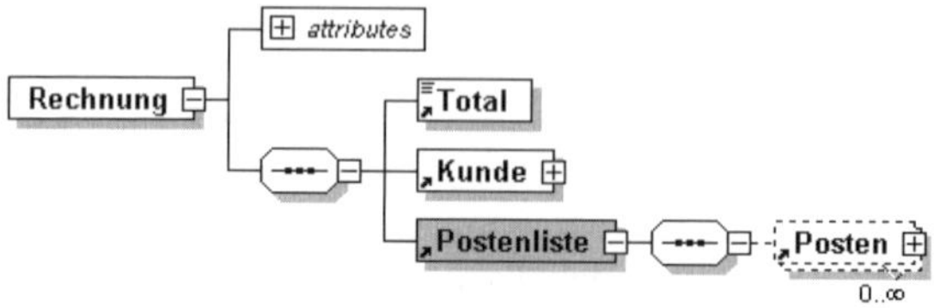

Abb. 4.8: Optionales Posten-Element

Mit dieser Änderung in der XML Schema-Datei ist es nun möglich, alle Varianten in der XML-Datei einzurichten. Wir löschen also in der Datei `433_01.xml` für eine `Postenliste` alle Kinder, entfernen in einer anderen Liste alle Elemente bis auf ein einziges und belassen in allen anderen die Knoten, wie sie bereits vorhanden waren.

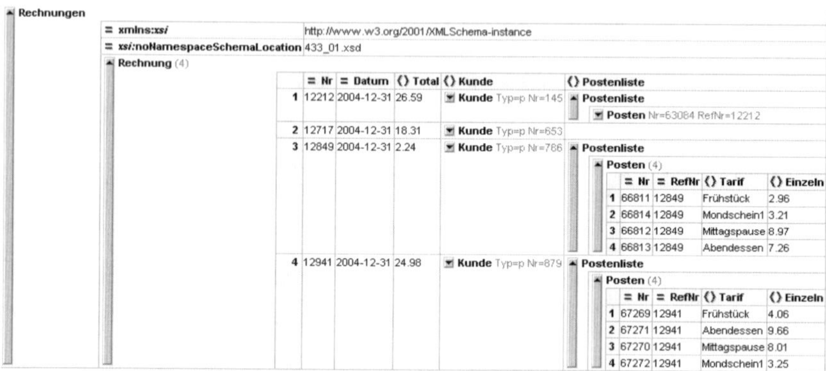

Abb. 4.9: Veränderter Dokumentinhalt

In der Transformationsdatei sorgen wir dafür, dass kein Fehler ausgelöst wird, wenn wir die einzelnen Funktionen testen. Tatsächlich soll dies nachweisen, dass bei gelungenem Test auf die verschiedenen Kardinalitäten die einzelnen Knoten, auf die getestet wurde, zurückgeliefert wurden und dadurch sehr ungewöhnliche XPath-Ausdrücke möglich sind. Da die Funktionen eine Sequenz bzw. eine Knotenmenge zurückliefern, kann man Lokalisierungsschritte an diese Funktion anhängen.

```
<xsl:template match="Postenliste">
  <xsl:variable name="Anzahl" select="count(Posten)"/>
  <xsl:choose>
    <xsl:when test="$Anzahl = 0">
```

```
        <xsl:value-of select="zero-or-one(Posten)/Tarif"/>
      </xsl:when>
      <xsl:when test="$Anzahl &gt; 1">
        <p>
         <xsl:value-of select="one-or-more(Posten)/Tarif" separator=" | "/>
        </p>
      </xsl:when>
      <xsl:when test="$Anzahl = 1">
        <xsl:value-of select="exactly-one(Posten)/Tarif"/>
      </xsl:when>
      <xsl:otherwise>
        <xsl:message>Keine Knoten</xsl:message>
      </xsl:otherwise>
    </xsl:choose>
  </xsl:template>
```

Listing 4.13: 433_01.xslt – Kardinalitätsfunktionen

Im Ergebnis erhalten wir jeweils eine Liste der einzelnen Tarif-Elemente, die in den von den Funktionen zurückgelieferten Knotenmengen enthalten waren. Hätten wir nicht um die einzelnen Funktionsaufrufe die zusätzlichen Tests eingefügt, die die vorhandenen Knoten extra zählen, wäre ein Fehler ausgelöst worden.

Abb. 4.10: Ausgabe in HTML

4.4 Arbeiten mit der Zeit

Besonders die Zeitformatierung musste in XSLT 1.0 immer sehr mühselig mit Zeichenkettenformatierungen durchgeführt werden. Für die einfache Ausgabe wird man zwar sicherlich weiterhin die entsprechende Formatierungsfunktion zum Einsatz bringen wie früher, doch muss man nicht ausschließlich auf Zeichenkettenfunktionen oder die Formatierung zurückgreifen, um einzelne Zeitbestandteile oder gar Berechnungen durchzuführen. Insbesondere die Zeitberechnungen, die früher mit entsprechend komplizierten Algorithmen in XSLT-Vorlagen zu erledigen waren und für die auch Beispiele im Internet und in Büchern bereitstanden, lassen sich heute in vielen Fällen deutlich einfacher über die neuen Funktionen bewerkstelligen.

4.4.1 Zeitbestandteile auslesen

Mit den Funktionen zur Zeitextraktion[8] lassen sich Bestandteile von Zeitinformationen auslesen, ohne die Zeichenketten, die die Zeiten bilden, zu verwenden. Die Funktionen sind zwar sehr zahlreich, liefern aber letztlich nur einzelne Bestandteile aus einer Zeitinformation.

Übersicht

Funktion	Bedeutung	Syntax
`fn:years-from-duration`	Liefert Jahr eines `xdt:yearMonthDuration`.	`fn:years-from-duration($arg as xdt:yearMonthDuration?) as xs:integer?`
`fn:months-from-duration`	Liefert Monate eines `xdt:yearMonthDuration`.	`fn:months-from-duration($arg as xdt:yearMonthDuration?) as xs:integer?`
`fn:days-from-duration`	Liefert Tage eines `xdt:dayTimeDuration`.	`fn:days-from-duration($arg as xdt:dayTimeDuration?) as xs:integer?`
`fn:hours-from-duration`	Liefert Stunden eines `xdt:dayTimeDuration`.	`fn:hours-from-duration($arg as xdt:dayTimeDuration?) as xs:integer?`
`fn:minutes-from-duration`	Liefert Minuten eines `xdt:dayTimeDuration`.	`fn:minutes-from-duration($arg as xdt:dayTimeDuration?) as xs:integer?`

Tabelle 4.8: Funktionen zur Zeitextraktion

8 Vgl.: XQuery 1.0 and XPath 2.0 Functions and Operators, W3C Working Draft 23 July 2004 Abschnitt 10.4 Component Extraction Functions on Durations, Dates and Times unter `http://www.w3.org/TR/xpath-functions/#d1e4246`.

Funktion	Bedeutung	Syntax
fn:seconds-from-duration	Liefert Sekunden eines xdt:dayTimeDuration.	fn:seconds-from-duration($arg as xdt:dayTimeDuration?) as xs:decimal?
fn:year-from-dateTime	Liefert Jahr eines xs:dateTime.	fn:year-from-dateTime($arg as xs:dateTime?) as xs:integer?
fn:month-from-dateTime	Liefert Monat eines xs:dateTime.	fn:month-from-dateTime($arg as xs:dateTime?) as xs:integer?
fn:day-from-dateTime	Liefert Tag eines xs:dateTime.	fn:day-from-dateTime($arg as xs:dateTime?) as xs:integer?
fn:hours-from-dateTime	Liefert Stunden eines xs:dateTime.	fn:hours-from-dateTime($arg as xs:dateTime?) as xs:integer?
fn:minutes-from-dateTime	Liefert Minuten eines xs:dateTime.	fn:minutes-from-dateTime($arg as xs:dateTime?) as xs:integer?
fn:seconds-from-dateTime	Liefert Sekunden eines xs:dateTime.	fn:seconds-from-dateTime($arg as xs:dateTime?) as xs:decimal?
fn:timezone-from-dateTime	Liefert Zeitzone eines xs:dateTime.	fn:timezone-from-dateTime($arg as xs:dateTime?) as xdt:dayTimeDuration?
fn:year-from-date	Liefert Jahr eines xs:date.	fn:year-from-date($arg as xs:date?) as xs:integer?
fn:month-from-date	Liefert Monat eines xs:date.	fn:month-from-date($arg as xs:date?) as xs:integer?
fn:day-from-date	Liefert Tag eines xs:date.	fn:day-from-date($arg as xs:date?) as xs:integer?
fn:timezone-from-date	Liefert Zeitzone eines xs:date.	fn:timezone-from-date($arg as xs:date?) as xdt:dayTimeDuration?
fn:hours-from-time	Liefert Stunden eines xs:time.	fn:hours-from-time($arg as xs:time?) as xs:integer?
fn:minutes-from-time	Liefert Minuten eines xs:time.	fn:minutes-from-time($arg as xs:time?) as xs:integer?
fn:seconds-from-time	Liefert Sekunden eines xs:time.	fn:seconds-from-time($arg as xs:time?) as xs:decimal?
fn:timezone-from-time	Liefert Zeitzone eines xs:time.	fn:timezone-from-time($arg as xs:time?) as xdt:dayTimeDuration?

Tabelle 4.8: Funktionen zur Zeitextraktion (Forts.)

Beispiel

Für dieses Beispiel verwenden wir ein neues, sehr einfaches Dokument, mit dem wir nachher wieder die XSLT 2.0-Gruppierungen eindrucksvoll vorführen können. Innerhalb einer `Umsatz-Pro-Stadt`-Liste finden wir beliebig viele `Umsatz`-Elemente, in denen für eine bestimmte Minute in einer bestimmten Stadt ein Telefongespräch aufgelistet ist. Dieser sehr einfache Aufbau erlaubt uns nachher, Umsätze pro Stadt, pro Minute, pro Stunde etc. aufzuführen.

```
<Umsatz-Pro-Stadt>
  <Umsatz>
    <Stadt>Bochum</Stadt>
    <Beginn>2003-11-01T01:11:00</Beginn>
    <Dauer>7</Dauer>
    <Umsatz>11</Umsatz>
  </Umsatz>
  ...
```

Listing 4.14: `441_01.xml` – Umsatzübersicht

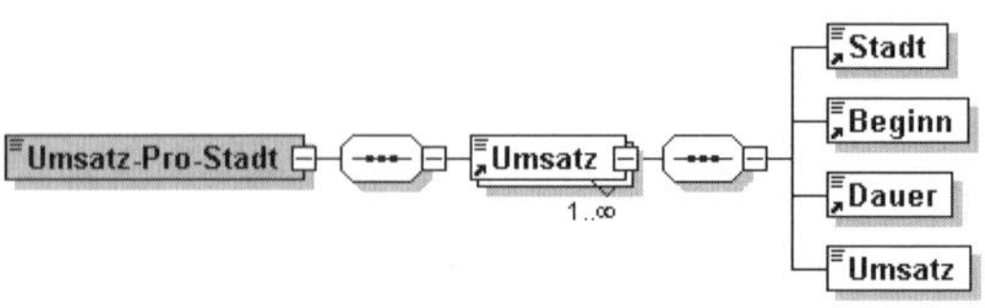

Abb. 4.11: Umsatzübersicht

Mit Hilfe der Gruppierungen in XSLT 2.0 und den verschiedenen Funktionen zur Extraktion von Zeitbestandteilen erzeugt unsere Transformation eine Übersicht für jedes Jahr, jeden Monat, jeden Tag und jede Stunde, um dann auf Stundenbasis die Minuten und Cents zu summieren. Sicherlich hätte man diese Aggregation auch innerhalb der SQL-Abfrage bei der Datenerzeugung durchführen können, aber es ist interessant zu sehen, dass mit den neuen Funktionen und dem Element `xsl:for-each-group` solche früher sehr umständlichen Anforderungen leicht umgesetzt werden können.

```
<xsl:for-each-group select="Umsatz" group-by="year-from-dateTime(Beginn)">
  <h1>
    <xsl:value-of select="('Jahr', year-from-dateTime(Beginn))" separator="
   "/>
  </h1>
```

```
  <xsl:for-each-group select="current-group()"
                      group-by="month-from-dateTime(Beginn)">
    <h2>
      <xsl:value-of select="('Monat ', month-from-dateTime(Beginn))"/>
    </h2>
    <xsl:for-each-group select="current-group()"
                        group-by="day-from-dateTime(Beginn)">
      <h3>
        <xsl:value-of select="('Tag ', day-from-dateTime(Beginn))"/>
      </h3>
      <table border="1" bgcolor="wheat">
        <tr>
          <xsl:for-each-group select="current-group()"
                              group-by="hours-from-dateTime(Beginn)">
            <td>
              <b>
                <xsl:value-of select="('Stunde ',
                              hours-from-dateTime(Beginn))"/>
              </b>
              <br/>
              <ul>
                <li>
                  <xsl:value-of select="('Dauer: ', sum(Dauer))"/>
                </li>
                <li>
                  <xsl:value-of select="('Cent: ', sum(Umsatz))"/>
                </li>
              </ul>
            </td>
          </xsl:for-each-group>
        </tr>
      </table>
    </xsl:for-each-group>
  </xsl:for-each-group>
</xsl:for-each-group>
```

Listing 4.15: 441_01.xslt – Extraktion von Zeitdaten

Als Ergebnis erhält man im Browser eine Auflistung der einzelnen Jahre, die gefundenen Monate und Stunden in Form einer Tabelle mit den entsprechend aggregierten Zahlen. Da der Detaillierungsgrad für die einzelnen Umsätze auf Anruf-Ebene lag, war das ursprüngliche XML-Dokument, das aus unserer Datenbank hervorsprudelte, so groß, dass es den Prozessor leider überrannte und wir die Daten stark eingeschränkt haben. Daher sind natürlich große Lücken in den Zeitfolgen und es sind nicht alle Monate, Tage und Stunden zu finden.

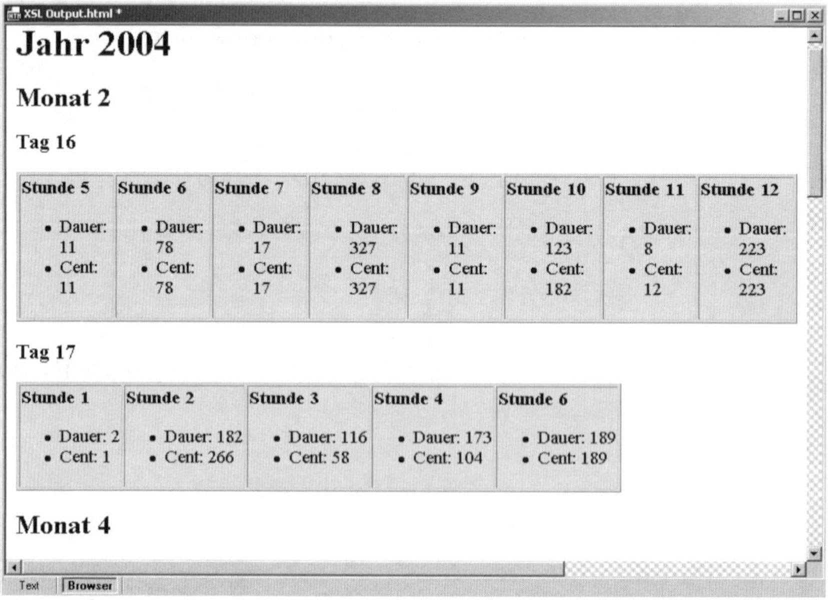

Abb. 4.12: Ausgabe in HTML

4.4.2 Angleichung von Zeitzonen

Mit den Funktionen zur Angleichung von Zeitzonen[9] ist es möglich, bestehende Zeitinformationen in andere Zeitinformationen zu übertragen. Diese Funktionen entsprechen ähnlichen Funktionen in Datenbanken, die man immer dann verwenden muss, wenn tatsächlich einmal weltweit Informationen gesammelt werden oder Transaktionen rund um die Uhr und rund um den Globus von einer einzigen Software/Datenbank abgearbeitet werden.

9 Vgl.: XQuery 1.0 and XPath 2.0 Functions and Operators, W3C Working Draft 23 July 2004 Abschnitt 10.6 Timezone Adjustment on Dates and Time Values unter `http://www.w3.org/TR/xpath-functions/#timezone.functions`.

Übersicht

Funktion	Bedeutung	Syntax
`fn:adjust-dateTime-to-timezone`	Gleicht `xs:dateTime` an (k)eine Zeitzone an.	`fn:adjust-dateTime-to-timezone($arg as xs:dateTime?) as xs:dateTime?` `fn:adjust-dateTime-to-timezone($arg as xs:dateTime?, $timezone as xdt:dayTimeDuration?) as xs:dateTime?`
`fn:adjust-date-to-timezone`	Gleicht `xs:date` an (k)eine Zeitzone an.	`fn:adjust-date-to-timezone($arg as xs:date?) as xs:date?` `fn:adjust-date-to-timezone($arg as xs:date?, $timezone as xdt:dayTimeDuration?) as xs:date?`
`fn:adjust-time-to-timezone`	Gleicht `xs:time` an (k)eine Zeitzone an.	`fn:adjust-time-to-timezone($arg as xs:time?) as xs:time?` `fn:adjust-time-to-timezone($arg as xs:time?, $timezone as xdt:dayTimeDuration?) as xs:time?`

Tabelle 4.9: Funktionen zur Angleichung von Zeitzonen

Der Datentyp `xdt:dayTimeDuration` ist ein Kind von `xs:duration`, wobei die lexikalische Repräsentation so verringert wurde, dass nur Tage, Stunden, Minuten und Sekunden gespeichert werden können. Die Kurzschreibweise – im Gegensatz zum regulären Ausdruck in der allgemeinen Syntax – lautet PnDTnHnMnS, wobei nD für die Anzahl der Tage, T für den Trenner von Datum und Zeit, nH für die Anzahl von Stunden, nM für die Anzahl von Minuten und nS für die Anzahl von Sekunden stehen. Für die Wertermittlung werden einfache Umrechnungen wie 60 Sekunden für eine Minute oder 24 Stunden für einen Tag vorgenommen.

Beispiel

Wir gruppieren im Beispiel sämtliche Zeitinformationen ohne besondere zusätzliche Verarbeitung und verändern die Zeitzone so, dass einmal fünf Stunden abgezogen und einmal zehn Stunden addiert werden.

```
<xsl:for-each select="current-group()">
  <tr>
    <td>
      <xsl:value-of select="Beginn"/>
    </td>
    <td>
     <xsl:value-of select="adjust-dateTime-to-timezone(xs:dateTime(Beginn),
                               xdt:dayTimeDuration('PT5H'))"/>
```

```
    </td>
    <td>
      <xsl:value-of select="adjust-dateTime-to-timezone(xs:dateTime(Beginn),
                                  xdt:dayTimeDuration('+PT10H0M'))"/>
    </td>
  </tr>
</xsl:for-each>
```

Listing 4.16: `442_01.xslt` – Angleichung von Zeitzonen

4.4.3 Berechnung von Zeitdauern

Mit den Funktionen zur Berechnung von Zeitdauern[10] ist es möglich, Zeitinformationen mit mathematischen Operationen zu bearbeiten. Dies eröffnet Möglichkeiten, genau anzugeben, welche Art von Dauern (Tage, Monate etc.) aus zwei Zeitinformationen zu berechnen sind und diese Dauern natürlich dann auch tatsächlich zu berechnen. Man erspart sich allerhand komplizierte Umrechnungen, die man möglicherweise sogar aus Gründen der Komplexität gar nicht erst in XSLT gemacht hätte.

Übersicht

Funktion	Bedeutung	Syntax
`fn:subtract-dateTimes-yielding-yearMonthDuration`	Liefert Differenz zwischen zwei `xs:dateTimes` als `xdt:yearMonthDuration`.	`fn:subtract-dateTimes-yielding-yearMonthDuration($arg1 as xs:dateTime?, $arg2 as xs:dateTime?) as xdt:yearMonthDuration?`
`fn:subtract-dateTimes-yielding-dayTimeDuration`	Liefert Differenz zwischen zwei `xs:dateTimes` als `xdt:dayTimeDuration`.	`fn:subtract-dateTimes-yielding-dayTimeDuration($arg1 as xs:dateTime?, $arg2 as xs:dateTime?) as xdt:dayTimeDuration?`
`fn:subtract-dates-yielding-dayTimeDuration`	Liefert Differenz zwischen zwei `xs:dateTimes` als `xdt:dayTimeDuration`.	`fn:subtract-dates-yielding-yearMonthDuration($arg1 as xs:date?, $arg2 as xs:date?) as xdt:yearMonthDuration?`

Tabelle 4.10: Funktion für Zeitdauern

10 Vgl.: XQuery 1.0 and XPath 2.0 Functions and Operators, W3C Working Draft 23 July 2004 Abschnitt 10.7 Arithmetic Functions on Durations, Dates and Times unter `http://www.w3.org/TR/xpath-functions/#dateTime-arithmetic`.

Funktion	Bedeutung	Syntax
`fn:subtract-dates-yielding-yearMonthDuration`	Liefert Differenz zwischen zwei `xs:dates` als `xdt:yearMonthDuration`.	`fn:subtract-dates-yielding-dayTimeDuration($arg1 as xs:date?, $arg2 as xs:date?) as xdt:dayTimeDuration?`

Tabelle 4.10: Funktion für Zeitdauern (Forts.)

Beispiel

Im Beispiel verwenden wir alle vier Funktionen in Form von Übersichten, um zu sehen, über welchen Zeitraum sich die einzelnen Rechnungen erstrecken. Dies ermöglicht zunächst auch eine Vorführung der überladenen Fähigkeiten der beiden Aggregatfunktionen `min` und `max`. Um die Funktionsaufrufe der Differenzen zu vereinfachen, erstellen wir hierfür insgesamt vier Variablen, in denen die jeweils kleinsten und größten Werte für die benötigten `xs:date`- und `xs:dateTime`-Werte ermittelt und gespeichert werden. Hierzu ist es unerlässlich, dass über die Konstruktorfunktionen, die den Namen der Datentypen entsprechen, die im Element `Beginn` gefundene Zeichenkette in den passenden Datentyp umgewandelt wird. Lediglich für die `xs:date`-Werte muss zusätzlich noch der Stunden- und Minuten-Anteil ausgelassen werden. Dies lässt sich mit einer einfachen Unterzeichenkettenauswahl bewerkstelligen.

Die einzelnen Funktionsaufrufe werden durch die Variablen dann sehr übersichtlich und kurz. Sie liefern die entsprechenden Dauern in Tagen oder Monaten.

```
<body>
  <xsl:variable name="MaxDateTime" select="max(//xs:dateTime(Beginn))"/>
  <xsl:variable name="MinDateTime" select="min(//xs:dateTime(Beginn))"/>
  <xsl:variable name="MaxDate" select="max(//Beginn/xs:date(substring-
                                        before(text(), 'T')))"/>
  <xsl:variable name="MinDate" select="min(//Beginn/xs:date(substring-
                                        before(text(), 'T')))"/>
  <h2>Basis xs:dateTime</h2>
  <ul>
    <li>
      <xsl:value-of select="('Differenz Tage: ' ,
          subtract-dateTimes-yielding-dayTimeDuration($MaxDateTime,
                                                      $MinDateTime))"/>
    </li>
    <li>
      <xsl:value-of select="('Differenz Monate: ' ,
          subtract-dateTimes-yielding-yearMonthDuration($MaxDateTime,
                                                        $MinDateTime))"/>
    </li>
```

```
    </ul>
    <h2>Basis xs:date</h2>
    <ul>
      <li>
        <xsl:value-of select="('Differenz Tage: ' ,
              subtract-dates-yielding-dayTimeDuration($MaxDate, $MinDate))"/>
      </li>
      <li>
        <xsl:value-of select="('Differenz Monate: ' ,
              subtract-dates-yielding-yearMonthDuration($MaxDate, $MinDate))"/>
      </li>
    </ul>
  </body>
```

Listing 4.17: 443_01.xslt – Zeitdauernberechnung

Hierdurch erhält man in dieser Variante ohne Formatierung bzw. auch ohne Zeitextraktion über die entsprechenden und bereits vorgestellten Funktionen die Angabe der Ergebnisse im entsprechenden Zeichenkettenformat mit Ganzzahlen und Buchstaben als Maßeinheiten.

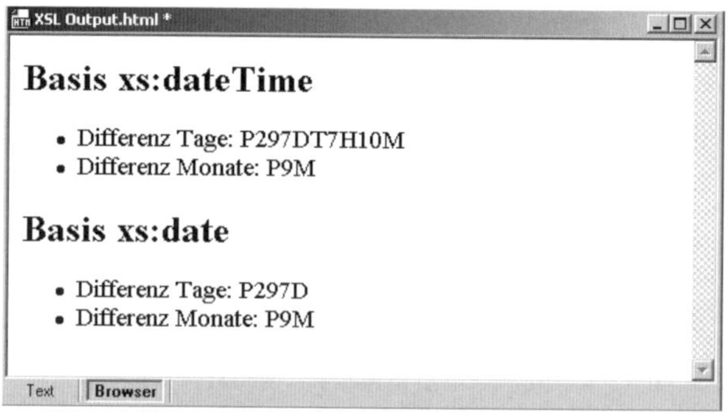

Abb. 4.13: Ausgabe in HTML

Möchte man also nicht die sehr unglücklich aussehenden Datentyp-gemäßen Dauerangaben in der Ausgabe lesen, ist es notwendig, mit den Funktionen zur Zeitextraktion die benötigten Feldinformationen auszulesen. Dies zeigt das nächste Beispiel exemplarisch für eine Liste. Für die andere Liste verwendet man die gleichen Funktionen.

```
<ul>
  <li>
    <xsl:value-of select="('Differenz Tage: ' , days-from-duration(
            subtract-dates-yielding-dayTimeDuration($MaxDate, $MinDate)))"/>
```

```
  </li>
  <li>
    <xsl:value-of select="('Differenz Monate: ' , months-from-duration(
            subtract-dates-yielding-yearMonthDuration($MaxDate, $MinDate)))"/>
  </li>
</ul>
```

Listing 4.18: Zeitextraktionsfunktionen

Im Browser erhält man sodann die erwarteten Ganzzahlen für Tage und Monate.

Abb. 4.14: Ausgabe in HTML

4.4.4 Kontextfunktionen

Mit den Kontextfunktionen[11] ist es möglich, einige nützliche Systeminformationen sowie Knotenkontextinformationen abzurufen. Insbesondere solche Funktionen wie die Ermittlung der aktuellen Zeit, die früher entweder als Parameter der Transformation beigefügt wurde oder als spezielle Prozessorfunktion definiert und damit nicht standardisiert war, dürfte sich allergrößter Beliebtheit erfreuen. Daher gibt es auch für die verschiedenen Zeitdatentypen jeweils eine eigene Funktion.

Die bisherigen Kontextfunktionen für die Ermittlung der aktuellen bzw. der letzten Position von Elementen in einer Reihenfolge bleiben natürlich erhalten und lassen sich weiterhin gut für allgemeine Vorlagen und auf der Position basierende Algorithmen einsetzen.

Übersicht

Funktion	Bedeutung	Syntax
`fn:position`	Aktuelle Knotenposition	`fn:position() as xs:integer`
`fn:last`	Liefert die Anzahl der zu verarbeitenden Knoten.	`fn:last() as xs:integer`

Tabelle 4.11: Kontextfunktionen

11 Vgl.: XQuery 1.0 and XPath 2.0 Functions and Operators, W3C Working Draft 23 July 2004 Abschnitt 16 Context Functions unter `http://www.w3.org/TR/xpath-functions/#context`.

Funktion	Bedeutung	Syntax
fn:current-dateTime	Aktueller xs:dateTime-Wert	fn:current-dateTime() as xs:dateTime
fn:current-date	Aktueller xs:date-Wert	fn:current-date() as xs:date
fn:current-time	Aktueller xs:time-Wert	fn:current-time() as xs:time
fn:default-collation	Aktuelle Standard-Collation	fn:default-collation() as xs:string
fn:implicit-timezone	Aktuelle Zeitzone	fn:implicit-timezone() as xdt:dayTimeDuration?

Tabelle 4.11: Kontextfunktionen (Forts.)

Beispiel

Eine häufige Lösung besteht darin, eine Liste in Textform auszugeben, bei der folgende Anforderungen umgesetzt werden sollen: Ein einziger Knoten erhält kein Trennzeichnen, ein letzter Knoten wird mit und angeschlossen, die mittleren Knoten werden durch ein Komma verbunden, so weit es nicht der vorletzte Knoten ist. Dies wollen wir mit Hilfe einer `xsl:choose`-Fallunterscheidung und der `position()`-Funktion nachvollziehen.

```
<xsl:template match="/Umsatz-Pro-Stadt">
  <xsl:variable name="Tarife" select="insert-before(distinct-
                  values(//xs:string(Stadt)), 2, 'Düsseldorf')"/>
  <xsl:for-each select="$Tarife">
    <xsl:choose>
      <!-- Letzter Knoten -->
      <xsl:when test="position() = count($Tarife)">
        <xsl:value-of select="(' und ', .)"/>
      </xsl:when>
      <!-- Einziger Knoten -->
      <xsl:when test="position() = 1 and position() = count($Tarife)">
        <xsl:value-of select="."/>
      </xsl:when>
      <!-- Erster Knoten -->
      <xsl:when test="position() = 1">
        <xsl:value-of select="(., ', ')"/>
      </xsl:when>
      <!-- Vorletzer Knoten -->
      <xsl:when test="position() = count($Tarife) -1">
        <xsl:value-of select="."/>
      </xsl:when>
      <!-- Mittlerer Knoten -->
      <xsl:when test="position() &gt; 1 and position() &lt; count($Tarife) -1">
        <xsl:value-of select="(., ', ')"/>
```

```
      </xsl:when>
    </xsl:choose>
  </xsl:for-each>
</xsl:template>
```

Listing 4.19: `444_01.xslt` – Positionsfunktionen

Man erhält als Ausgabe eine Liste, wie man es sich wünscht, also mit Kommata als Aufzählungszeichen und einem und zwischen dem vorletzten und letztem Wort.

```
Bochum, Düsseldorf und Duisburg
```

Listing 4.20: Ausgabe als Text

Die verschiedenen Funktionen, mit deren Hilfe man Zeitinformationen des aktuellen Systems herausfinden kann, rufen wir einfach in einer Liste auf, um zu sehen, welche Rückgabewerte die einzelnen Funktionen besitzen. Dies kann man natürlich auch in der allgemeinen Syntax nachlesen, aber es lohnt sich immer, einen genauen Blick auf die tatsächliche Zeichenkette zu werfen. Dies gilt insbesondere dann, wenn man nicht nur wie hier eine simple Ausgabe machen möchte, sondern diese formatieren oder in einer Bedingung als Vorgabewert nutzen will.

```
<ul>
  <li>Aktuelles Datum: <xsl:value-of select="current-date()"/>
  </li>
  <li>Aktuelle Zeit: <xsl:value-of select="current-time()"/>
  </li>
  <li>Aktueller Zeitstempel: <xsl:value-of select="current-dateTime()"/>
  </li>
  <li>Aktuelle Zeitzone: <xsl:value-of select="implicit-timezone()"/>
  </li>
</ul>
```

Listing 4.21: `444_02.xslt` – Aktuelle Zeitinformationen

Im Browser erhält man Werte, die für die einfache Ausgabe überhaupt nicht zu gebrauchen sind. Sie müssen erst noch formatiert werden.

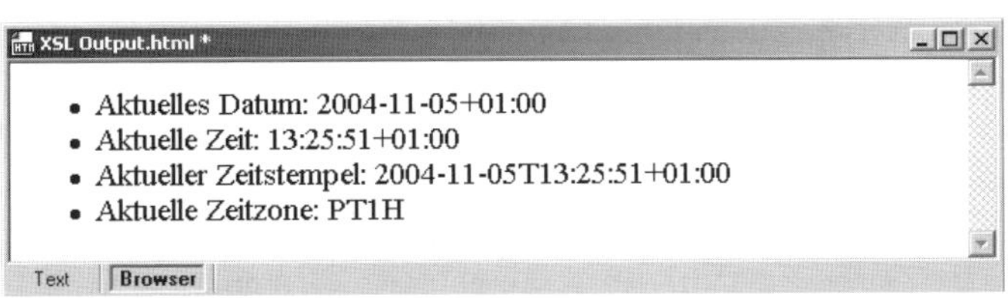

Abb. 4.15: Ausgabe in HTML

4.4.5 Formatierung von Zeit

Mit den XSLT-Funktionen[12] zur Zeitformatierung lassen sich die Ausgaben in den zurückliegenden Beispielen alle deutlich schneller in ein lesbares und auch nationalsprachliches Format bringen, als es eine mehrfache Anwendung der Zeitextraktionsfunktionen bieten könnte.

Übersicht

Allgemeine Beispiele und Wertetabellen finden Sie auch im ersten Band[13]. Wir fassen hier nur kurz die wichtigsten Einstellungen zusammen.

Die allgemeine Syntax für das `date-format`-Element lautet:

```
<!-- Kategorie: Deklaration -->
<xsl:date-format
  name = qname
  language = nmtoken
  calendar = qname />
```

Das `date-format`-Element speichert ein benanntes Format für die Ausgabe von Datumswerten. Sollte das `name`-Attribut fehlen, stellt es die Standardwerte für die Formatierungsangaben dar. Folgende Attribute lassen sich verwenden:

- `language` enthält eine Sprachangabe, wie sie im `xml:lang`-Attribut verwenden werden kann (`de`, `en`, `fr` etc.), um sprachbezogene Formatierungen anzugeben. Die Funktionsweise und Funktionstüchtigkeit hängt vom XSLT-Prozessor ab. Dies bezieht sich auf Informationen wie
  - Namen von Monaten und Tagen
  - Ordnungsform von Zahlen
  - Stundendarstellung (0–23 oder 1–24, 0–11 oder 1–12)
  - Erster Tag der Woche und des Jahres
- `calendar` gibt an, dass der übergebene Wert in den angegebenen Kalender konvertiert und dann gemäß seinen Einstellungen ausgegeben werden soll.

Für den Platzhaltertext werden – wie in anderen Syntaxstrukturen auch – spezielle Platzhalterzeichen für die Angabe von Zeitbestandteilen verwendet. Die Platzhalternamen in XSLT entsprechen den aus anderen Strukturen bekannten Namen.

---

12 Vgl.: XSL Transformations (XSLT) Version 2.0, W3C Working Draft 2 May 2003 Abschnitt 16.5 Formatting Dates and Times unter `http://www.w3c.org/TR/xslt20/#format-date`.

13 Vgl. Skulschus/Wiederstein, XSLT (Band 1), S. 223.

Standard-Platzhalter		Besondere Platzhalter	
Y	Jahr	Z	Zeitzone als Unterschied von der Standardzeit oder als Name einer Zeitzone
M	Monat in Jahr	z	Zeitzone als Unterschiedsangabe, die GMT benutzt: GMT+1
D	Tag in Monat	C	Kalender mit seiner Abkürzung/seinem Namen
d	Tag in Jahr	E	Ära als Angabe für die Startlinie einer Jahresreihe
F	Tag der Woche		
W	Woche in Jahr		
w	Woche in Monat		
H	Stunde in Tag (24 Stunden)		
h	Stunde in halbem Tag (12 Stunden)		
P	am/pm-Angaben		
m	Minuten in Stunde		
s	Sekunden in Minute		
f	anteilige Sekunden		

Nach Angabe der allgemeinen Formate im `date-format`-Element lassen sich dann die benötigten Ausgaben mit Hilfe verschiedener Funktionen erzeugen. Folgende Funktionen sind für die Zeitformatierung möglich:

- `format-dateTime( $value as xs:dateTime?, $picture as xs:string, $date-format-name as xs:string) as xs:string?`
- `format-dateTime($value as xs:dateTime?, $picture as xs:string) as xs:string?`
- `format-date( $value as xs:date?, $picture as xs:string, $date-format-name as xs:string) as xs:string?`
- `format-date($value as xs:date?, $picture as xs:string) as xs:string?`
- `format-time( $value as xs:time?, $picture as xs:string, $date-format-name as xs:string) as xs:string?`
- `format-time($value as xs:time?, $picture as xs:string) as xs:string?`

Beispiel

```
<ul>
  <li>Aktuelles Datum: <xsl:value-of select="format-date(current-date(),
                                        '[M].[D].[Y]')"/>
  </li>
  <li>Aktuelle Zeit: <xsl:value-of select="format-time(current-time(),
                                        '[H]:[m]:[s]')"/>
  </li>
</ul>
```

Listing 4.22: `445_01.xslt` – Zeitformatierung

Kapitel 5

Einsatz von XSLT 2.0-Funktionen

Im ersten Band[1] haben wir bereits die in XSLT 1.0 und 2.0 vorhandenen Funktionen für die Formatierung von Zahlen (S. 221) und die Verarbeitung mehrerer Dateien (S. 226 ff.) beschrieben. Auf die allzu trivialen Funktionen, zu denen die Zahlenformatierung gehört, gehen wir in diesem Kapitel nicht erneut ein. Allerdings werfen wir noch einmal einen Blick auf die Möglichkeit, Dateien zu laden, sowie auf die genauen Möglichkeiten der Schlüssel- und ID-Funktionen, die im ersten Band nur für die XSLT 1.0-Gruppierung (S. 167) von Interesse waren.

5.1 Entitäten

Auslagerung und Wiederverwendung gelingt in der Document Type Definition über mehrere Wege. Zunächst kann man eine gesamte DTD auslagern und in einer XML-Datei aufrufen, sodass nicht jede XML-Datei einer Reihe von gleichartigen Dateien stets die gesamte DTD enthalten muss. Der entsprechende Pflegeaufwand wäre ja katastrophal. Dann ist es möglich, sowohl in der DTD selbst als auch im XML-Dokument auf ausgelagerte Textbausteine zurückzugreifen. Dies wird immer gerne mit schönen Schulbeispielen wie mit einer Anrede für Briefe, E-Mails usw. vorgeführt. Wir wollen dies im Beispiel genauso handhaben.

Auch wenn man möglicherweise in seiner Anwendung keine DTD mehr verwendet, sondern das (wesentlich bessere) XML Schema zur Validierung einsetzt, möchte man möglicherweise in bestimmten Fällen gerne mit Entitäten in XSLT und weniger mit Variablen arbeiten. Allerdings ist durch den Einsatz von Variablen sowie die Möglichkeit globaler Stylesheet-Parameter oder das Einbinden von externen Dateien (siehe nächsten Abschnitt) vermutlich das Ende der Entitäten und DTDs in XSLT erreicht. Dennoch wollen wir ein Beispiel zu Entitäten geben, da in vielen älteren Anwendungen diese Technik eingesetzt wurde und man mit ihnen auch durchaus weiter arbeiten kann, ohne notwendigerweise auf XSLT-Variablen umzusteigen.

5.1.1 Einsatz in XML

Wir beginnen die Diskussion dieser Technik, indem wir noch einmal rekapitulieren, wie die Verwendung von Entitäten in XML ausgesehen hat. Dort besitzen wir

1 Vgl. Skulschus/Wiederstein, XSLT und XPath (Band 1), mitp

zunächst eine externe Document Type Definition, in der auf der einen Seite die Dokumentstruktur (Elemente, Attribute) deklariert wird und in der auf der anderen Seite auch die benutzten Entitäten zum Einsatz kommen. Dies ist – typisches Schulbeispiel – eine Auslagerung der Begriffe Herr und Frau in die Entitäten de_Frau und de_Herr mit der Option, anderssprachiger Übersetzungen auf einfache Weise mit Hilfe der ISO-Sprachkürzel (en, fr, nl) zu ergänzen.

```
<!-- Entitäten -->
<!ENTITY de_Herr "Herr">
<!ENTITY de_Frau "Frau">
<!-- Elemente -->
<!ELEMENT Name (Vorname, Nachname)>
<!ELEMENT Vorname (#PCDATA)>
<!ELEMENT Nachname (#PCDATA)>
<!ATTLIST Name
  Anrede CDATA #REQUIRED
>
```

Listing 5.1: 511_01.dtd – Entitäten für Anreden

In der XML-Datei wird diese externe DTD dann eingebunden. Alternativ hätte man genauso gut eine interne DTD erstellen können, wobei allerdings die oben gemachten Angaben nur für diese XML-Datei gültig gewesen wären. Später im Dokument greift man im zuvor für das Element Name deklarierten Attribut Anrede auf die beiden Entitäten mit Hilfe von &ENTITÄTSNAME; zu und kopiert die in Entitäten ausgelagerten Textbausteine in die XML-Datei.

```
<?xml version="1.0" encoding="ISO-8859-1"?>
<!DOCTYPE Rechnungen SYSTEM "511_01.dtd">
<Rechnungen>
...
  <Kunde Typ="p" Nr="856">
     <Name Anrede="&de_Herr;">
       <Vorname>Horst</Vorname>
       <Nachname>Weiá</Nachname>
     </Name>
     ...
   <Kunde Typ="p" Nr="1024">
     <Name Anrede="&de_Frau;">
       <Vorname>Claudia</Vorname>
       <Nachname>Kaveh</Nachname>
     </Name>
  ...
```

Listing 5.2: 511_01.xml – Verwendung von Entitäten

In der in einem Texteditor angezeigten XML-Datei sieht man natürlich das Ergebnis, das man gerade bei der Verwendung der Entitäten bereits sah. Hier verändert sich nichts. Man wird auch die XML-Datei nicht einfacher lesen können, weil die Entitäten natürlich nicht auf geheimnisvolle Art und Weise quasi im Texteditor aufgelöst werden. Diese Auflösung führt dagegen ein Browser durch, in dem man die XML-Datei öffnet. Hier sieht man zwar oben noch die Verknüpfung zur DTD, aber anstelle der seltsam anmutenden Entitätsnamen stehen nun – tatsächlich geheimnisvoll – die Übersetzungen an den passenden Stellen im Dokument.

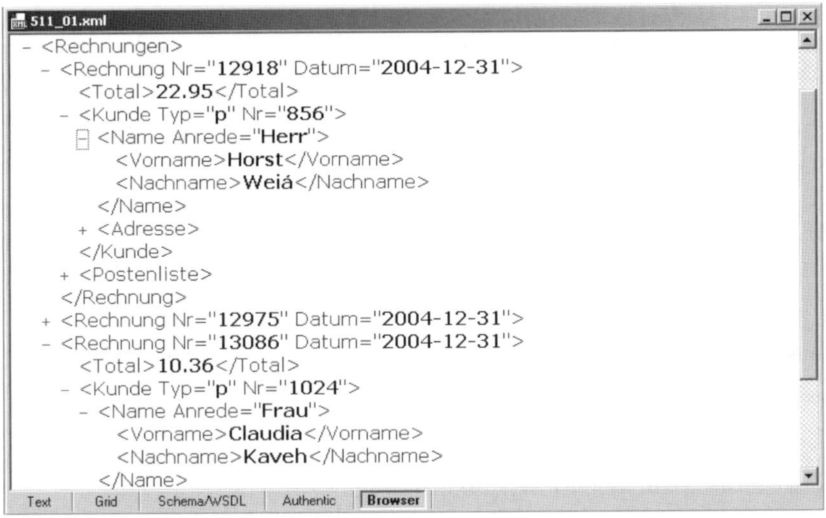

Abb. 5.1: Ausgabe im Browser mit aufgelösten Entitäten

5.1.2 Einsatz in XSLT

Das gerade beschriebene Vorgehen ist natürlich nicht nur auf XML-Datendateien beschränkt, die mit Hilfe von XSLT verarbeitet werden, sondern kann selbstverständlich sinnvoll in jeder anderen XML-Datei zum Einsatz kommen. Eine sehr wichtige Voraussetzung ist allerdings, dass der Prozessor, der die Datei für die Anzeige oder sonstige Anforderungen verarbeitet, die aufgerufenen Entitäten verarbeiten kann. Dann ist es möglich, auch in XSLT auf solche Entitäten für Ausgabeübersetzungen etc. in Form von ausgelagerten Textbausteinen zurückzugreifen.

Eine grundsätzliche Alternative stellen natürlich die XSLT-Variablen dar, die auch für die Version 1.0 verfügbar sind. Allerdings gibt es Situationen, die den Einsatz von Entitäten durchaus mit einer Vereinfachung der XSLT-Arbeit zusammenbringen. Dies ist der Fall, wenn die gesamte Anwendung mit Hilfe einer DTD validiert wird, in der zahlreiche Entitäten definiert sind. Sofern man diese Entitäten nun auch in XSLT aufrufen und nicht nur aus dem XML-Datenstrom übernehmen möchte, lohnt es sich, die externe Entitätendatei ebenfalls in XSLT verfügbar zu machen und nicht für eine Vielzahl von Textbausteinen jeweils Variablen zu erstellen. Dies lohnt sich umso mehr, wenn die Textbausteinbibliothek weiterhin gepflegt wird und daher Änderungen in XSLT keinesfalls durchgeführt werden müssen.

Lösung: Interne Entitäten

Die einfachste Möglichkeit, auf Entitäten in XSLT zurückzugreifen, besteht darin, in der Stylesheet-Datei eine DTD anzugeben. Diese bezieht sich auf das Wurzelelement `xsl:stylesheet` und enthält natürlich nicht etwa die gesamten Angaben, wie eine XSLT-Datei aufgebaut sein kann, sondern ausschließlich die Entitäten. Die Syntax bleibt dann weiterhin genauso erhalten wie bei einer internen DTD in einer XML-Datendatei.

Im nächsten Beispiel greifen wir erneut auf die zuvor erstellten Entitäten für die deutschen Anreden `Herr` und `Frau` zurück. Allerdings ergänzen wir beide Entitäten noch um den Textbaustein `Sehr geehrte`, wobei zusätzliche Leerzeichen und das notwendige `r` für die Herren in den Entitäten `de_Herr` und `de_Frau` untergebracht wird. Hier sieht man auch sehr schön, wie man aus Entitäten andere Entitäten erstellen kann.

Einige Quelltextzeilen in der XSLT-Datei später greift man dann auf die solchermaßen erstellten Entitäten genauso zu wie in einer gewöhnlichen XML-Datendatei. Wenn Sie schon einmal die HTML-Entitäten für die Ausgabe von Sonderzeichen benutzt haben, wird Ihnen dieses Prinzip bekannt erscheinen.

```
<?xml version="1.0" encoding="ISO-8859-1"?>
<!DOCTYPE xsl:stylesheet [
  <!-- Entitäten Textbausteine -->
  <!ENTITY de_Anrede "Sehr geehrte">
  <!-- Entitäten Übersetzungen -->
  <!ENTITY de_Herr "&de_Anrede;r Herr ">
  <!ENTITY de_Frau "&de_Anrede; Frau ">
]>
<xsl:stylesheet version="2.0" ...>
  <xsl:output method="text" version="1.0" encoding="UTF-8" indent="yes"/>
  <xsl:template match="/Rechnungen">
    <xsl:for-each select="//Name">
      <xsl:choose>
        <xsl:when test="@Anrede = 'Herr'">&de_Herr;<xsl:value-of
                  select="(Vorname, Nachname)"/>&#xD;</xsl:when>
        <xsl:when test="@Anrede='Frau'">&de_Frau;<xsl:value-of
```

```
                    select="(Vorname, Nachname)"/>&#xD;</xsl:when>
        <xsl:otherwise>
          <xsl:value-of select="(Vorname, Nachname)"/>&#xD;
                                                  </xsl:otherwise>
      </xsl:choose>
    </xsl:for-each>
  </xsl:template>
</xsl:stylesheet>
```

Listing 5.3: `512_01.xslt` – Entitäten in XSLT

In der einfachen Textdatei, die das Ergebnis bildet, erhält man tatsächlich den benötigten Text für die Brief- oder E-Mail-Anreden.

```
Sehr geehrter Herr Horst Weiá
Sehr geehrter Herr Heinrich Flach
Sehr geehrte Frau Claudia Kaveh
```

Listing 5.4: Ausgabe als Text

Lösung: Externe Entitäten

Nun ist es sicherlich nicht unbedingt lohnenswert, die Entitäten ausschließlich in einer einzelnen XSLT-Datei zu platzieren, wenn man sie auch in anderen Dateien benutzen kann. Hier besteht auch die Lösung, die Entitäten in einer Entitätsdatei mit der Endung `.ent` auszulagern und sie wiederum in der XSLT-Datei aufzurufen. Eine vergleichbare Lösung mit Hilfe von XSLT-Variablen bestünde in der Auslagerung der Variablen in eine anderen Datei, die dann über `xsl:include`, `xsl:import` oder über das Zuladen der Datei per Dateifunktion wieder in die XSLT-Datei eingebunden wird. In Grenzen lässt sich hier auch immer bei sehr wenigen und von der Zahl her bekannten Textbausteinen auf globale Stylesheet-Parameter setzen.

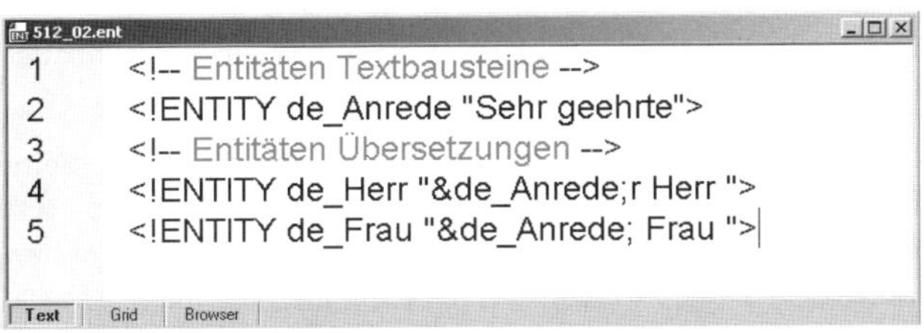


```
<!-- Entitäten Textbausteine -->
<!ENTITY de_Anrede "Sehr geehrte">
<!-- Entitäten Übersetzungen -->
<!ENTITY de_Herr "&de_Anrede;r Herr ">
<!ENTITY de_Frau "&de_Anrede; Frau ">
```

Abb. 5.2: `512_012.ent`

Diese Entitätsdatei stellt aufgrund der Syntax gar keine XML-Datei und auch keine DTD-Datei dar, sondern enthält dagegen – so ähnlich wie eine CSS-Datei – als überaus einfache Textdatei nur die verschiedenen Entitäten. Es ist vor allen Dingen auch keine XML-Deklaration in dieser Datei zu finden.

Mit einer speziellen Syntax lässt sich dann diese Entitätsdatei wieder in jede andere beliebige XSLT- bzw. XML-Datei einfügen. Dazu verwendet man das Schlüsselwort `SYSTEM` unter Angabe des Dateinamens und des notwendigen relativen oder absoluten Pfades zu dieser Datei. Der Aufruf der Datei stellt auch wieder eine Entität dar und erhält ebenfalls einen Namen, der durch ein Prozentzeichen eingeführt und später – in unserem Fall eine Zeile später – genauso mit `%ENTITÄTSNAME;` noch innerhalb der DTD wieder aufgerufen wird.

Solchermaßen ausgelagerte Textbausteine in der DTD selbst, die also mit den XML-Daten in keiner Berührung stehen, lassen sich in XML Schema durch Einbindung und Import ausdrücken, wenn ganze Dateien ausgelagert und wieder eingebunden werden sollen, oder auch mit Hilfe von globalen Strukturen umsetzen, wenn diese in XML Schema mehrfach zum Einsatz kommen sollen. Beide Techniken lassen sich miteinander kombinieren.

Der eigentliche Aufruf der Entitäten für die beiden Anreden ändert sich in der Transformationsdatei nicht, sodass wir auf einen erneuten Abdruck verzichten.

```
<?xml version="1.0" encoding="ISO-8859-1"?>
<!DOCTYPE xsl:stylesheet [
  <!ENTITY % textbausteine SYSTEM "512_02.ent">
  %textbausteine;
]>
<xsl:stylesheet version="2.0" ...>
...
```

Listing 5.5: `512_02.xslt` – Verwendung von externen Entitäten

5.1.3 Funktionen für Entitäten

Es sind insgesamt zwei verschiedenen Funktionen für die Bearbeitung von Entitäten in XSLT vorhanden. Sie erlauben nichts weiter, als den Aufruf einer Entität auch in Form eines Parameters zu ermöglichen.

- `unparsed-entity-uri`[2] gibt eine Entität in Form eines URI aus. Allgemeine Syntax: `unparsed-entity-uri($entity-name as xs:string) as xs:string`. Der Name der Entität wird direkt und ohne kaufmännisches Und bzw. Semikolon angegeben.

---

2 Vgl. XSL Transformations (XSLT) Version 2.0, W3C Working Draft 2 May 2003 Abschnitt 16.6.2 unparsed-entity-uri unter `http://www.w3c.org/TR/xslt20/#unparsed-entity-uri`.

- `unparsed-entity-public-id`[3] liefert den öffentlichen Schlüssel einer Entität. Allgemeine Syntax: `unparsed-entity-public-id($entity-name as xs:string) as xs:string`. Der Name der Entität wird direkt und ohne kaufmännisches Und bzw. Semikolon angegeben.

Um auch besonders die Funktionsweise der URI-Ausgabe zu zeigen, verwenden wir eine Entität für eine Datei. Dazu setzen wir eine Notation für die Dateiendung `.jpg` ein, die im gleichen Verzeichnis liegen soll wie die XML-Datei.

```
<!DOCTYPE bild [
<!ELEMENT bild (#PCDATA)>
<!NOTATION JPEG SYSTEM "urn:rf">
<!ENTITY pic SYSTEM "logo.jpg" NDATA JPEG>
]>
<bild>
&pic;
</bild>
```

Listing 5.6: `513_01.xml` – Verwendung einer Entität

Die Funktion wird in XSLT einfach aufgerufen und erwartet als Parameter den Namen der Entität als Zeichenkette. Wie man sieht, lässt sich solchermaßen eine Entität auch einfach in Form eines Parameters dynamisch aufrufen. Die Ausgabe des Pfades ist hier nur deswegen möglich, weil wir in XML eine Datei und nicht nur eine einfache Zeichenkette ausgeben.

```
<xsl:template match="/">
  <html>
    <body>
      <h3>unparsed-entity-uri()</h3>
      <b>unparsed-entity-uri('pic')</b> =
              <xsl:value-of select="unparsed-entity-uri('pic')"/>
    </body>
  </html>
</xsl:template>
```

Listing 5.7: `513_01.xslt` – Aufrufen einer Entität

3 Vgl. XSL Transformations (XSLT) Version 2.0, W3C Working Draft 2 May 2003 Abschnitt 16.6.3 unparsed-entity-public-id unter `http://www.w3c.org/TR/xslt20/#unparsed-entity-public-id`.

In der HTML-Ausgabe hat man einen langen absoluten Pfad bis zu der verknüpften Datei. Ob diese existiert, wird natürlich nicht kontrolliert.

```
<h3>unparsed-entity-uri()</h3><b>unparsed-entity-uri('pic')</b> =
C:\Dokumente und Einstellungen\...\Uebungen\5_XSLT-Funktionen\513\logo.gif
```

Listing 5.8: Ausgabe in HTML

5.2 Arbeiten mit Dateien

In vielen Anwendungen steht XSLT in Konkurrenz zu anderen Programmiersprachen, mit denen die Transformation bzw. die Anwendung genauso gut bzw. vielleicht sogar besser umgesetzt werden könnte. Der Vorteil bei XSLT liegt nun darin, dass man an einem XML-Projekt mitarbeiten kann, dessen Hauptsprache dem XSLT-Programmierer völlig unbekannt ist. Dennoch sind die XML-Transformationen von ihm mit Hilfe von XSLT wunderbar zu erledigen. Seine Kollegen müssen außerhalb seiner eigenen Anwendung lediglich den XSLT-Prozessor verwalten, seine Dateien aufrufen, mit den XML-Daten verknüpfen und das Ergebnis in Empfang nehmen. Es lassen sich sogar Parameter an die Transformationsdatei übergeben, sodass auch weitere Schnittstellen zur Transformation bereit stehen, die über die eigentlichen XML-Daten hinausgehen.

Uns ist aufgefallen, dass insbesondere das Arbeiten mit zusätzlichen XML-Dateien oder mehreren XML-Dateien gleichzeitig immer mal wieder eine Lösung für eine unangenehme Diskussion war, in der XSLT mit seinen Syntaxmöglichkeiten nicht im besten Licht erschien. Im Vergleich zu einer »richtigen« Programmiersprache, die entweder Tausende von Funktionen oder Klassen/Methoden besitzt, sind in XSLT natürlich viele Algorithmen gar nicht zu realisieren. Ob dies immer notwendig sein muss, steht auf einem anderen Blatt. Oft genug muss man auch tatsächlich das DOM benutzen und die XML-Verarbeitung direkt mit Java, C# usw. erledigen, weil die Anforderungen an die Transformation schlichtweg zu hoch sind. In vielen Situationen lässt sich allerdings doch wieder eine XSLT-Lösung denken, wobei – wie erwähnt – die vorhandenen Dateifunktionen eine wichtige Rolle spielen.

Zwei überladene Funktionen[4] sind in XSLT verfügbar:

- `document($uri-sequence as item()*) as node()*` lädt eine andere XML-Datei anhand einer URI-Angabe in Form eines `xs:string`, `xs:anyURI` oder `xs:untypedAtomic`, die alle zu einem `xs:anyURI`-Wert konvertiert werden.

---

4 Vgl.: XSL Transformations (XSLT) Version 2.0, W3C Working Draft 2 May 2003 Abschnitt 16.1 Multiple Source Documents unter `http://www.w3c.org/TR/xslt20/#document`.

- document($uri-sequence as item()*, $base-node as node()) as node()* lädt ebenfalls eine XML-Datei mit einem URI aus den angegebenen Datentypen, erlaubt aber zusätzlich die Angabe eines Basis-URI, der sich von dem ansonsten angenommenen Dokument-URI unterscheiden kann.

Eher selten, aber wie bereits an einigen wenigen Beispielen gezeigt, ist der Aufruf in der Form document(""), also mit ausdrücklich leerer Zeichenkette. Dies bewirkt einen Aufruf der aktuellen XSLT-Datei, als wäre sie eine fremde Datei.

5.2.1 Statischer Dateiname

Im ersten Band haben wir bereits ein Standardbeispiel vorgeführt, in dem mehrere Dateien einer Umsatzübersicht nacheinander geladen und der Reihe nach verarbeitet werden. Ein ähnliches Beispiel enthält auch dieser Abschnitt, in dem wir solche Dateiaufrufe als statisch bezeichnen, weil der Dateiname direkt in den zu verarbeitenden XML-Daten enthalten ist. In den Übungsdateien finden Sie dieses Beispiel in einem eigenen Ordner im Kapitelordner, um die Übersichtlichkeit angesichts der vielen Dateien zu gewährleisten.

Alles beginnt mit einer XML-Datei, in der in Attributwerten oder Textknoten ganze oder teilweise Dateinamen enthalten sind. Dies ist für das nachfolgende Dokument für das Datei-Attribut der beiden Elemente Kunde und Postenliste der Fall. Wir bezeichnen dies als statische Dateiangabe, weil die Angabe, welche Datei zu laden ist, sich innerhalb der zu bearbeitenden XML-Daten befindet. Ob diese Daten wiederum dynamisch aus einer Datenbank o.Ä. geladen werden, soll nicht weiter interessieren. Wichtig ist nur, dass die Dateien direkt in den XML-Daten in irgendeiner Art und Weise referenziert werden.

```
<Rechnungen>
  <Rechnung Nr="12918" Datum="2004-12-31">
    <Total>22.95</Total>
    <Kunde Datei="k_856"/>
    <Postenliste Datei="pl_12918"/>
  </Rechnung>
  ...
```

Listing 5.9: 521_01.xml – XML-Datei mit Dateiaufrufen

Daher ist auch der gesamte Dokumentbaum im Gegensatz zum vorherigen Beispiel im letzten Abschnitt praktisch in sich zusammengefallen, weil die früher sehr tief verschachtelten Strukturen sich nun in anderen Dateien wiederfinden.

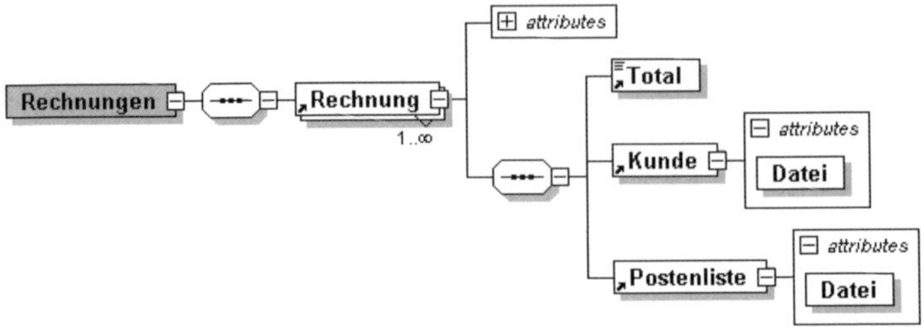

Abb. 5.3: Dokumentstruktur

Es existieren neben dieser XML-Datei noch zwei weitere Dateien, die genauso heißen wie gerade im XML-Dokument angegeben. Zum einen gibt es eine Datei namens `k_856.xml`, in der die Kundendaten mit Name und Adresse in tiefer verschachtelten Elementen enthalten sind. Zum anderen gibt es die `pl_12918.xml`-Datei, in der die wiederholt auftretenden `Posten`-Elemente in einer Postenliste gespeichert wurden. Alle drei Dokumente bilden für die Verarbeitung eine Einheit, da eine Rechnung ohne Postenaufstellung genauso wenig Sinn für die Anwendung macht wie eine Rechnung ohne Kundenadresse.

In der Praxis könnten solche Dateien von unterschiedlichen Datenbankprozeduren automatisch oder durch Benutzeraufruf erstellt und dann im Dateisystem gespeichert werden. Da keine umständlichen Abfragen benötigt werden, um die einzelnen Daten miteinander zu verknüpfen, sondern jeweils nur eine einzige Tabelle anhand der Rechnungsnummer oder der Kundennummer befragt wird, kann es in unserem Fall sein, dass die drei Abfragen deutlich schneller verarbeitet werden als eine Abfrage über drei Tabellen. Wichtig ist lediglich, dass die beiden referenzierten Dateien existieren und in der Startdatei nur tatsächlich vorhandene Dateien aufgerufen werden.

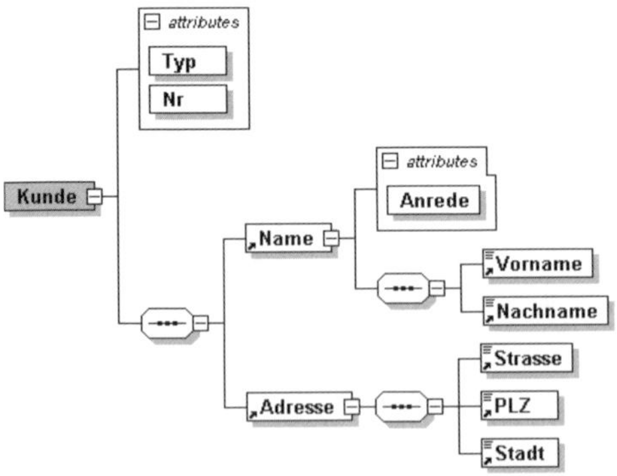

Abb. 5.4: Struktur Kunde

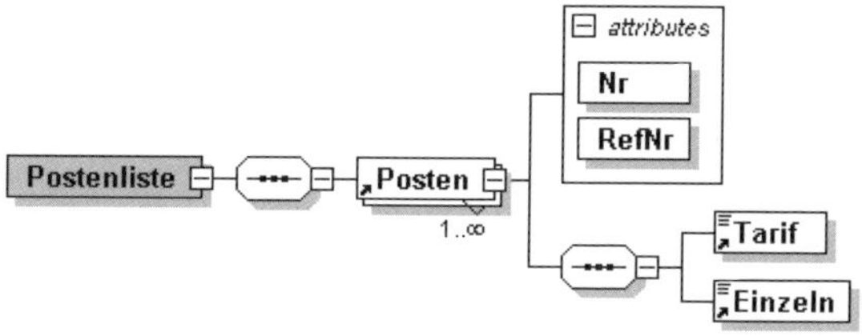

Abb. 5.5: Struktur Postenliste

Mit der document-Funktion lassen sich dann beide Dateien laden. In diesem Fall haben wir ja den Dateinamen nicht mit Endung in der Startdatei angegeben, sodass durch die concat-Funktion die passende Dateiendung erst noch innerhalb des Funktionsaufrufs von document an den Dateinamen angehängt werden muss. Es ist zusätzlich möglich, das Teildokument in einer Variablen zu speichern bzw. in Parameterform an eine andere Vorlage zu übergeben oder natürlich auch direkt in einem value-of- oder for-each-Element zu verwenden. Letzteres schließt sich allerdings aufgrund der mehrfachen Verwendung aus, damit die XPath-Adressierungen nicht zu lang werden. Die eigentliche Verarbeitung solchermaßen aufgerufener Dateien verläuft dann exakt so wie bei temporären Bäumen auch.

```
<xsl:for-each select="Rechnung">
  <xsl:variable name="kundendaten"
               select="document(concat(Kunde/@Datei,'.xml'))/Kunde"/>
  <h1>
    <xsl:value-of select="($kundendaten/Name/Vorname,
                           $kundendaten/Name/Nachname)"/>
  </h1>
  <xsl:variable name="postendaten"
               select="document(concat(Postenliste/@Datei,'.xml'))
                       /Postenliste"/>
  <ul>
    <xsl:for-each select="$postendaten/Posten">
      <li>
        <xsl:value-of select="(Tarif, Einzeln, 'Euro')"/>
      </li>
    </xsl:for-each>
  </ul>
</xsl:for-each>
```

Listing 5.10: 521_01.xslt – Laden externer Dateien

Im Browser erhält man eine Liste von Kunden und ihren Rechnungsposten, wobei alle Daten aus externen Dateien stammen.

Abb. 5.6: Ausgabe im Browser

5.2.2 Dynamischer Dateiname

In einer Variante des vorherigen Beispiels wollen wir Ihnen nun einen so genannten dynamischen Dateinamen vorstellen. Dies ist weder Zauberei, noch erfordert es eine bestimmte neue Syntax, sondern in Wirklichkeit sollen Sie dieses Beispiel mehr als Anregung verstehen, die Zusammenarbeit mit mehreren Dateien kreativ zu nutzen. Grundprinzip ist dabei, dass der Dateiname gerade nicht fest (statisch) in einer XML-Struktur steht oder aus ihr ermittelt werden kann, sondern zur Laufzeit über einen globalen Parameter übergeben wird.

Die XML-Datei, die in diesem Beispiel verarbeitet werden soll, ist besonders kurz und kompakt. Sie enthält ausschließlich die Gesamtsumme sowie Datum und Nummer. Kundennummer und Postenliste werden beispielsweise aus einer Datenbankabfrage in der aufrufenden Umgebung ermittelt und der Transformation übergeben.

```
<Rechnung Nr="12918" Datum="2004-12-31">
  <Total>22.95</Total>
</Rechnung>
```

Listing 5.11: `522_01.xml` – Sehr kurze Rechnung

In der XSLT-Datei befinden sich so viele globale Parameter, wie Dateien geladen werden sollen. Dies bedeutet für das vorliegende Beispiel die Verwendung von zwei solchen Parametern für die Kundendatei und die Postendatei. Die eigentliche Verarbeitung verläuft dann – wie bereits erwähnt – im Grunde genommen wie im statischen Fall. An der Syntax ändert sich nichts, allerdings ist der Anwendungsaufbau ein ganz anderer und für eine sehr dynamisierte Anwendung muss nicht zunächst eine XML-Datei erzeugt werden, in der die Dateinamen in irgendeiner Form enthalten sind.

```
<xsl:stylesheet version="2.0" ...>
  <xsl:output method="html" version="1.0" encoding="UTF-8" indent="yes"/>
  <!-- Globale Parameter -->
  <xsl:param name="k-datei" required="yes" as="xs:string"/>
  <xsl:param name="p-datei" required="yes" as="xs:string"/>
  <!-- Globale Variablen -->
  <xsl:variable name="kundendaten"
                select="document(concat($k-datei,'.xml'))/Kunde"/>
  <xsl:variable name="postendaten"
                select="document(concat($p-datei,'.xml'))/Postenliste"/>
  <!-- Startvorlage -->
  <xsl:template match="/Rechnung">
    ...
      <h1>
        <xsl:value-of select="($kundendaten/Name/Vorname,
                                $kundendaten/Name/Nachname)"/>
      </h1>
      ...
```

Listing 5.12: 522_01.xslt – Übergabe von Dateinamen per Parameter

5.2.3 Array-Strukturen als Parameter übergeben

Eine Frage, die relativ schnell in einem Seminar zum Thema globale Parameter gestellt wird, beschäftigt sich mit der Übergabe von Array-Strukturen bzw. überhaupt für die Übergabe von vielen Werten, die möglicherweise in ihrer genauen Anzahl schwanken können. Da nur die Übergabe von einfachen, atomaren Werten möglich ist und daher keine Wertelisten übergeben werden können, scheint der Einsatz der globalen Parameter begrenzt. Dies wird umso deutlicher, wenn man berücksichtigt, dass neben mehrfach auftretenden gleichartigen Strukturen (numerische Arrays) auch solche mit unterschiedlichen Strukturen (assoziative Arrays) übergeben werden sollen. Dies ist natürlich auch nicht möglich, weil in der XSLT-Datei immer eine klar begrenzte Menge an Parametern vorhanden ist.

Zwar könnte man hier vorsorglich schon einmal fünfzig oder gar hundert Parameter vorbereiten, aber dies ist natürlich eine Begrenzung in mehrfacher Hinsicht: Die Namen der Parameter sind definitiv bekannt. Man muss also gleichartige Strukturen in Form von Wertelisten mühselig entweder aus XML-Listen (falls es die Daten überhaupt erlauben) oder über unterschiedliche Namen, die einem bestimmten Benennungsschema unterliegen, verarbeiten. Beide Varianten stellen keine Arbeitserleichterung dar, sondern bedeuten viel Aufwand und stellen möglicherweise auch in vielen Fällen nicht einmal eine schlechte, sondern gar keine Lösung dar.

Ohne auf die Verarbeitung einzugehen, da diese dem vorangegangenen Beispiel entspricht und keine neue Syntax bietet, stellen wir nur noch einmal die bereits verwendeten eingebundenen XML-Dateien vor. Wir betrachten sie allerdings unter dem Blickwinkel, welche Datenstruktur sie übermitteln. Daraus lassen sich dann sehr leicht grobe Gruppen ableiten, die bei der Planung entsprechender Strukturen und ihrer Verarbeitung helfen sollen. Letztendlich steht für die konkrete Anwendung natürlich das gesamte Spektrum an Datenmodellierungen zur Verfügung. Interessant ist allerdings immer, einen Vergleich mit anderen Programmiersprachen zu ziehen, um abzuschätzen, in welchem Bereich (Array, einfacher Wert, Wert mit mehreren Feldelementen usw.) man sich gerade bei der XSLT-Verarbeitung befindet.

Die relativ komplex aufgebaute Struktur zur Übergabe der Kundeninformationen bietet ein Beispiel für einen einzelnen Wert, der aus mehreren Feldern besteht, die ihrerseits einen relativ komplexen Aufbau haben. Eine solche Datenfülle und ihr Aufbau lässt sich mit einer anderen Programmiersprache nur sehr umständlich in Form von verschachtelten Array-Strukturen abbilden und führt zu einer umständlichen Verarbeitung, die in XSLT durch XPath nicht weiter kompliziert ist. Es wäre in XML unnötig und für die Verarbeitung eher hinderlich, wenn man hier eine ganz flache Struktur wie bei einem eindimensionalen assoziativen Array aufbauen würde, in dem alle Baumblätter des Baums `Kunde` als direkte Elemente des Wurzelelements auftreten und auch die Attribute wiederum zu Kindern werden. Ein wie im Beispiel vorhandener komplexer Aufbau erlaubt die Verwendung des Ping-Pong-Spiels bei der Verarbeitung und trennt die verschiedenen Datenbereiche deutlich voneinander wie bei `Name` und `Adresse`.

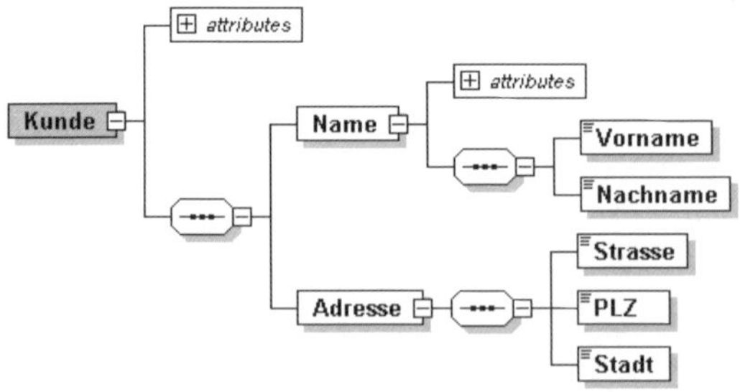

Abb. 5.7: Komplexe Struktur

Während in der Datei für die Speicherung des Kunden lediglich ein einziges Element `Kunde` enthalten war, so befinden sich in der `Postenliste` mehrere `Posten`-Elemente. Sie haben ihrerseits zwar wieder Kinder und beinhalten nicht etwa nur

Textknoten, doch wird an diesem Aufbau deutlich, dass ihr ein einfaches Array übergeben wird, das mit Hilfe eines zweidimensionalen Aufbaus auch in einer anderen Programmiersprache umgesetzt werden könnte. Dabei müssten natürlich die vorhandenen Attribute ebenfalls zu Feldern in der zweiten Dimension werden.

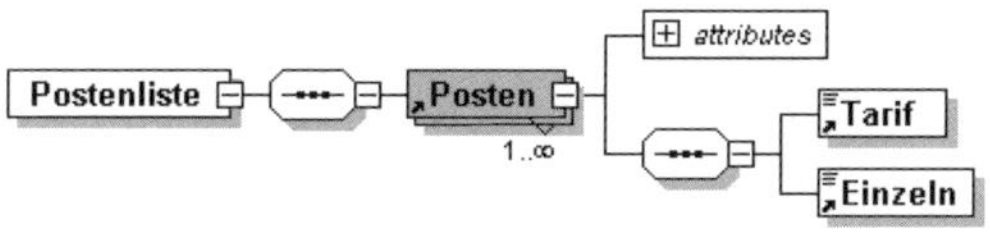

Abb. 5.8: Einfache, sich wiederholende Struktur

Eine weitere Vereinfachung dieser `Postenliste` bestünde aus `Posten`-Elementen, die nur Textknoten aufweisen. Hier bieten wir noch eine weitere Variante an, in der nur Attribute auftauchen. Dies würde zwar in einer anderen Programmiersprache erneut zweidimensionale Arrays erfordern, aber die Verarbeitung in XSLT ist natürlich mit der vorliegenden Struktur überaus simpel.

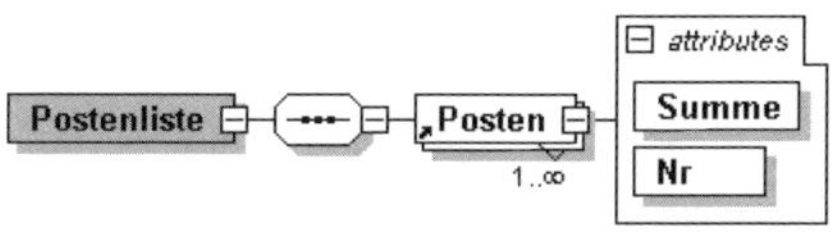

Abb. 5.9: Sehr einfache, sich wiederholende Struktur

Zusammenfassend lässt sich also sagen, dass die Antwort auf die Frage, wie an XSLT-Dateien Array-Werte übergeben werden können, ebenfalls mit externen XML-Dateien zu lösen ist. Damit die Werte tatsächlich dynamisch übergeben werden und ihr Aufruf nicht statisch in der XML- oder der XSLT-Datei festgehalten werden muss, lassen sich globale Variablen einsetzen, deren Wert dann für die `document`-Funktion zum Einsatz kommt. Da in den geöffneten Dateien XML-Strukturen gemeint sind, steht es dem Programmierer völlig frei, nicht nur einfache Array-Werte, sondern beliebig komplex aufgebaute Strukturen an die Transformation zu übermitteln.

5.2.4 Textdateien einlesen

Neben den gerade gezeigten Möglichkeiten der Verarbeitung von externen XML-Daten mit Hilfe der `document`-Funktion bietet XSLT noch eine weitere Funktion, mit der sich externe Dateien öffnen lassen.[5] Mit der `unparsed-text`-Funktion

5 Vgl.: XSL Transformations (XSLT) Version 2.0, W3C Working Draft 2 May 2003 Abschnitt 16.2 Reading Text Files unter `http://www.w3c.org/TR/xslt20/#unparsed-text`.

besteht die Möglichkeit, beliebige Textdateien zu öffnen und diesen Text beispielsweise einfach in den Ausgabestrom zu schreiben. Die Funktion liegt in zwei überladenen Versionen vor:

- `unparsed-text($href as string?) as string` erlaubt die Angabe von Pfad und Dateinamen zum Laden der externen Datei.
- `unparsed-text($href as string?, $encoding as xs:string) as string` erlaubt die Angabe von Pfad und Dateinamen zum Laden der externen Datei und die Angabe eines Zeichensatzes, in der die Datei geöffnet werden soll.

Variante mit unparsed-text-Funktion

Die `unparsed-text`-Funktion arbeitet allgemeiner als die `document`-Funktion mit externen Dateien. In den meisten Fällen lässt sich allerdings die `document`-Funktion quasi als Allzweckwaffe einsetzen, wobei allerdings – siehe übernächstes Beispiel – fein zwischen `xsl:value-of` und `xsl:copy-of` unterschieden werden muss. Im ersten Beispiel besitzen wir zwei HTML-Dateien, die den Kopf-Bereich des HTML-Dokuments und einen Einleitungstext enthalten. In der XML-Datei selbst steckt eine Tabelle mit Kundenzahlen.

Die sehr einfache `head.html`-Datei besteht nur aus drei Zeilen.

```
<head>
  <title>RuhrFon GmbH</title>
</head>
```

Listing 5.13: `head.html`

Diese beiden HTML-Bestandteile sollen in einer anderen Datei ohne weitere Verarbeitung genauso ausgegeben werden, wie man in PHP oder JSP etc. ebenfalls komplette HTML-Bestandteile einfügen und ausgeben könnte, ohne großartige Verarbeitungsmechanismen in Gang setzen zu müssen bzw. zu wollen. Um zu zeigen, dass man wie bei der `document`-Funktion auch die fortgeschrittene Variante mit dynamischen Dateinamen, die mit Hilfe von globalen Parametern übergeben werden, einsetzen kann, befinden sich zunächst entsprechende Parameter auf der obersten Ebene der XSLT-Datei. Die Angabe `disable-output-escaping` muss den Wert `yes` aufweisen, damit die HTML-Tags auch als solche und nicht in Entitäten in den Ausgabestrom geschrieben werden.

```
<!-- Globale Parameter -->
<xsl:param name="head"/>
<xsl:param name="logo"/>
```

```
<!-- Startvorlage -->
<xsl:template match="/table">
  <html>
    <xsl:value-of select="unparsed-text($head, 'ISO-8859-1')"
                  disable-output-escaping="yes"/>
    <body>
      <xsl:value-of select="unparsed-text($logo, 'ISO-8859-1')"
                    disable-output-escaping="yes"/>
      <xsl:apply-templates/>
    </body>
  </html>
</xsl:template>
```

Listing 5.14: `524_01.xslt` – Einbinden von externen Textdateien

Variante mit document-Funktion

Die gleiche Ausgabe ließe sich auch mit der `document`-Funktion erzeugen. Würde man hier allerdings einfach ebenfalls `xsl:value-of` verwenden, so würden sämtliche XML- bzw. HTML-Tags nicht im Ausgabestrom erscheinen. Das bedeutet, dass nur alle Textknoten und Attributwerte des eingebundenen Dokuments ausgegeben werden. Stattdessen ist hier wichtig, das gesamte Dokument auszuwählen und auch das HTML als XML-Struktur zu verstehen und den gesamten Inhalt mit XPath auszuwählen und mit `xsl:copy-of` in den Ausgabestrom zu kopieren.

```
<xsl:template match="/table">
  <html>
    <xsl:copy-of select="document($head)/*"/>
    <body>
      <xsl:copy-of select="document($logo)/*"/>
      <xsl:apply-templates/>
    </body>
  </html>
</xsl:template>
```

Listing 5.15: `524_01.xslt` – Lösung im XML-Fall mit `document`

In beiden Fällen – sofern die `unparsed-text`-Funktion unterstützt wird! – erhält man eine Webseite mit eingebundenem Logo wie in der Datei `logo.html` angegeben und die verarbeitenden Kundenzahlen.

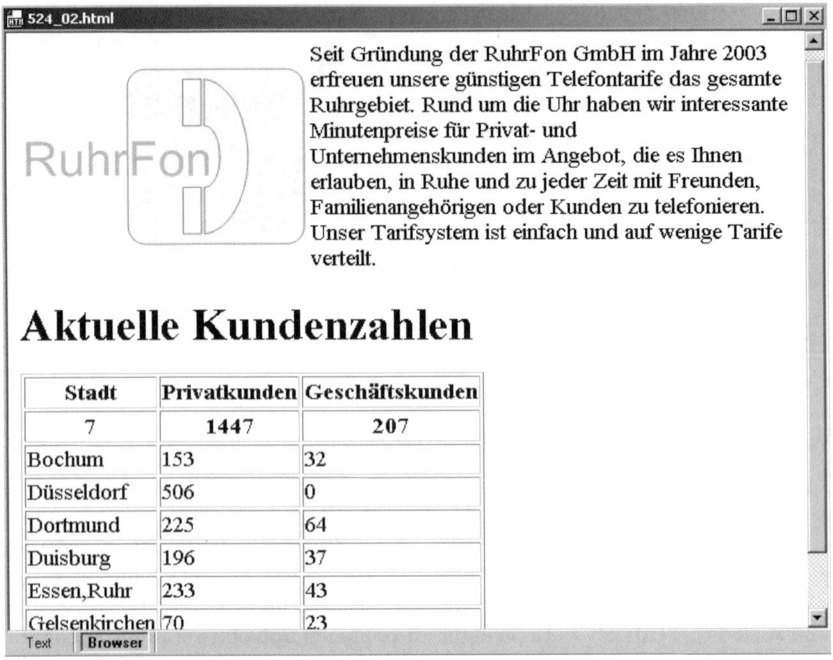

Abb. 5.10: Ausgabe in HTML

Es ist übrigens auch möglich, mit der `document`-Funktion reine Textdaten auszugeben, sollte die `unparsed-text`-Funktion nicht verfügbar sein. In der Datei `head.txt` steht tatsächlich nur einfacher Text ohne eine einzige Auszeichnung.

```
<title>
  <xsl:value-of select="document($head)"/>
</title>
```

Listing 5.16: `524_03.xslt` – Ausgabe von reinen Textdaten

Hinweis

Es bestehen in XSLT 2.0 auch Möglichkeiten, mehrere Ausgabedateien zu erzeugen. Beispiele für eine Anwendung mit Frames finden Sie im ersten Band ab S. 230.

5.3 Schlüssel und Verweise

In sehr vielen Fällen, in denen die XML-Daten für komplexe Anwendungen eingesetzt werden, in denen es nicht nur darum geht, eine einfache Ausgabe zu erzeugen, und in denen die tatsächlich gespeicherten Daten nicht nur einfache Texte oder Daten beschreiben, benötigt man schnelle Referenzierung von Daten innerhalb des Dokuments. Ein sehr häufiger Fall, in dem eine Indizierung/Referenzierung notwendig ist, liegt dann vor, wenn zunächst eine Menge an möglichen Ausprägungen vorliegt und dann an ganz anderer Stelle im Dokument eine Auswahl dieser Ausprägungen aufgerufen wird. Dies wird man dann einsetzen, wenn die Ausprägungen detailreiche Informationen enthalten, die – wie im relationalen Datenmodell – verlinkt werden.

Mit XPath wird man schnell eine entsprechende Lösung und damit auch die passende Verknüpfung finden. Für kurze Transformationen bzw. wenige Daten wird sich auch der Einsatz von Schlüsseln nicht notwendigerweise in deutlichen und nicht nur prozentualen Leistungssteigerungen bemerkbar machen. Dennoch ist es vermutlich sinnvoll, die Schlüsseltechnik häufiger einzusetzen, als es im Normalfall geschieht. XPath-Formulierungen gehen bisweilen einfacher von der Hand und lassen sich auch leicht im Trockendock als Ausdruck testen, bevor sie tatsächlich in die XSLT-Datei eingefügt werden. Ein solcher Test ist bei Schlüsseln leider nur bei der Ausführung möglich, was teilweise die Fehlerkorrektur erschwert.

Hinweis

Beachten Sie, dass die Lösung mit Schlüsseln und der Schlüsselfunktion auch Techniken sind, die für die Verknüpfung von Daten benötigt werden, wie sie im nächsten Kapitel vorgestellt werden. Dort haben wir allerdings XPath eingesetzt, um die Verknüpfungsbedingungen sehr einfach zu halten. Hierbei ist dann auch eine Leistungssteigerung durch Schlüsseleinsatz zu erwarten.

5.3.1 Einsatz von XSLT-Funktionen

Eine Variante, Indizierungen und Referenzierungen in XSLT umzusetzen, besteht aus dem Paar `xsl:key` für die allgemeine Angabe des Schlüssels und `key` als Funktion zum Auffinden desselben. Dabei muss die Angabe des Schlüssels mehr wie ein Index in einer Datenbank betrachtet werden, da hier nur einfachste XPath-Ausdrücke benötigt werden. Die Funktion `key` erlaubt den Anschluss von weiteren Lokalisierungsschritten, um innerhalb der durch den Schlüssel gefundenen Knotenmenge einzelne Felder auszuwählen.

Für die Angabe eines Schlüssels existiert folgende allgemeine Syntax.[6]

```
<!-- Kategorie: Deklaration -->
<xsl:key
  name = qname
  match = pattern
  use = expression
  as = qname
  collation = uri />
```

Mit dem Attribut `name` muss ein gültiger QName als Bezeichner für den Schlüssel vergeben werden. Er wird nachher in der `key`-Funktion für den Schlüsselaufruf verwendet. Im `match`-Attribut steht ein XPath-Ausdruck, mit dem die Knotenmenge beschrieben wird, die durch den Schlüssel referenziert werden soll. In den meisten Fällen dürfte dies ein Elternelement mit detaillierten Feldinformationen als Kinder oder ein Element mit Attributen sein. Das Attribut `use` dagegen gibt das Feld innerhalb der referenzierten Knotenmenge an, in dem der Schlüsselwert sitzt, der nachher für die Referenzierung herangezogen wird.

Etwas ungewöhnlich mag sein, dass nicht etwa vom Wurzelknoten aus die Lokalisierung für das im `match`-Attribut angegebene Element benötigt wird, sondern vielmehr nur eine einfache Benennung des Elementnamens. Im ganzen XML-Dokument werden dann die Elemente dieses Namens gesucht und im Index aufgenommen. Die Feldangabe im `use`-Attribut dagegen bezieht sich natürlich relativ auf die Angabe im `match`-Attribut.

Die Schlüssel lassen sich dann mit der Funktion[7] `key` aufrufen:

```
key($key-name as xs:string, $key-value as xdt:anyAtomicType*) as node*
```

Der erste Parameter `$key-name` erwartet als Zeichenkette den Schlüsselnamen, der für die Referenzierung verwendet werden soll. Der Wert aus dem aktuellen Kontextknoten, der für den Bezug zum Einsatz kommen soll, stellt den zweiten Parameter. Dies wäre der Fremdschlüssel im Kontextknoten, der dem Primärschlüssel in der aufzurufenden Knotenmenge entspricht.

Als Beispiel verwenden wir erneut eine Rechnungsliste, wobei nun das Element `Rechnungen` selbst innerhalb eines `Umsatz`-Elements liegt, das zusätzlich auch noch eine Tarifliste enthält. In dieser Liste befinden sich mehrere `Tarif`-Elemente, die Detailinformationen zu dem im `Tarif`-Element des `Posten`-Elements ver-

---

6 Vgl. XSL Transformations (XSLT) Version 2.0, W3C Working Draft 2 May 2003 Abschnitt 16.3.1 The xsl:key Declaration unter `http://www.w3c.org/TR/xslt20/#d0e16826`.

7 Vgl. XSL Transformations (XSLT) Version 2.0, W3C Working Draft 2 May 2003 Abschnitt 16.3.2 The key Function unter `http://www.w3c.org/TR/xslt20/#keys`.

knüpften Tarif enthalten. Dies ist ein typischer Aufbau eines solchen Dokuments, in dem Detailinformationen in einem gesonderten Bereich liegen und nur durch einen Wert verknüpft werden, damit die Detailinformationen nicht mehrfach im Dokument erscheinen.

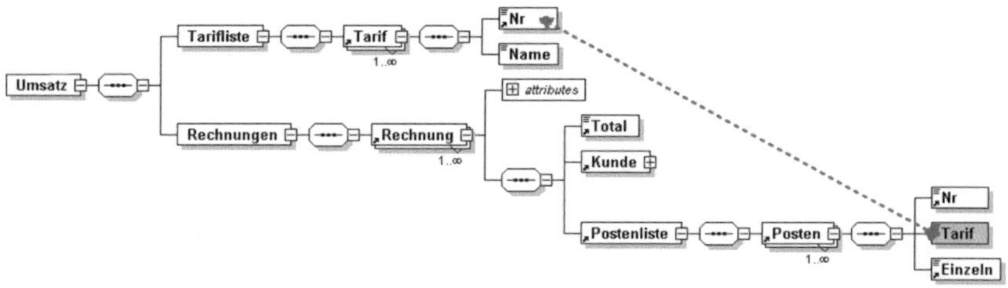

Abb. 5.11: Dokumentstruktur mit Verbindung

Einen kurzen Auszug aus einem zu diesem XML Schema gültigen XML-Dokument geben wir auch, wobei die gefetteten Zeilen die Primär- und Fremdschlüssel in den Elementen `Tarif` und `Posten` widerspiegeln.

```
<Umsatz>
  <Tarifliste>
    <Tarif>
      <Nr>23</Nr>
      <Name>Frühstück</Name>
    </Tarif>
    ...
  </Tarifliste>
  <Rechnungen>
    <Rechnung Nr="12717" Datum="2004-12-31">
      ...
      <Postenliste>
        <Posten>
          <Nr>66155</Nr>
          <Tarif>23</Tarif>
          <Einzeln>2.51</Einzeln>
        </Posten>
      </Postenliste>
    </Rechnung>
  </Rechnungen>
</Umsatz>
```

Listing 5.17: `531_01.xml` – Rechnungen mit verknüpften Inhalten

Einsatz von XPath

Die einfachste Lösung in solchen Fällen besteht aus einem XPath-Ausdruck, den wir im nächsten Beispiel angegeben haben. Er ruft genau die `Tarif`-Elemente aus der `Tarifliste` auf, deren Textknoten im `Nr`-Element dem Textknoten vom `Tarif`-Element des Kontextknotens entspricht. Da der Textknoten des `Name`-Elements als Detailinformation benötigt wird, ruft man dann aus dem gefundenen Tarifknoten genau dieses Element auf. Der Ausdruck an sich ist nicht weiter schwierig, das Skript wird funktionieren und die benötigten Informationen ausgeben. Allerdings kann dies bei umfangreichen XML-Daten zu langsamer Verarbeitung führen, weil die Suche nicht über einen Index organisiert wird.

```
<Postenliste>
  <xsl:for-each select="Postenliste/Posten">
    <Posten>
      <xsl:copy-of select="Nr | Einzeln"/>
      <Tarif>
        <xsl:value-of select="//Tarif[Nr=current()/Tarif]/Name"/>
      </Tarif>
    </Posten>
  </xsl:for-each>
</Postenliste>
```

Listing 5.18: `531_01.xslt` – Schlüsselzuordnung mit XPath

Das Ergebnis des gerade gezeigten und des hiernach abgedruckten Quelltextes ist im nachfolgenden Auszug abgedruckt. Im Grunde genommen findet nur ein Austausch von Informationen statt. Anstelle der Tarifnummer befindet sich nun der Name des verbrauchten Tarifs im Ausgabestrom.

```
<Posten>
  <Nr>63084</Nr>
  <Einzeln>3.76</Einzeln>
  <Tarif>Frühstück</Tarif>
</Posten>
```

Listing 5.19: Ausgabe in XML

Einsatz von xsl:key

Verwendet man anstelle von XPath Schlüssel, dann benötigt man zunächst eine entsprechende Schlüsselangabe mit Hilfe des `xsl:key`-Elements. Hier legt man seinen Namen fest, mit dem er nachher aufzurufen ist, legt das Element an, das gesucht wird, und gibt das Kindelement oder Attribut an, in dem der Schlüsselwert zu finden ist. Alternativ kann hier natürlich auch der eigene Textknoten verwendet werden.

Für den eigentlichen Schlüsselaufruf setzt man dann die key-Funktion ein. Hier sieht man auch wieder sehr deutlich, dass der Name des Schlüssels tatsächlich wie ein Index oder wie ein eigenständiges Objekt in der XSLT-Datei oder im Speicher vorliegt. Man benötigt nur den Schlüsselnamen und kann dann den Wert übergeben, für den irgendwo im Dokument ein passender Wert gesucht werden soll.

```
<!-- Schlüssel -->
<xsl:key name="TSchluessel" match="Tarif" use="Nr"/>
<!-- Umwandlung -->
<xsl:template match="/Umsatz">
  <Rechnungen>
    <xsl:for-each select="Rechnungen/Rechnung">
      <xsl:copy-of select="Total | Kunde | @*"/>
      <Postenliste>
        <xsl:for-each select="Postenliste/Posten">
          <Posten>
            <xsl:copy-of select="Nr | Einzeln"/>
            <Tarif>
              <xsl:value-of select="key('TSchluessel', Tarif)/Name"/>
            </Tarif>
          </Posten>
        </xsl:for-each>
      </Postenliste>
    </xsl:for-each>
  </Rechnungen>
</xsl:template>
```

Listing 5.20: 531_02.xslt – Indizierung mit Schlüsseln

Laden aus externer Datei

Eine Alternative besteht darin, die Detailinformationen in einer anderen Datei zu verwalten und diese dann über die document-Funktion dynamisch zu laden. Da allerdings die key-Funktion den Schlüssel für den Kontextknoten nur im gleichen Dokument sucht, muss über einen Umweg und damit eine hässliche Syntax der Kontextknoten und das Dokument gewechselt werden. Dies ist mit Hilfe von xsl:for-each möglich, wenngleich auch die Syntax nicht gerade zum Besten gehört, was man in XSLT formulieren kann.

```
<!-- Schlüssel -->
<xsl:key name="TSchluessel" match="Tarif" use="Nr"/>
<!-- Umwandlung -->
...
<Posten>
  <xsl:copy-of select="Nr | Einzeln"/>
```

```
  <Tarif>
    <xsl:variable name="aktuellerTarif" select="Tarif"/>
    <xsl:for-each select="document('tarifliste.xml')">
      <xsl:value-of select="key('TSchluessel', $aktuellerTarif)/Name"/>
    </xsl:for-each>
  </Tarif>
</Posten>
```

Listing 5.21: `531_03.xslt` – Laden von Werten aus externer Datei

5.3.2 Einsatz von IDs

Im Zusammenhang mit den Verweisen und Schlüsseln lassen sich auch die XPath-Funktion `id` und die XSLT-Funktion `generate-id` verwenden.

Einsatz von id und festen IDs

XPath stellt zwei Funktionen zur Verfügung, mit denen Schlüssel und Schlüsselverweise bearbeitet werden können.

Die `id`-Funktion[8] hat in zwei überladenen Formen die folgende allgemeine Syntax. Beide Funktionen liefern den Knoten für die übergebene ID zurück.

- `fn:id($arg as xs:string*) as element()*` erwartet einen `xs:ID`-Wert in Form einer Zeichenkette.
- `fn:id($arg as xs:string*, $node as node()) as element()*`erwartet einen `xs:ID`-Wert in Form einer Zeichenkette und einen Knoten.

Die `idref`-Funktion[9] hat die folgende allgemeine Syntax. Beide Funktionen liefern die Knoten zu den übergebenen `xs:ID`-Werten.

- `fn:idref($arg as xs:string*) as node()*`erwartet einen `xs:ID`-Wert in Form einer Zeichenkette.
- `fn:idref($arg as xs:string*, $node as node()) as node()*`erwartet einen `xs:ID`-Wert in Form einer Zeichenkette und einen Knoten.

Einsatz von generate-id und erzeugten IDs

Die Funktion `generate-id`[10] erzeugt automatisch ID-Werte und lässt sich daher in Dokumenten einsetzen, in denen keine festen ID-Werte vorhanden sind. Bisweilen ist es ein wenig schwierig herauszufinden, ob man gerade eine Fragestellung bear-

8 XQuery 1.0 and XPath 2.0 Functions and Operators, W3C Working Draft 23 July 2004 Abschnitt 15.5.2 fn:id unter `http://www.w3.org/TR/xpath-functions/#func-id`.

9 XQuery 1.0 and XPath 2.0 Functions and Operators, W3C Working Draft 23 July 2004 Abschnitt 15.5.3 fn:idref unter `http://www.w3.org/TR/xpath-functions/#func-idref`.

10 Vgl. XSL Transformations (XSLT) Version 2.0, W3C Working Draft 2 May 2003 Abschnitt 16.6.4 generate-id unter `http://www.w3c.org/TR/xslt20/#generate-id`.

beitet, in der sie Nutzen stiften könnte. Üblicherweise würde für die Lösung einer Aufgabe notwendig sein, Knoten auf Gleichheit zu prüfen oder Knoten in Kombination mit der `key`-Funktion und einem Schlüssel zu suchen. Sie liegt in zwei überladenen Formen vor:

- `generate-id() as xs:string` erzeugt automatisch eine ID für den Kontextknoten.
- `generate-id($node as node()?) as xs:string` erzeugt eine automatische ID für den angegebenen Knoten.

Im Beispiel soll eine Liste entstehen, die pro `Rechnung` das vorhandene `Tarif`-Element zeigt und mit welchen anderen Tarifen aus der gleichen Rechnung oder aus allen anderen Rechnungen dieser Tarif auftritt. Dabei soll natürlich der eigene Wert unberücksichtigt bleiben. Für diese Selbstverknüpfung der verschiedenen Tarife miteinander ist es jetzt sehr nützlich, eine Funktion wie die `generate-id`-Funktion verwenden zu können, weil man so beide Tarifmengen ineinander verschachtelt durchlaufen kann und genau für die Tarife, die gleich sind – also nicht aus der gleichen Rechnung stammen – keine Ausgabe produziert. Somit bleiben alle anderen Tarife der gleichen Rechnung sowie natürlich alle andere Tarife der anderen Rechnung übrig.

```
<!-- Attributgruppe für mehrfach auftretendes R-Attribut -->
<xsl:attribute-set name="R-Attribut">
  <xsl:attribute name="R"><xsl:value-of
      select="ancestor::Rechnung/@Nr"/></xsl:attribute>
</xsl:attribute-set>
<!-- Verarbeitung -->
<xsl:template match="/">
  <Umsatz>
    <!-- Jedes Produkt ... -->
    <xsl:for-each select="//Posten/Tarif">
      <Tarifliste xsl:use-attribute-sets="R-Attribut">
        <xsl:attribute name="T"><xsl:value-of select="."/></xsl:attribute>
        <xsl:variable name="tarif1" select="."/>
        <!-- ... mit jedem Produkt vergleichen ... -->
        <xsl:for-each select="//Posten/Tarif">
          <xsl:variable name="tarif2" select="."/>
          <!-- ... aber nicht gleiche Produkte miteinander -->
          <xsl:if test="generate-id($tarif1) != generate-id($tarif2)">
            <Tarif xsl:use-attribute-sets="R-Attribut">
              <xsl:value-of select="$tarif2"/>
            </Tarif>
          </xsl:if>
```

```
        </xsl:for-each>
      </Tarifliste>
    </xsl:for-each>
  </Umsatz>
</xsl:template>
```

Man erhält als XML-Ausgabe eine lange Auflistung, die wir stark zusammengestrichen haben. Interessant ist, dass jede Kombination aus `Tarif` und `Rechnung` in Form einer `Tarifliste` durchlaufen wird und dann als Kinder die anderen Tarife der anderen Rechnungen sowie die Tarife der gleichen Rechnung erscheinen.

```
<Umsatz>
  <Tarifliste R="12212" T="23">
    <Tarif R="12212">24</Tarif>
    <Tarif R="12212">25</Tarif>
    <Tarif R="12212">26</Tarif>
    <Tarif R="12717">23</Tarif>
    <Tarif R="12717">24</Tarif>
    <Tarif R="12717">25</Tarif>
    <Tarif R="12717">26</Tarif>
    ...
  </Tarifliste>
  <Tarifliste R="12212" T="24">
    <Tarif R="12212">23</Tarif>
    <Tarif R="12212">25</Tarif>
    <Tarif R="12212">26</Tarif>
    ...
  </Tarifliste>
```

Listing 5.22: Ausgabe in XML

Wollte man zusätzlich nur jeden Tarif ein einziges Mal in der Liste erscheinen lassen und daher die Rechnungsnummer auslassen, so könnte man die neue `distinct-values`-Funktion zu diesem Zweck verwenden.

Kapitel 6

SQL-ähnliche Abfragen von XML

In vielen Zusammenhängen werden XML-Daten tatsächlich nur in reiner datenorientierter Form verwendet. Sie stellen dann keine Aufbereitungen von Fließtexten dar, sondern ähneln vielmehr Datenbankabfragen in XML-Struktur oder überhaupt Datenübersichten mit sehr einfachen und wiederkehrenden Strukturen sowie atomaren Werttypen. Mehr für diese als für dokumentenorientierte Dokumente wollen wir in diesem Kapitel Techniken der Abfrage mit Hilfe von XPath umsetzen, die für einen SQL-Kenner möglicherweise besonders häufig umzusetzen sind.

6.1 Bedingungen

Die einfachsten Abfragen von XML mit Hilfe von XPath, wie sie auch schon in der Version 1.0 möglich waren, setzen die verschiedenen Operatoren ein. Hier ist eine große Ähnlichkeit zwischen XPath und SQL, allerdings auch mit vielen anderen Syntaxstrukturen, die es ermöglichen, Bedingungen zu formulieren. Letztendlich entsprechen die Operatoren den einfachen Syntaxmöglichkeiten, die in der WHERE-Klausel von SQL auftauchen können. Weitere Operatoren sind in XPath hinzugekommen, werden allerdings in einem der nächsten Abschnitte erläutert.

6.1.1 Grundlagen

Da wir gerade die WHERE-Klausel erwähnt haben, ist es nötig, die Operatoren anzusprechen, mit denen Werte in XPath-Ausdrücken verglichen bzw. auch verarbeitet werden können. Sie entsprechen weitestgehend den Operatoren in vielen anderen Sprachen und Syntaxstrukturen für Bedingungen. Die einzige Novität besteht darin, dass innerhalb der Rechenzeichen die Division über den Operator `div` erledigt wird. Dies ist dem Umstand geschuldet, dass die einzelnen Lokalisierungsschritte durch den eigentlich erwarteten Schrägstrich getrennt werden.

Vergleich	Bedeutung	Kalkül	Bedeutung	Logik	Bedeutung
=	Gleichheit	+	Addition	`and`	Und
!=	Ungleichheit	-	Subtraktion	`or`	Oder
< bzw. <	kleiner	*	Multiplikation	`not`	Nicht

Tabelle 6.1: Operatoren für Vergleich, Kalkül und Logik

Vergleich	Bedeutung	Kalkül	Bedeutung	Logik	Bedeutung
> bzw. `>`	größer	`div`	Division		
<= bzw. `<`	kleiner gleich	`mod`	Modulo		
>= bzw. `&gt`	größer gleich				

Tabelle 6.1: Operatoren für Vergleich, Kalkül und Logik (Forts.)

6.1.2 Beispiel

Wir verwenden für dieses Thema wie auch für die anderen eine Zusammenstellung in XML, die aus unserer Datenbank direkt extrahiert wurde, ohne dass eine Verschachtelung oder Gruppierung der Daten vorgenommen wurde. Dies ist keine schöne Variante von XML, da die Daten letztendlich in der Datei so vorliegen wie auch in der Datenbank, doch erlaubt diese Struktur sehr einfache Exporte. Es handelt sich um die drei Tabellen für `TARIF`, `POSTEN` und `RECHNUNG`, aus denen wir – ausgehend von sechs Rechnungen – die entsprechenden Posten wenigstens für alle benutzten Tarife verwendet haben. Damit das Dokument gut lesbar bleibt, sind die einzelnen Werte bzw. Tabellenfelder in Attributform in die Kindelemente (Reihen) der Tabellen (direkte Kinder des Wurzelelements) eingetragen.

```
<Umsatzliste>
  <Rechnungsliste>
    <Rechnung R_Nr="7" R_Datum="31.03.03" R_Summe="8.61"/>
    <Rechnung R_Nr="115" R_Datum="31.05.03" R_Summe="19.16"/>
    ...
  </Rechnungsliste>
  <Postenliste>
    <Posten P_Nr="33" R_Nr="7" P_Summe="2.28" T_Nr="2"/>
    <Posten P_Nr="34" R_Nr="7" P_Summe="0.17" T_Nr="3"/>
    ...
    <Posten P_Nr="559" R_Nr="115" P_Summe="4.49" T_Nr="8"/>
    <Posten P_Nr="560" R_Nr="115" P_Summe="2.93" T_Nr="10"/>
  </Postenliste>
  <Tarifliste>
    <Tarif T_Nr="8" T_Name="Schicht2" T_GueBis="31.12.03"/>
    <Tarif T_Nr="9" T_Name="Nachtschicht1" T_GueBis="31.12.03"/>
    <Tarif T_Nr="10" T_Name="Nachtschicht2" T_GueBis="31.12.03"/>
  </Tarifliste>
</Umsatzliste>
```

Listing 6.1: `611_01.xml` – Nicht verbundene Daten

In der Baumansicht des Dokuments erkennt man sehr deutlich, wie ähnlich sich die XML-Struktur und die Datenbankorganisation sind. Innerhalb der einzelnen Kinder des Wurzelelements verbergen sich die Tabelleninhalte der drei benannten

Tabellen. Jedes Kind dieser Elemente wiederum stellt eine Zeile in der Datenbank dar. Es wurde keine Ausgabeverknüpfung vorgenommen, sodass diese Arbeiten mit XSLT bzw. XPath zu erledigen sind.

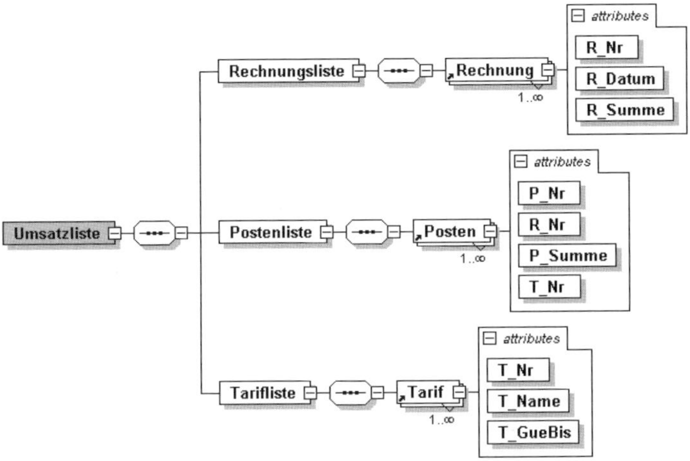

Abb. 6.1: Dokumentstruktur

Da die Operatoren bereits ausführlich benutzt und im ersten Band mit der XPath-Syntax vorgestellt wurden, wollen wir an dieser Stelle nur der Vollständigkeit halber einige Beispiele geben. In Abhängigkeit der zu bearbeitenden Datentypen lassen sich unterschiedliche Operatoren sinnvoll einsetzen, wobei hier nur in der Syntax Unterschiede zu SQL vorliegen. Insbesondere die diversen Funktionen und auch Datentypkonstruktoren lassen dann allerhand Flexibilität in die Syntax einfließen, sodass auch aus ungünstigen Zeichenketten plötzlich noch nützliche bzw. verwertbare Datentypangaben werden können.

Alle Rechnungen mit mehr als fünf Euro Summe

```
//Rechnung[@R_Summe > 5]
```

Alle Rechnungen mit einer Summe zwischen 2 und 5

```
//Rechnung[@R_Summe > 2 and @R_Summe < 5]
```

Jede zweite Rechnung

```
//Rechnung[position() mod 2 = 0]
```

Alle Rechnungen nach dem 01.04.03

```
//Rechnung[xs:date(string-join((substring(@R_Datum, 7,2), subst-
ring(@R_Datum, 4,2), substring(@R_Datum, 1,2)),'-')) > xs:date('03-04-
01')]
```

Alle Posten, deren Summe größer als der Durchschnitt ist

```
//Posten[@P_Summe > avg(//Posten/@P_Summe)]
```

6.1.3 Mehrstufige Gleichheit

Die neu in XPath 2.0 eingeführte Funktion `fn:deep-equal` prüft auf mehrstufige Gleichheit. Früher hätte man solche Überprüfungen anhand einer eigenen Untersuchung für jeden Knoten und seine Abkömmlinge durchführen müssen.

Grundlagen

Eine solche Untersuchung zielt auf die Gleichheit von zwei Knoten, was auf den ersten Anschein keine besondere Herausforderung bietet und offensichtlich mit einem Gleichheitszeichen gelöst werden kann. Eine solche Herausforderung bietet sich allerdings dann, wenn man nicht die Textknoten von Knoten vergleichen möchte, sondern auch die nachgelagerten Strukturen, die über einen Textknoten deutlich hinausgehen können, in die Überprüfung mit einbeziehen will.

- Allgemeine Syntax:
  - `fn:deep-equal($parameter1 as item()*, $parameter2 as item()*) as xs:boolean`
  - `fn:deep-equal( $parameter1 as item()*, $parameter2 as item()*, $collation as string) as xs:boolean`
- Bedeutung: Diese Funktion prüft, ob zwei Sequenzen gleich sind. Diese Gleichheit bezieht sich auf verschiedene Bereiche: gleiche atomare Datentypen, Knoten gleicher Art, Knoten gleichen Namens und gleicher Kinder.
  - Leere Sequenzen liefern `true`.
  - Sequenzen unterschiedlicher Länge liefern `false`.
  - Sequenzen gleicher Länge liefern nur dann `true`, wenn die einzelnen Einheiten selbst wieder gleich ihren gespiegelten Partnern sind. Dies geschieht nach folgenden Regelungen:
    - Gleiche Werte bei atomaren Werten in den beiden Einheiten, wobei sprachbezogene Besonderheiten berücksichtigt werden können (Konzept der Collations), liefern `true`.
    - Gleiche Art von Knoten liefert `true`.
    - Gleiche Textwerte für Dokumentknoten bei `$i1/(*|text())` und `$i2/(*|text())` liefern `true`.

- Gleiche Elementknoten haben den gleichen Namen, die gleiche Anzahl, Art, Namen und Datentypen für Attribute. Bezüglich der Textinhalte gilt entweder, dass bei Speicherung keines Textknotens `$i1/(*|text())` gleich `$i2/(*|text())` sein muss oder dass bei Speicherung eines Textknotens beide Knoten den gleichen Datentyp und Wert haben müssen.
- Attribute müssen den gleichen Namen sowie den gleichen Datentyp und Wert haben.
- Prozessoranweisungen oder Namensraumknoten müssen den gleichen Namen und den gleichen Zeichenkettenwert haben.
- Text- und Kommentarknoten müssen den gleichen Zeichenkettenwert haben.

Triviale Beispiele sind die folgenden.

`fn:deep-equal((1,2,"a"),(1,2, "a"))` liefert `true`

`fn:deep-equal((1,2,"a"),(1,2, "b"))` liefert `false`

Beispiel

Das menschliche Auge ist für die Erkenntnis, ob zwei Knoten mehrstufig gleich sind, wie geschaffen. Mit einem Blick können wir daher erkennen, dass die beiden Rechnungsknoten tatsächlich zwar in ihrer Struktur völlig gleich, aber in ihren Werten ebenso völlig unterschiedlich sind.

```
<Rechnungsliste>
  <Rechnung R_Nr="7" R_Datum="31.03.03" R_Summe="8.61"/>
  <Rechnung R_Nr="8" R_Datum="31.03.03" R_Summe="5.85"/>
  ...
</Rechnungsliste>
```

Listing 6.2: 612_01.xml – Rechnungsliste

Diese Erkenntnis kann man sich jetzt auch von der Funktion `deep-equal` ausgeben lassen. Dabei greifen wir beispielsweise auf den gleichen Knoten zu, was natürlich zur Ausgabe von `true` führt. Dies gilt ebenso für den temporären Baum und den gleichen Knoten sowie die Frage, ob alle Rechnungen untereinander gleich sind, wenn wir sie jeweils als Knotensätze übergeben. Lediglich zwei verschiedene Rechnungen liefern `false` (bzw. ließen unseren Prozessor abstürzen).

```
...
  <tr>
    <td>
      <xsl:value-of select="deep-equal(//Rechnung[1], //Rechnung[1])"/>
    </td>
```

```
    <td>
      <xsl:value-of select="deep-equal(//Rechnung[1], //Rechnung[2])"/>
    </td>
    <td>
      <xsl:variable name="knoten" select="//Rechnung[1]"/>
      <xsl:value-of select="deep-equal($knoten, //Rechnung[1])"/>
    </td>
    <td>
      <xsl:value-of select="deep-equal(//Rechnungsliste/*,
                                       //Rechnungsliste/*)"/>
    </td>
  </tr>
```

Listing 6.3: 613_01.xslt – Mehrstufige Gleichheit

In der Ausgabe erhält man eine übersichtliche Tabelle mit den verschiedenen Ergebnissen der Testaufrufe.

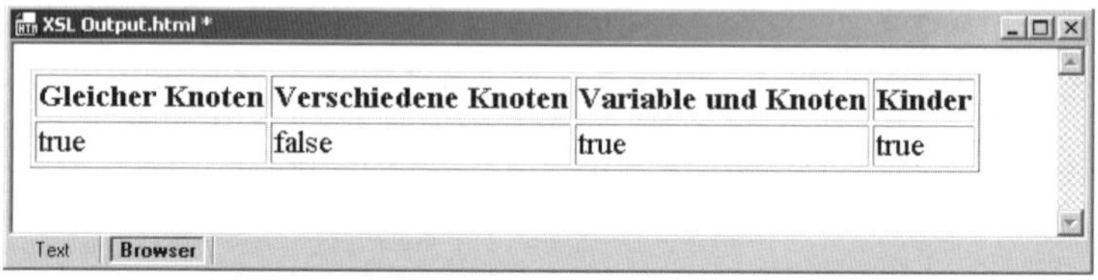

Gleicher Knoten	Verschiedene Knoten	Variable und Knoten	Kinder
true	false	true	true

Abb. 6.2: Ausgabe im Browser

6.2 Verknüpfungen

Normalerweise dürften die zu verarbeitenden XML-Dokumente so aufgebaut sein, dass keine besonderen Verknüpfungen wie bei relationalen Daten notwendig sind. Das bedeutet für unser aktuelles Beispiel, dass im Normalfall die Posten nicht in einer gesonderten Postenliste aufbewahrt werden, sondern vielmehr direkt bei ihren Rechnungen zugeordnet sind. Dies erleichtert die reihenweise Verarbeitung der Rechnungen und ihrer Posten, wobei die Posten alleine ohnehin für eine Ausgabe wenig Sinn machen. Man könnte allgemeine Aggregate wie Durchschnitte und Summe bilden, doch dies ließe sich mit XPath auch auf den untergeordneten Posten anwenden.

Nichtsdestoweniger gibt es immer wieder Situationen, in denen man gerade eine solche aufgetrennte Datenhaltung aus Gründen der Abstraktion oder der Wiederverwendbarkeit verwenden möchte. Dies eignet sich immer dann, wenn allgemeine Elemente zentral gesammelt werden, auf die sich nachher in Form von Ressourcen bezogen werden soll. Hier wäre eine doppelte Datenhaltung, die bei lokaler Speicherung notwendig würde, unnütz. Stattdessen verweise man mit Hilfe von Referenzen auf die global verfügbaren Ressourcen.

In vielen Fällen hat man allerdings auch mit ungünstiger Datenmodellierung zu tun, sodass man eher unfreiwillig in den zweifelhaften Genuss kommt, sich mit relationalen Strukturen in XML-Daten zu beschäftigen. Dies erfordert dann einige Syntaxoperationen, um an die entsprechenden Daten zu gelangen, die man tatsächlich benötigt. Wir wollen die verwendbaren XPath-Ausdrücke und XSLT-Strukturen, die in solchen Fällen möglich sind, an Beispielen aufzeigen.

6.2.1 Innere Verknüpfung

Die einfachste und sicherlich häufigste Verknüpfungsart bei Datenstrukturen wie im aktuellen Beispiel ist sicherlich die *innere Verknüpfung*. Dabei werden Daten gleichen Wertes zusammengeführt. Es soll also genau eine Ausgabe entstehen, die man im Normalfall ohnehin viel lieber hätte anstatt der aufgetrennten Daten in Form von Elternelementen. Innerhalb einer `Umsatzliste` sollen also die verschiedenen Rechnungen mit ihren `Posten` erscheinen, wobei also für jede Rechnung die zugehörigen `Posten` aus der `Postenliste` ausgesucht werden müssen. Dabei muss für diese `Posten` jeweils die Bedingung gelten, dass ihr Wert im `R_Nr`-Attribut mit dem Wert im `R_Nr`-Attribut der `Rechnung` übereinstimmt.

Aus Gründen der Vereinfachung geben wir in den nachfolgenden Beispielen immer XML und nicht HTML oder Text aus, weil nur so einfache Kopiervorgänge durchgeführt werden können und der Text nicht durch unnötige Ausgabeanweisungen verlängert wird.

```
<Umsatzliste>
  <Rechnung R_Nr="7" R_Datum="31.03.03" R_Summe="8.61">
    <Posten P_Nr="33" R_Nr="7" P_Summe="2.28" T_Nr="2" />
    <Posten P_Nr="34" R_Nr="7" P_Summe="0.17" T_Nr="3" />
    ...
  </Rechnung>
  <Rechnung R_Nr="8" R_Datum="31.03.03" R_Summe="5.85">
    <Posten P_Nr="41" R_Nr="8" P_Summe="1.18" T_Nr="2" />
    <Posten P_Nr="42" R_Nr="8" P_Summe="0.02" T_Nr="3" />
    ...
  </Rechnung>
  ...
```

Listing 6.4: `621_01.xml` – Ausgabe in XML

Im Dokumentbaum kann man diese typische Struktur sehr deutlich erkennen. Sie wirkt genauso wie die vielen anderen Beispiele, die bereits verarbeitet wurden.

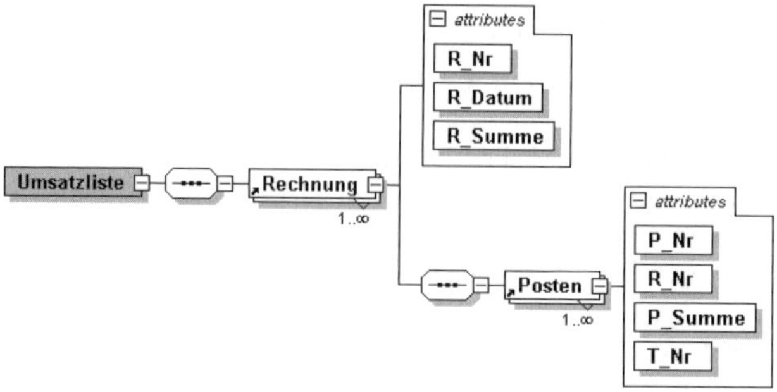

Abb. 6.3: Dokumentstruktur

Verwendung von Wiederholung

Eine erste Möglichkeit, aus den in Quasi-Tabellen aufbereiteten Daten eine verknüpfte Ausgabe zu erstellen, besteht darin, `for-each`-Wiederholungen zu verwenden. Dabei durchläuft eine erste Wiederholung alle Rechnungselemente und sucht für deren Attribut `R_Nr` `Posten`-Elemente mit gleichem Wert. Als Ausgabe finden nur eine einfache Verschiebung der Elemente und eine vollständige Übernahme ihrer Attribute statt. In diesem Fall hätte man genauso gut auch nur einen Kopiervorgang für die benötigten `Posten`-Elemente machen können, da ja keine Strukturänderungen an den `Posten`-Elementen durchgeführt werden, sondern man nur ihre Position verändert.

```
<xsl:template match="/*">
  <Umsatzliste>
    <xsl:for-each select="//Rechnung">
      <xsl:copy>
        <xsl:copy-of select="@*"/>
        <xsl:for-each select="//Posten[@R_Nr = current()/@R_Nr]">
          <xsl:copy-of select="."/>
        </xsl:for-each>
      </xsl:copy>
    </xsl:for-each>
  </Umsatzliste>
</xsl:template>
```

Listing 6.5: `621_01.xslt` – Verknüpfung mit Wiederholungen

Verwendung von Vorlagenautomatik

Die gleiche Ausgabe lässt sich mit Hilfe des Ping-Pong-Spiels genauso erreichen. Dabei sucht man zunächst nach passenden Vorlagen für das `Rechnung`-Element und findet diese dann in einer entsprechenden Vorlage. Diese wiederum wendet nur für solche Posten-Elemente eine geeignete Vorlage an, deren R_Nr-Wert dem Wert aus dem Rechnungselement entspricht.

```
<!-- Startvorlage -->
<xsl:template match="/*">
  <Umsatzliste>
    <xsl:apply-templates select="Rechnungsliste/Rechnung"/>
  </Umsatzliste>
</xsl:template>
<!-- Vorlage für Rechnung -->
<xsl:template match="Rechnung">
  <xsl:copy>
    <xsl:copy-of select="@*"/>
    <xsl:apply-templates select="//Posten[@R_Nr = current()/@R_Nr]"/>
  </xsl:copy>
</xsl:template>
<!-- Vorlage für Posten -->
<xsl:template match="Posten">
  <xsl:copy-of select="."/>
</xsl:template>
```

Listing 6.6: 621_02.xslt – Verwendung von Vorlagenautomatik

Verwendung von Schlüsseln

Bei umfangreichen Dateien können die ersten beiden Varianten möglicherweise zu langsam sein, sodass eine Verwendung von Schlüsseln für jeden Wert sinnvoll sein kann, der für die Zuordnung zum Einsatz kommt. Dazu erstellt man also zunächst mit Hilfe von xsl:key einen Schlüssel für die Posten-Elemente und ihren Fremdschlüssel R_Nr.

In einer Wiederholung für alle Rechnung-Elemente greift man dann wie zuvor bei den zwei Wiederholungen auch wieder in einer Wiederholung auf alle Posten-Elemente zu, die den gleichen R_Nr-Wert besitzen. Anstatt nun aber sämtliche Posten-Elemente zu untersuchen, kommt man mit Hilfe des Schlüssels direkt und schneller zum Ziel. Dabei kommt die key-Funktion zum Einsatz, die den Schlüsselnamen und den zu vergleichenden Wert erwartet.

```
<!-- Schlüssel -->
<xsl:key name="r-nr" match="Posten" use="@R_Nr"/>
<!-- Startvorlage --> <xsl:template match="/*">
  <Umsatzliste>
    <xsl:for-each select="//Rechnung">
      <xsl:copy>
```

```
        <xsl:copy-of select="@*"/>
        <xsl:for-each select="key('r-nr', @R_Nr)">
          <xsl:copy-of select="."/>
        </xsl:for-each>
      </xsl:copy>
    </xsl:for-each>
  </Umsatzliste>
</xsl:template>
```

Listing 6.7: `621_03.xslt` – Verwendung von Schlüsseln

Natürliche Verknüpfung

Eine Besonderheit der inneren Verknüpfung stellt in SQL die *natürliche Verknüpfung* dar, weil mit ihrer Hilfe die Syntax in der `FROM`-Klausel besonders kurz wird. Dies ist leider in XSLT nicht zu beobachten, sofern man keine benannte Vorlage erzeugt, die die Arbeit an mehreren Stellen übernimmt. Die natürliche Verknüpfung zeichnet sich dadurch aus, dass sie die Felder gleichen Namens verknüpft. Dabei findet natürlich keine Überprüfung statt, ob dies in irgendeiner Weise auch zu sinnvollen Ergebnissen führt, weswegen dieser Mechanismus auch in unbekannten oder sich ändernden Systemen bzw. in Strukturen, die nicht extra dafür optimiert wurden, immer wieder zu ungeahnten Falschinformationen führen kann.

In XSLT können wir uns dieses Mechanismus ebenfalls bedienen. Dabei steckt allerdings keine Vereinfachung der eigentlichen Verknüpfung dahinter. Für den Fall von nur zwei Elementen, deren Kinder miteinander verschränkt werden sollen, findet man im nächsten Beispiel eine benannte Vorlage, die die Verknüpfung unter Angabe eines Elementnamens vornimmt. In der Startvorlage befinden sich nur das Grundgerüst der XML-Ausgabe und natürlich die Ausgabe dieser benannten Vorlage namens `natural-join`. Sie erwartet in einem Parameter `tabelle` den Namen eines Elements, das in unserem Fall wie eine Tabelle fungiert.

```
<!-- Startvorlage -->
<xsl:template match="/*">
  <Umsatzliste>
    <xsl:for-each select="//Rechnung">
      <xsl:copy>
        <xsl:copy-of select="@*"/>
        <Postenliste>
          <xsl:call-template name="natural-join">
            <xsl:with-param name="tabelle" select="'Posten'"/>
          </xsl:call-template>
        </Postenliste>
      </xsl:copy>
```

```
    </xsl:for-each>
  </Umsatzliste>
</xsl:template>
```

Listing 6.8: `621_04.xslt` – Startvorlage

Die Vorlage besteht aus einem eigentlich einfachen Test, der für jedes Attribut durchgeführt wird. Wie bei der natürlichen Verknüpfung in einer Datenbank wird auch hier jedes Attribut/Feld des einen Elements/der einen Zeile mit allen Attributen/Feldern des anderen Elements/der anderen Zeile verglichen, ob sie den gleichen Namen tragen. Beim gleich benannten Attribut/Feld wird hiernach nur die Verarbeitung angestoßen, ob die beiden Werte gleichen Inhalts sind.

```
<!-- Vorlage zur Auswahl -->
<xsl:template name="natural-join">
  <xsl:param name="tabelle"/>
  <xsl:for-each select="@*">
    <xsl:variable name="att-name" select="local-name(.)"/>
    <xsl:variable name="schluessel" select="."/>
    <xsl:for-each select="//*[local-name()=$tabelle]">
      <xsl:if test="@*[local-name()=$att-name]=$schluessel">
        <xsl:copy-of select="."/>
      </xsl:if>
    </xsl:for-each>
  </xsl:for-each>
</xsl:template>
```

Listing 6.9: `621_04.xslt` – Natürliche Verknüpfung

6.2.2 Äußere Verknüpfung

Bei einer inneren Verknüpfung werden nur diejenigen Tupel (Reihen bzw. in unserem Fall Elemente) in das Ergebnis bzw. in die Ausgabe übernommen, die bei der Verknüpfung auch einen Partner in der zu verknüpfenden Relation, Tabelle, Elementliste finden. Das heißt, es werden nur solche Tarife in eine Rechnung übernommen, die auch tatsächlich benutzt wurden. Dies macht natürlich Sinn, weil man bei einer Rechnung normalerweise die noch zur Verfügung stehenden, aber nicht benutzten Tarife nicht ausdrucken will. Dies wäre vielmehr einem Werbeschreiben vorbehalten, das einen Kunden darauf aufmerksam machen möchte, doch endlich einmal den Mitternachtstarif zu nutzen, um mit seinen Freunden zu telefonieren, weil der so besonders günstig ist ...

Die Abfragen, die genau oder auch auf die Tupel abzielen, die keinen Partner in der anderen Relation finden, bezeichnet man als *äußere Verknüpfungen*. Je nach Wunsch kann man dabei herausfinden, welche Tupel keinen Partner finden (Welche Tarife wurden nicht benutzt? Welche Produkte wurden nicht gekauft? Welche

Termine wurden nicht gebucht?) und nur diese ausgeben, oder man möchte eine vollständige Liste aller Tupel, wobei zusätzliche Informationen, die normalerweise ausschließlich bei einer inneren Verknüpfung in die Ergebnismenge aufgenommen würden, ebenfalls ausgegeben werden. Bei einer äußeren Verknüpfung werden also gerade auch die Tupel, die keinen Partner in der anderen Relation finden, in die Ergebnismenge übernommen. In SQL unterscheidet man dann auch noch linke, rechte und volle äußere Verknüpfungen, was sich darauf bezieht, welche Tabellen eine so genannte *Wertedominanz* erhalten sollen, das heißt, welche Relation ihre Tupel auf jeden Fall in die Ergebnismenge bringen soll. Je nach Position dieser Tabelle innerhalb der `FROM`-Klausel (linke Seite, rechte Seite) muss man eine andere Syntax wählen, wobei dies teilweise von Datenbanksystem zu Datenbanksystem unterschiedlich ausfallen kann.

Mit Hilfe von XSLT wollen wir diese Varianten nun auch in Ansätzen nachbauen, wobei es hier hauptsächlich auf die Ausgabe bzw. die zur Verarbeitung stehenden Elemente ankommt.

Werte beibehalten

Mit dem nächsten Beispiel wollen wir die Ausgabe nachzeichnen, die entsteht, wenn alle Werte aus einer Relation (Elementliste) in die Ergebnismenge übernommen werden. Dabei ist unwichtig, ob sie jeweils einen Verknüpfungspartner finden. Dies lässt sich vermutlich am einfachsten anhand der anvisierten Ausgabe nachvollziehen, weswegen im nächsten Quelltext zunächst das Ergebnis abgedruckt wird. Innerhalb einer Umsatzliste sollen die einzelnen Tarife enthalten sein, wobei zusätzlich die – falls vorhanden! – Rechnungen aufgelistet werden, in denen sie benutzt wurden. Bei einer inneren Verknüpfung wären nur die Tarife in der Ausgabe erschienen, die auch tatsächlich benutzt wurden.

```
<Umsatzliste>
  <Tarif T_Nr="1" T_Name="Frühstück" T_GueBis="30.06.03">
    <Rechnungsliste/>
  </Tarif>
  <Tarif T_Nr="2" T_Name="Mittagspause" T_GueBis="30.06.03">
    <Rechnungsliste>
      <Rechnung R_Nr="7" R_Datum="31.03.03" R_Summe="8.61"/>
      <Rechnung R_Nr="8" R_Datum="31.03.03" R_Summe="5.85"/>
      ...
    </Rechnungsliste>
  </Tarif>
```

Listing 6.10: `622_01.xml` – Ausgabe in XML

Im Dokumentbaum ergibt diese Form ein optionales Element. Es hätte sowohl das Element `Rechnungsliste` wie auch das Element `Rechnung` treffen können. Da wir in diesem Fall mit dem leeren Element Rechnungsliste deutlich machen wollen, dass es tatsächlich keine einzige Rechnung gibt, die den Tarif benutzt, haben wir uns dafür entschieden, das Element Rechnung optional zu machen.

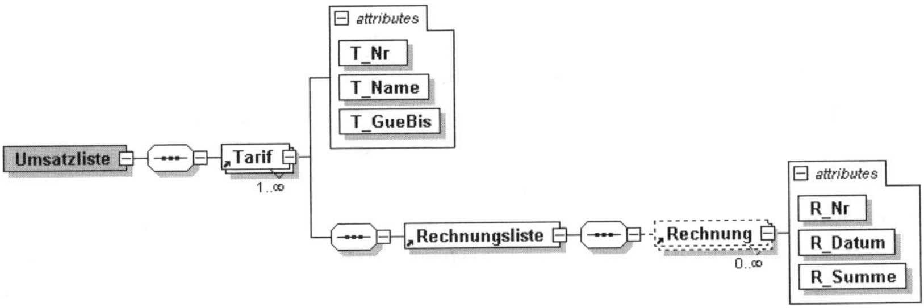

Abb. 6.4: Dokumentstruktur

Obwohl die Theorie rund um die äußeren Verknüpfungen besonders dramatisch war und von uns lange ausgeführt wurde, ist die Umsetzung mit XSLT besonders einfach. Man muss lediglich wissen, wie man überhaupt solchermaßen modellierte Elementlisten miteinander verbindet. Es ist allerdings keine besondere Syntax wie bei SQL erforderlich, um die benötigte Ausgabe von partnerlosen Elementen zu bewerkstelligen. Es lässt sich wiederum mit der zuvor eingeführten benannten Vorlage natural-join arbeiten.

```
<xsl:template match="/*">
  <Umsatzliste>
    <xsl:for-each select="//Tarif">
      <xsl:copy>
        <xsl:copy-of select="@*"/>
        <Rechnungsliste>
          <xsl:for-each select="//Posten[@T_Nr = current()/@T_Nr]">
            <xsl:call-template name="natural-join">
              <xsl:with-param name="tabelle" select="'Rechnung'"/>
            </xsl:call-template>
          </xsl:for-each>
        </Rechnungsliste>
      </xsl:copy>
    </xsl:for-each>
  </Umsatzliste>
</xsl:template>
```

Listing 6.11: 622_01.xslt – Äußere Verknüpfung

Restwerte anzeigen

In SQL muss man für eine Restliste (Welche Tarife wurden nicht benutzt? Welche Tupel finden keinen Partner?) extra auf `NULL` für die Tupel in der vorläufigen Ergebnismenge abfragen, um in der endgültigen Ausgabe nur die Tupel zu erhalten, die ursprünglich keinen Partner fanden und nur durch die äußere Verknüpfung überhaupt in die Ergebnismenge aufgenommen wurden. Eine solche Abfrage muss in XSLT ebenfalls mit einer passenden XPath-Funktion durchgeführt werden.

Im Beispiel lässt sich ganz ohne Verknüpfung und stattdessen nur mit einer verschachtelten Funktion im `select`-Attribut einer `for-each`-Wiederholung darauf testen, welche Tarifnummern nicht in einer Rechnung auftauchen. Dabei bedient sich der Ausdruck der `string-join`-Funktion, die die einzelnen in den Posten vorhandenen Tarif-Nummern zusammenfasst. Hier hätte man zusätzlich auch noch mit `distinct-values` arbeiten können, was aber für den einfachen Test nicht notwendig ist. Dann prüft man mit der Funktion `contains`, welche Tarifnummern in dieser Liste nicht auftauchen, denn dies müssen dann diejenigen Tarife sein, die nicht benutzt wurden und daher in die Ausgabe gehören.

```
<xsl:template match="/*">
  <Tarifliste>
    <xsl:for-each select="//Tarif[
                              not(
                              contains(
                              string-join(//Posten/@T_Nr, '|'), @T_Nr))]">
      <xsl:copy-of select="current() | @*"/>
    </xsl:for-each>
  </Tarifliste>
</xsl:template>
```

Listing 6.12: `622_02.xslt` – Restwerte anzeigen

Man erhält eine Liste aus Tarifen, die wir nicht abdrucken, die allerdings tatsächlich aus den unbenutzten Tarifen besteht. Ihren Aufbau erkennt man in der XML Schema-Grafik.

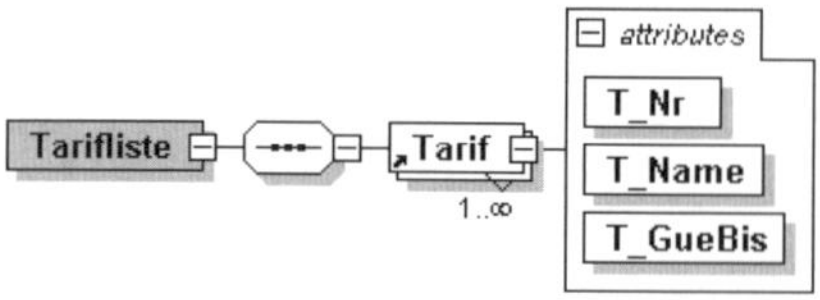

Abb. 6.5: Dokumentstruktur

6.2.3 Selbstverknüpfung

Eine letzte Verknüpfungsmöglichkeit ist die so genannte *Selbstverknüpfung*. Hier wird eine Relation (Elementliste, Wertemenge) mit sich selbst anhand eines oder mehrerer Merkmale verknüpft. Die Notwendigkeit zu solchen Verknüpfungen tritt nicht häufig auf, sodass sicherlich für die entsprechende Einrichtung immer viel Aufmerksamkeit und Testarbeit benötigt wird, weil die Übung fehlt. Wir zeigen diese Technik an der `Tarifliste`, in der wir eine Übersicht aller `Tarif`-Elemente haben wollen, die den gleichen Namen haben. Wir benötigen also eine Liste der Duplikate, wobei sich die Duplikateigenschaft nicht auf die gesamten Felder, sondern ausschließlich auf den Namen bezieht. Da die Tarife innerhalb eines Jahres mit unterschiedlichen Gültigkeitszeiträumen und daher auch mit unterschiedlichen Minutenpreisen auftreten, gibt es eine Vielzahl an Tarifen, die den gleichen Namen tragen, aber unterschiedliche Werte für Nummer, Preis, Uhrzeit und vor allen Dingen Gültigkeit besitzen.

Die Frage nach allen Tarifen, deren Namen mehrfach auftritt, erfordert in XSLT ein umständlicheres Vorgehen als in SQL, wo die gleiche Menge mit zwei Aliasnamen ausgezeichnet und dann verknüpft wird. Wir erstellen eine Variable, die alle Attribute und insbesondere das Suchfeld »Tarifnamen« enthält. Diese Variable können wir nachher per Wiederholung durchlaufen. Als weitere Information besitzt diese besondere Tarifliste eine weitere Information, nämlich die Anzahl der gefundenen Tarife gleichen Namens. Das zusätzliche Attribut enthält die Datenstruktur, die der eigentliche Grund für die Selbstverknüpfung ist. Wir suchen nicht Tarife mit einem bestimmten Wert, der über ein einfaches XPath-Prädikat ermittelt werden kann, sondern wir interessieren uns für einen rück- oder selbstbezüglichen Wert, der nur im Vergleich aller Werte untereinander untersucht werden kann.

Damit haben wir – von SQL ausgehend – quasi eine abgeleitete Tabelle erstellt, auf die wir nachher eine weitere Abfrage ausführen. Dies erfolgt dann wiederum mit einer überaus einfachen Einschränkung auf das zusätzliche Attribut. Dieses Attribut heißt `anzahl` und wird auch nachher als Beweis mit den anderen Attributen ausgegeben. Es muss Werte größer als 1 enthalten, da nur Werte gleichen Namens mit verschiedenen Gültigkeitszeiträumen etc. gesucht werden.

```
<xsl:template match="/*">
  <Tarifliste>
    <!-- Werteliste -->
    <xsl:variable name="tarif-liste">
      <xsl:for-each select="//Tarif">
        <Tarif>
          <xsl:copy-of select="@*"/>
          <xsl:attribute name="anzahl"><xsl:value-of
```

```
          select="count(//Tarif[@T_Name = current()/@T_Name])"/></xsl:attribute>
        </Tarif>
      </xsl:for-each>
    </xsl:variable>
    <!-- Ausgabe -->
    <xsl:for-each select="$tarif-liste[@anzahl &gt; 1]">
      <xsl:copy-of select="current()"/>
    </xsl:for-each>
  </Tarifliste>
</xsl:template>
```

Listing 6.13: 623_01.xslt – Selbstverknüpfung

Tatsächlich erhalten wir eine Tarifliste, die um einiges kürzer ist als die ursprüngliche. Es fehlen genau die Tarife, die nur einmal genannt werden und daher das gesamte Jahr über gültig sein müssen. Andersherum gesagt, die Liste enthält genau die gesuchten Tarife, die mit dem gleichen Namen mehrfach auftreten und ansonsten andere Werte besitzen.

```
<Tarifliste>
  <Tarif T_Nr="1" T_Name="Frühstück" T_GueBis="30.06.03" anzahl="2"/>
  <Tarif T_Nr="2" T_Name="Mittagspause" T_GueBis="30.06.03" anzahl="2"/>
  <Tarif T_Nr="12" T_Name="Frühstück" T_GueBis="31.12.03" anzahl="2"/>
  <Tarif T_Nr="13" T_Name="Mittagspause" T_GueBis="31.12.03" anzahl="2"/>
  ...
</Tarifliste>
```

Listing 6.14: 623_01.xml – Ausgabe in XML

6.3 Mengen

In SQL arbeitet man ohnehin mit Mengen, so wie es die relationale Theorie bzw. die *Relationenalgebra* beschreibt. Im Grunde genommen sind auch die Verknüpfungen Mengenoperationen, sodass wir in diesem Abschnitt den Titel etwas unscharf gewählt haben. Hier sollen Mengenoperationen solche sein, die man mit Kreisen aufmalen könnte, also die berühmten Vereinigungs-, Schnitt- und Differenzmengen. In XSLT und XPath 1.0 konnte man die Schnitt- und Differenzmenge ebenfalls erhalten, allerdings waren dazu beeindruckend umständliche Formulierungen notwendig. In XPath 2.0 sind dagegen ganz einfache Operatoren neu hinzugekommen, für die – wie man gleich sehen wird – nicht einmal ein langwieriges XSLT-Beispiel notwendig ist, um ihre Funktionsweise vorzuführen und zu beweisen, sondern der einfache XPath-Ausdruck bereits alles erklärt.

6.3.1 Mengen verarbeiten

In XPath 2.0 sind also nun Operatoren vorhanden, die früher überaus komplizierte Mengenverarbeitungen sehr vereinfachen.[1] Die nachstehenden Operatoren sind vorhanden, wobei sie keine Funktionen darstellen wie in der allgemeinen Syntax. Dies ist die übliche Schreibweise von Operatoren in der XPath-Dokumentation. Sie sollen vielmehr den Operatoren einen eigenständigen Namen geben, wenn er aus einem Sonderzeichen besteht. Dies betrifft allerdings nur die Vereinigungsmenge, die auch durch den senkrechten Strich in XPath ausgedrückt werden kann.

- Schnittmenge (Menge der Elemente, die in beiden Mengen vorhanden ist): `op:intersect($parameter1 as node()*, $parameter2 as node()*) as node()*`
- Vereinigungsmenge (Menge aller Elemente beider Mengen): `op:union($parameter1 as node()*, $parameter2 as node()*) as node()*`
- Differenzmenge (Menge der Elemente, die in der einen, nicht aber in der anderen Menge enthalten sind): `op:except($parameter1 as node()*, $parameter2 as node()*) as node()*`

Die tatsächliche allgemeine Syntax hat die folgende Form, wobei die einzelnen Zeilen wie bei einem Gleichungssystem ineinander gesetzt werden können. Der kleinste Baustein ist die `ValueExpr` (Wert-Ausdruck), der einen XPath-Ausdruck erwartet. Dieser XPath-Ausdruck kennzeichnet die Menge und wird in der Schnittmenge bzw. der Differenzmenge verwendet, die ihrerseits wieder in der Vereinigungsmenge auftauchen können.

```
UnionExpr ::= IntersectExceptExpr ( ("union" | "|") IntersectExceptExpr )*
IntersectExceptExpr ::= ValueExpr ( ("intersect" | "except") ValueExpr )*
ValueExpr ::= PathExpr
```

1 Vgl.: XQuery 1.0 and XPath 2.0 Functions and Operators, W3C Working Draft 23 July 2004 Abschnitt 15.3 Equals, Union, Intersection and Except unter `http://www.w3.org/TR/xpath-functions/#d1e7064`.

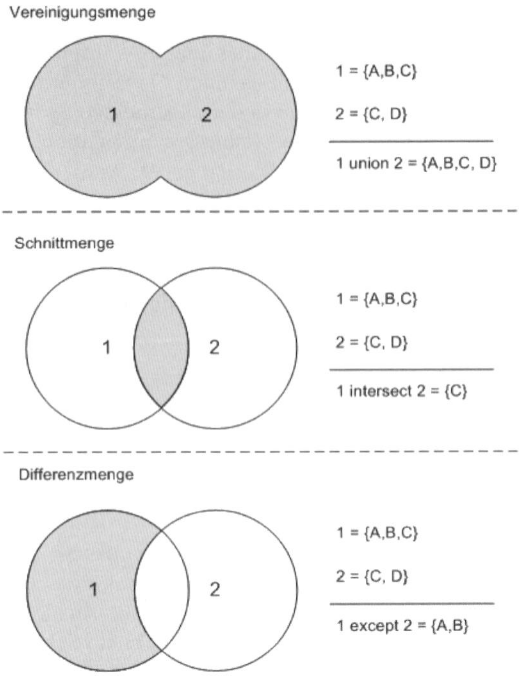

Abb. 6.6: Mengenoperationen

Einige Beispiele sollen die Verwendung und Funktionsweise der Operatoren charakterisieren. `$seq1` und `$seq2` enthalten jeweils die Sequenz (A,B,C), während `$seq3` die Menge (B,C) enthält. Mit diesen einfachen Inhalten lassen sich die folgenden Beispiele umsetzen:

- `$seq1 union $seq2` liefert eine Sequenz mit den Elementen A, B und C, weil dies alle Elemente sind, die in den Mengen auftauchen.
- `$seq2 union $seq3` liefert eine Sequenz mit den Elementen A, B und C.
- `$seq1 intersect $seq3` liefert eine Sequenz mit den Elementen B und C, weil sie in beiden Mengen auftauchen.
- `$seq1 except $seq2` liefert eine leere Menge, weil alle Elemente in beiden Sequenzen auftauchen.
- `$seq1 except $seq3` liefert eine Sequenz mit A, weil B und C in beiden Sequenzen auftauchen.

Als konkretes Textbeispiel nehmen wir wieder die Rechnungsliste und achten bei der Auswahl der Rechnungen darauf, dass die Postenliste sich für Mengenoperationen eignet. Es sollten insgesamt nicht zu viele verschiedene Posten sein, das heißt, es sollen nicht zu viele Tarife auftreten.

```
<Umsatzliste>
  <Rechnung R_Nr="9" R_Datum="31.03.03" R_Summe="4.69">
    <Posten P_Nr="49" R_Nr="9" P_Summe="1.96" T_Nr="2"/>
    <Posten P_Nr="50" R_Nr="9" P_Summe="1.59" T_Nr="3"/>
    <Posten P_Nr="51" R_Nr="9" P_Summe="1.14" T_Nr="4"/>
  </Rechnung>
  <Rechnung R_Nr="113" R_Datum="31.05.03" R_Summe="1.42">
    <Posten P_Nr="544" R_Nr="113" P_Summe="1.42" T_Nr="2"/>
  </Rechnung>
  <Rechnung R_Nr="114" R_Datum="31.05.03" R_Summe="4.57">
    <Posten P_Nr="549" R_Nr="114" P_Summe="3.39" T_Nr="2"/>
    <Posten P_Nr="550" R_Nr="114" P_Summe="1.18" T_Nr="3"/>
  </Rechnung>
</Umsatzliste>
```

Listing 6.15: 631_01.xml – Mengen

Die verschiedenen Mengen in Form von Rechnungslisten sammeln wir zunächst in Variablen, damit nachher die Ausdrücke umso kürzer formuliert werden können. Innerhalb der Tabelle geben wir die verschiedenen Tarifnummern so aus, dass die Mengenoperationen für Vereinigung, Durchschnitt und Differenz sichtbar werden. Interessant ist nur, dass tatsächlich beliebige XPath-Ausdrücke, die eine sinnvolle Menge beschreiben, zum Einsatz kommen und durch die drei Operatoren verbunden werden.

```
<xsl:template match="/Umsatzliste">
  <xsl:variable name="RL1" select="Rechnung[@R_Nr=9]"/>
  <xsl:variable name="RL2" select="Rechnung[@R_Nr=113]"/>
  <xsl:variable name="RL3" select="Rechnung[@R_Nr=114]"/>
  <html>
    <head>
      <title>Mengenoperationen</title>
    </head>
    <body>
      <table border="1">
        <tr>
          <th>Vereinigung</th>
          <th>Differenz</th>
          <th>Durchschnitt</th>
        </tr>
```

```
        <tr>
          <td>
          <xsl:value-of select="($RL1/Posten/@T_Nr union $RL2/Posten/@T_Nr )"
                                separator=" | "/>
          </td>
          <td>
          <xsl:value-of select="($RL1/Posten/@T_Nr except $RL3/Posten/@T_Nr )"
                                separator=" | "/>
          </td>
          <td>
          <xsl:value-of select="($RL1/Posten/@T_Nr intersect $RL3/Posten/@T_Nr
                                         )" separator=" | "/>
          </td>
        </tr>
      </table>
    </body>
  </html>
</xsl:template>
```

Listing 6.16: `631_01.xslt` – Verwendung der Mengenoperatoren

Als Ergebnis erhält man die Tarifnummern, die die Mengenoperation zusammengesetzt hat.

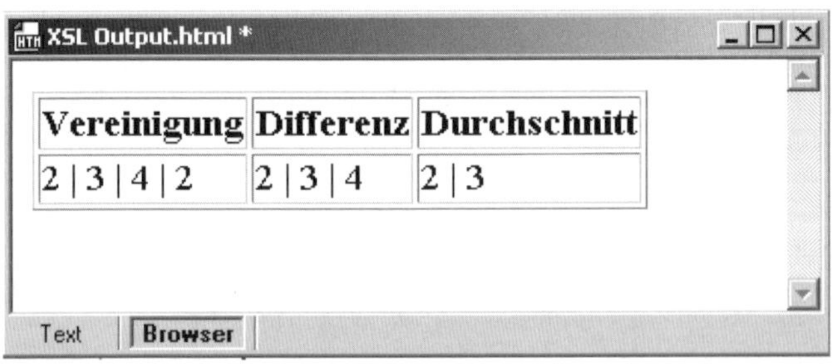

Vereinigung	Differenz	Durchschnitt
2 | 3 | 4 | 2	2 | 3 | 4	2 | 3

Abb. 6.7: Ausgabe in HTML

6.3.2 Mengentests

Mengentests, die Wahrheitswerte zurückliefern, lassen sich mit den beiden quantifizierenden Operatoren `some` und `every` sowie einer speziellen Syntax, die dem neuen `for`-Ausdruck in XPath 2.0 ähnelt, durchführen.

Grundlagen

Im Gegensatz zu SQL, wo ähnlich klingende Operatoren für Unterabfragen eingesetzt werden, liefern diese Operatoren also gerade nicht die Knoten zurück, die sie untersucht haben, sondern ausschließlich `true` oder `false`. Sie lassen sich damit nur sinnvoll in Fallunterscheidungen einsetzen. In SQL wird dagegen bei erfüllter Bedingung die Ergebnismenge der Unterabfrage zurückgeliefert bzw. diese ausgeführt.

Zum Vergleich lässt sich noch an die neuen Funktionen zur Untersuchung der Knotenkardinalität erinnern. Mit `zero-or-one`, `one-or-more` und `exactly-one` testet man auf die Anzahl von Knoten, erhält allerdings bei einem erfolgreichen Test die untersuchte Knotenmenge und einen Fehler, wenn der Test fehlschlägt, und nicht etwa `false` oder eine leere Sequenz.

Da alle diese Konstruktionen noch sehr neu sind, lässt sich noch nicht sagen, in welchen Fällen sie ihren regelmäßigen Auftritt haben werden. Auf der einen Seite erleichtern sie durch eine spezialisierte Syntax die Formulierung von Bedingungen, die früher vor allen Dingen mit der `count`-Funktion umgesetzt werden mussten. Auf der anderen Seite ist der Rückgabewert vielleicht nicht immer eine Vereinfachung, weil man trotz der auch nicht gerade einfachen Syntax ebenfalls nur wie früher einen Wahrheitswert oder sogar einen Fehler erhält. Auf jeden Fall kann man durch Verwendung der neuen Funktionen und Operatoren im Quelltext sehr gut verdeutlichen, was der eigentliche Sinn einer Testbedingung sein soll. Es geht nicht um eine einfache Ermittlung von Knotenanzahlen für die Ausgabe, sondern um eine die weitere Verarbeitung antreibende Bedingung.

Die allgemeine Syntax der beiden neuen Operatoren hat die Form:

```
QuantifiedExpr  ::=  (("some" "$") | ("every" "$")) VarName "in"
ExprSingle ("," "$" VarName "in" ExprSingle)* "satisfies" ExprSingle
```

Ein quantifizierter Ausdruck wird durch einen der beiden Operatoren `some` oder `every` eingeleitet. Dann folgt die Angabe einer oder mehrerer lokalen Bindevariablen in Form einer `in`-Klausel. Sie werden entweder direkt lokal in runden Klammern als Sequenzkonstruktor vorgegeben oder mit Hilfe eines XPath-Ausdrucks aus dem XML-Dokument ausgewählt. Mehrere Bindevariablen werden für die Verarbeitung mit einem kartesischen Produkt untereinander verknüpft. Mit dem Schlüsselwort `satisfies` schließt man die eigentliche Bedingung an. Sie greift die vorhandenen Bindevariablen in XPath-Ausdrücken in Form von Lokalisierungspfaden oder Berechnungen wieder auf und liefert `true` oder `false` zurück. Dabei hängt der Rückgabewert von folgenden Bedingungen ab:

- Bei `some` ist der quantifizierte Ausdruck `true`, sobald mindestens eine Untersuchung des Testausdrucks einen Treffer findet bzw. die Bedingung erfüllt ist.

- Bei `every` ist der quantifizierte Ausdruck `true`, sobald alle Untersuchungen des Testausdrucks einen Treffer finden bzw. die Bedingung erfüllt ist.

Beispiel

Im Beispiel greifen wir noch einmal auf das in einem vorherigen Beispiel erzeugte Dokument zurück, in dem jeder `Tarif` die für ihn ausgestellten Rechnungen enthält, wobei – aufgrund der Kürze der Rechnungsliste – durchaus auch Tarife einmal in keiner einzigen Rechnung auftreten können. Dies ist im vorliegenden Dokument durch ein leeres Element `Rechnungsliste` vermerkt.

```
<Umsatzliste>
  <Tarif T_Nr="1" T_Name="Frühstück" T_GueBis="30.06.03">
    <Rechnungsliste/>
  </Tarif>
  <Tarif T_Nr="2" T_Name="Mittagspause" T_GueBis="30.06.03">
    <Rechnungsliste>
      <Rechnung R_Nr="7" R_Datum="31.03.03" R_Summe="8.61"/>
      <Rechnung R_Nr="8" R_Datum="31.03.03" R_Summe="5.85"/>
      ...
    </Rechnungsliste>
  </Tarif>
```

Listing 6.17: `632_01.xml` – Umsatzliste

Die Untersuchung greift entweder auf die Rechnungen oder die Tarife zurück und prüft, ob beispielsweise für jedes Element `Rechnungsliste` Kindelemente namens `Rechnung` vorliegen. Hierbei bindet die lokale Variable `$r` alle Elemente `Rechnungsliste`, sodass man mit der Kind-Achse im Testausdruck die möglichen Kindelemente angeben kann. Dieser Test schlägt im `every`-Fall fehl, führt aber im `some`-Fall durchaus zu einem `true`, da ja tatsächlich wenigstens ein `Tarif`-Element in seinem `Rechnungsliste`-Element auch wiederum `Rechnung`-Kinder besitzt.

In einer Untersuchung mit deutlich komplizierteren Syntax überprüft man, ob für die `Tarif`-Elemente, die tatsächlich auch `Rechnung`-Elemente als Abkömmlinge besitzen, die Summe aller Rechnungen zwei Euro übersteigt. Dabei bindet man in einer Variable `$t` genau die Tarife mit der gerade formulierten Bedingung, setzt also noch ein Prädikat ein. In der `satisfies`-Klausel ist zusätzlich auch die Verwendung der `sum`-Funktion – wie auch jeder anderen sinnvollen Funktion für eine Untersuchung – möglich. Auch dies liefert `true`, weil zwei Euro jetzt auch eine relativ kleine Rechnungsmenge für die spektakulären Telefonprodukte der RuhrFon GmbH sind.

Ähnlich verläuft auch der letzte Test, bei dem man untersucht, ob die mit Mehrwertsteuer belastete – in diesem Fall fiktive Netto-Summe – Rechnung in einigen bzw. in wenigstens einem Fall die 20-Euro-Grenze überschreitet.

```
<tr>
  <td>
    <xsl:value-of select="every $r in //Rechnungsliste satisfies $r/Rech-
   nung"/>
  </td>
  <td>
    <xsl:value-of select="some $r in //Rechnungsliste satisfies $r/Rechnung"/>
  </td>
  <td>
    <xsl:value-of select="every $t in //Tarif[Rechnungsliste/
                         exists(child::*)]
                         satisfies (sum($t//Rechnung/@R_Summe) &gt; 2)"/>
  </td>
  <td>
    <xsl:value-of select="some $t in //Tarif, $m in  (1.16)
                         satisfies (sum($t//Rechnung/@R_Summe) * $m &gt; 20)"/>
  </td>
</tr>
```

Listing 6.18: 632_01.xslt – Mengentests

Im Ergebnis erhält man im Browser die gerade beschriebenen Ergebnisse in Wahrheitswerten zurück.

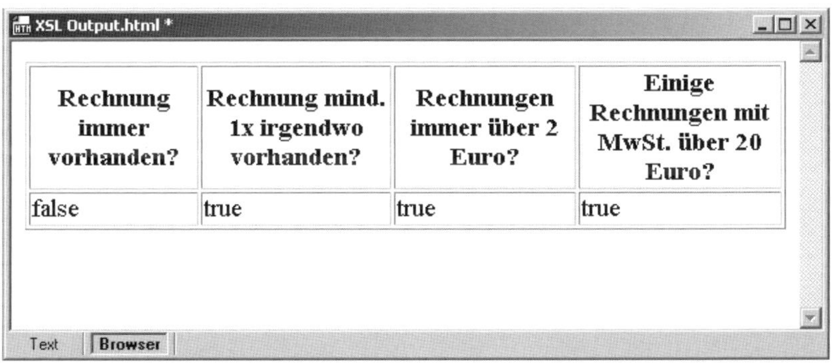

Abb. 6.8: Ausgabe in HTML

Kapitel 7

XSLT in Programmiersprachen

Mit XSLT steht eine gänzlich andere Technologie zur Verfügung, um XML-Datenströme zu transformieren. Anstatt die Transformation in einer beliebigen Programmiersprache über die standardisierten DOM-Methoden einzurichten, ruft man einen entsprechenden XSLT-Prozessor auf und übergibt den XML-Eingabestrom sowie die Transformationsdatei. Zusätzlich lassen sich noch globale Parameter an die Transformationsdatei übergeben, die dann während der Transformation ausgewertet werden.

Der Vorteil, den man durch die Verwendung von XSLT genießen kann, besteht darin, dass die gleiche Transformation aus unterschiedlichen Programmiersprachen heraus aufgerufen werden kann. Dabei ist der gesamte Algorithmus ausgelagert und kann dementsprechend wiederverwendet werden. Beim DOM hingegen muss man den Algorithmus noch einmal in einer anderen Sprache programmieren, sobald man die gleiche Transformation ausführen will. Dies lässt sich zwar über die gleichen Methoden machen, sodass wenigstens die Struktur des Algorithmus kopiert werden kann, doch man handelt sich natürlich alle anderen Nachteile ein, die mit solchen Kopiervorgängen zusammenhängen. Dazu zählt z.B. auch eine mehrfache Korrektur, wenn Änderungen am grundsätzlichen Algorithmus vorzunehmen sind oder sich die Eingabedatenstrukturen ändern.

Die einzige, wirklich bedeutsame Voraussetzung, die bei der Verwendung von XSLT zu beachten ist, besteht darin, dass die Transformation erst nach dem Abschluss aller Datenbeschaffungsvorgänge und nach der Erstellung einer endgültigen XML-Struktur durchgeführt werden kann. Bei der Verwendung von DOM ist man hier etwas flexibler und kann auch Zwischenstadien transformieren oder während der Verarbeitung andere Anweisungen ausführen als die Transformation, um zusätzliche Daten für einen nächsten Transformationsschritt zu beschaffen.

Eigentlich geht es in XSLT ja um XSLT. Allerdings werden Sie im nächsten Kapitel einige Architekturen kennen lernen, in denen einfaches XSLT nicht mehr das Allheilmittel ist, sondern mit einer anderen Programmiersprache kombiniert werden muss. Zusätzlich muss man natürlich feststellen, dass mit XSLT alleine weder ein Blumentopf zu gewinnen ist noch XML-Daten verarbeitet werden können. Im Seminar geben wir als Antwort auf die Frage, wie denn all die schöne Syntax nun auch in einer »richtigen« Anwendung und nicht nur in der Entwicklungsumgebung funktioniert, immer an, dass in jeder Programmiersprache nur zehn Zeilen programmiert werden müssten und man diese Informationen in jedem Buch und natürlich im Internet finden kann. Letztendlich benötigt man nur ein Beispiel in der Sprache, die man ohnehin benutzt, in dem man quasi nur noch seine eigenen XML- und XSLT-Dateien eintragen muss.

Diese 10-Zeilen-Theorie wollen wir nun an einigen Programmiersprachen vorführen, die hoffentlich vielen Lesern bekannt sind. Ziel ist es, möglichst knappe Beispiele zu erstellen. Zum einen, um nur zehn Zeilen zu schreiben, zum anderen auch, weil man tatsächlich nicht so viel Programm um die Verwendung eines XSLT-Prozessors erstellen kann, da ja der Hauptteil ohnehin in der XSLT-Datei liegt.

Hinweis

Aus Platzgründen verzichten wir in diesem Kapitel auf Texte zwischen den Überschriften. Sie werden wissen, was PHP oder C# ist, und dass die Verwendung von XSLT eine tolle Sache ist, ist Ihnen ohnehin schon geläufig.

7.1 PHP 5

7.1.1 Vorhandene Syntax

In der neu in PHP 5 vorhandenen Klasse `XSLTProcessor` sind folgende Methoden vorhanden.

- `XSLTProcessor->__construct()`: Erstellt einen neuen XSLT-Prozessor.

```
class XSLTProcessor {
__construct ( (void); )
}
```

- `XSLTProcessor->getParameter()`: Lädt den Wert eines Parameters.

```
class XSLTProcessor {
string getParameter ( string namespaceURI, string localName )
}
```

- `XSLTProcessor->hasExsltSupport()`: Findet heraus, ob PHP die Erweiterung EXSLT unterstützt.

```
class XSLTProcessor {
bool hasExsltSupport ( void )
}
```

- `XSLTProcessor->importStylesheet()`: Lädt eine XSLT-Datei.

```
class XSLTProcessor {
```

```
void importStylesheet ( DOMDocument stylesheet )
}
```

- `XSLTProcessor->registerPHPFunctions()`: Erlaubt die Erweiterung von XSLT mit PHP-Funktionen.

```
class XSLTProcessor {
void registerPHPFunctions ( void )
}
```

- `XSLTProcessor->removeParameter()`: Löscht einen Parameter unter Angabe des Parameternamens und einem Namensraum.

```
class XSLTProcessor {
bool removeParameter ( string namespaceURI, string localName )
}
```

- `XSLTProcessor->setParameter()`: Setzt einen Parameter anhand seines Namens, eines Namensraums und eines Wertes.

```
class XSLTProcessor {
bool setParameter ( string namespace, mixed name [, string value] )
}
```

- `XSLTProcessor->transformToDoc()`: Transformiert zu DOMDocument.

```
class XSLTProcessor {
DOMDocument transformToDoc ( DOMNode doc )
}
```

- `XSLTProcessor->transformToURI()`: Transformiert zu URI.

```
class XSLTProcessor {
int transformToURI ( DOMDocument doc, string uri )
}
```

- `XSLTProcessor->transformToXML()`: Transformiert zu XML.

```
class XSLTProcessor {
string transformToXML ( DOMDocument doc )
}
```

7.1.2 Beispiel

Standardfall

Das folgende Programm startet und löst den Prozessor und lädt jeweils eine XML- und eine XSLT-Datei. Das Transformationsergebnis wird dann in einer Variable gespeichert und ausgegeben.

```
<?php
// Dateien
$xslt_datei = 'transformation.xslt';
$xml_datei = 'daten.xml';
// Zielvariable
$html;
// Ausführen des Prozessors
$xsl = new XSLTProcessor();
$xsl->importStyleSheet(DOMDocument::load($xslt_datei));
$html = $xsl->transformToXML(DOMDocument::load($xml_datei));
// Ausgabe
echo $html;
?>
```

Listing 7.1: 723_01.php – Allgemeine Verwendung des Prozessors

Parameter

Der in der XSLT-Datei vorhandene Parameter kann ebenfalls von außerhalb gesetzt werden.

```
...
// Ausführen des Prozessors
$xsl = new XSLTProcessor();
$xsl->importStyleSheet(DOMDocument::load($xslt_datei));
// Parameter setzen
$xsl->setParameter('', 'Farbe', 'blue');
$html = $xsl->transformToXML(DOMDocument::load($xml_datei));
// Ausgabe
echo $html;
// Parameter löschen
$xsl->removeParameter('', 'Farbe');
$html = $xsl->transformToXML(DOMDocument::load($xml_datei));
...
```

Listing 7.2: 723_02.php – Übergabe eines Parameters

PHP-Funktionen in XSLT

Zusätzlich besteht die Möglichkeit, in PHP vorhandene oder auch selbst programmierte Funktionen in XSLT zu verwenden. Dazu benötigt man einige Änderungen in der XSLT-Datei, darunter natürlich der Funktionsaufruf. Daher ändert sich der Dateiaufruf. Zusätzlich muss man die Funktionen registrieren. Es wird nicht eine spezielle Funktion registriert, sondern einfach alle global vorhandenen Funktionen. Wenn dazu selbst programmierte gehören, sind diese genauso wie die ohnehin verfügbaren registriert.

```
<?php
// Dateien
$xslt_datei = 'transformation_php.xslt';
$xml_datei = 'daten.xml';
// Zielvariable
$html;
// Ausführen des Prozessors
$xsl = new XSLTProcessor();
$xsl->registerPhpFunctions();
$xsl->importStyleSheet(DOMDocument::load($xslt_datei));
$html = $xsl->transformToXML(DOMDocument::load($xml_datei));
// Ausgabe
echo $html;
?>
```

Listing 7.3: 723_03.php – Funktionen anmelden

In der XSLT-Datei benötigt man für die Funktion `function` einen passenden Namensraum. Sie erwartet dann den Namen der Funktion als Zeichenkette sowie einen Wert in Form eines XPath-Ausdrucks bzw. eine Zeichenkette. Mehrere Parameter werden einfach in Folge formuliert. Schwierigkeiten können sich ergeben, wenn man einen Textknoten übergeben möchte, ihn allerdings nicht übergibt. Daher verwenden wir zusätzlich die `string`-Funktion, um den Textknoten des Elements auszulesen.

```
<xsl:stylesheet version="1.0"
                xmlns:xsl="http://www.w3.org/1999/XSL/Transform"
                xmlns:php="http://php.net/xsl">
  ...
   <!-- Vorlage für Posten -->
  <xsl:template name="Posten">
    ...
      <xsl:value-of select="php:function('strToUpper', string(Tarif))"
                    disable-output-escaping="yes"/>
```

```
      <xsl:text> | </xsl:text>
      <xsl:value-of select="Einzeln"/>
    </p>
      ...
  </xsl:template>
```

Listing 7.4: `transformation_php.xslt` – PHP-Funktionen in XSLT

7.2 Oracle 10g/9i und PL/SQL

7.2.1 Vorhandene Syntax

Datentypen

Die Datentypen, die im `DBMS_XSLPROCESSOR`-Paket verwendet werden, stammen teilweise aus dem `DBMS_XMLDOM`-Paket. Dies betrifft insbesondere die Strukturen, die von den Methoden als Eingabewerte erwartet werden oder die sie für die weitere Verarbeitung zurückliefern. Auch wenn die Datentypen nicht vom XSLT-Paket definiert werden, so haben wir sie in die folgende Liste aufgenommen, da sie für das Verständnis der Methoden notwendig sind:

- `Processor`: Prozessor
- `Stylesheet`: XSLT-Struktur bzw. Datei
- `DOMDocument`: DOM-Baum bzw. DOM-Struktur
- `DOMNode`: Ein einzelner Knoten
- `DOMNodeList`: Eine Menge von Knoten (Knotensatz)
- `DOMDocumentFragment`: Ein Fragment eines DOM-Baums bzw. einer DOM-Struktur

Unterprogramme

- `newProcessor()`: Erzeugt einen neuen Prozessor.

  ```
  FUNCTION newProcessor RETURN Processor;
  ```

- `processXSL()`: Führt die Transformation eines XML-Dokuments durch. Folgende Parameter kommen dabei zum Einsatz: `p` (Prozessor), `ss` (XSLT-Stylesheet), `xmldoc` (XML-Dokument), `url` (URL zur Angabe der XML-Daten), `clb` (CLOB mit XML-Daten), `dir` (Verzeichnis für die Ergebnisdatei), `fileName` (Ausgabedatei), `clb` (ein `IN/OUT`-Parameter), `CLOB` (für die Speicherung der Daten), `buf` (ein `IN/OUT`-Parameter: Puffer zur Speicherung der Ergebnisdaten) und `xmldf` (XML-Fragmentdokument der Verarbeitung).

```
FUNCTION processXSL (p Processor, ss Stylesheet, xmldoc DOMDocument)
RETURN DOMDocumentFragment;
FUNCTION processXSL (p Processor, ss Stylesheet, url VARCHAR2) RETURN
DOMDocumentFragment;
FUNCTION processXSL (p Processor, ss Stylesheet, clb CLOB) RETURN DOM-
DocumentFragment;
PROCEDURE processXSL (p Processor, ss Stylesheet, xmldoc DOMDocument,
dir VARCHAR2, fileName VARCHAR2);
PROCEDURE processXSL (p Processor, ss Stylesheet, url VARCHAR2, dir
VARCHAR2, fileName VARCHAR2);
PROCEDURE processXSL (p Processor, ss Stylesheet, xmldoc DOMDocument,
cl IN OUT CLOB);
FUNCTION processXSL (p Processor, ss Stylesheet, xmldf DOMDocumentFrag-
ment) RETURN DOMDocumentFragment;
PROCEDURE processXSL (p Processor, ss Stylesheet, xmldf DOMDocument-
Fragment, dir VARCHAR2, fileName VARCHAR2);
PROCEDURE processXSL (p Processor, ss Stylesheet, xmldf DOMDocument-
Fragment, buf IN OUT VARCHAR2);
PROCEDURE processXSL (p Processor, ss Stylesheet, xmldf DOMDocument-
Fragment, cl IN OUT CLOB);
```

- `showWarnings()`: Schaltet Warnungen ein und aus.

```
PROCEDURE showWarnings( p Processor,
                        yes BOOLEAN);
```

- `setErrorLog()`: Gibt die Datei an, in der Fehlermeldungen zu speichern sind.

```
PROCEDURE setErrorLog( p Processor,
                       fileName VARCHAR2);
```

- `newStylesheet()`: Erzeugt ein neues Stylesheet für die vorhandenen Daten. Folgende Parameter kommen zum Einsatz: `xmldoc` (DOM-Dokument für die Erzeugung), `inp` (Eingabe-URL für die Erzeugung) und `ref` (Referenz-URL).

```
FUNCTION newStylesheet (xmldoc DOMDocument, ref VARCHAR2) RETURN Stylesheet;
FUNCTION newStylesheet (inp VARCHAR2, ref VARCHAR2) RETURN Stylesheet;
```

- `transformNode()`: Transformiert einen Knoten in einem DOM-Baum unter Verwendung der übergebenen Transformationsdatei.

```
FUNCTION transformNode( n DOMNode,
                        ss Stylesheet)
                        RETURN DOMDocumentFragment;
```

- `selectNodes()`: Wählt einen oder mehrere Knoten aus einem DOM-Baum aus, wobei das übergebene Muster benutzt wird.

```
FUNCTION selectNodes( n DOMNode,
                      pattern VARCHAR2)
                      RETURN DOMNodeList;
```

- `selectSingleNodes()`: Wählt den ersten Knoten aus dem Baum aus, der dem angegebenen Muster entspricht.

```
FUNCTION selectSingleNodes( n DOMNode,
                            pattern VARCHAR2)
                            RETURN DOMNode;
```

- `valueOf()`: Liefert den Wert des ersten Knotens aus, der dem übergebenen Muster entspricht.

```
PROCEDURE valueOf( n DOMNode,
                   pattern VARCHAR2,
                   val OUT VARCHAR2);
```

- `setParam()`: Gibt den Wert eines Parameters auf der obersten Ebene einer Transformationsdatei an.

```
PROCEDURE setParam( ss Stylesheet,
                    name VARCHAR2,
                    value VARCHAR2);
```

- `removeParam()`: Löscht den Wert eines Parameters auf der obersten Ebene einer Transformationsdatei.

```
PROCEDURE removeParam( ss Stylesheet,
                       name VARCHAR2);
```

- `resetParams()`: Setzt den Wert eines Parameters auf der obersten Ebene einer Transformationsdatei zurück.

```
PROCEDURE resetParams( ss Stylesheet);
```

- `freeStylesheet()`: Löscht bzw. löst eine Transformationsdatei.

```
PROCEDURE freestylesheet( ss Stylesheet);
```

- `freeProcessor()`: Löscht bzw. löst einen Prozessor.

```
PROCEDURE freeProccessor( p Processor);
```

7.2.2 Beispiel

Standardvorgehen

Das folgende Programm startet und löscht den Parser und führt die Transformation durch. Wichtig sind insbesondere die unterschiedlichen Datentypen, die für die Übergabe an die einzelnen Unterprogramme notwendig sind und die auch von ihnen wieder zurückgeliefert werden. Ansonsten besteht das Programm aus einem Starten und Beenden des Parsers sowie aus der eigentlichen Transformation, die über eine Übergabe der XML-Datei und der XSLT-Datei realisiert wird.

Dieses Beispiel greift auf eine Datei zu, die im Dateisystem des Betriebssystems liegt. Es ist ebenfalls kein Problem, mit Hilfe einer der verschiedenen überladenen Funktionen `processXML()` einen `CLOB` oder einen DOM-Dokumentbaum zu verarbeiten, der aus einem `XMLType` erzeugt worden ist.

PL/SQL ist leider das Beispiel mit dem meisten Quelltext, der darüber hinaus auch sehr kompliziert ist. Bei der Verwendung des `XMLType`-Datentyps lässt sich die Transformation mit einer SQL-Funktion oder auch Datentypmethode innerhalb einer einzigen Zeile erledigen. Das schafft nicht einmal PHP. Aber die Verwendung des »richtigen« Prozessors erfordert allerhand Quelltext.

Dazu zählen zunächst einmal ausreichend Variablen in verschiedenen Datentypen für die Unterbringung der Dateien und Ressourcen.

```
DECLARE
 -- Verzeichnis
 dir         VARCHAR2(100) := 'C:\Ausgabe';
 -- XML-Datei (extern)
 xmlfile     VARCHAR2(100) := 'daten.xml';
 -- XSLT-Datei (extern)
 xslfile     VARCHAR2(100) := 'transformation.xslt';
 -- Ergebnisdatei (extern)
 resfile     VARCHAR2(100) := 'daten_plsql.html';
 -- Fehlerdatei (extern)
 errfile     VARCHAR2(100) := 'fehler_plsql.txt';
 -- Parser
 p           xmlparser.Parser; -- Parser
 xmldoc      xmldom.DOMDocument; -- DOM-Dokument
 xmldocnode  xmldom.DOMNode; -- DOM-Knoten
 proc        xslprocessor.Processor; -- XSLT-Prozessor
 ss          xslprocessor.Stylesheet; -- XSLT-Datei
 xsldoc      xmldom.DOMDocument; -- XSLT-DOM-Dokument
 docfrag     xmldom.DOMDocumentFragment; -- DOM-Fragment
 docfragnode xmldom.DOMNode; -- DOM-Fragment-Knoten
 xslelem     xmldom.DOMElement; -- DOM-Element
```

Listing 7.5: `722_01.sql` – Variablenvorbereitung

Danach kann man im Anweisungsabschnitt den Prozessor erzeugen und die Dateien laden. Leider muss man hier erst DOM-Dokumente aus XML und XSLT erhalten, bevor man sie zusammenfügen kann. Allerdings ist das Öffnen und Schreiben von externen Dateien besonders einfach gelöst.

```
BEGIN
 -- Erzeuge Parser
 p := xmlparser.newParser;
 -- Eigenschaften des Parsers
 -- Fehlerdatei
 xmlparser.setErrorLog(p, dir || '/' || errfile);
 -- Leerzeichenbewahrung
 xmlparser.setPreserveWhiteSpace(p, TRUE);
 -- Transformation XML->DOM
 xmlparser.parse(p,  dir || '/' || xmlfile);
 -- DOM-Dokument erhalten
 xmldoc := xmlparser.getDocument(p);
 -- Transformation XML->HTML
 xmlparser.parse(p, dir || '/' || xslfile);
 -- DOM-Dokument von XSLT-Datei erhalten
 xsldoc := xmlparser.getDocument(p);
 -- Angabe der XSLT-Datei
 ss := xslprocessor.newStylesheet(xsldoc, dir || '/' ||
                                  xslfile);
 -- Transformation von XML mit XSLT -> HTML
 proc := xslprocessor.newProcessor;
 xslprocessor.showWarnings(proc, true);
 xslprocessor.setErrorLog(proc, dir || '/' || errfile);
 docfrag := xslprocessor.processXSL(proc, ss, xmldoc);
 docfragnode := xmldom.makeNode(docfrag);
 -- Dateierstellung
 xmldom.writeToFile(docfragnode, dir || '/' || resfile);
```

Listing 7.6: `22_01.sql` – Ausführen der Transformation

Schließlich lassen sich die einzelnen Ressourcen wieder lösen und alle Zustände deaktivieren.

```
 -- XML-Dateien lösen
 xmldom.freeDocument(xmldoc);
 xmldom.freeDocument(xsldoc);
 -- XSL-Datei und Prozessor entfernen
 xslprocessor.freeProcessor(proc);
 xslprocessor.freeStylesheet(ss);
 -- Parser entfernen
```

```
  xmlparser.freeParser(p);
END;
```

Listing 7.7: `722_01.sql` – Leeren des Speichers

Parametereinsatz

Das Programm zur Ausführung wird leicht geändert, um den Wert dieses Parameters vorzugeben. Wichtig ist hier, dass für die Wertvorgabe ein XPath-Ausdruck erwartet wird. Das heißt, man muss unterscheiden, ob man eine Zeichenkette vorgibt oder einen Lokalisierungspfad. Daher müssen extra Anführungszeichen zum Einsatz kommen, die die Zeichenkette umschließen.

```
-- Angabe der XSLT-Datei
  ss := xslprocessor.newStylesheet(xsldoc, dir || '/' || xslfile);
  xslprocessor.setParam(ss, 'Farbe', '''blue''');
```

Listing 7.8: `722_02.xslt` – Verwenden eines Parameters

7.3 C#.NET

7.3.1 Vorhandene Syntax

Es gibt drei relevante Namensräume, in denen eine Vielzahl von Klassen untergebracht ist, die für die XML-Verarbeitung mit Hilfe von XPath und XSLT notwendig sind. Für die Verarbeitung mit Hilfe des DOM gibt es dann eigene Möglichkeiten.

Namensraum `System.Xml` bietet allgemeine Klassen zur XML-Verarbeitung. Hier sind nur einfache bzw. häufig einsetzbare Klassen erwähnt, da ihre Anzahl sehr umfangreich ist.

- `XmlAttribute`: einzelnes Attribut
- `XmlAttributeCollection`: Attributsammlung
- `XmlCDataSection`: CDATA-Bereich
- `XmlCharacterData`: Textknoten
- `XmlComment`: Kommentarknoten
- `XmlConvert`: Datentypkonvertierung, nutzbar für XML Schema
- `XmlDeclaration`: `<?xml version='1.0' ...?>`
- `XmlDocument`: XML-Dokument
- `XmlDocumentFragment`: XML-Struktur als Teilbaum/Dokumentfragment
- `XmlDocumentType`: DTD-Deklaration

- XmlElement: ein Element
- XmlEntity: <!ENTITY ... >
- XmlEntityReference: Entitätsreferenz
- XmlException: Informationen über die letzte Ausnahme
- XmlNode: einzelner Knoten
- XmlNodeChangedEventArgs: Enthält Ereignis-Daten für geänderte, eingefügte, gelöschte Knoten
- XmlNodeList: Knotenliste
- XmlNodeReader: Lesemöglichkeit für Knoten (nur lesend, vorwärts gerichtet)
- XmlNotation: <!NOTATION ... >
- XmlParserContext: Allgemeine Parser-Informationen
- XmlProcessingInstruction: Prozessoranweisung
- XmlQualifiedName: Qualifizierter Name
- XmlReader: Lesemöglichkeit von XML-Daten (nur lesend, vorwärts gerichtet)
- XmlText: Textinhalt von Elementen oder Attributen
- XmlTextReader: Lesemöglichkeit von XML-Daten (nur lesend, vorwärts gerichtet)
- XmlTextWriter: Schreibmöglichkeit von XML-Daten (nur schreibend, vorwärts gerichtet)
- XmlValidatingReader: Lesemöglichkeit mit Validierung in DTD, XML Schema, XDR
- XmlWhitespace: Leerzeichen in XML-Daten
- XmlWriter: Schreibmöglichkeit von XML-Daten (nur schreibend, vorwärts gerichtet)

Namensraum System.Xml.Xsl enthält Klassen zur Verarbeitung von XSLT bzw. zur Steuerung des XSLT-Prozessors.

- XsltArgumentList: Speichert eine Liste von globalen Stylesheet-Parametern oder externen Objekten.
- XsltCompileException: Enthält die Ausnahme, die durch einen XSLT-Fehler im Prozessor beim Ladevorgang ausgelöst wird.
- XsltContext: Enthält den Kontextknoten, um XPath-Ausdrücke (Funktionen, Parameter, Namensräume) auszuführen.

- `XsltException`: Enthält die Ausnahme, die durch einen XSLT-Fehler im Prozessor bei der Verarbeitung ausgelöst wird.
- `XslTransform`: Aufforderung, die eigentliche Transformation durchzuführen

Namensraum `System.Xml.XPath` enthält Klassen zur Verarbeitung von XPath-Ausdrücken.

- `XPathDocument`: Bietet einen Zwischenspeicher für ein lesbares XML-Dokument, das mit XSLT verarbeitet wird.
- `XPathException`: Enthält die Ausnahme, die durch einen Fehler im Prozessor bei der XPath-Verarbeitung ausgelöst wird.
- `XPathExpression`: Kapselt die Verarbeitung eines XPath-Ausdrucks.
- `XPathNavigator`: Liefert Daten wie durch einen Cursor mit Hilfe eines XPath-Ausdrucks.
- `XPathNodeIterator`: Bietet Datenverarbeitung durch eine Reihe von ausgewählten Knoten.

7.3.2 Beispiel

Zunächst wird das grundlegende Zusammenspiel der verschiedenen benötigten Objekte gezeigt. Danach folgt ein Beispiel, bei dem ein globaler Stylesheet-Parameter aufgerufen wird.

Standardfall

Es müssen folgende Namensräume eingebunden werden:

- `Xml` aus dem Namensraum `System`
- `Xml.Xsl` und `Xml.XPath` aus dem Namensraum `Xml`

Die Klasse `XPathDocument` verwaltet die Pfadangabe der XML-Datei. Die Klasse `XslTransform` enthält die Pfadangabe der XSLT-Datei. Die Klasse `XmlTextWriter` schreibt die resultierende HTML-Datei, bei Instanzierung muss dann der `XmlTextWriter` wieder geschlossen werden.

```
using System ;
using System.IO ;
using System.Xml ;
using System.Xml.Xsl ;
using System.Xml.XPath ;

public class XmlTransformation
{
```

```
public static void Main(string[] args)
 {
   string XmlPfad;
   string XslPfad;
   Console.WriteLine("Bitte geben Sie den XmlPfad ein");
   XmlPfad = Console.ReadLine();
   Console.WriteLine("Bitte geben Sie den XslPfad ein");
   XslPfad = Console.ReadLine();
   Transformation(XmlPfad, XslPfad);
 }

public static void Transformation(string XmlPfad, string XslPfad)
 {
  try
     {
      //Laden der XML-Datei
      XPathDocument myXPathDoc = new XPathDocument(XmlPfad) ;
      XslTransform myXslTrans = new XslTransform() ;
      //Laden der XSL-Datei
      myXslTrans.Load(XslPfad) ;
      //Erstellen der result.html
      XmlTextWriter myWriter = new XmlTextWriter
                                 ("c:\\result.html", null);
      //Transformation der aktuellen XML-Datei
      myXslTrans.Transform(myXPathDoc,null, myWriter);
      myWriter.Close() ;
     }
  catch(Exception e)
     {
      Console.WriteLine("Exception: {0}", e.ToString());
     }
  }

public static void PrintUsage()
 {
  Console.WriteLine
  ("Usage: XmlTransformUtil.exe <xml path> <xsl path>");
 }
}
```

Listing 7.9: 731_01.cs – Standardfall

Parameter

Auch Parameter lassen sich leicht aus der aufrufenden Umgebung übergeben. Dazu gibt es die Klasse `XsltArgumentList`, die mit solchen Methoden wie `AddPa-`

ram (Parameter anfügen), GetParam (Parameter lesen), RemoveParam (Parameter löschen) oder Clear (alle Parameter löschen) die Parameter-Verwaltung implementiert.

```
public static void Transformation(string XmlPfad, string XslPfad)
 {
  try
     {
      //Laden der XML-Datei
      XPathDocument myXPathDoc = new XPathDocument(XmlPfad) ;
      XslTransform myXslTrans = new XslTransform() ;
      //Laden der XSL-Datei
      myXslTrans.Load(XslPfad);
      //Argumente können übergeben werden
      XsltArgumentList args = new XsltArgumentList();
      args.AddParam("Farbe", "", "blue");
      //Erstellen der result.html
      XmlTextWriter myWriter = new XmlTextWriter
                                   ("c:\\result.html", null);
      //Transformation der aktuellen XML-Datei
      myXslTrans.Transform(myXPathDoc, args, myWriter);
      myWriter.Close() ;
     }
   catch(Exception e)
    {
     Console.WriteLine("Exception: {0}", e.ToString());
    }
  }
```

Listing 7.10: 731_02.cs – Übergabe von Parametern

Kapitel 8

Dynamisches XSLT

So lange wir XSLT-Projekte durchführen und Teilnehmern in Seminaren von dieser herrlichen Technologie berichten, so lange erzählen wir auch von einer bestimmten Technik, die sich in vielen verschiedenen vergangenen Einsatzbeispielen hervorragend bewährt und zu sehr schönen Ergebnissen geführt hat. Bis zum Schreiben dieses Kapitels hatten wir zwar vor, davon auch in einigen Anmerkungen zu berichten, waren allerdings nicht sicher, wie man ein solches Kapitel nennen könnte. Wir werden auch in dieser Einleitung nicht verraten, worum es geht, sondern uns vielmehr einige Zeilen damit beschäftigen, dass wir ein Kapitel über ein Thema schreiben, für das wir uns jetzt sogar einen Titel überlegt haben. Das Thema lautet: dynamisches XSLT.

8.1 Grundlagen

Es ist nicht klar zu sagen, ob nur Projekte, mit denen wir zu tun haben, dynamisches XSLT gut einsetzen können oder ob überhaupt dynamisches XSLT eine raffinierte Variante ist, XML-Projekte aufzubauen. Es lohnt sich allerdings in jedem Fall, über die Techniken, den Algorithmus nur in Dateien unterzubringen oder das XSLT vollständig selbst vorzugeben, hinaus auch nach Alternativen zu suchen.

8.1.1 Besonderheiten von XSLT

Auf der einen Seite ist XSLT keine wirkliche Programmiersprache bzw. unterscheidet sich natürlich grundlegend von solchen Skriptsprachen wie PHP und vollständig objektorientierten Sprachen wie Java oder C#.

Man kann hier nicht nur die viel umfangreichere Syntax, die objektorientierte Struktur, sondern natürlich auch die beeindruckend vielen Funktionen bzw. die umfangreiche Klassenbibliothek anführen. Mit XSLT lässt sich vieles im XML-Bereich umsetzen, interessante Algorithmen lassen sich ebenfalls entwickeln, ohne auf das DOM und eine andere Sprache zu setzen. Besonders vorteilhaft ist immer, dass man XML mit XML-Techniken verarbeitet und einen von der umgebenden Anwendung quasi losgelösten Baustein bearbeitet. Dies erleichtert in vielfältiger Hinsicht auch die Arbeit im Team und schafft klare Strukturen in der Anwendung.

Lediglich wenn solche Anforderungen bestehen, dass bestimmte Werte noch aus einer Datenbank benötigt werden und man also während einer Transformation noch eine Datenbankabfrage absetzen möchte, lässt es sich nicht verhindern, dass man entweder auf eigene oder vordefinierte Prozessorerweiterungen zurückgreifen muss. Diese sind dann zwar innerhalb des Projekts nur ein syntaktisches und kein technisches oder sonst wie unlösbares Problem, fußen allerdings ausdrücklich auf einer anderen Programmiersprache und benötigen spezielle Prozessoren. Dies erschwert dann die Portabilität der Anwendung und die Wiederverwendung des Algorithmus mit einer anderen Technik, die möglicherweise diese Erweiterung nicht kennt oder – noch viel schlimmer – auch nicht zulässt.

Ein wichtiges Merkmal von XSLT ist natürlich, dass der Quelltext wie bei einer Skriptsprache nicht vorab kompiliert wird, sondern erst zur Laufzeit interpretiert wird. Dies erleichtert Quelltextkonstruktionen, die theoretisch in allen Skriptsprachen möglich wären, dort allerdings nicht oder zumindest unseres Wissens nicht tagtäglich eingesetzt werden. Oder haben Sie schon einmal von jemanden gehört, dass er ein PHP-Programm geschrieben hat, das passenden anderen PHP-Quelltext generiert und dann dieses generierte Programm verarbeiten lässt? Dies ist schon nicht mehr generische Programmierung, sondern die Entwicklung einer Programmiermaschine.

Wir wollen in diesem Kapitel nicht notwendigerweise eine XSLT-Programmiermaschine vorstellen. Auch wollen wir nicht mit der aufblitzenden Überlegung im letzten Absatz darauf hinweisen, dass die Techniken, die wir in diesem Kapitel vorstellen, auch mit anderen nicht-kompilierten Sprachen umgesetzt werden sollten, doch haben wir diese Techniken im Zusammenhang mit XSLT bereits vielfältig eingesetzt. Beide nachfolgenden Abschnitte zeigen, wie man kreativ mit XSLT umgehen kann, um komplexe Anwendungen zu entwickeln, in denen es offenbar nicht ausreicht, einfach nur einige XSLT-Dateien zu besitzen und den XSLT-Algorithmus daher dateibasiert vorzuhalten, sondern den Quelltext selbst wiederum dynamisch zu erzeugen. Dass dies überhaupt möglich ist, liegt vor allen Dingen an der sehr einfachen und – im Vergleich zu anderen Sprachen – sehr ungewöhnlichen Struktur von XSLT.

Folgende Bedingungen liegen in XSLT vor und lassen sich für den Zweck des *dynamischen XSLT* nutzen:

- Vorlagenbasierte Organisation von Strukturen, die in anderen Sprachen Unterroutinen, Funktionen, Methoden oder Prozeduren wären
- Beachtung der Ausführungsreihenfolge nur innerhalb von Vorlagen notwendig
- Keine tiefer gehende Verschachtelung des Programmiertextes notwendig, wenn man auf der Ebene der Vorlagen verbleibt

- Grundlegende Techniken von Überschreibung (Import) und dateibasierte Auslagerung und Wiederverwendung möglich
- Sehr einfache und nur auf die Hierarchieebenen bezogene Sichtbarkeits- und Gültigkeitsregelungen von Variablen und Parametern

8.1.2 Besonderheiten von XML-Technologien

Zusätzlich wollen wir neben der Beschreibung des dynamischen XSLT noch zwei weitere Begriffe einführen, die wir häufig bei der Beratung oder auch in Seminaren verwenden. Leider fehlt in Seminaren nur immer wieder Zeit, die hinter diesen Begriffen stehende Philosophie umfassend auch einmal mit Beispielen zu versehen. Vermutlich muss man auch seinen Weg im XML-Universum etwas länger voranschreiten, um das große Potenzial zu entdecken, das sich hinter den einfachen Textdateien versteckt.

Man erlebt es immer wieder, dass Kollegen, die zwar XML einsetzen, aber sich nicht in einem größeren Maße mit diesem Thema beschäftigen, sich wundern, welch große Anwendungen man mit einfachen Textdateien einrichten kann, die von der Syntax nicht einmal an Skriptsprachen wie PHP heranreichen. Natürlich – das muss man immer betonen – gibt es keine Lösungen, Anwendungen aufzubauen, die über die Verarbeitung von XML hinausgehen oder mit Datenbanken, IP-Adressen und auch noch mit Grafiken und Spielen umgehen können. Dies ist auch für gewöhnlich nicht notwendig, wenn man XML-Daten zu verarbeiten hat. Allerdings ist der vorhandene Werkzeugkasten aus dem XML-Universum schon so groß geworden, dass man bei jedem neuen Projekt neue Standards, fertige Lösungen und selbstverständlich Kombinationen und Varianten kennen lernt.

Unverstandenes XML

Für viele Leute, die sich nur für sehr einfache Datenstrukturen mit XML interesserien, stellt XML tatsächlich nur ein etwas besseres Textformat als kommagetrennte Werte dar. Viele verwechseln es auch oft mit HTML oder halten es für eine reine Verbesserung von HTML, »in dem man nun eigene Tags angeben kann«. Glücklicherweise hat die Masse der Veröffentlichungen stark nachgelassen, in denen genau diese Beschreibung oder Kurzdefinition von XML zu finden ist. Wir können uns noch sehr gut an die Zeiten erinnern, in denen völlig unnütze Bücher auf dem Markt auftauchten, in denen HTML und XML zusammen erklärt wurden, wobei sich natürlich die Erklärung von XML auf die obige Definition beschränkte und schnell noch die Erkenntnisse verbreitet wurden, die im XML-Standard zur allgemeinen Syntax zu finden waren. Dass man mit diesen Erkenntnissen leider aber auch gar nichts machen konnte, weil die XML-Daten in keinem Browser der damaligen Zeit transformiert wurden, man ja ohnehin im gleichen Buch kein XSLT fand und nicht einmal CSS für XML zur Darstellung verwendet werden konnte, weil auch dieser Standard noch ganz neu war, störte weder Autor noch Verlag. Denn XML war hauptsächlich die Antwort darauf, wie man mit dem Thema HTML ein Buch von 1000 Seiten füllen konnte. Hier wurden auch oft die restlichen Seiten flugs mit JavaScript aufgefüllt.

Nun muss man allerdings zugeben, dass keine Anwendung hauptsächlich aus der Erfassung, Speicherung und Transformation von XML-Daten besteht. Es ist allerdings ebenfalls zuzugeben, dass auch nicht jede Anwendung nur eine zehnzeilige XML-Struktur austauscht, weil einige Felder optional sind und dies in kommagetrennten Werten im konkreten Fall so ungünstig abzuprüfen ist. Wir beraten allerdings Unternehmen tatsächlich seit dem ersten Auftreten von XML auch bei der Entwicklung von Anwendungen, deren Hauptaugenmerk die XML-Daten sind und in denen es gerade nicht um all die schönen anderen Dinge geht, die mit Java oder C# viel besser oder überhaupt umgesetzt werden können.

Für diese Projekte haben wir die zwei Begrifflichkeiten eingeführt, die in den nachfolgenden Abschnitten beschrieben werden. Es sind keine herausragenden Fachbegriffe. Sie müssen auch nicht extra aus dem Englischen ins Deutsche übersetzt werden. Wir haben uns auch keine Mühe gemacht, sie in ein Akronym umzuwandeln und dieses dann in einer Fußnote zu erläutern, sondern wir benutzen es schon seit Jahren und kommen gut mit ihnen in deutscher Fassung zurecht. Die Praxis hat auch gezeigt, dass insbesondere der zweite Begriff dazu neigt, schnell in das Kundenvokabular aufgenommen zu werden.

Kreativer Umgang mit XML-Techniken

Eine große Menge an Projekten im Software-Bereich versucht, Probleme zu lösen, die andere Projekte entweder schon genauso oder in ähnlicher Weise gelöst haben. Da man nicht jeden Quelltext im Internet veröffentlicht, den man selbst geschrieben hat, muss man sich nicht wundern, wenn man auch nicht jeden benötigten Quelltext dort findet. Schade ist es allerdings immer wieder, dass dies auch in beliebig großen und kleinen Unternehmen der Fall ist und dort ebenfalls so viele Räder neu erfunden werden, dass ganze Fahrrad-Marathons in der Mittagspause möglich wären.

Im Bereich von Open Source und auch XML ist dies ein völlig anderes Bild. Während bei Open Source tatsächlich ganze Quelltextbrocken im Internet, auf Buch-CD etc. zu finden sind, die teilweise sogar ganze Anwendungen umsetzen, findet man im XML-Bereich nicht notwendigerweise ganze XSLT-Projekte, sondern vor allen Dingen Datenmodelle. Es gibt zwar wie immer eine ganze Reihe von Webseiten, auf denen man gerade XSLT- oder auch SVG-Beispiele finden und auch für sich nutzen kann, doch gerade im XML-Umfeld sind die Datenmodelle von herausragender Bedeutung.

Man kann nicht erwarten, dass, wenn man eine XML-Schnittstelle programmieren soll, die zwischen Unternehmen(sbereichen) Daten standardisiert austauschen soll, genau eine passende Transformation für die eigenen Daten findet. Es lohnt sich allerdings immer wieder, im Internet oder teilweise auch nicht nur vor der eigenen Haustür, sondern sogar im eigenen Haus nach Standards zu suchen. Die meisten Probleme, die uns erschreckend individuell erscheinen, sind es in Wirklichkeit gar nicht, sondern sind bereits durch einen fertigen Standard gelöst. Man darf natürlich auch hier nicht erwarten, dass tatsächlich der gesamte Standard sofort für die eigenen Probleme benutzt werden kann. Doch vielleicht steckt entweder eine interessante Datensicht oder Modellierung im vorhandenen Standard oder man kann sich umfangreiche Anregungen für auf den Standard aufbauende Modellierungen holen. Es gibt Standardvorschläge von Industrieverbänden, Herstellerfirmen, Universitäten, unabhängigen Gremien, Standard-Organisationen, Vereinen und sonstigen Organisationen. Es gibt Standardvorschläge für Bestellungen, Kataloge, Finanz-/Bilanz-/Transaktionsdaten, Projektbeschreibungen, Artikel, Bücher, Lebensläufe/Profile.

Normalerweise kennt man allerdings nur solche Standards wie die für Webinhalte (HTML), Druckformate (XSL-FO) oder Grafiken (SVG). Das liegt natürlich daran, dass sie mit Veröffentlichungen in Form von Spezialartikeln oder auch ganzen Büchern einen so hohen Bekanntheitsgrad erreicht haben, dass sie wie natürlich vorgegebene Alternativen erscheinen. Doch nicht nur vom W3C, auch von ganz anderen Autoren sind Standardvorschläge vorhanden.

Die Kunst besteht darin, mögliche Standards zu finden, zu untersuchen und zu erkennen, ob die Struktur, über die man bei Google gestolpert ist, tatsächlich eine Trouvaille ist oder in Wirklichkeit völlig unbrauchbar. Nur weil man selbst diesen Standard nicht kennt oder von niemanden gehört hat, der jemanden kennt ..., kann es durchaus sein, dass genau in diesem fertigen Standard die passende Datenmodellierung steckt. Sollte man meinen, dass nur Teile oder viel zu viel umgesetzt wurde, kann man das Gefundene immer noch für sich selbst nutzen, indem man es variiert oder die Benennungskonventionen sowie raffinierte Strukturen weiterverwendet.

Im XML-Bereich muss man auch als Berater immer schnell reagieren bzw. sich schnell in fremde Datenstrukturen eindenken, die oftmals von den Kunden nicht vollständig verstanden werden. Daher erfordert es ja gerade eine Beratung, um für das XML-Projekt eine geeignete und für viele Fälle (Speicherung, Verarbeitung, Durchsuchung) gute Modellierung zu entwickeln. Hier lohnt es sich immer wieder, die Kunden zu fragen, inwieweit überhaupt bereits versucht wurde, Standards zu verwenden. Gibt es Standards? Haben Sie welche gefunden? Warum fanden Sie diese Standards ungeeignet? Gibt es noch Alternativen? Müssen Sie das Rad unbedingt neu erfinden? Oft scheitert die Fragestunde schon zu Beginn, weil gar nicht klar war, dass es neben dem W3C und der ISO überhaupt noch Organisationen gibt, die XML-Standards veröffentlichen. Die sind meistens natürlich auch nicht so aufregend wie XML Schema oder XSLT, weil man sie nicht auf einer Meta-Ebene einsetzen kann, sondern weil sie tatsächlich nur einen bestimmten Weltausschnitt modellieren.

Interessant und amüsant wird es immer dann, wenn man höflich vortragen kann, doch einmal jemanden zu beauftragen und im Unternehmen Erkundigungen einzuholen, ob möglicherweise irgendwo auf der Welt eine Kollegengruppe selbst wieder an einem passenden Standard mitarbeitet. Auch dies haben wir schon erlebt. Die Beratung hatte dann im ersten Schritt weniger mit XML, sondern mehr mit interner Kommunikation zu tun und förderte ganz neue Kooperationen und Qualitätszirkel hervor. Interessant und weniger amüsant ist es immer dann, wenn zwar das Rad neu erfunden werden soll, aber leider völlig ungeeignetes Material zum Einsatz kommen soll. Dies liegt dann vor, sobald der falsche Standard verwendet wird. Oftmals hängt es mit der Modellierung von eher abstrakten Daten zusammen, die nicht einen genauen fachlichen Bereich abbilden, sondern quasi metaphysischer Natur sind. Hier mussten wir eine Gruppe von Programmierern enttäuschen, dass XML Schema für die Abbildungen von Ontologien nicht geeignet ist bzw. ihnen erst einmal verdeutlichen, welche grundlegende Natur ihre Daten eigentlich aufwiesen. Solange diese Holprigkeiten am Anfang des Weges entdeckt und korrigiert werden, ist alles in Ordnung und hat sich auch die Beratung gelohnt. Ganz katastrophale Situationen gibt es aber leider auch immer wieder, wenn aus psychologischen Gründen mannigfaltiger Art ein eingeschlagener falscher Weg verbissen und aus Angst vor der Wahrheit konsequent weiter verfolgt wird und dann sozusagen nur noch die Verkaufsbroschüre so modifiziert werden kann, dass sie dem entstandenen Produkt entspricht. Für alle erwähnten Typen könnten wir von interessanten Beispielen erzählen, doch ist dies vermutlich nicht der richtige Ort für Plaudereien über Geschäftsreisen.

Was ist nun mit dem *kreativen Umgang mit XML-Technologien* gemeint?

Auf der einen Seite ist die Datenmodellierung ein fundamentaler Bestandteil von Software-Projekten. Dies gilt für XML-Daten umso mehr, weil hier normalerweise ganz banale Datenoperationen (Import, Export, Transformation zur Darstellung) durchgeführt werden sollen. Wenn diese Erkenntnis – wie auch sehr oft im XML-Bereich anzutreffen – nicht im Projekt gelebt wird und der Datenmodellierung nicht der von uns erkannte Stellenwert zugeschrieben wird, dann sind die Katastrophen, von denen wir nach der Geschäftsreise gerne bei der Mittagspause berichten, nicht zu verhindern.

Auf der anderen Seite gibt es eine Vielzahl an fertigen XML-Standards. Diese beziehen sich durchaus nicht immer auf die reine Datenmodellierung, sondern stellen auch mit entsprechenden Prozessoren etc. eigene Technologien dar. Hier ist wichtig, sich überhaupt einen Eindruck zu verschaffen, was in diesem immer noch sehr jungen und innovativen Software-Bereich überhaupt als Spielmaterial zu verwenden ist.

Diese vielen XML-Technologien, von denen die meisten bezüglich Spezifikationen, Beispielen und auch Prozessoren kostenlos zur Verfügung stehen, sollte man untersuchen und daraufhin abklopfen, ob sie für das eigene Projekt irgendeine Art von Nutzen bieten können. Kann man sie direkt verwenden, umso besser. Dies könnte beispielsweise bei solchen schon seit längerer Zeit eingeführten Standards wie DocBook, MathML, CML, XBRL, UBL, BMECat oder XForms der Fall sein. Sollten Sie einige dieser Standards noch nicht kennen, dann können Sie daran erkennen, dass es offensichtlich eine ganze Menge an Standards gibt, wobei diese tatsächlich seit längerer Zeit existieren und mit Sicherheit keine schlechte Wahl darstellen. Wenn allerdings kein Standard geeignet zu sein scheint, das aktuelle spezifische Problemfeld zu beschreiben, oder scheinbar keine geeignete fertige Lösung vorliegt, einen Algorithmus umzusetzen, dann kann man kreativ mit vorhandenen Strukturen umgehen und sie für andere Zwecke verwenden.

Als Beispiel wollen wir kreative Einsatzbereiche von XML Schema aufzählen. Dies lohnt sich insoweit, als dass XML Schema sicherlich bekannt ist und daher der Unterschied zwischen dem typischen Einsatz – Validierung/Modellierung von XML-Daten – umso deutlicher zu Tage tritt:

- Modellierung von relationalen Datenbankstrukturen zur Umwandlung in SQL
- Modellierung von objektrelationalen Datenbankstrukturen zur Umwandlung in SQL
- Modellierung von Formularstrukturen, die mit Hilfe von XSLT zu XForms- oder HTML-Formularen umgewandelt werden können
- Beschreibung von Datenbank-Abfrageergebnissen in Form von Meta-Daten der Abfrage

Hinweis

Sie finden im ersten Band dieser Reihe Beispiele für die Erzeugung von HTML-Formularen aus XML Schema-Strukturen. Ebenso zeigen wir dort, wie aus XML Schema-Dateien SQL-Quelltext generiert wird. Dies sind keine Beispiele für dynamisches XSLT, weil schließlich keine Zeile XSLT-Syntax generiert wird, sondern dies sind Beispiele für den kreativen Einsatz von XML Schema für Situationen, in denen man auf bestimmte Eigenschaften seiner Syntax zurückgreift, die für Formulare und SQL nützlich sind.

Einige mögen anmerken, dass vielleicht das kreative Nutzen von vorhandenen XML-Strukturen intellektuell herausfordernd ist, weil man damit zeigen kann, dass man eine bestimmte Syntax augenscheinlich gut beherrscht. Allerdings lässt es sich auch als Zweckentfremdung und Missbrauch deuten, der im schlimmsten Fall gar nichts mit der ursprünglichen Sinngebung eines Standards zu tun hat. Andere mögen allerdings anmerken, dass dies – wie so oft – eine Frage des Einzelfalls ist und man letztendlich auch nur schwerlich eine vorhandene XML-Struktur so zweckentfremden kann, dass quasi das erreichte Ergebnis mehr Nach- als Vorteile bietet. Es wäre also mit Sicherheit weder zielführend noch sonderlich beeindruckend, XML Schema so zu verfremden, dass man es anstelle von XPath oder XQuery für die Abfrage von XML-Strukturen verwenden kann.

Kreativer Umgang mit vorhandenen XML-Strukturen kann sich also auf folgende Bereiche erstrecken, die sich in ihrer unterschiedlich intensiven oder originalen Nutzung des Standards messen lassen:

- Erkennen von Strukturen, die ähnlich ebenfalls für Modellierung genutzt werden
- Erweiterung mit zusätzlichen Eigenschaften in Form von Textknoten, Fremdattributen oder -elementen
- Einschränkung der vorhandenen Strukturen für bessere Abbildung oder einfacherer Verarbeitung für erweiterte Nutzungsmöglichkeiten

Syntaxpäckchen

Im Gegensatz zum kreativen Umgang mit XML-Technologien ist das Phänomen der *Syntaxpäckchen* weder psychologisch noch metaphysisch aufgeladen. Es ist vielmehr eine Erkenntnis, die in jedem Fall in XML Schema und XSLT zu finden ist. In anderen XML-Technologien kann man sie teilweise auch entdecken, allerdings gibt es keine Syntax, die an die Reinheit von XSLT-Päckchen heranreicht.

Offensichtlich gehört doch ein Schuss Esoterik in dieses Thema, denn, wie man gerade lesen konnte, gibt es verschiedene Reinheitsgrade bezüglich der Syntaxpäckchen, und XSLT scheint hier eine besonders vorbildliche Syntax aufzuweisen. In dieser Technologie stellen die Päckchen nämlich die einzigen Vorlagen dar. Lediglich die globalen Variablen, Parameter sowie mögliche Einbettungselemente wie `xsl:import` und `xsl:include` stören die Dateiorganisation. Ein Päckchen ist ein in sich abgeschlossener Bereich in einer XML-Struktur. Während dies bei XSLT eine Vorlage ist, so könnten dies bei XML Schema alle globalen Strukturen sein, die gerade keine Einbettungsvorgänge wie `xs:include`, `xs:import` oder `xs:redefine` darstellen. Bei XML Schema ist die Auswahl an globalen Strukturen besonders umfangreich, was für ihren Einsatz bisweilen ein höheres Maß an Sorgfalt verlangt. Globale Strukturen, die sinnvoll auch als Päckchen bezeichnet werden können, sind die folgenden primären Komponenten:

- Definition von einfachen Typen
- Definition von komplexen Typen

- Attributdeklarationen
- Elementdeklarationen

Zusätzlich könnten noch folgende sekundäre Komponenten für Sonderfälle oder auch die gleichen Ziele wie bei den primären Komponenten betrachtet werden:

- Attributgruppendefinitionen
- Identitätsbeschränkungsdefinitionen
- Elementgruppendefinitionen
- Notationsdeklarationen

Unabhängig davon, ob die betrachteten Päckchen zu XML Schema oder zu XSLT gehören, ihnen ist gemein, dass man eine entsprechende Datei zur Validierung oder Transformationen aus ihnen zusammensetzen kann. Da XML Schema hier sehr viele Kandidaten anbietet, lohnt es sich, die entsprechende Syntax für den speziellen Gebrauch zu vereinfachen.

Das Grundprinzip der Päckchenverwendung läuft darauf hinaus, dass man sie in einer Datenbank speichert. Die Anordnung und Datenmodellierung der Datenbank selbst könnte dann für ein Berichtssystem, für die Erstellung von dynamischen Formularen etc. optimiert werden. Dies eröffnet Möglichkeiten, XSLT und XML Schema dynamisch anhand einer Abfrage und Datenbankroutine zusammenzusetzen und somit eine datenbankbasierte Auslagerung und Wiederverwendung innerhalb der XML-Anwendung einzurichten. Dies erfordert einen sehr viel höheren Planungsaufwand und natürlich eine entsprechende Verwaltung der Päckchen in der Datenbank sowie die Erstellung eines Generators, der aus den einzelnen Päckchen funktionstüchtige Dateien erstellt. Dies erlaubt eine datenbankbasierte Speicherung von Algorithmenbestandteilen, ganz andere Pflegemechanismen und erfordert auf psychologischer Ebene eine ganz andere Art der Planung und Modellierung, die allerdings regelmäßig dem Projekt auf hervorragende Weise zugute kommt. Was die eigentliche Anwendungsentwicklung anbetrifft, so ist es zweckmäßig zu überprüfen, ob die Struktur der Päckchen tatsächlich dazu führt, dass die einzelnen Bausteine, aus denen die XML-Daten bestehen, in irgendeiner vorteilhaften Weise nun besser validiert und verarbeitet werden können. Grundsätzlich könnte man natürlich auch flexible Strukturen entsprechend modellieren und auch in der Transformation berücksichtigen. Übersteigt allerdings die Flexibilität eine kritische Schwelle, dann lohnt es sich durchaus, die vielfältigen Berichte, Formulare oder Texte auch mit individuellen, nach Päckchen sortierten und dynamisch für die Dokumentgruppe erstellten Transformationen und Validierungen zu verarbeiten.

Es besteht natürlich kein Zwang, unbedingt Päckchen von XML Schema und XSLT zu betrachten. Es gibt auch genug Situationen, in denen lediglich das XSLT dynamisch zusammengesetzt wird, weil sich nur die Verarbeitung unterscheidet, während die Modellierung völlig umfassend für das gesamte System ist. Allerdings ist es ein zusätzlicher Reiz, beispielsweise umfassenden Gebrauch von globalen komplexen Typen zu machen und sozusagen für einen jeden dieser Typen auch eine passende XSLT-Vorlage zu erstellen, die dann – ebenfalls ein zusätzlicher ästhetischer Reiz der Anwendung – in der gleichen Datenbankzeile gespeichert wird.

Diese Technik kann sich selbstverständlich auch für andere Technologien im XML-Bereich anbieten, doch oft stellen die Validierungs- und Transformationsdateien bereits das Kernstück der Anwendung dar oder lassen sich aus diesen Daten wiederum andere XML-Fomate wie z.B. SVG oder XForms erzeugen.

Ohne schon detailliert auf diesen datenbankgestützten Aufbau einzugehen, möchten wir diese Ausführung darauf beschränken, dass das Wort Päckchen im Sinne einer globalen Struktur zu verstehen ist, aus der ein XML-Dokument grundlegend zusammengesetzt ist. Man könnte es auch als kleinsten Baustein bezeichnen, was bei einer XSLT-Vorlage besonders deutlich hervorsticht. Andererseits kann dies wie im Fall von XML Schema auch wiederum eine zusammengesetzte Struktur aus z.B. globalen Elementen mit atomaren Datentypen bedeuten, die nur per Definition nun zu einem Grundbaustein der Anwendung wird. Wenn man die Päckchentheorie erst einmal verinnerlicht hat, dann wird man auch in vielen anderen XML-Strukturen plötzlich Päckchen entdecken und kann versuchen, diese für die Anwendung in einer besonderen Form zu verwenden. Ob dies auch einmal zu einer »päckchenorientierten Programmierung« führt, das vermögen wir allerdings noch nicht abzuschätzen.

8.2 XSLT erzeugen

Eine erste Methode, in der mit XSLT eine besondere Art der Dynamik verbunden ist, ist sicherlich, das XSLT selbst komplett dynamisch zu erzeugen. Es ist damit nicht eine generische Programmierung gemeint, sondern ein Umgehen mit der Syntax und der XSLT-Technologie selbst, die in anderen Programmiersprachen grundsätzlich auch umgesetzt werden kann, die dort allerdings durch etwaige zusätzliche Kompilierung etc. schwerfällig, langsam und wenig zielführend wäre. Auch im XSLT-Bereich muss man natürlich die Anwendungsfälle suchen, in denen ein solches Vorgehen Sinn macht, bzw. es müssen überhaupt erst einmal bestimmte Voraussetzungen erfüllt sein, die einen XSLT-Generator als bessere Lösung erscheinen lassen als eine Änderung/Neu-Erstellung der Syntax von Hand. Uns geht es auch in diesem Abschnitt weniger darum, die konkreten Einsatzmöglichkeiten mit Projektbeispielen aufzulisten, sondern überhaupt dafür zu sensibilisieren, einen solchen Weg zu gehen.

8.2.1 Neu-Erzeugung aus XML Schema

Mit einem einfachen Beispiel, das allerdings dennoch relativ viel Quelltext erforderlich macht, zeigen wir zum einen den kreativen Umgang mit einem Standard wie XML Schema und zum anderen ein Beispiel für dynamisches XSLT. Normalerweise benötigt man XML Schema für die Modellierung von XML-Strukturen in planerischer Hinsicht. Das entstandene Modell kann dann später innerhalb der Anwendung auch für die Validierung von zu transformierenden/verarbeitenden XML-Daten zum Einsatz kommen. In dieser Hinsicht kann es selbstverständlich auch im folgenden Beispiel verwendet werden. Wir haben also noch keine Änderung an der Syntax durchgeführt, und auch der Einsatz für die Validierung bleibt erhalten. Allerdings verwenden wir die XML Schema-Datei auch noch dazu, um sie als Quelldatei für eine spezielle Transformation zu verwenden – nämlich für die Erzeugung von für dieses XML Schema zuständigen XSLT-Anweisungen.

Das gesamte Beispiel ließe sich auch so umsetzen, dass man mehr von der allgemeinen Struktur der XML-Datei ausgeht und einige allgemeine Vorlagen entwickelt, die auf den Strukturen basieren und die gleiche Transformation durchführen. Allerdings ist per Annahme für dieses Beispiel überaus wichtig, dass am Ende eine XSLT-Datei entsteht, die eindeutig die Namen von Elementen und Attributen der Datei verwendet. Dies erleichtert die Lesbarkeit oder auch die Weiterverarbeitung der entstandenen Datei für andere oder anspruchsvollere Transformationen. Das Modell beschreibt eine einfache Erfolgsübersicht, die in dieser Form schon mehrfach in diesem Buch wie auch in anderen Büchern zum Einsatz kam. Sie enthält innerhalb des Wurzelelements `Erfolguebersicht` beliebige viele `Erfolg`-Elemente, die ihrerseits die Anzahl von `Gesamtkunden` und `Neukunden` sowie die `Stadt` und den `Monat` speichern, auf den sich die Kundenzahlen beziehen. Um die Syntax und damit auch die Verarbeitung in XSLT möglichst einfach zu halten, verwendet diese Datei einfachstes Babuschka-Design und überhaupt keine globalen Strukturen.

```
<?xml-stylesheet type="text/xsl" href="821_01.xslt"?>
<xs:schema xmlns:xs="http://www.w3.org/2001/XMLSchema" elementFormDe-
  fault="qualified">
  <xs:element name="Erfolguebersicht">
    <xs:complexType>
      <xs:sequence>
        <xs:element name="Erfolg" maxOccurs="unbounded">
          <xs:complexType>
            <xs:sequence>
              <xs:element name="Gesamt" type="xs:string"/>
              <xs:element name="Neukunden" type="xs:string"/>
            </xs:sequence>
            <xs:attribute name="Stadt" type="xs:string" use="required"/>
```

```
                <xs:attribute name="Monat" type="xs:string" use="required"/>
              </xs:complexType>
            </xs:element>
          </xs:sequence>
        </xs:complexType>
      </xs:element>
    </xs:schema>
```

Listing 8.1: 821_01.xsd – Einfache Umsatzübersicht

In Abbildung 8.1, die Attribute und Elemente zeigt, erkennt man ebenfalls sehr deutlich die einfache Struktur des Modells.

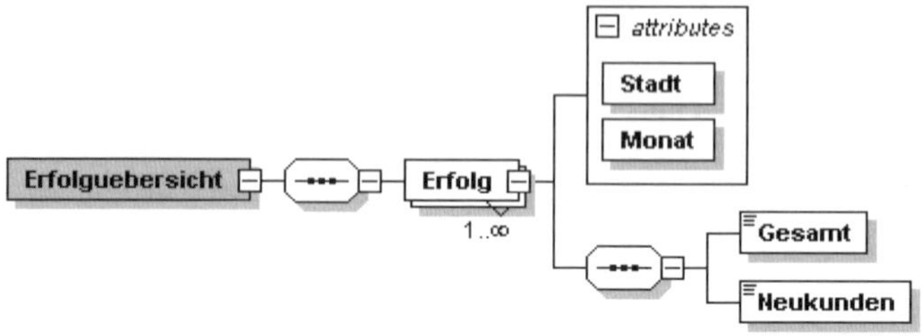

Abb. 8.1: Baumstruktur

Man strebt mit der nachfolgenden Transformationsdatei, die nicht einfache XML-Daten, sondern das gerade vorgestellte XML Schema verarbeiten soll, eine simple Ausgabe in Listenform an. Im Anschluss an dieses Beispiel finden Sie noch weitere Hinweise für anspruchsvollere Ziele als diese einfache Liste, doch die Syntax von XSLT ist zunächst an diesem einfachen Beispiel zu erklären, denn XSLT mit XSLT zu erzeugen ist noch um eine Stufe verwirrender als XML Schema-Dateien zu transformieren, um neue XML Schema-Dateien zu erzeugen.

Hinweis

Sie finden ein Beispiel für die Umwandlung von XML Schema-Dateien zur Verflachung von Hierarchien etc. im zweiten Band dieser Reihe.

Damit das gesamte Dokument verstanden wird, drucken wir es auch komplett ab, was normalerweise nicht der Fall ist. Innerhalb des Wurzelelements `xsl:stylesheet` befinden sich sowohl alle Namensräume wie auch die zusätzliche Anweisung `exclude-result-prefixes`, die verhindern soll, dass diese Namensraumangaben im HTML-Bereich im zu erzeugenden XSLT-Dokument erscheinen.

Die Ausgabe dieses Dokuments ist natürlich XML, weil XSLT ein spezieller und sehr nützlicher XML-Dialekt ist.

Es wäre nicht unbedingt notwendig, einen globalen Parameter für Elementnamen zu verwenden. Weil die XML Schema-Syntax unveränderlich ist und letztendlich nur auf die Angaben in solchen Attributen wie `name` oder `type` Bezug genommen wird, könnte gerade dieser Parameter bei dem vorgestellten XML Schema ausfallen. Man erreicht das Wurzelelement der aktuellen XML Schema-Datei über den Ausdruck `//xs:element[parent::xs:schema]`. Allerdings könnte es sein, dass verschiedene globale Elemente vorhanden sind, sodass bei einem XML Schema-Prozessor auch die Angabe des Wurzelelements notwendig ist, damit der Prozessor bzw. in diesem Fall die Transformation weiß, an welcher Stelle der Einsprungpunkt sein soll.

Danach folgen alle Angaben für das benötigte `xsl:stylesheet`-Element in der Zieldatei. Dies betrifft die Namensraumangaben, das `xsl:output`-Element sowie seine Attribute. Wir verwenden die etwas umständlichen Elemente `xsl:element` und `xsl:attribute`, um Elemente und Attribute zu erzeugen. Doch so kommen wir nicht in Konflikt mit den anderen Elementen aus dem `xsl`-Namensraum, müssen auch keinen neuen Namensraum angeben und können sehr deutlich in der Syntax sehen, was Ausgabe-XSLT und was Verarbeitungs-XSLT darstellt.

```
<xsl:stylesheet version="2.0"
     xmlns:xsl="http://www.w3.org/1999/XSL/Transform"
     xmlns:xs="http://www.w3.org/2001/XMLSchema"
     xmlns:fn="http://www.w3.org/2005/02/xpath-functions"
     xmlns:xdt="http://www.w3.org/2005/02/xpath-datatypes"
     exclude-result-prefixes="fn xdt xs">
  <xsl:output method="xml" version="1.0" encoding="UTF-8" indent="yes"/>
  <!-- Globale Parameter -->
  <xsl:param name="Wurzel"/>
  <!-- Startvorlage -->
  <xsl:template match="/xs:schema/xs:element[parent::xs:schema]">
    <xsl:element name="xsl:stylesheet">
      <xsl:attribute name="version">2.0</xsl:attribute>
      <xsl:namespace name="fn">http://www.w3.org/2005/02/xpath-
                                 functions</xsl:namespace>
      <xsl:namespace name="xdt">http://www.w3.org/2005/02/xpath-
                                 datatypes</xsl:namespace>
      <xsl:namespace name="xs">http://www.w3.org/2001/XMLSchema</xsl:namespace>
      <xsl:element name="xsl:output">
        <xsl:attribute name="method">html</xsl:attribute>
        <xsl:attribute name="version">1.0</xsl:attribute>
        <xsl:attribute name="encoding">UTF-8</xsl:attribute>
```

```
        <xsl:attribute name="indent">yes</xsl:attribute>
      </xsl:element>
```

Listing 8.2: 821_01.xslt – Ausgabe der Ausgabe des Beginns

Im Anschluss an das Ausgabedokument folgt der in vielen Beispielen verwendete Kommentar `Startvorlage`. Zwar wird es nur eine Vorlage geben, doch wir haben ihn in den zurückliegenden Beispielen so oft ausgegeben, dass wir ihn auch einmal per XSLT erzeugen wollen. Hiernach schließt sich immer die Vorlage an, die als Erstes in der Transformation aufgerufen wird und beim Wurzelknoten und bisweilen auch beim Wurzelelement beginnt. Da eine XSLT-Datei zu erstellen ist, die HTML ausgeben soll (alles andere wäre vermutlich zu extrem gewesen), benötigen wir eine kurze Ausgabe bzw. eine Ausgabe der Ausgabe für den Seitentitel. Hier kann man schon erkennen, wie der Aufruf von XPath-Anweisungen aussieht, die nicht ausgeführt werden sollen: Sie befinden sich als einfache Zeichenketten im Dokument und werden genauso in den Ausgabestrom geschrieben.

```
      <xsl:comment>Startvorlage</xsl:comment>
      <xsl:element name="xsl:template">
        <xsl:attribute name="match"><xsl:value-of select="('/',
                                     $Wurzel)"/></xsl:attribute>
        <html>
          <head>
            <title>
              <xsl:element name="xsl:value-of">
                <xsl:attribute name="select">local-name(/*)</xsl:attribute>
              </xsl:element>
            </title>
          </head>
          <body>
```

Listing 8.3: 821_01.xslt – Ausgabe der HTML-Ausgabe

Innerhalb des `body`-Elements sollen dann die Verarbeitungsanweisungen für die einzelnen `Erfolg`-Elemente vorhanden sein. Wichtig ist hier, dass wir natürlich gerade nicht den Namen des `Erfolg`-Elements nennen, denn dann könnten wir genauso gut das Zieldokument unmittelbar verfassen. Stattdessen greifen wir in Form einer allgemeinen Vorlage auf die Strukturen zu und verarbeiten Kindelemente wie Attribute auf die gleiche Weise.

Wichtig

Die Attributdeklarationen sind nicht formatiert, weil keine Leerzeichen oder Zeilenumbrüche in den Ausgabestrom geschrieben werden sollen, die nur auf Basis der buchgerechten Formatierung entstanden wären.

Da in der XPath-Ausgabe die Attributachse komplett oder in Abkürzung auftauchen muss, ist es zudem notwendig, eine hässliche Fallunterscheidung für die beiden Aufrufe der Abkömmlinge unterzubringen, die die Lesbarkeit nicht sonderlich erhöht.

```
          <xsl:for-each select="//xs:element[count(ancestor::xs:ele-
  ment)=1]">
            <ul>
              <xsl:element name="xsl:for-each">
                <xsl:attribute name="select"><xsl:value-of
                   select="//xs:element[@name=$Wurzel]/
                     descendant::xs:element[1]/@name"/></xsl:attribute>
                <li>
                  <xsl:for-each select="descendant::xs:element |
                                          descendant::xs:attribute">
                    <xsl:variable name="Name" select="@name"/>
                    <xsl:element name="xsl:value-of">
                      <xsl:attribute name="select">(local-name(<xsl:if
  test="local-name(.)='attribute'">@</xsl:if><xsl:value-of
  select="$Name"/>),': ', <xsl:if test="local-name(.)='attribute'">@</
  xsl:if><xsl:value-of select="$Name"/>, ' ')</xsl:attribute>
                    </xsl:element>
                  </xsl:for-each>
                </li>
              </xsl:element>
            </ul>
          </xsl:for-each>
        </body>
      </html>
    </xsl:element>
  </xsl:element>
 </xsl:template>
</xsl:stylesheet>
```

Listing 8.4: 821_01.xslt – Ausgabe der Ausgabe

In der Ausgabe erhält man tatsächlich nicht nur eine XSLT-Datei, sondern darüber hinaus Verarbeitungsanweisungen, die speziell für die vom XML Schema modellierten Daten sind. Das Dokument ist leider nicht sehr komplex, was sich auch nachher in der Testausgabe widerspiegelt, doch soll dies nicht die Raffinesse der Vorgehensweise schmälern. Mit Hilfe einer XSLT-Datei, die eher mit allgemeinen Strukturen arbeitete und daher die üblichen Leseherausforderungen bot, hat man eine weitere XSLT-Datei erstellt, die auf einem XML Schema basiert und die Knoten wie Elemente und Attribute deutlich benennt und daher viel einfacher zu lesen ist.

```
<xsl:stylesheet xmlns:fn="http://www.w3.org/2005/02/xpath-functions"
                xmlns:xdt="http://www.w3.org/2005/02/xpath-datatypes"
                xmlns:xs="http://www.w3.org/2001/XMLSchema"
              xmlns:xsl="http://www.w3.org/1999/XSL/Transform" version="2.0">
  <xsl:output method="html" version="1.0" encoding="UTF-8" indent="yes" />
  <!--Startvorlage-->
  <xsl:template match="/ Erfolguebersicht">
    <html xmlns="">
      <head>
        <title>
          <xsl:value-of select="local-name(/*)" />
        </title>
      </head>
      <body>
        <ul>
          <xsl:for-each select="Erfolg">
            <li>
             <xsl:value-of select="(local-name(Gesamt),': ', Gesamt, ' ')" />
              <xsl:value-of select="(local-name(Neukunden),': ',
                                                    Neukunden, ' ')" />
             <xsl:value-of select="(local-name(@Stadt),': ', @Stadt, ' ')" />
             <xsl:value-of select="(local-name(@Monat),': ', @Monat, ' ')" />
            </li>
          </xsl:for-each>
        </ul>
      </body>
    </html>
  </xsl:template>
</xsl:stylesheet>
```

Listing 8.5: 821_01.xslt – Erzeugtes XSLT

Mit dem nachfolgenden Dokument lässt sich dann die erzeugte XSLT-Datei testen. Zwar erkennt man schon an der einfachen Syntax, dass vermutlich kein Fehler auftreten wird, doch die Verdrehung des Gehirns bei der Erstellung von XSLT-Dateien, die selbst wieder XSLT-Dateien verarbeiten, ist schon mit dem Wort »akrobatisch« nicht mehr ganz richtig beschrieben. Der Teufel steckt auch hier wieder einmal im Detail und erfordert Fingerspitzengefühl und Erfahrung. Nichtsdestoweniger lassen sich nun für viele Dokumente gleichen Aufbaus und gleicher Verarbeitung entsprechende XSLT-Dateien en masse erzeugen, die ihrerseits wiederum sehr einfachen Aufbaus sind.

```
<Erfolguebersicht xmlns:xsi="http://www.w3.org/2001/XMLSchema-instance"
   xsi:noNamespaceSchemaLocation="821_01.xslt">
  <Erfolg Stadt="Essen, Ruhr" Monat="1">
    <Gesamt>1</Gesamt>
```

```
    <Neukunden>1</Neukunden>
  </Erfolg>
  <Erfolg Stadt="Gelsenkirchen" Monat="1">
    <Gesamt>1</Gesamt>
    <Neukunden>1</Neukunden>
  </Erfolg>
  ...
```

Listing 8.6: `821_01.xslt` – XML-Daten

Die Ausgabe ist – wie schon vorsichtig angedeutet – sehr einfach, aber eine eingefügte Tabelle hätte den Quelltext unnötig durch die vielen HTML-Bausteine verlängert.

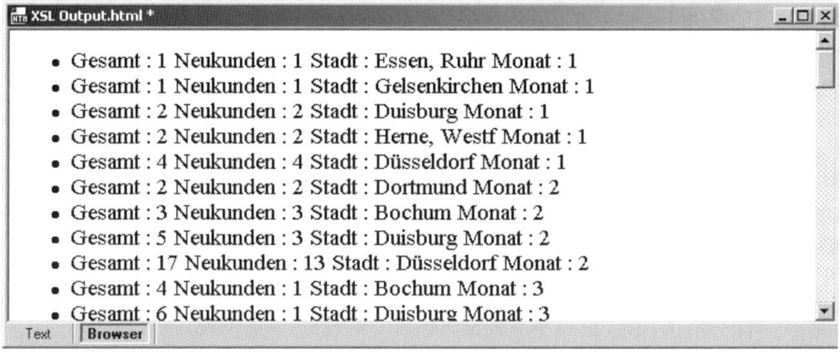

Abb. 8.2: Ausgabe in HTML

8.2.2 Allgemeiner Programmaufbau

Bei all diesen Konstruktionen reicht natürlich eine Entwicklungsumgebung alleine nicht aus, um sich das gesamte Produkt vorzustellen. Dies gilt für den nächsten Abschnitt umso mehr, in dem sogar eine Datenbank zum Einsatz kommt, in der Syntaxpäckchen abgespeichert und dynamisch zusammengefügt werden. Man kann zwar die grundlegenden Bestandteile einer solchen Anwendung ausprogrammieren und auch in Ansätzen testen, doch das Zusammenspiel der einzelnen Komponenten lässt sich nur mit Hilfe einer Programmumgebung testen, die die einzelnen Schritte automatisiert, die man in der Entwicklungsumgebung ausgeführt hat. Dies umschließt:

1. Laden der XML Schema-Datei und ihre Verarbeitung zu einer neuen XSLT-Datei in Form einer ersten Transformation
2. Verarbeiten der XML-Daten mit Hilfe der erzeugten XSLT-Datei
3. Anzeige, Speicherung der erzeugten Daten

Dies wäre ein sehr einfacher Programmaufbau, bei dem jedes Mal auf Basis einer sich ändernden XML Schema-Datei zunächst eine neue XSLT-Datei generiert wird. Diese würde dann jeweils ganz backofenfrisch (prozessorfrisch sozusagen) zur Verarbeitung der eigentlich interessierenden XML-Daten zum Einsatz kommen. Dies ist mit Sicherheit nicht die beste Lösung, weil sich die XML Schema-Datei mit Sicherheit nicht täglich oder bei jedem neuen Aufruf ändert und möglicherweise die doppelte Transformation mehr Zeit kostet als unbedingt nötig.

Eine Alternative bestünde darin, dass man ein ganzes Verwaltungssystem für die XML Schema-Dateien entwickelt. Neue XML Schema-Dateien bzw. Änderungen an bestehenden Dateien müssten automatisch erkannt werden, um dann dynamisch eine bereits bestehende Datei auszuwählen und die von ihr abgeleitete XSLT-Datei zu verwenden oder um zunächst eine völlig neue XSLT-Datei zu erzeugen. Dies ließe sich dann auch wieder bei Interesse datenbankgestützt oder – wenn es nicht gleich darum geht, riesige Dateistrukturen zu verwalten – auch in einer immer aktuell gehaltenen XML-Datei verwalten.

Man erkennt an diesen kurzen Überlegungen, dass die Arbeit, die innerhalb des XML-Baukastens der Anwendung ausgeführt wird, tatsächlich nur eine Art Blackbox ist. In ihm passiert etwas, das in einer Entwicklungsumgebung für XML durchaus völlig transparent ist und dort auch getestet und vor allen Dingen entwickelt und verbessert werden kann, das aber von der aufrufenden Umgebung aus völlig opak ist. Hier ist es oftmals schwierig, den Gesamtzusammenhang im Auge zu behalten, wenn man sich gedanklich mehr mit der XML-Umwandlung beschäftigt oder hauptsächlich diesen Baustein der Anwendung im Blick hat. Es ist unbedingt nötig, zwischen der Blackbox der XML-Verarbeitung, die in diesem Beispiel ja auch an mehreren Stellen Verwendung findet, und der verwaltenden, äußeren Umgebung zu unterscheiden. Es ist natürlich weder zweckmäßig, eine gesamte XML Schema-Versionierungsverwaltung mit Ein- und Auscheckmöglichkeiten sowie Benutzeranmeldung zu entwickeln, wenn es letztendlich durch hohe Prozessorgeschwindigkeit, geringe Datenmenge oder sonstigen Gründen überhaupt völlig problemlos wäre, jedes Mal eine neue XSLT-Datei aus einem XML Schema zu erzeugen und diese dann zu verwenden.

Dies alles sind jedoch Herausforderungen und Planungen, die von den Verantwortlichen der Umgebung gemeistert werden müssen und daher allgemeine Aspekte der Anwendungsentwicklung betreffen. Letztlich interessant ist im Zusammenhang mit XML nur der Umstand, dass man bei XML tatsächlich eine Blackbox besitzt, die man für sich genommen als Baustein bearbeiten kann, ohne mit der aufrufenden Umgebung in Bezug zu treten. Diese kümmert sich ausschließlich um die aufzurufenden Dateien (XML, XML Schema, XSLT/XSL-FO sowie möglicherweise auch andere Formate oder spezielle XML-Formate), den Rückgabewert (Zeichenkette, Datei) und mögliche globale Parameter der Transformation. Innerhalb einer Entwicklungsumgebung lässt sich diese Box relativ gut simulieren. Die meisten Handgriffe, die innerhalb der IDE umgesetzt werden, müssten sich in irgendeiner Art und Weise auch in der Umgebung wiederfinden und automatisiert ablaufen.

Durch diese Blackbox ist es daher auch möglich, dass wir als Berater Hilfestellung bei beliebigen XML-Projekten geben können, solange es um XML selbst geht. Es ist völlig unnötig, dass man immer die Programmiersprache der aufrufenden Umgebung beherrscht. Wenn die Anwendung eigentlich in Beta++ programmiert werden soll, ist lediglich mit entsprechendem Fachpersonal herauszufinden, ob und wie in Beta++ der XSLT-Prozessor gestartet und verwendet wird bzw. ob es auch einen XML Schema-Prozessor gibt oder wie man externe Prozessoren über Java etc. ansprechen könnte. (In diesem Fall wäre es auch wieder ein Java-Problem, was die gesamte Arbeit mit Beta++ ohnehin sehr vereinfachen würde ...) Programmierer, die ansonsten gut mit ihrer Sprache umgehen können, sollten in der Lage sein, mit entsprechender Schulung oder auch einem einfachen Ausgangsbeispiel XSLT in ihrer Sprache zu verwenden. Allerdings muss die Blackbox sinnvoll und sorgfältig geplant in die gesamte Architektur eingebaut werden, was insbesondere bei den Techniken, die wir in diesem Kapitel vorstellen, von größter Bedeutung ist.

Die eigentliche Entwicklung in XSLT, das Testen und Entwickeln der einzelnen Bestandteile lässt sich dann auch von Kollegen durchführen, die mit Beta++ keine Erfahrung haben, sondern vielleicht auch nur XML-Technologien beherrschen, weil nur die Schnittstellen und die Formate der Ein- und Ausgabedaten bekannt und geplant sein müssen.

Die beiden Umstände, dass der XML-Baustein als Blackbox zu verstehen ist und die Handgriffe innerhalb der Entwicklungsumgebung größtenteils durch eine aufrufende Umgebung umgesetzt werden müssen, ist auch beim nächsten umfangreichen Abschnitt zu beachten. Hier ist zunächst nur eine erste Transformation nötig, dann allerdings greift man sogar auf eine Datenbank zurück. Gerade an diesem Beispiel erkennt man, dass es möglich ist, die Blackbox wie ein Puzzlespiel zu zerlegen und dann selbst wieder für seine Verwendung (Transformation, Validierung) vorab zusammenzusetzen.

8.3 XSLT zusammensetzen

In den vorherigen Ausführungen hatten wir bereits angemerkt, dass man durchaus kritisch betrachten muss, dass möglicherweise ein XML Schema oder – ganz allgemein – die Quelle der Transformationsdatei sich gar nicht so häufig ändert, als dass eine regelmäßige Neuerstellung der XSLT-Daten notwendig ist. Sollte dies nur in Maßen der Fall sein, dann haben wir in diesem Abschnitt eine prozessorschonende Alternative, in der wir das XSLT entweder aus Dateien oder im Rahmen einer Datenbankabfrage zusammensetzen.

8.3.1 Grundlagen

Im vorherigen Abschnitt drehte sich alles darum, dass das XSLT komplett neu erzeugt wurde. In diesem Abschnitt dagegen soll gezeigt werden, wie man aus vorhandenen XSLT-Päckchen neue bzw. benötigte XSLT-Dateien zusammensetzt. In Tabelle 8.1 sind beide Grundtechnologien zusammengefasst.

Kategorie	Neuerstellung	Zusammensetzen
Speicherort	Es ist kein Speicherort vorhanden. Die Daten werden auf Basis einer externen Informationsquelle neu erstellt.	Die Päckchen liegen in einzelnen Dateien oder in einer Datenbank.
Grundprinzip	XSLT generiert neues XSLT, das dann für eine Transformation zur Verfügung steht.	XSLT oder eine andere Sprache setzt neues XSLT zusammen, das dann für eine Transformation zur Verfügung steht.
Aufbau	XML Schema kann Datenstrukturen beschreiben, die dann mit Hilfe von allgemeinen Vorlagen umgewandelt werden. Alternativ kann es auch Zusatzinformationen geben, die die Ausgabe (Tabelle, Liste, Summenbildung etc.) steuern.	Für Textdateien stehen die einfachen Techniken der dateibasierten Auslagerung zur Verfügung. Für den Datenbankeinsatz müssen die Päckchen zunächst gespeichert und dann bei Bedarf durch eine Abfrage zusammengesetzt werden.

Tabelle 8.1: Vergleich der Techniken von dynamischem XSLT

Es ist nicht zu verhindern, dass man für die Vorführung des Themas »dynamisches XSLT« mit jedem noch so kleinen Beispiel doch relativ viel Quelltext produzieren muss, damit überhaupt der Grundaufbau verständlich wird. Wir haben uns für diesen Abschnitt eine `Kundenliste` überlegt, in der auf der einen Seite ein wiederholendes Element `Kunde` auftritt, die auf der anderen Seite auch zwei nur jeweils einmal auftretende Kindelemente `Name` und `Adresse` besitzt. Das Beispiel ist zudem in seiner Thematik so einfach, dass man auch ohne ständigen Blick in die Schema-Übersicht durchaus nachvollziehen kann, dass das Element `Vorname` höchstwahrscheinlich eher einem Element `Name` als einem anderen Element zuzuordnen ist.

Einen Kunden haben wir im folgenden Quelltextausschnitt angegeben. In der Datei `831_01.xslt` findet man eine einfache Verarbeitung innerhalb einer einzigen Datei ohne die Bestandteile, die in diesem Abschnitt in den Anwendungsaufbau integriert werden.

```
<Kundenliste xmlns:xsi="http://www.w3.org/2001/XMLSchema-instance"
  xsi:noNamespaceSchemaLocation="221_01.xsd">
  <Kunde Nr="235" Anrede="Frau" Beginn="04.10.03">
    <Name>
      <Rufname>Verena</Rufname>
      <Zuname>Fiegert</Zuname>
    </Name>
    <Adresse>
      <Strasse>Universitätsstr. 40</Strasse>
      <PLZ>47051</PLZ>
      <Stadt>Duisburg</Stadt>
    </Adresse>
  </Kunde>
  ...
```

Listing 8.7: `831_01.xml` – Kundenliste

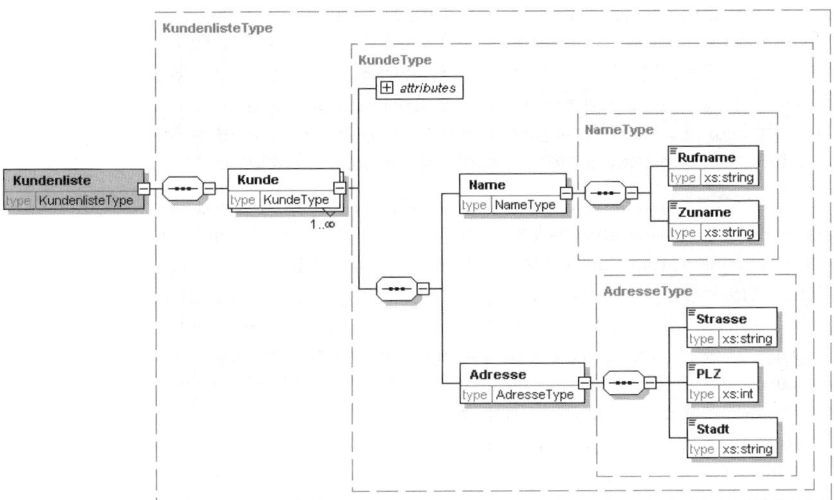

Abb. 8.3: Modell einer Kundenliste

Bei einer möglichen Verarbeitung kommt das Dokument wie in Abbildung 8.4 in HTML heraus.

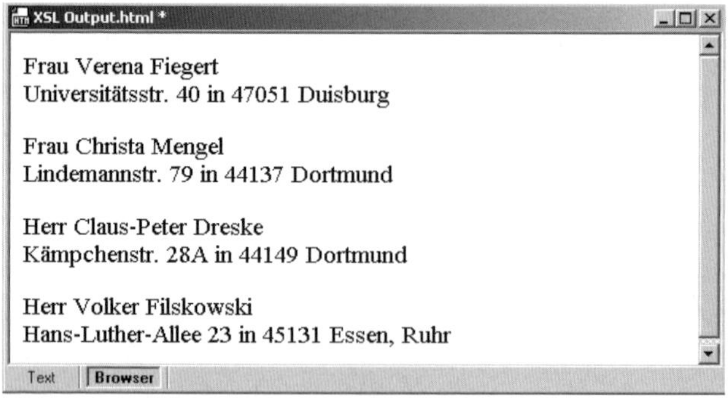

Abb. 8.4: Ausgabe nach der Verarbeitung

Neben diesen mehr pädagogischen und präsentatorischen Gesichtspunkten ist für die Verwendung von dynamischen XSLT immer wichtig, dass man sich vollständig der Philosophie der Syntaxpäckchen hingibt. Natürlich ist es syntaktisch und technisch möglich, einen umfangreichen XML Schema-Prozessor oder einen ebenfalls umfangreichen XSLT-Generator zu entwerfen, doch hilft die Beschneidung der möglichen Syntaxstrukturen dabei, die Anwendung sicher zu entwickeln und nicht plötzlich vor einem Scherbenhaufen zu stehen. Eine solche Beschneidung der Syntax fokussiert besonders die Auswahl von einfachen Päckchen.

Der Begriff des Päckchens ist ja weitestgehend losgelöst von der Syntax. Bei XSLT ist es durchaus einsichtig oder einfach nachzuvollziehen, dass ein Päckchen eher eine einzige Vorlage als gar ein Vorlagenverbund ist. Allerdings könnte es hier Schwierigkeiten geben, wenn eine Vorlage andere Vorlagen aufruft oder eine Ausgabe über Parameter gesteuert wird und daher mal die eine oder andere Vorlage aufruft. Dieser Vorlagenverbund könnte dann auch ein einzelnes Päckchen sein, obwohl eigentlich unter einem Päckchen eine einzige Vorlage verstanden wird. Für unser Beispiel nehmen wir daher vereinfachend an, dass wir tatsächlich eine 1:1-Beziehung zwischen Päckchen und Vorlage besitzen. Sonstige Herausforderungen und interessante Programmaufbauten, die sich durch Vorlagenkombinationen wie bei der Klassenmodellierung in Programmiersprachen ergeben, wollen wir nicht betrachten.

Noch schwieriger stellt sich diese Abgrenzung für XML Schema. Hier können derart viele Päckchen erkannt werden, dass eine Vereinfachung der Syntax bzw. eine Festlegung, was als Päckchen zu verstehen ist, sehr nützlich und einfach ist. Ansonsten dreht sich nämlich innerhalb der Anwendung ein zu großer Anteil um das XML Schema, das für das Thema XSLT nun auch keine wichtigere Rolle spielen kann als die XSLT-Päckchen selbst. Es macht nur Sinn, die XSLT-Vorlagen/Päckchen mit den Strukturen in XML Schema insoweit abzustimmen, als dass die jeweilige Entwicklung quasi parallel gesehen wird und daher eine höhere Anwendungsqualität erreicht werden kann. Dies alles muss sich natürlich einer guten Modellierung unterordnen. Sollten hier in irgendeiner Weise Schwierigkeiten auftreten oder Vereinfachungen für die Anwendung dazu führen, dass ungünstige Modellierungen oder gar unschöne Syntaxumwege für XML Schema auftreten und daher die Modellierung schwer pflegbar wird, muss man ganz andere Wege gehen. Der einfachste dieser anderen Wege wäre, das XML Schema wieder in einer umfassenden Datei zu erstellen und beispielsweise weder dateibasiert (was ohnehin oft unnütz ist) noch aus einer Datenbankabfrage heraus zu erstellen. Für unser Beispiel dagegen beschränken wir uns darauf, dass ein Päckchen in XML Schema ein globaler komplexer Typ ist. Er hat den Vorteil, dass man später immer noch Änderungen durch Ableitungen vornehmen kann und er wie die einfachen Datentypen ebenfalls als Datentyp verwendet wird. Lediglich ein globales Element ist daher auf der obersten Ebene erlaubt, das das Wurzelelement deklariert.

8.3.2 Dateien verbinden

Die einfachste Möglichkeit, XSLT-Quelltext dynamisch zusammenzusetzen, besteht darin, die XSLT-eigenen Techniken für dateibasierte Auslagerung und Wiederverwendung bzw. die `document`-Funktion zu benutzen. Neue Syntax kann also in diesem Abschnitt nicht präsentiert werden. Lediglich der allgemeine Programmaufbau muss für die Zusammensetzung optimiert werden. Was die Verwendung der `document`-Funktion anbetrifft, muss natürlich noch ein Zusatzschritt in der Verarbeitung ausgeführt werden, da ja der eingebundene Quelltext auch ausgeführt werden soll.

Dateibasierte Auslagerung und Wiederverwendung

Es sind zwei unterschiedliche Möglichkeiten der dateibasierten Auslagerung vorhanden:

- Bei der *Einbindung*[1] handelt es sich um einen Vorgang, der die Inhalte einer externen Datei wie bei einem Kopiervorgang über die Zwischenablage in den Quelltext einfügt. Da zudem das `xsl:include`-Element überall als Element der obersten Ebene erscheinen darf – d.h. auch zwischen `xsl:template`-Elementen –, kann man über die Position bestimmen, ob bei konkurrierenden Vorlagen die eingebundenen oder die lokal vorhandenen ausgeführt werden. Das `xsl:include`-Element tritt stets als leeres Element irgendwo auf der obersten Ebene auf. Es darf niemals innerhalb von z.B. `xsl:template`-Elementen erscheinen. Allerdings ist seine genaue Position auf der obersten Ebene tatsächlich egal. Vielmehr regelt man die Priorität der eingebundenen Vorlagen über die Positionierung.

1 Vgl. XSL Transformations (XSLT) Version 2.0, W3C Working Draft 2 May 2003, Abschnitt 3.8.1 Stylesheet Inclusion unter `http://www.w3c.org/TR/xslt20/#include`.

Die allgemeine Syntax lautet:

```
<!-- Kategorie: Deklaration -->
<xsl:include
  href = uri-reference />
```

- Beim *Import*[2] handelt es sich um eine Einbettung von externen Vorlagen, die stets eine geringere Priorität haben als lokal vorhandene Vorlagen. Neben dieser allgemeinen Regelung erkennt man diesen sehr speziellen Umstand auch daran, dass das `xsl:import`-Element an keiner anderen Stelle stehen darf als an erster Stelle aller Elemente der obersten Ebene. Dies bezieht sogar das `xsl:output`-Element mit ein, das ebenfalls den Importanweisungen folgen muss.

  Die allgemeine Syntax lautet:

```
<!-- Kategorie: Deklaration -->
<xsl:import
  href = uri-reference />
```

Normalerweise würde man beide Techniken nur dann verwenden, wenn man für eine bestimmte Datenstruktur die passende Verarbeitung bereits in einer anderen Datei umgesetzt hat und genau diese Verarbeitung erneut zum Einsatz kommen kann. Prinzipiell stellen wir an dieser Stelle nichts anderes vor, allerdings ist dies noch philosophisch angereichert, weil tatsächlich die gesamte Verarbeitung päckchenweise in verschiedenen Dateien organisiert ist.

Anstelle also nur zufällig oder geplante wiederverwendbare XSLT-Dateien einzubinden, besteht die vorliegende Datei nur aus Dateiaufrufen. Dies ließe sich so fest als Datei vorgeben, wie wir es gerade getan haben. Dann wäre es ein wenig trivial, weil das nur eine besonders ausgedehnte Nutzungsform des Einbindevorgangs wäre. Es ist jedoch eine Überlegung wert, eine solche überaus simple XSLT-Datei ebenfalls zu generieren. Man kann dann weiterhin die verschiedenen Varianten und Besonderheiten der einzelnen Verarbeitungsanweisungen in einzelnen XSLT-Dateien erledigen und auch mit einzelnen XML-Bruchstücken testen, doch die Datei, die letztendlich als erste vom Prozessor aufgerufen wird, ist diese sehr kurze Datei mit allerhand Einbindungsvorgängen.

```
<xsl:stylesheet version="1.0" xmlns:xsl="http://www.w3.org/1999/XSL/
   Transform">
  <xsl:output method="html" version="1.0" encoding="ISO-8859-1" indent="yes"/>
  <xsl:include href="kundenliste.xslt"/>
  <xsl:include href="kunde.xslt"/>
```

2 Vgl. XSL Transformations (XSLT) Version 2.0, W3C Working Draft 2 May 2003, Abschnitt 3.8.2 Stylesheet Import unter `http://www.w3c.org/TR/xslt20/#import`.

```
  <xsl:include href="name.xslt"/>
  <xsl:include href="adresse.xslt"/>
</xsl:stylesheet>
```

Listing 8.8: 832_01.xslt – Einbinden von externen Dateien

Dabei ist die Datei bzw. die gesamte Architektur streng nach dem XML Schema organisiert. Das einzige globale Element im XML Schema deklariert das Wurzelelement Kundenliste. Im Anschluss daran folgen nur noch globale komplexe Typen, in denen verschiedene Elemente deklariert werden, die wiederum globale komplexe Typen im type-Attribut aufrufen. Dies erzwingt eine sehr einfache Struktur in der Regeldatei, aus der man für eine größere Anwendung entweder für sich selbst oder für Projektmitarbeiter Arbeitsaufträge entwickeln kann. XML-Bruchstücke, die zu globalen komplexen Typen passen, dienen als Testdaten. Die Modellierung stammt aus den globalen komplexen Typen, zu denen man passende XSLT-Vorlagen/Päckchen entwickeln kann. Alles lässt sich dann auch wiederum innerhalb einer Entwicklungsumgebung stückweise testen und nachher zusammensetzen.

```
<xs:schema xmlns:xs="http://www.w3.org/2001/XMLSchema" elementFormDe-
   fault="qualified">
  <xs:element name="Kundenliste" type="KundenlisteType"/>
  <xs:complexType name="KundenlisteType">
    <xs:sequence>
      <xs:element name="Kunde" type="KundeType" maxOccurs="unbounded"/>
    </xs:sequence>
  </xs:complexType>
  ...
```

Listing 8.9: 831_01.xsd – Auszug XML Schema-Datei

Ein Blick in eine der vier benötigten XSLT-Dateien, in denen jeweils eine Vorlage enthalten ist, zeigt, dass sich für den ausgewählten XML-Abschnitt nicht nur für die Modellierung, sondern natürlich auch für die Transformation ein in sich geschlossener Bereich ergibt. Hier wird mit Hilfe des Ping-Pong-Spiels nach einer passenden Vorlage für das Element Kunde gesucht. Jede Vorlage schaut also im einfachsten Programmaufbau nur immer eine Ebene weiter bis zu den eigenen Kindern. Sollten diese wiederum Kinder enthalten, dann rufen sie im XML Schema einen globalen komplexen Typ auf und benötigen daher eine eigene Vorlage bzw. eine eigene Päckchendatei.

```
<xsl:stylesheet version="1.0" xmlns:xsl="http://www.w3.org/1999/XSL/Transform">
  <xsl:output method="html" version="1.0" encoding="UTF-8" indent="yes"/>
  <!-- Vorlage für Kundenliste -->
  <xsl:template match="/Kundenliste">
    ...
```

```
        <xsl:apply-templates select="Kunde"/>
    ...
  </xsl:template>
</xsl:stylesheet>
```

Listing 8.10: `kundenliste.xslt` – Vorlage für Element `Kundenliste`

Dieses Prinzip kann in Ausnahmefällen unterbrochen werden, wobei sich dies natürlich auch wieder in der Modellierung widerspiegeln müsste. Sollte also einmal ein Element mit Kindeskindern in einer einzigen Vorlage verarbeitet werden, dann müsste dies auch in einem einzigen globalen komplexen Typ modelliert werden. Nur dann, wenn sich ungünstige Modellierungen ergeben oder man wegen solcher Vereinfachungen auf Wiederverwendungsmöglichkeiten verzichtet, ist es erforderlich, sich für oder gegen die Beibehaltung des vereinfachenden Prinzips zu entscheiden und es nicht blind fortzuführen. Dies sind allerdings alles Überlegungen, die sich im konkreten Einsatzfall ergeben und hier nicht allgemein und philosophisch diskutiert werden sollen. Es wird jedoch immer eine passende Lösung geben. Wichtig ist nur, eine gute und wohlüberlegte Planung der Software zu haben – aber das ist ja immer so.

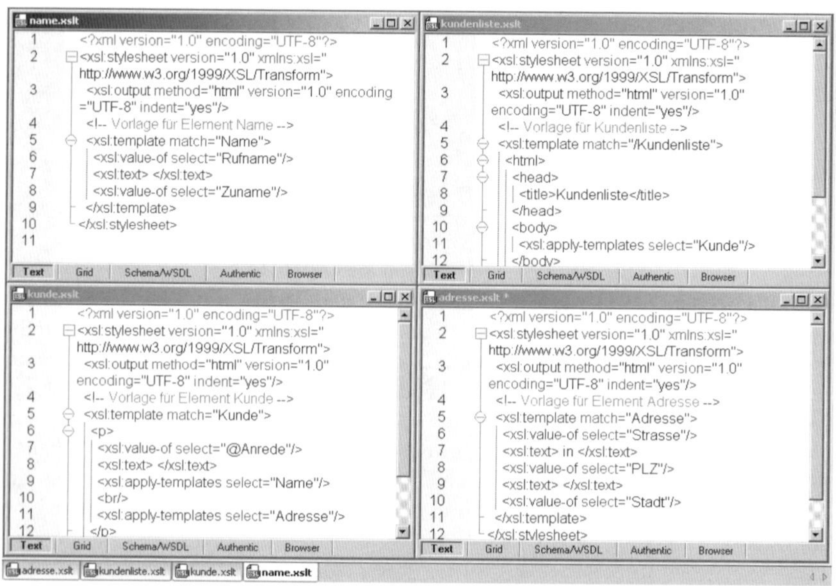

Abb. 8.5: Individuelle Dateien für einzelne Päckchen/Vorlagen

Aus Platzgründen und weil die Inhalte der einzelnen Vorlagen nicht sonderlich raffiniert sind, sondern lediglich die XML-Daten strukturiert ausgeben und hier und da einen Absatz oder ein Leerzeichen einfügen, verzichten wir auf einen vollständigen Abdruck aller eingebundenen Vorlagen. Stattdessen zeigen wir nur alle vier Vorlagendateien in der Entwicklungsumgebung direkt nebeneinander, um einen Eindruck vom Grundaufbau zu geben.

Zum Schluss wollen wir uns noch einmal mit dem Grundaufbau einer solchen Anwendung beschäftigen. Einen einfachen Fall haben wir hier vorgeführt. Er basiert auf einer festen XSLT-Datei, in der andere XSLT-Dateien verknüpft sind und dann zur Laufzeit aufgerufen werden. Lediglich die Tatsache, dass man konsequent auslagert und wiederverwendet und sich dabei die Syntax von XML Schema für die Planung der XSLT-Dateien zunutze macht, ist hier als besonders bemerkenswert hervorzuheben. Es ist allerdings noch kein besonders dynamischer Aufbau, weil die Zusammensetzung selbst statisch ist und nur die für die einzelnen XML-Daten/XML Schema-Päckchen zuständigen XSLT-Dateien/Päckchen fest verdrahtet in der Basis-XSLT-Datei vorliegen. Der dynamische Teil dieser Architektur liegt auf Seiten der XSLT-Päckchen, die losgelöst voneinander bearbeitet werden können und dann auch in diversen Basisdateien ihre Wirkung entfalten.

Ein dynamischer Aufbau, der auch die Basis-XSLT-Datei in die Dynamik einschließt, besteht dagegen genau aus einer Erzeugung der Basis-XSLT-Datei. Dies kann anhand von Programmerfordernissen innerhalb der aufrufenden Umgebung genauso erfolgen wie durch eine Datenbankabfrage.

- In Form einer Fallunterscheidung ließe sich in der aufrufenden Umgebung ermitteln, welcher grundsätzliche Datentyp (Berichtsarten, Dokumentvorlagenarten, Detaillierungsgrad etc.) für die Verarbeitung vorliegt, um dann anhand von entsprechenden Parametern die benötigten Päckchen zusammenzusetzen.
- Die verschiedenen Kombinationen von Vorlagen, die ja auch in unterschiedlichen Varianten der Verarbeitung gleicher Daten vorliegen können, sind strukturiert in einer Datenbank gespeichert. Eine Abfrage wählt anhand von Eingabewerten aus, welche Art von Daten vorliegt und welche Art Vorlagen/Verarbeitungsweisen benötigt werden. Diese sind dann zwar auch in der Datenbank fest gespeichert, können aber losgelöst von der Anwendung bearbeitet werden bzw. auch um zusätzliche Angaben erweitert werden, ohne dass dies die einzelnen Dateien betreffen muss. Die Dateien liegen dann im Dateisystem und werden über ihren Namen in der Datenbank referenziert. Das Ergebnis der Abfrage ist dann die XSLT-Basisdatei.

Alle diese Architekturen sind mit beliebigen Programmiersprachen zu lösen und entfernen sich grundsätzlich vom eigentlichen Thema XSLT. Wir hoffen, dass die Hinweise bildhaft genug sind, damit Sie sich in den von Ihnen eingesetzten Programmiersprachen eine Beispielanwendung vorstellen können. Es lassen sich solche Anwendungen mit allen Sprachen realisieren. Teilweise genügt es sogar, nur Möglichkeiten der Datei- oder Zeichenkettenverarbeitung zu verwenden. Es ist lediglich wichtig, dass ein XSLT-Prozessor benutzt werden kann, aber ohne dieses Werkzeug klappt ohnehin die gesamte Technologie nicht einmal für das Hallo-Welt-Beispiel.

Externe Dokumente laden

Als Alternative kann man auch mit XSLT wiederum eine neue XSLT-Datei generieren. Dabei besteht allerdings die Erzeugung eher aus einer Zusammensetzung bereits bestehender anderer XSLT-Vorlagen. Daher haben wir die Lösung mit Hilfe der `document`-Funktion auch in diesem Abschnitt platziert. Zunächst benötigt man eine Datei, in der die verschiedenen benötigten Päckchen referenziert werden. Analog zu der vorherigen XSLT-Datei mit verschiedenen `xsl:include`-Anweisungen haben wir hier eine gleich aufgebaute Datei, in der die verschiedenen Dateien ebenfalls über ihre Namen referenziert werden. Ob die Elementnamen unbedingt in einer tatsächlichen Anwendung auftauchen sollten, sei dahingestellt. Sie sind möglicherweise nicht ganz ernst zu nehmen, sondern verdeutlichen die Päckchenphilosophie.

```
<paeckchenstruktur>
  <ausgabe typ="uebersichtsliste"/>
  <paeckchen name="kundenliste.xslt"/>
  <paeckchen name="kunde.xslt"/>
  <paeckchen name="name.xslt"/>
  <paeckchen name="adresse.xslt"/>
</paeckchenstruktur>
```

Listing 8.11: `832_02.xml` – Datei mit Referenzen auf Päckchen

In einer speziellen XSLT-Datei, die die Päckchenstruktur verarbeitet, soll nun eine für die eigentliche Transformation der XML-Kundendaten benötigte XSLT-Datei erstellt werden. Dabei wird weitestgehend kein neues XSLT generiert, sondern lediglich aus den bereits vorhandenen XSLT-Dateien zusammengesetzt. Es findet also ein Kombinationsvorgang statt, der mit Hilfe der `document`-Funktion einfach externe XSLT-Dateien öffnet und ihr `xsl:template`-Element in den Ausgabestrom schreibt.

```
<xsl:stylesheet version="1.0" xmlns:xsl="http://www.w3.org/1999/XSL/Transform">
  <xsl:template match="/paeckchenstruktur">
    <xsl:element name="xsl:stylesheet">
      <xsl:attribute name="version">1.0</xsl:attribute>
      <xsl:element name="xsl:output">
```

```
        <xsl:attribute name="method">html</xsl:attribute>
        <xsl:attribute name="version">1.0</xsl:attribute>
        <xsl:attribute name="encoding">UTF-8</xsl:attribute>
        <xsl:attribute name="indent">yes</xsl:attribute>
      </xsl:element>
      <xsl:for-each select="paeckchen">
        <xsl:copy-of select="document(@name)/xsl:stylesheet/
                             child::*[local-name(.) != 'output']"/>
      </xsl:for-each>
    </xsl:element>
  </xsl:template>
</xsl:stylesheet>
```

Listing 8.12: 832_02.xslt – Zusammensetzen einer XSLT-Datei

Als Ergebnis erhält man eine XSLT-Datei, die aus mehreren nicht verbundenen Dateien zusammengesetzt wurde und nun für die eigentliche Transformation bereitsteht. Um die Struktur anzugeben, haben wir ein Bild der Grid-Ansicht aus XMLSpy® gemacht und eingefügt. Es zeigt, dass als Endergebnis tatsächlich eine ganz gewöhnliche, auch physisch greifbare Datei oder wenigstens seine Zeichenkette entstanden ist. Dies steht im Gegensatz zur Verwendung von Einbettungen, weil hier nur virtuell und im Zwischenspeicher XSLT zusammengesetzt wird, ohne dass man die Möglichkeit hätte, es abzuspeichern.

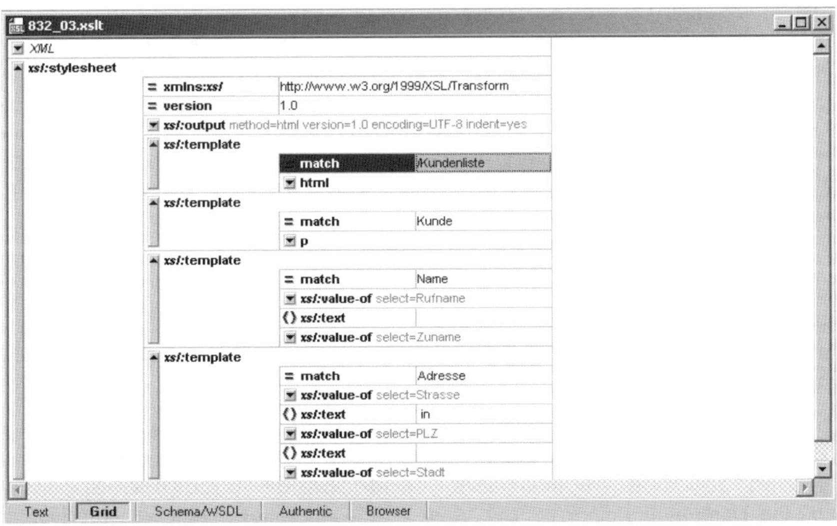

Abb. 8.6: Struktur der erzeugten XSLT-Datei

8.3.3 Datenbankeinsatz

Eine zweite Variante, fertiges XSLT zusammenzusetzen, besteht darin, eine Datenbank zu nutzen. Dies ist insoweit auf der einen Seite wenig verwunderlich, da man anstelle eines Dateisystems in vielen Fällen besser eine Datenbank nutzen sollte. Das gilt besonders für die Fälle, in denen man einzelne atomare Werte nicht in Tausenden von Textdateien einzeln speichern möchte, sondern strukturiert z.B. mit SQL zugreifen möchte. Auf der anderen Seite ist dies allerdings dennoch etwas wundersam, weil man für gewöhnlich keinen Quelltext in eine Datenbank speichert und nachher wieder für die Ausführung zusammensetzt. Bei einer Sprache, die vor ihrer Ausführung zunächst kompiliert werden muss, ist dies auch sicherlich nicht unbedingt eine raffinierte Variante, sei es aufgrund der Geschwindigkeit und des möglicherweise unerträglichen Verwaltungsaufwands, sei es auch aufgrund der Komplexität des Quelltextes. Innerhalb des Päckchenuniversums allerdings ist es besonders einfach, wie wir auch am Beispiel von XSLT zeigen. Da XSLT letztendlich nur XML-Text ist, den ein XSLT-Prozessor besser versteht als ein XML Schema-Prozessor, nutzt man eigentlich nur die Fähigkeiten der Datenbank, auch größere Textfelder oder sogar XML-Daten strukturiert zu speichern und mit ihnen die Aktivitäten auszuführen, die ohnehin mit DB-Daten ausgeführt werden: speichern, bearbeiten, suchen und nutzen.

Datenmodell

Wie man sich vorstellen kann, ist auf der einen Seite die Speicherung von XML-Daten von der konkreten Datenbank völlig unabhängig. Wir hätten diesen Abschnitt also genauso gut mit MS Access® oder sogar – fast schon verwerflich – mit MS Excel® zeigen können. Dies hätte aber vielleicht einen bestimmten Goût gehabt, weil es dann nicht so professionell wie eine quasi richtige Datenbank wirken würde. Damit wir nachweisen, dass eine solche Teufelei nicht nur zufällig mit irgendeinem dahergelaufenen Datenbanksystem funktioniert, haben wir uns für Oracle® entschieden. Dies hat den Vorteil, dass wir auch gleichzeitig seine XML-Fähigkeiten nutzen können, obwohl diese für das eigentliche Beispiel unerheblich sind und nur einen Zusatznutzen versprechen.

Unabhängig vom konkret verwendeten Datenbanksystem sollten Sie dieses Beispiel so lesen, dass Sie das von Ihnen normalerweise verwendete DBMS vor Augen haben. Die kleinen Unterschiede an der SQL-Syntax sollten da nicht so ins Gewicht fallen.

Im allereinfachsten Fall könnte man versuchen, sämtliche Daten in einer einzigen Tabelle zu speichern. Dies würde aber dazu führen, dass man einen derart langweiligen und gewöhnlichen Datenzustand abbildet, dass die Technik der Auslagerung in eine Datenbank später bei der Verwendung überhaupt keine Früchte bringt. Daher versuchen wir, eine Normalisierung durchzuführen, die wenigstens zu folgendem Modell führt. Es lassen sich natürlich noch weitere Auslagerungen hinsichtlich der XML Schema-Päckchen vorstellen, doch da es hier vor allen Dingen um XSLT-Quelltext und weniger um XML Schema-Quelltext geht, beenden wir den Prozess der Modellierung bei XSLT.

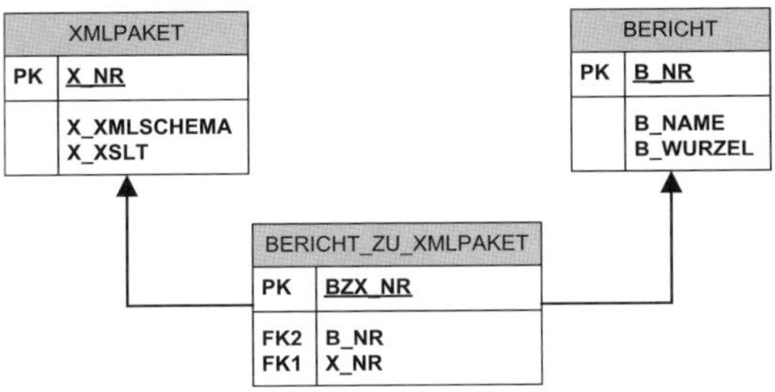

Abb. 8.7: Datenmodell

In einer Tabelle BERICHT speichert man die verschiedenen möglichen Berichtsarten. Dies können, was für die spätere Verwendung überaus wichtig ist, verschiedene Ansichten bzw. Verarbeitungen der gleichen XML-Daten sein. Hat man also wie im aktuellen Beispiel eine XML-Datei, die eine Kundenliste enthält, so kann ein Bericht eine einfache HTML-Liste ausgeben, während der nächste Bericht eine Tabelle mit einer bestimmten Sortierung ausgibt. Aus den gleichen XML-Daten, die entweder auch in der Datenbank oder als Dateien im Dateisystem gespeichert sein können, kann man also verschiedene Präsentations-/Ergebnisformen gewinnen, wobei diese verschiedenen Ausgabearten strukturiert in der Tabelle BERICHT gespeichert werden.

Eine wichtige Einschränkung ist im Beispiel enthalten: Es können keine Parameter vorgegeben werden. Normalerweise führt dies zu einer weiteren Tabelle, in der die verschiedenen Parameter gespeichert und einem Bericht zugeordnet werden. In einem erweiterten Fall benötigt man dagegen erstens eine Tabelle PARAMETER, in der alle denkbaren Parameter mit ihrem XSLT-Quelltext, Datentyp und Namen gespeichert werden. Zweitens benötigt man eine Beziehungs-/Zuordnungstabelle zwischen den Tabellen BERICHT und PARAMETER für die Zuordnung der tatsächlich möglichen Parameter für einen konkreten Bericht.

Im nachfolgenden Quelltext finden Sie das benötigte SQL, um die drei Tabellen in Minimalform anzulegen. Wir haben extra keine Fremdschlüssel angegeben, damit das Löschen und Spielen mit den Tabellen in Oracle® bzw. in jedem DBMS, das auf Fremdschlüsselbezüge achtet, einfacher wird. Wir verwenden zusätzlich den speziellen XML-Datentyp XMLType. Er ist ein Tausendsassa in Oracle®, sowohl was die Datenbank als auch die Programmierung mit PL/SQL anbetrifft. Dies soll ein Hinweis sein, dass man tatsächlich wohlgeformte XML-Daten speichert und – falls vorhanden – eine entsprechende Unterstützung des verwendeten Systems nutzen sollte. In einfacheren Systemen genügt allerdings eine möglichst große Zeichenkettenspalte.

```
-- Tabelle BERICHT
DROP TABLE "SCOTT"."BERICHT";
CREATE TABLE "SCOTT"."BERICHT" (
  "B_NR" NUMBER(10) NOT NULL,
  "B_NAME" VARCHAR2(50) NOT NULL,
  "B_WURZEL" "SYS"."XMLTYPE" NOT NULL,
  CONSTRAINT "B_Schluessel" PRIMARY KEY("B_NR"));

-- Tabelle XMLPAKET
DROP TABLE "SCOTT"."XMLPAKET";
CREATE TABLE "SCOTT"."XMLPAKET" (
  "X_NR" NUMBER(10) NOT NULL,
  "X_XMLSCHEMA" "SYS"."XMLTYPE" NOT NULL,
  "X_XSLT" "SYS"."XMLTYPE" NOT NULL,
  CONSTRAINT "X_Schluessel" PRIMARY KEY("X_NR"));

-- Tabelle BERICHT_ZU_XMLPAKET
DROP TABLE "SCOTT"."BERICHT_ZU_XMLPAKET";
CREATE TABLE "SCOTT"."BERICHT_ZU_XMLPAKET" (
  "BZX_NR" NUMBER(10) NOT NULL,
  "B_NR" NUMBER(10) NOT NULL,
  "X_NR" NUMBER(10) NOT NULL,
  CONSTRAINT "BZX_Schluessel" PRIMARY KEY("BZX_NR"));
```

Listing 8.13: 833_01.sql – Datenstruktur

Zusätzlich zu dieser simplen Struktur lassen sich weitere Anforderungen leicht einbauen und auch im relationalen Modell einfach umsetzen. Wenn wir im Rahmen eines Vortrags oder einer Beratung die Päckchentheorie erläutern und auch als Beispiel eine Speicherung von beliebigen XML-Daten (man kann so ziemlich alles zusammensetzen, was nicht die eigene Großmutter ist ...) vorschlagen, dann weicht die erste Skepsis meistens einer beängstigenden Begeisterung. Teilweise muss man auch hier die Kunden etwas bremsen, denn natürlich lassen sich Modelle ähnlicher Systeme wie für eine Berichtsverwaltung, ein Redaktionssystem etc. auch hier umsetzen.

Es ist also selbstredend möglich, Benutzer und ihre Berechtigungen sowie eine Versions- oder eine Veröffentlichungsverwaltung einzubinden. Dann hat man allerdings ein wunderbares CMS o.Ä., in dem zufällig an irgendeiner Stelle XSLT-Quelltext zusätzlich gespeichert wird. Dies können und wollen wir hier an dieser Stelle natürlich nicht vorführen, sondern nur darauf hinweisen, dass sich die Päckchentheorie wunderbar in andere Bereiche wie das fehlende Puzzlestück einfügt.

Datenerfassung

Nach der Entwicklung des Datenmodells und die für das Beispiel in der Minimalarchitektur notwendigen Tabellen müssen die Daten in der Datenbank gespeichert werden. Letztendlich ist dies der einfachste Teil, denn man muss bloß nach der Planungsphase die XML Schema-/XSLT-Quelltexte oder auch andere XML-Strukturen (schon mal SVG aus einer DB erstellt oder XForms dynamisch aufgebaut?) mit Hilfe von diversen `INSERT`-Befehlen speichern. Wir zeigen diese Befehle in sehr verkürzter Form, damit Sie sich wirklich vorstellen können, wie die benötigten Daten in die DB kommen: nämlich »einfach so«, aber das hätten wir natürlich nicht so schreiben können.

Ganz »einfach so« ist es dann natürlich doch nicht, sondern ein bisschen Überlegung gehört dazu. In der `BERICHT`-Tabelle speichern wir einen möglichen Bericht für die Ausgabe der Kundenaufstellung in der in diesem Kapitel schon benutzten XML-Datei. Es handelt sich um die Kundenlistenausgabe, die wir bereits verwendet haben. Neben einer Nummer, dem Namen für eine mögliche GUI-Anzeige, speichert man auch das Wurzelelement für die XML Schema-Datei in dieser Tabelle. Dies ist in unserer vereinfachten XML Schema-Welt die einzige globale Struktur, die kein komplexer Typ ist. Sie kann entweder in dieser Tabelle oder in einer eigenen Tabelle `WURZEL` gespeichert werden, wenn man diesen Bereich noch weiter modellieren möchte, denn für die verschiedenen Transformationen benötigt man ja zunächst immer die gleiche XML Schema-Datei.

Die nach einer Funktion aussehende Syntax `XMLType()` ist ein Datentypkonstruktor wie in XPath 2.0, mit dem man eine beliebige Zeichenkette in eine XML-Struktur umwandelt. Sollte dies nicht möglich sein, weil die Struktur nicht wohlgeformt ist, erhält man einen Fehler.

Hinweis

Bei allen XML-Bruchstücken ist der Namensraum angegeben, damit das Präfix bekannt ist.

```
INSERT INTO "SCOTT"."BERICHT"
 VALUES (1,
         'Kundenliste',
         XMLType('<xs:element name="Kundenliste" type="KundenlisteType"
                     xmlns:xs="http://www.w3.org/2001/XMLSchema"/>'));
```

Listing 8.14: `833_02.sql` – Einfügen in BERICHT

In die Tabelle `XMLPAKET` speichert man die XML Schema- und XSLT-Päckchen. Da wir insgesamt vier globale komplexe Typen für die Kundenliste besitzen, gibt es auch ebenso viele XSLT-Päckchen und damit auch vier einzufügende Reihen. Wir haben die Ihnen schon bekannte Syntax sehr gekürzt, denn man muss tatsächlich nur die vier bereits vorhandenen XSLT-Dateien öffnen und die darin enthaltenen Vorlagen kopieren und hier einfügen. Ähnlich verfährt man mit der einen XML Schema-Datei. Hier sucht man die für die XSLT-Päckchen notwendigen globalen komplexen Typen heraus.

```
INSERT INTO "SCOTT"."XMLPAKET"
 VALUES (1,
         XMLType('<xs:complexType name="KundenlisteType"
                       xmlns:xs="http://www.w3.org/2001/XMLSchema">
     <xs:sequence>
       <xs:element name="Kunde" type="KundeType" maxOccurs="unbounded"/>
     </xs:sequence>
   </xs:complexType>'),
         XMLType('<xsl:template match="/Kundenliste"
                         xmlns:xsl="http://www.w3.org/1999/XSL/Transform">
     <html>
       <head>
         <title>Kundenliste</title>
       </head>
       <body>
         <xsl:apply-templates select="Kunde"/>
       </body>
     </html>
   </xsl:template>'));
```

Listing 8.15: 833_02.sql – Einfügen in XMLPAKET

Zusammensetzung von XSLT

Sind die Daten erst einmal in der Datenbank gespeichert, kann man mit ihnen wie mit allen anderen DB-Daten arbeiten. Da wir ein DBMS einsetzen, das interne Programmierung zulässt, erlauben wir uns, nicht von außen auf die DB zuzugreifen, sondern zwei Funktionen zu erstellen, die uns XSLT und XML Schema erzeugen. Der Parameter für die abgedruckte `getXSLT`-Funktion ist die Berichtsnummer. Dies könnte natürlich ganz herrlich über eine schicke GUI in Form einer Auswahlliste/HTML-Seite etc. ausgewählt werden. Doch wir geben den Wert gleich direkt vor.

Hinweis

Die Funktion für XML Schema finden Sie in den Beispieldateien zu diesem Buch. Sie ist allerdings fast genauso aufgebaut und benötigt nur das in einer eigenen Abfrage zu ermittelnde Wurzelelement.

Die Funktion macht nichts anderes, als anhand der Berichtsnummer mit Hilfe eines Cursors die verschiedenen XSLT-Päckchen zu ermitteln und dann innerhalb einer korrekten XSLT-Struktur – also mit Wurzelelement – zusammenzusetzen und dann als XMLType zurückzugeben. Sollte der Text für den VARCHAR2-Datentyp zu groß werden, könnte man auch einen CLOB verwenden oder eine XML-Sequenz einsetzen. Dies alles führt allerdings zu weit in die spezifische Datenbank hinein. Es ist in jedem Fall nicht unlösbar und lässt sich innerhalb der Funktion skalieren.

```
CREATE OR REPLACE FUNCTION "SCOTT".getXSLT  (
 berichtsnr IN "SCOTT"."BERICHT"."B_NR"%TYPE)
 RETURN "SYS"."XMLTYPE"
IS
 -- Zwischenspeicher Rückgabewert
 v_XSLT VARCHAR2(32767);
 -- Cursor für Rückgabedaten
 CURSOR c_XSLT IS
  SELECT X_XSLT
    FROM "SCOTT"."XMLPAKET" xp
         INNER JOIN "SCOTT"."BERICHT_ZU_XMLPAKET" bzx
      ON xp."X_NR" = bzx."X_NR"
         INNER JOIN "SCOTT"."BERICHT" b
      ON b."B_NR" = bzx."B_NR"
   WHERE b."B_NR" = berichtsnr;
BEGIN
 -- Dokumentbeginn
 v_XSLT := '<xsl:stylesheet version="1.0"
xmlns:xsl="http://www.w3.org/1999/XSL/Transform">
  <xsl:output method="html" version="1.0" encoding="UTF-8"
indent="yes"/>';
 -- Auslesen des Cursors
 FOR x_daten IN c_XSLT LOOP
  v_XSLT := v_XSLT || x_daten.x_xslt.getClobVal();
 END LOOP;
 -- Dokumentschluss
 v_XSLT := v_XSLT || '</xsl:stylesheet>';
 -- Rückgabe
 RETURN XMLType(v_XSLT);
END getXSLT;
```

Listing 8.16: 833_03.sql – Funktion zur Ermittlung von XSLT

Um die grundsätzliche Funktionstüchtigkeit des gerade erstellten Helfers zu nutzen, kann man sich das erzeugte XSLT für den ersten Bericht mit Hilfe einer einfachen Abfrage ausgeben lassen. In einer anderen Umgebung könnte man genauso gut von außen mit beliebigen Sprachen auf die Oracle®-Datenbank zugreifen und sich den erzeugten Quelltext als Ergebnismenge oder als Rückgabewert denken. Wie man sieht, kann man die erstellte Funktion allerdings auch in ganz gewöhnlichem Standard-SQL aufrufen und verwenden.

```
SET LONG 200000;
SELECT getXSLT(1)
  FROM bericht;
```

Listing 8.17: `833_05.sql` – Testen der Funktion

Da wir im ganz einfachen SQL*Plus-Worksheet arbeiten, erhalten wir hier den vollständigen Quelltext. Die `SET LONG`-Anweisung dient nur dazu, auch wirklich den gesamten Quelltext zu sehen. Wenn Sie nicht das Worksheet verwenden, kann es sein, dass Ihre – eigentlich bessere – Entwicklungsumgebung mit `XMLType` nicht umgehen kann.

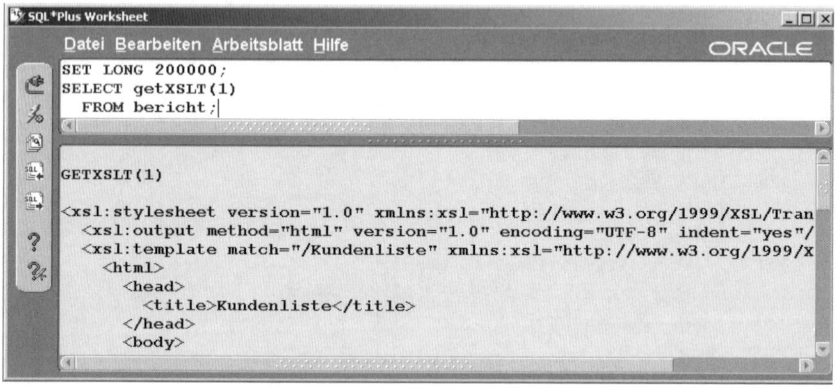

Abb. 8.8: Ausgabe in SQL*Plus-Worksheet

Anwendung auf XML-Daten

Betrachtet man die gerade erwähnten Programmiertechniken, in denen `XMLType` zum Einsatz kam, lässt sich festhalten, dass man mit diesem speziellen Datentyp XML-Dokumente sowohl in SQL als auch in PL/SQL in Form eines Variablendatentyps speichern kann. Zusätzlich besitzt er eine Reihe von Unterprogrammen, die direkt auf entsprechende Spalten und Variablen angewandt werden können. Sie ermöglichen eine Untersuchung, Validierung und Transformation der entsprechenden Daten. In diesen Einsatzbereichen wird eine spezielle Punktsyntax verwendet, die für andere Datentypen nicht vorhanden ist und in PL/SQL auch neuartig erscheint. Sie beeinflusst allerdings die Arbeit von XML und SQL bzw. PL/SQL sehr günstig und erleichtert die Arbeit mit XML insgesamt sehr.

In einer anderen Datenbank würde man den dort heimischen XML-Datentyp oder einen sehr großen Zeichenkettendatentyp einsetzen. Allerdings bietet Oracle® noch allerhand Raffinessen mehr, was die Verarbeitung und Speicherung von XML-Daten anbetrifft. Dieser spezielle Datentyp ist dabei immer im Spiel und erweist sich regelmäßig als unersetzliche Stütze.

Dass man nun XSLT-Quelltext speichern und auch wieder laden kann, ist eine Seite der Medaille. Mit Hilfe einer geeigneten Programmiersprache lässt sich die in der Datenbank gespeicherte Funktion nutzen, so wie es auch möglich ist, eine gleichwertige Funktion/Methode außerhalb der Datenbank zu programmieren und ebenfalls die gespeicherten XSLT-Päckchen wieder zu einer XSLT-Datei zusammenzusetzen.

In dieser Erweiterung wollen wir Ihnen zeigen, wie man nun auch wieder in der Datenbank die XSLT-Daten nutzen kann. Es wäre möglich, die XML-Daten im Dateisystem zu speichern und dann eine solche Datei zu öffnen. Es ist allerdings auch möglich, die XML-Daten gleich in der Datenbank zu speichern. Die verschiedenen Techniken, mit denen ein solches Ziel erreicht werden kann, sind sehr unterschiedlich: Zerlegung in relationale oder objektrelationale Strukturen, Speichern eines Dateilinks, Speichern als CLOB etc., Speicherung als `XMLType` oder auch Einsatz einer speziellen XML-Datenbank (Oracle® XDB). Um dieses Wespennest schlagen wir einen Bogen und ringen uns stattdessen vereinfachend dazu durch, die XML-Daten einfach in eine `XMLType`-Spalte zu speichern.

Dazu benötigt man eine Erweiterung des Datenmodells um zwei weitere Tabellen. In der einen speichert man die XML-Daten, in der anderen verwaltet man die Zuordnung zwischen Daten und Berichtsart. Auch hier verzichten wir aus Gründen der Einfachheit auf die Fremdschlüssel, damit Daten in beliebiger bzw. relational falscher Reihenfolge zu Testzwecken gelöscht werden können.

```
-- Tabelle XMLDATEN
DROP TABLE "SCOTT"."XMLDATEN";
CREATE TABLE "SCOTT"."XMLDATEN" (
  "XD_NR" NUMBER(10) NOT NULL,
  "XD_TEXT" "SYS"."XMLTYPE" NOT NULL,
  CONSTRAINT "XD_Schluessel" PRIMARY KEY("XD_NR"));

-- Tabelle XMLDATEN
DROP TABLE "SCOTT"."XMLDATEN_ZU_BERICHT";
CREATE TABLE "SCOTT"."XMLDATEN_ZU_BERICHT" (
  "XZB_NR" NUMBER(10) NOT NULL,
  "XD_NR" NUMBER(10) NOT NULL,
  "B_NR" NUMBER(10) NOT NULL,
  CONSTRAINT "XZB_Schluessel" PRIMARY KEY("XZB_NR"));
```

Listing 8.18: `833_06.sql` – Erweiterung des Datenmodells

Man erhält dann die in Abbildung 8.9 angegebene Struktur mit insgesamt fünf Tabellen. So könnte man die Struktur lesen: Die gleichen XML-Daten lassen sich in verschiedenen Berichten ausgeben, deren Erzeugungsalgorithmus aus einer Reihe von Päckchen zusammengesetzt wird.

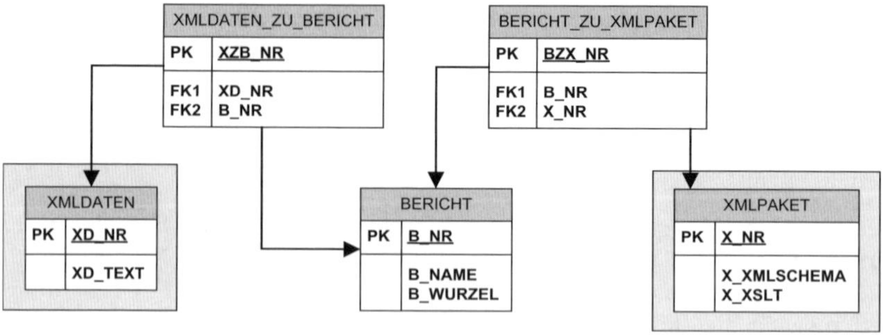

Abb. 8.9: Erweiterung des Datenmodells

Wie schon zuvor für die XML Schema/XSLT-Daten greift man innerhalb eines primitiven `INSERT`-Befehls auf den Konstruktor `XMLType` zurück, um XML-Daten als `XMLType` in einer Tabelle zu speichern.

```
INSERT INTO "SCOTT"."XMLDATEN"
 VALUES (1,
         XMLType('<Kundenliste>
  <Kunde Nr="235" Anrede="Frau" Beginn="04.10.03">
    <Name>
      <Rufname>Verena</Rufname>
      <Zuname>Fiegert</Zuname>
    </Name>
    ...
</Kundenliste>'));
```

Listing 8.19: `833_06.sql` – Speichern von XML-Daten

Die Zuordnung zwischen XML-Daten und Bericht ist besonders einfach, da diese Beziehungstabelle nur Schlüsselwerte erwartet.

```
INSERT INTO "SCOTT"."XMLDATEN_ZU_BERICHT"
 VALUES (1, 1, 1);
```

Listing 8.20: `833_06.sql` – Speichern von Bezügen

Ohne einen Parser starten zu müssen, können Sie eine Spalte bzw. eine Variable, deren Datentyp XMLType ist, direkt mit Hilfe von XSLT transformieren. Dies verkürzt eine entsprechende Anwendung erheblich und beschränkt sie nur auf die Beschaffung der Daten, die Transformation über die SQL-Funktion XMLtransform() oder die XMLType-Methode transform() und das Speichern der Ergebnisdaten in einer geeigneten Variablen. Die grundlegende Technologie, die für die Transformation bzw. für den Algorithmus der Transformation verwendet werden muss, ist dann XSLT.

```
SELECT XMLTransform(XD_TEXT, getXSLT(1)) AS HTML
  FROM XMLDATEN;
```

Listing 8.21: 833_07.sql – Transformation

Der einfache Termin in der XML-Spalte wird durch die Transformationsvorgaben in der XSLT-Spalte in einen HTML-Quelltext umgewandelt, der in der Ergebnismenge vorliegt.

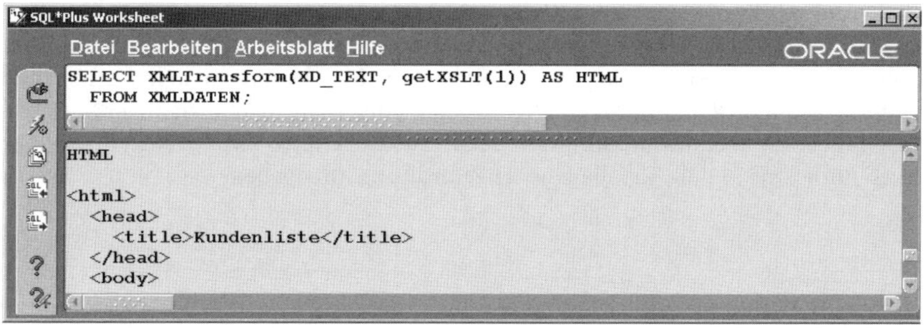

Abb. 8.10: Ausgabe in SQL*Plus-Worksheet

Oben hatten wir bereits kurz diskutiert, welche Möglichkeiten sich durch erweiterte Datenmodelle noch ergeben. An dieser Stelle wollen wir zwar nicht auf Versionierung, Redaktions- und Benutzerverwaltung eingehen, doch das vorhandene Datenmodell einen Schritt weiter normalisieren. Zurzeit ist nämlich die Organisation von mehreren Ausgabearten für den gleichen Bericht noch nicht einfach umzusetzen, weil dann sich wiederholende Gruppe von XML Schema-Päckchen in der ursprünglichen XMLPAKET-Tabelle auftreten würden. Um dies zu verhindern, muss man die zwar auf den ersten Blick sehr schöne, auf den zweiten Blick allerdings nicht normalisierte gemeinsame Speicherung von XML Schema und XSLT in einer Tabelle unterbinden.

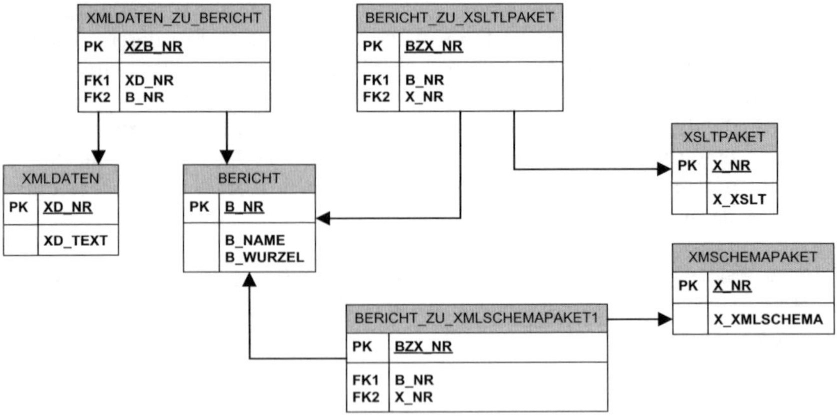

Abb. 8.11: Getrennte Speicherung von Päckchen

Mit Hilfe zweier Tabellen, die getrennt voneinander XML Schema auf der einen Seite und XSLT auf der anderen Seite speichern, kann man leicht verschiedene Ausgaben der gleichen XML-Daten einrichten. Diese werden natürlich alle mit dem gleichen XML Schema validiert, benötigen aber für die verschiedenen Ausgaben unterschiedliche XSLT-Vorlagen. Zusätzlich könnte man auch noch in der XSLTPAKET-Tabelle als Fremdschüssel einen Bezug zu XMLSCHEMAPAKET erstellen, um hier auch ohne eine andere Tabelle eine 1:1-Zuordnung anzugeben.

Kapitel 9

Reguläre Ausdrücke

Ganz neu in XLT 2.0 und auch in XPath 2.0 lassen sich nun auch reguläre Ausdrücke benutzen. Dies ist insoweit bemerkenswert, als dass damit für die Verarbeitung und Suche eine Technologie eingeführt wird, die in vielen anderen Sprachen schon lange üblich und auch in XML Schema für die Facette `pattern` möglich ist.

9.1 Einfache Ausdrücke

Es soll nicht Ziel sein, in diesem Kapitel umfassend in reguläre Ausdrücke einzuführen. Es ist ein interessantes und auch umfangreiches Werkzeug, mit denen viele Arten von Umwandlungen, Tests und Validierungen durchgeführt werden können. Allerdings ist es tatsächlich so umfangreich, dass sehr kniffelige Syntax und viel Quelltext möglich ist und sich auch sehr anspruchsvolle Ausdrücke realisieren lassen. Allerdings sollen die Leser, die möglicherweise noch nicht mit ihnen in Berührung gekommen sind, wenigstens solche einfachen Tests durchführen können, ob eine Postleitzahl tatsächlich fünfstellig ist, in einer Telefonnummer nur bestimmte Sonderzeichen auftauchen oder ob nur eine bestimmte Anzahl/Art von Zeichen vorhanden ist.

9.1.1 Meta-Zeichen

Zunächst gibt es einige allgemeine Zeichen, die sowohl für die allgemeine Syntax als auch schon als eigene Suchsequenzen benutzt werden können. So findet der Punkt beispielsweise jedes Zeichen. Das ist natürlich für sich genommen wenig interessant, lässt sich aber in dem in der Tabelle angegebenen Beispiel sehr gut nutzen, um die Grenzen einer Zeichenkette anzugeben und dazwischen jedes Zeichen zuzulassen.

Dagegen ist das *Fluchtzeichen* (vielen unter *Escape-Zeichen* bekannt) trotz seiner Wichtigkeit bezüglich der verschiedenen Vereinfachungen, die wir in späteren Tabellen aufgelistet haben, wenig aufregend.

Wichtig sind alle drei Klammerungen, wobei hier in den Meta-Zeichen die runden und eckigen vorhanden sind. Mit Hilfe der eckigen Klammern lassen sich Bereiche angeben, die alphanumerisch definiert werden. Solche Bereiche wie auch andere Formulierungen lassen sich mit den runden Klammern zu einer Gruppe zusammenfassen. Eine Gruppe enthält wiederum andere Gruppen, andere Zeichen oder Vereinfachungen.

Sehr wichtig ist der senkrechte Strich, der wie in XPath auch hier für *ODER* steht und für unterschiedliche Konstruktionen wie auch Gruppen, Bereiche oder einzelne Zeichen zum Einsatz kommen kann, um Alternativen zu definieren.

Gruppen, Bereiche, Vereinfachungen und Zeichen lassen sich dann wiederum mit Hilfe der auch in anderen Strukturen wie der DTD oder auch den allgemeinen Syntaxübersichten im XML-Bereich üblichen Häufigkeitszeichen beschreiben. So steht das Fragezeichen für kein oder ein, das Sternchen für kein oder mehr und das Plus-Zeichen für ein oder mehr Auftreten.

<table>
<tr><th>Zeichen</th><th>Beschreibung</th><th>Beispiel</th><th>Treffer</th></tr>
<tr><td>.</td><td>Findet jedes Zeichen</td><td>d.e</td><td>dXe
d5e</td></tr>
<tr><td>\</td><td>Entwerter-Zeichen</td><td>*\d**</td><td>*1234*</td></tr>
<tr><td>?</td><td>Kein oder ein Auftreten</td><td>ef?c</td><td>ec
efc</td></tr>
<tr><td>*</td><td>Kein oder mehr Auftreten</td><td>ef*c</td><td>ec
efc
efffffc</td></tr>
<tr><td>+</td><td>Ein oder mehr Auftreten</td><td>ef+c</td><td>efc
efffffc</td></tr>
<tr><td>|</td><td>Oder</td><td>ef|cd</td><td>ef
cd</td></tr>
<tr><td>(</td><td>Beginn Gruppe</td><td>e(f|c)d</td><td>efd
ecd</td></tr>
<tr><td>)</td><td>Ende Gruppe</td><td>e(f|c)d</td><td>efd
ecd</td></tr>
<tr><td>[</td><td>Beginn Bereich</td><td>xx[E-Z]*xx</td><td>xxEFCDxx</td></tr>
<tr><td>]</td><td>Ende Bereich</td><td>xx[E-Z]*xx</td><td>xxEFCDxx</td></tr>
</table>

Tabelle 9.1: Meta-Zeichen

Insbesondere die verschiedenen Häufigkeitszeichen und die Möglichkeiten, Häufigkeitsbereiche mit Hilfe von geschweiften Klammern anzugeben, erlauben die sehr genaue Angabe von Häufigkeiten für einzelne Zeichen, Gruppen oder Bereiche.

- X das Zeichen X einmal
- X? leere Zeichenkette und X
- X* leere Zeichenkette und ein oder mehrere X

- X+ wenigstens ein X
- X{n,m} n bis m Zeichen X
- X{n} genau n Zeichen X
- X{n,} mindestens n Zeichen X
- X{0,m} 0 bis m Zeichen X
- X{0,0} leere Zeichenkette

9.1.2 Fluchtzeichen

Es gibt eine Reihe von definierten Fluchtzeichen, die allerdings weitestgehend aus den gerade erwähnten Meta-Zeichen wie z.B. den verschiedenen Klammern bestehen und um den Rückstrich als Entwerter erweitert werden. Neben diesen trivialen Ausdrücken existieren noch einige interessante Zeichen für Leerraum wie Wagenrücklauf, Zeilenumbruch etc. Die Verwendung ist nicht schwer, denn sie beschreiben jeweils nur ein Zeichen, das jetzt hier entwertet werden soll, um das tatsächliche Zeichen zu verwenden.

Fluchtsymbole	Entwertetes Zeichen
\n	Neue Zeile (#xA)
\r	Wagenrücklauf (#xD)
\t	Tabulator (#x9)
\\	\
\\|	|
\.	.
\-	-
\^	^
\?	?
*	*
\+	+
\{	{
\}	}
\(	(
\)	)
\[	[
\]	]

Tabelle 9.2: Fluchtsymbole

9.1.3 Unicode-Zeichenklassen (Kategorien)

Für die vereinfachte Schreibweise von häufig auftretenden Musterangaben gibt es eine große Reihe an Abkürzungen, die oft aus nur einem einzigen Zeichen, ansonsten aus höchstens zwei Zeichen bestehen und durch ein Entwerterzeichen eingeleitet werden. Je nach Programmiersprache gibt es noch viel mehr solcher Vereinfachungen. Die in diesem Abschnitt aufgeführten Vereinfachungen stammen aus der Datentypspezifikation[1] von XML Schema und sind auch in XPath gültig bzw. werden auch in der XPath-Spezifikation an verschiedenen Stellen referenziert.

Die erste Gruppe von Vereinfachungen findet einfache und allgemeine Zeichenarten. Die im Anschluss befindlichen Kategorien sind bereits sehr viel interessanter und können möglicherweise in vielen einfachen Fällen bereits als ganzer Ausdruck ohne Änderung oder mit einfachen Erweiterungen bereits nützliche Dienste leisten.

Zeichen	Beschreibung
`.`	Jedes Zeichen außer neue Zeile und Absatz
`\s`	Leerzeichen (Leerzeichen, Absatz, Tabulator, neue Zeile)
`\S`	Alle Zeichen außer Leerezeichen, die von `\s` gefunden werden
`\i`	Der erste Buchstabe in einem XML-Identifizierer (Buchstabe, Unterstrich, Doppelpunkt)
`\I`	Alle Zeichen außer denen, die durch `\i` gefunden werden
`\c`	Alle Zeichen, die in einem XML-Namen auftauchen können (Anfangszeichen, Zahlen, Punkt, Unterstrich, Doppelpunkt)
`\C`	Alle Zeichen außer denen, die von `\c` gefunden werden
`\d`	Zahlen
`\D`	Alle Zeichen außer denen, die von `\d` gefunden werden.
`\w`	Alle Zeichen, die in einem Wort erscheinen können, ohne Interpunktion, Trennzeichen und Sonstiges
`\W`	Alle Zeichen außer denen, die von `\w` gefunden werden

Tabelle 9.3: Perl-Zeichenklassen

Speziell für Buchstaben bzw. Zeichen, die keine Zahlen sind, gibt es die nachfolgende Kategorie. Mit ihnen lässt sich sehr einfach auf verschiedene Arten von

1 Vgl. XML Schema Part 2: Datatypes Second Edition, W3C Recommendation 28 October 2004 Abschnitt F Regular Expressions unter `http://www.w3.org/TR/xmlschema-2/#regexs`.

Buchstaben wie z.B. Groß- und Kleinbuchstaben oder überhaupt auf Buchstaben unterscheiden.

Eigenschaft	Bedeutung
`L`	Alle Buchstaben
`Lu`	Großbuchstaben
`Ll`	Kleinbuchstaben
`Lt`	Großschreibung von Substantiven auch in Sprachen, die diese Orthografie nicht kennen
`Lm`	Ändernde Zeichen wie Akzente
`Lo`	Sonstige

Tabelle 9.4: Kategorie »Buchstaben«

In der Kategorie »Marken« befinden sich Buchstaben und Zeichen, die mit anderen Zeichen kombiniert werden und z.B. Akzente enthalten. Insbesondere für Buchstaben mit Akzenten und ihre Auswahl und Ersetzung sind diese Kategorien zu verwenden.

Eigenschaft	Bedeutung
`M`	Alle Marken
`Mn`	Marken, die keinen Platz beanspruchen
`Mc`	Marken, die mit einem anderen Zeichen kombiniert werden (wie Akzente)
`Me`	Marken, die ein anderes Zeichen einschließen (wie Kreise)

Tabelle 9.5: Kategorie »Marken«

Genauso wie für Buchstaben gibt es eine passende Kategorie für Zahlen. Diese bietet nicht so viele Unterscheidungsmöglichkeiten wie die Kategorie für Buchstaben, doch grundsätzliche Unterscheidungen wie ein einfacher Test auf Zahlen oder – noch genauer – Dezimalzahlen ist immer möglich.

Eigenschaft	Bedeutung
`N`	Alle Zahlen
`Nd`	Dezimalzahlen
`Nl`	Buchstaben
`No`	Sonstige

Tabelle 9.6: Kategorie »Zahlen«

Speziell für Interpunktionszeichen, die ausdrücklich nicht zu den Buchstaben zählen, gibt es eine eigene Kategorie. Diese bietet nicht sehr differenzierte, sondern eher allgemeine Möglichkeiten auf beispielsweise öffnende Klammern (unabhängig ob geschweift, rund oder eckig) zu untersuchen. In Kombination mit der Kategorie für Buchstaben lassen sie sich gut für sehr genaue Untersuchungen nutzen.

Eigenschaft	Bedeutung
`P`	Alle Satzzeichen
`Pc`	Verbinder (wie Unterstrich)
`Pd`	Gedankenstrich
`Ps`	Öffnendes Zeichen (wie Klammer)
`Pe`	Schließendes Zeichen
`Pi`	Öffnendes Anführungszeichen (ähnlich `Ps` oder `Pe`)
`Pf`	Schließendes Anführungszeichen (ähnlich `Ps` oder `Pe`)
`Po`	Sonstige

Tabelle 9.7: Kategorie »Interpunktion«

Neben der Kategorie für Interpunktionszeichen gibt es noch eine weitere Kategorie für Trennzeichen, die einige der Fluchtzeichen ersetzen und möglicherweise für bessere Lesbarkeit sorgen, wenn man sie anstelle der Fluchtzeichen verwendet. Insbesondere das Zeichen, das alle Trennzeichen findet, ist nützlich und spart Quelltext.

Eigenschaft	Bedeutung
`Z`	Alle Trennzeichen
`Zs`	Leerzeichen
`Zl`	Zeilenvorschub
`Zp`	Absatz

Tabelle 9.8: Kategorie »Trennzeichen«

In der Kategorie »Symbole« befindet sich eine kleine Auswahl an Vereinfachungen für Zeichen, die keine Trenner oder Interpunktionszeichen, sondern tatsächlich Symbole sind. Hier sind insbesondere die mathematischen Symbole und Währungszeichen interessant und lassen sich gut verwenden.

Eigenschaft	Bedeutung
S	Alle Symbole
Sm	Mathematische Symbole
Sc	Währungssymbole
Sk	Ändernde Zeichen
So	Sonstige

Tabelle 9.9: Kategorie »Symbole«

In einer Kategorie »Sonstige« befinden sich einige wenige Vereinfachungen, die man möglicherweise in exotischen Anwendungsfällen einsetzen kann.

Eigenschaft	Bedeutung
C	Alle anderen
Cc	Kontrollzeichen
Cf	Formatierung
Co	Reserviert
Cn	Nicht verwendet

Tabelle 9.10: Kategorie »Sonstige«

9.2 XPath-Unterstützung

In XPath 2.0[2] gibt es nun auch einige Funktionen, die für die Verarbeitung von regulären Ausdrücken benutzt werden können.

Die Funktion `matches` liefert genau dann `true`, wenn das Muster `$pattern` in der Zeichenkette `$input` gefunden wird. Sie liegt in zwei überladenen Varianten vor:

- `fn:matches($input as xs:string?, $pattern as xs:string) as xs:boolean` erwartet einen Eingabe- und einen Musterwert.
- `fn:matches( $input as xs:string?, $pattern as xs:string, $flags as xs:string) as xs:boolean` erwartet einen Eingabe- und einen Musterwert sowie zusätzliche Einstellungen.

Beispiele:

`matches("klingeling", "kling")` entspricht `contains("klingeling", "kling")` und liefert `true`.

2 Vgl. XQuery 1.0 and XPath 2.0 Functions and Operators, W3C Working Draft 23 July 2004 Abschnitt 7.6 String Functions that Use Pattern Matching unter `http://www.w3.org/TR/xpath-functions/#string.match`.

`matches("klingeling", "^k.*g$")` liefert `true`.

`matches("klingeling", "[ling]{2}")` liefert `true`.

`matches("-123.45", "[-+]?([0-9]*\.)?[0-9]+")` liefert `true`.

`matches("999.0.0.1", "\b\d{1,3}\.\d{1,3}\.\d{1,3}\.\d{1,3}\b")` liefert `true`.

`matches("127.0.0.1", "\b\d{1,3}\.\d{1,3}\.\d{1,3}\.\d{1,3}\b")` liefert `true`.

`matches("127.0.0.1", "\b(25[0-5]|2[0-4][0-9]|[01]?[0-9][0-9]?)\.(25[0-5]|2[0-4][0-9]|[01]?[0-9][0-9]?)\.(25[0-5]|2[0-4][0-9]|[01]?[0-9][0-9]?)\.(25[0-5]|2[0-4][0-9]|[01]?[0-9][0-9]?)\b")` liefert `true`.

Die Funktion `replace` liefert den Wert des Parameters `$input` so, dass nur die Unterzeichenketten zurückgeliefert werden, die durch den regulären Ausdruck `$pattern` gefunden und dann durch den Parameter `$replacement` ersetzt werden. Sie liegt in zwei überladenen Varianten vor:

- `fn:replace( $input as xs:string?, $pattern as xs:string, $replacement as xs:string) as xs:string` erwartet eine Eingabe `$input`, einen regulären Ausdruck `$pattern` und eine Ersetzung `$replacement`
- `fn:replace( $input as xs:string?, $pattern as xs:string, $replacement as xs:string, $flags as xs:string) as xs:string` erwartet eine Eingabe `$input`, einen regulären Ausdruck `$pattern` und eine Ersetzung `$replacement` sowie zusätzliche Einstellungen

Beispiele:

`replace("klingeling", "ling", "*")` liefert `k*e*`.

`replace("klingeling", "i", "o")` liefert `klongelong`.

`replace(" Hallo  Welt ", "^[ \t]+", "")` liefert `Hallo  Welt`.

`replace(" Hallo  Welt ", "[ \t\r\n]", "")` liefert `HalloWelt`.

Die Funktion `tokenize` liefert eine Sequenz aus einen oder mehr `xs:string`-Zeichenketten, die aus Unterzeichenketten des ersten Parameters bestehen. Als Trennzeichen werden wiederum Unterzeichenketten verwendet, die im zweiten Parameter angegeben werden. Sie liegt in zwei überladenen Varianten vor:

- `fn:tokenize($input as xs:string?, $pattern as xs:string) as xs:string+` erwartet eine Eingabe `$input` und einen regulären Ausdruck `$pattern`

- `fn:tokenize( $input as xs:string?, $pattern as xs:string, $flags as xs:string) as xs:string+` erwartet eine Eingabe `$input` und einen regulären Ausdruck `$pattern` sowie zusätzliche Einstellungen

Beispiele:

`tokenize("klingeling", "(li)")` liefert `("k", "nge", "ng")`.

`tokenize("klinGelLing", "(LU)")` liefert `("kling", "Ge", "Ling")`.

Die einzelnen Funktionen verwenden Einstellungen für Änderungen am Suchverhalten, die auch in Kombination auftreten können:

- `s`: Die Angabe sorgt dafür, dass der dot-all-Modus (Perl: single-line-Modus) verwendet wird. Wenn die Einstellung nicht verwendet wird, dann findet das Meta-Zeichen Punkt (`.`) alle Zeichen außer dem Zeilenumbruch (#x0A). Im dot-all-Modus dagegen wird auch der Zeilenumbruch gefunden.
- `m`: Die Angabe sorgt dafür, dass im Mehrzeilenmodus gesucht wird. Normalerweise findet das Meta-Zeichen `^` den Beginn einer ganzen Zeichenkette, während `$` das Ende einer solchen findet. Im Mehrzeilenmodus dagegen findet `^` den Start einer Zeile (also den Beginn einer Zeichenkette nach einem Zeilenumbruchszeichen) und `$` findet das Ende einer Zeile (also das Ende einer Zeichenkette direkt vor einem Zeilenumbruchszeichen #x0A).
- `i`: Diese Einstellung sorgt dafür, dass die Suche nicht auf Groß- und Kleinschreibung achtet. Ansonsten unterscheidet die Suche immer auch Groß- und Kleinbuchstaben. Dabei zählen dann Zeichen nur als gleich, wenn die Unicode-Zeichenpunkte gleich sind, während bei der eingeschalteten Einstellung eine automatische und vordefinierte Umwandlung stattfindet.
- `x`: Leerzeichen werden hier bei Verwendung der Einstellung nicht beachtet. Standardmäßig werden Leerzeichen in der Suche in Form ihrer Angabe berücksichtigt, doch teilt man ein langes Muster auf mehrere Zeilen auf oder strukturiert es, dann benötigt man diese Einstellung.

9.3 XSLT-Unterstützung

In XSLT[3] gibt es auch Elemente zur Verarbeitung von regulären Ausdrücken, die unter Angabe der XPath 2.0-Funktionen angegeben werden. Diese Elemente dienen dazu, eine einfache Fallunterscheidung mit Hilfe von zwei Kindelementen durchzuführen, die ansonsten nur überaus schwer oder nur mit sehr viel mehr

3 Vgl. XSL Transformations (XSLT) Version 2.0, W3C Working Draft 2 May 2003 Abschnitt 15 Regular Expressions unter `http://www.w3c.org/TR/xslt20/#regular-expressions`.

Quelltext als diese Kinder umgesetzt werden könnte. Zusätzlich lassen sich auch `xsl:fallback`-Kinder im ersten Element, das als Elternelement aller anderen fungiert, verwenden.

9.3.1 Grundlagen

Mit `xsl:analyze-string` lässt sich ein regulärer Ausdruck angeben, der auf verschiedene Verarbeitungen stößt. Mit dem `select`-Attribut gibt man den Textknoten, Attributwert oder einen anderen XPath-Ausdruck an, der die zu untersuchende Zeichenkette beschafft. Das Attribut `regex` erwartet einen regulären Ausdruck, der ausgewertet wird, während im Attribut `flags` zusätzliche Einstellungen möglich sind.

```
<!-- Kategorie: Instruktion -->
<xsl:analyze-string
  select = expression
  regex = { string }
  flags = { string }>
  <!-- Inhalt: (xsl:matching-substring?, xsl:non-matching-substring?,
              xsl:fallback*) -->
</xsl:analyze-string>
```

Innerhalb des Elements `xsl:matching-substring` stehen Anweisungen, die für alle Treffer ausgeführt werden. Dies entspricht also dem `true`-Zweig einer Fallunterscheidung, die allerdings für jeden Treffer und nicht nur für den ersten ausgeführt wird.

```
<xsl:matching-substring>
  <!-- Inhalt: sequence-constructor -->
</xsl:matching-substring>
```

Innerhalb des Elements `xsl:non-matching-substring` stehen Anweisungen, die für alle Nicht-Treffer ausgeführt werden. Dies entspricht also dem `false`-Zweig einer Fallunterscheidung, die allerdings für jeden Nicht-Treffer und nicht nur für den ersten ausgeführt wird.

```
<xsl:non-matching-substring>
  <!-- Inhalt: sequence-constructor -->
</xsl:non-matching-substring>
```

Unabhängig von diesen neuen Elementen lassen sich die XPath-Funktionen natürlich genauso in Fallunterscheidungen oder XPath-Auswahlen bzw. auch nur in einfachen Ausgaben mit `xsl:value-of` oder auch dem `select`-Attribut von Variablen, Parameteraufrufen etc. nutzen. Die Syntax der regulären Ausdrücke bleibt die gleiche, unabhängig davon, ob sie mit den XPath-Funktionen verwendet wird oder ob sie innerhalb von `xsl:analyze-string` zum Einsatz kommt. Es handelt sich allerdings um eine völlig andere Verwendung. Mit `xsl:analyze-string` kann man eine ansonsten nur schwer zu formulierende Fallunterscheidung realisieren, während die XPath-Funktionen genauso Testausdrücke oder auch Zeichenkettenverarbeitung bewirken wie andere Funktionen auch.

9.3.2 Beispiel

Um die verschiedenen Funktionen einmal an einem konkreten Beispiel darzustellen, haben wir folgende Erfolgsübersicht, in der für die einzelnen Städte pro Monat die Anzahl der gesamten und der neuen Kunden aufgestellt sind.

```
<Erfolguebersicht>
  <Erfolg Stadt="Bochum" Monat="4">
    <Gesamt>9</Gesamt>
    <Neukunden>5</Neukunden>
  </Erfolg>
  ...
  <Erfolg Stadt="Herne, Westf" Monat="10">
    <Gesamt>17</Gesamt>
    <Neukunden>1</Neukunden>
  </Erfolg>
</Erfolguebersicht>
```

Listing 9.1: `932_01.xml` – Erfolgsübersicht

Mit den XPath-Funktionen lässt sich ein regulärer Ausdruck für eine Auswahl, Fallunterscheidung oder Ausgabe nutzen. Trotz der Besonderheiten, die durch die Syntax bei regulären Ausdrücken zu beachten sind, und daher der Parameter bzw. das Muster natürlich viel wichtiger ist als die entsprechende Funktion, so sind es doch letztendlich Funktionen, die Zeichenketten verarbeiten und Rückgabewerte in Form von Wahrheitswerten, Zeichenketten oder Sequenzen liefern.

Die `Erfolg`-Elemente werden der Reihe nach verarbeitet, sofern sie in den Monaten 7, 8 und 10 liegen. Dies zeigt die Verwendung der Funktion `matches`, die einen Wahrheitswert zurückliefert und daher die Auswahl von Knoten anhand eines regulären Ausdrucks erlaubt. Diese Knotenmenge wird dann weiter verarbeitet. Im ersten Test untersucht man dann, ob der Monatswert 5 oder 10 ist, was natürlich bei 5 nicht der Fall sein kann, da dieser Monat ja gar nicht abgefragt wurde. Innerhalb des Kindes `xsl:matching-substring` wird dann der Fall behandelt, wenn der Wert tatsächlich enthalten ist, ansonsten wird im `xsl:non-matching-substring` festgelegt, dass drei schöne Rauten entstehen.

```
<table border="1">
  ...
  <xsl:for-each select="//Erfolg[matches(@Monat, '7|8|10')]">
    <xsl:sort data-type="number" order="descending" select="@Monat"/>
    <tr>
      ...
      <!-- Test bei @Monat -->
      <xsl:analyze-string select="@Monat" regex="5|10">
        <xsl:matching-substring>
          <td>
            <xsl:value-of select="."/>
          </td>
        </xsl:matching-substring>
        <xsl:non-matching-substring>
          <td>###</td>
        </xsl:non-matching-substring>
      </xsl:analyze-string>
```

Listing 9.2: 932_01.xslt – Test auf bestimmte Werte

Der nächste Ausdruck testet darauf, ob die Anzahl der Neukunden eine zweistellige Zahl ist. Der Treffer wird erneut ausgegeben, während der Nicht-Treffer zur Ausgabe von Rauten führt.

```
      <!-- Test bei Neukunden -->
      <xsl:analyze-string select="Neukunden" regex="[0-9]{2}">
        <xsl:matching-substring>
          <td>
            <xsl:value-of select="."/>
          </td>
        </xsl:matching-substring>
        <xsl:non-matching-substring>
          <td>###</td>
        </xsl:non-matching-substring>
      </xsl:analyze-string>
    </tr>
  </xsl:for-each>
</table>
```

Listing 9.3: 932_01.xslt – Test auf Zahlen

Man erhält in der Ausgabe überall dort Rauten, wo der Monat ungleich 10 oder die Anzahl der Neukunden keine zweistellige Zahl ist.

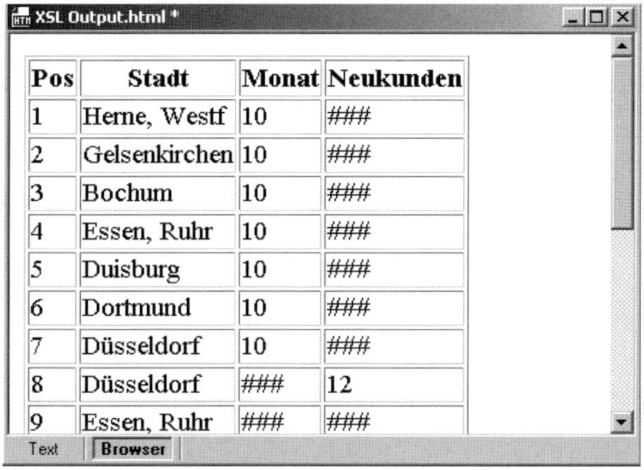

Pos	Stadt	Monat	Neukunden
1	Herne, Westf	10	###
2	Gelsenkirchen	10	###
3	Bochum	10	###
4	Essen, Ruhr	10	###
5	Duisburg	10	###
6	Dortmund	10	###
7	Düsseldorf	10	###
8	Düsseldorf	###	12
9	Essen, Ruhr	###	###

Abb. 9.1: Ausgabe in HTML

Kapitel 10

Fehlersuche

In diesem kurzen Kapitel stellen wir einige Elemente und Funktionen vor, mit denen man Fehler suchen und abfangen kann, die auf die Verwendung von möglicherweise nicht vorhandenen Funktionen oder Elementen zurückzuführen sind. Es ist tatsächlich nur eine kleine Auswahl an neuer Syntax in diesem Bereich denkbar, sodass man möglicherweise ohnehin nicht darum herumkommt, für eine anspruchsvolle Fehlersuche auf die Unterstützung einer Entwicklungsumgebung zurückzugreifen.

10.1 Nachrichten

Eine der einfachsten Möglichkeiten, fehlerhafte Algorithmen zu erforschen, besteht sicherlich darin, Werte von Variablen, Parametern oder im Falle von XSLT auch gerade verfügbare XPath-Kontextinformationen auszugeben. Dies erfolgt im einfachsten Fall im Ausgabestrom wie bei der Erstellung einer Webanwendung und dem Einsatz einer Skriptsprache. Arbeitet man allerdings mit einer Entwicklungsumgebung oder einem Prozessor, der in eine Standardausgabe schreibt, so ist dieses Verfahren grundsätzlich nicht sehr zu empfehlen. Während diese Ausgaben beim fertigen Produkt wieder auskommentiert oder gelöscht werden müssen, so könnten die Nachrichten, die über das `xsl:message`-Element ausgegeben werden, auch weiterhin im Quelltext verbleiben, da sie ja nur in der Standardausgabe und nicht im Ausgabestrom erscheinen.

10.1.1 Grundprinzip

Mit Hilfe des Elements `xsl:message`[1] lassen sich Nachrichten in der Standardausgabe des Prozessors ausgeben. Es hat die folgende allgemeine Syntax:

```
<!-- Kategorie: Instruktion -->
<xsl:message
  terminate = { "yes" | "no" }>
  <!-- Content: sequence-constructor -->
</xsl:message>
```

1 Vgl. XSL Transformations (XSLT) Version 2.0, W3C Working Draft 2 May 2003 Abschnitt 17 Messages unter `http://www.w3c.org/TR/xslt20/#message`.

Einzige Voraussetzung für den erfolgreichen Einsatz ist die Existenz einer Umgebung, in der auch tatsächlich ein Nachrichtenbereich in Form einer Standardausgabe vorhanden ist. Innerhalb von `xsl:message` lässt sich jedes andere XSLT-Element nutzen, das zu einer sinnvollen Ausgabe in Textform führt. Mit Hilfe des zusätzlichen Attributs `terminate` lässt sich darüber hinaus auch eine Beendigung der Ausführung erreichen.

Im nachfolgenden Beispiel geben wir einen einfachen Text und den Wert des in der Vorlage gefüllten Parameters aus.

```
<xsl:template name="Posten">
  <xsl:param name="Kategorie"/>
  <xsl:message>Wert von $Kategorie: <xsl:value-of select="$Kategorie"/>
  </xsl:message>
  <p>
  ...
```

Listing 10.1: `1011_01.xslt` – Ausgabe einer Nachricht

Die Ausgabe ist implementationsabhängig. In XMLSpy® erhält man in einem eigenen Ausgabefenster alle Nachrichten.

Abb. 10.1: Ausgabe der Nachrichten

10.1.2 Sinnvolle Benutzung

Die Ausgabe von Nachrichten kann so einfach wie im vorherigen Beispiel erfolgen. Es ist allerdings auch denkbar, einen etwas anspruchsvolleren Weg zu gehen und folgende Techniken einzusetzen:

- Ein- und Ausschalten der Textausgabe über einen globalen Parameter
- Strukturierte Speicherung der Fehlermeldungen und kleinerer Textbausteine in Variablen
- Auslagerung der Fehlermeldungen und Textbausteine in eine eigene Datei
- Gut organisierte Ausgabe der Informationen
- Verwendung von globalen Vorlagen für strukturierte Ausgaben

Die Frage ist immer, ob eine solch aufwändige Fehlermeldungsverwaltung notwendig ist oder Sinn macht. Allerdings besteht die Möglichkeit, verschiedene Vorlagen zu erstellen und diese mit den Textbaustein-Variablen in eine externe Datei zu speichern und diese einzubinden. Dies vereinfacht möglicherweise die Arbeit bei anderen Dateien. Durch die Möglichkeit, die Ausgabe auch komplett und global auszuschalten, lässt sich die Arbeit, die in intelligente und informative Meldungen investiert wird, auch in der Datei speichern.

```
<!-- Globale Parameter -->
<xsl:param name="Ausgabe" select="true()"/>
<!-- Globale Variablen -->
<xsl:variable name="VarAus" select="'Wert von Variable '"/>
<xsl:variable name="ParAus" select="'Wert von Parameter '"/>
<xsl:variable name="PosAus" select="'Aktueller Knoten '"/>
<xsl:variable name="TreAus" select="' | '"/>
<!-- Ausgabevorlagen -->
<xsl:template name="PosVor">
<xsl:variable name="Knoten" select="local-name(.)"/>
 <xsl:value-of select="($PosAus, position(), '/', $Von)"/>
</xsl:template>
...
<xsl:template name="Posten">
    <xsl:param name="Kategorie"/>
    <xsl:if test="$Ausgabe">
    <xsl:message><xsl:value-of select="($VarAus, '$Kategorie',
                                       $Kategorie, $TreAus)"/>
   <xsl:call-template name="PosVor"/>

    </xsl:message></xsl:if>
    <p>
   ...
```

Listing 10.2: `1012_01.xslt` – Strukturierte Ausgabe

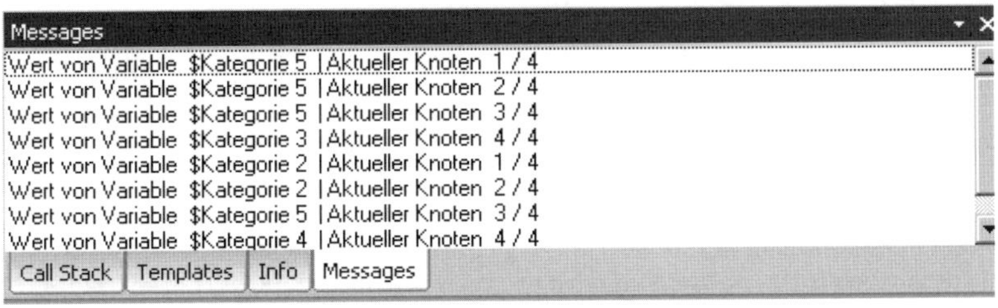

Abb. 10.2: Ausgabe im Meldungsfester

10.2 Testfunktionen

Mit einigen wenigen Funktionen lässt sich überprüfen, ob bestimmte Elemente/Anweisungen oder Funktionen vorhanden sind. Dies ist bei den Standardfunktionen, die in jedem Prozessor integriert sein sollten, nicht notwendig, ist aber vielleicht gerade bei Erweiterungen von Prozessoren zu empfehlen. Der Quelltext wird dadurch nicht besser lesbar, aber wenn ein Algorithmus besonders von einer Anweisung/Funktion abhängt, könnte man diesen Testschritt noch einmal durchführen. Allerdings ist hier immer wichtig, dass natürlich die entsprechenden Testfunktionen ebenfalls vom Prozessor unterstützt werden.

10.2.1 Verfügbare Syntax testen

Folgende zwei Funktionen sind vorhanden, um auf Funktionen in XPath/XSLT oder Elemente in XSLT zu testen:

- `function-available($function-name as xs:string) as xs:Boolean` testet, ob eine bestimmte Funktion[2] verfügbar ist, die durch ihren Namen übergeben wird.
- `element-available($element-name as xs:string) as xs:Boolean` testet, ob ein bestimmtes Element[3] verfügbar ist, das durch seinen Namen übergeben wird.

Wir wissen natürlich, dass es die Funktion `round` gibt, aber ein Test sieht ganz einfach so aus, dass man eine eigene Fallunterscheidung um den Bereich legt, in dem die Funktion erscheint, und den Funktionsnamen als Zeichenkette übergibt. Es entsteht keine Fehlermeldung, wenn die Funktion nicht bekannt ist, sondern der gesamte Abschnitt wird – wie es ja auch die Fallunterscheidung nahe legt – gar nicht erst ausgeführt.

```
<xsl:for-each select="//Rechnung">
  <xsl:apply-templates select="Kunde"/>
  <xsl:if test="function-available('round')">
    <xsl:for-each select="Postenliste/Posten">
      <xsl:choose>
        <xsl:when test="Einzeln[round(number(text()))=0]">
          <xsl:call-template name="Posten">
            <xsl:with-param name="Kategorie" select="1"/>
```

2 Vgl. XSL Transformations (XSLT) Version 2.0, W3C Working Draft 2 May 2003 Abschnitt 18.1.1 Testing Availability of Functions unter `http://www.w3c.org/TR/xslt20/#d0e20143`.

3 Vgl. XSL Transformations (XSLT) Version 2.0, W3C Working Draft 2 May 2003 Abschnitt 18.2.2 Testing Availability of Instructions unter `http://www.w3c.org/TR/xslt20/#d0e20457`.

```
            </xsl:call-template>
          </xsl:when>
        </xsl:choose>
      </xsl:for-each>
  </xsl:if>
</xsl:for-each>
```

Listing 10.3: 1021_01.xslt – Funktionen testen

Ähnlich verhält es sich auch mit dem Test auf ein Element. Ein Prozessor sollte xsl:choose durchaus kennen, aber legt man eine Fallunterscheidung um den Bereich, in dem xsl:choose auftritt, dann wird er nur ausgeführt, wenn die Funktion tatsächlich die Existenz des Elements bestätigt.

```
<xsl:for-each select="//Rechnung">
  <xsl:apply-templates select="Kunde"/>
  <xsl:if test="element-available('xsl:choose')">
    <xsl:for-each select="Postenliste/Posten">
      <xsl:choose>
        ...
      </xsl:choose>
    </xsl:for-each>
  </xsl:if>
</xsl:for-each>
```

Listing 10.4: 1021_02.xslt – Elemente testen

10.2.2 Standardverhalten

Mit Hilfe des Elements xsl:fallback[4] lässt sich ein Standardverhalten einrichten, das immer dann ausgeführt wird, wenn eine Erweiterung über die beiden Funktionen function-available oder element-available tatsächlich nicht gefunden wird. Dabei umschließt das Element den Bereich innerhalb einer Vorlage, der im negativen Fall ausgeführt wird, ohne dass ein xsl:otherwise oder eine neue Abfrage notwendig wäre.

Es hat die folgende allgemeine Syntax:

```
<!-- Kategorie: Instruktion  -->
<xsl:fallback>
  <!-- Content: sequence-constructor -->
</xsl:fallback>
```

4 Vgl. XSL Transformations (XSLT) Version 2.0, W3C Working Draft 2 May 2003 Abschnitt 18.2.3 Fallback unter http://www.w3c.org/TR/xslt20/#fallback.

Im folgenden Beispiel versuchen wir, die in XSLT 5 de-luxe eingeführte Funktion `runden` zu verwenden, die allerdings nicht jeder Prozessor versteht, und deshalb bauen wir noch eine Standardanweisung ein, in der die traditionelle `round`-Funktion zum Einsatz kommen soll.

```
<body>
  <xsl:for-each select="//Rechnung">
    <xsl:apply-templates select="Kunde"/>
    <xsl:if test="function-available('runden')">
      <xsl:for-each select="Postenliste/Posten">
        <xsl:choose>
          <xsl:when test="Einzeln[runden(number(text()))=0]">
            ...
          </xsl:when>
          ...
        </xsl:choose>
      </xsl:for-each>
    </xsl:if>
    <!-- Standardverhalten -->
    <xsl:fallback>
      <xsl:for-each select="Postenliste/Posten">
        <xsl:choose>
          <xsl:when test="Einzeln[round(number(text()))=0]">
            ...
          </xsl:when>
          ...
        </xsl:choose>
      </xsl:for-each>
    </xsl:fallback>
  </xsl:for-each>
</body>
```

Listing 10.5: `1022_01.xslt` – Rückgriff/Standardanweisung

Es besteht keine Notwendigkeit, nur eine einzige Standardanweisung zu geben. Innerhalb einer Vorlage können durchaus mehrere auftauchen, die dann allerdings alle nacheinander ausgeführt werden. Dies erstreckt sich dann jedoch nicht auf mehrere Vorlagen, sondern nur auf die Vorlage, in der ein Element oder eine Funktion geprüft wurde. Im nächsten Beispiel haben wir daher ganz einfach zwei Rückgriffe in der Vorlage, in der die `runden`-Funktion zum Einsatz kommen soll. Darüber hinaus existiert noch eine benannte Vorlage, in der nur ein einfaches `xsl:fallback` erscheint.

```
<!-- Startvorlage -->
<xsl:template match="/">
  ...
        <xsl:if test="function-available('runden')">
          <xsl:for-each select="Postenliste/Posten">
            <xsl:choose>
              <xsl:when test="Einzeln[runden(number(text()))=0]">
                ...
              </xsl:when>
              <!-- ... -->
            </xsl:choose>
          </xsl:for-each>
        </xsl:if>
        <!-- Standardverhalten, in Reihe ausgeführt -->
        <xsl:fallback>
          <p>Rückgriff 1</p>
        </xsl:fallback>
        <xsl:fallback>
          <p>Rückgriff 2</p>
        </xsl:fallback>
      </xsl:for-each>
    </body>
  </html>
</xsl:template>
<!-- Allgemeine Standardvorlage, die nie ausgeführt wird -->
<xsl:template name="Standard">
  <xsl:fallback>
    <p>Rückgriff 3</p>
  </xsl:fallback>
</xsl:template>
```

Listing 10.6: `1022_02.xslt` – Mehrere Rückgriffsmöglichkeiten

Während bei einem Fehler alle Standardanweisungen über `xsl:fallback` innerhalb der Vorlage aufgerufen werden, in der die Prüfung ausgeführt wird, bleiben andere Vorlagen, in denen ebenfalls Standardanweisungen definiert sind, unberücksichtigt. Dies ergibt sich auch aus der Ausführung der Vorlage, in der die beiden Absatzausgaben definiert werden. Die Dokumentreihenfolge entscheidet hierbei über die Ausführungsreihenfolge.

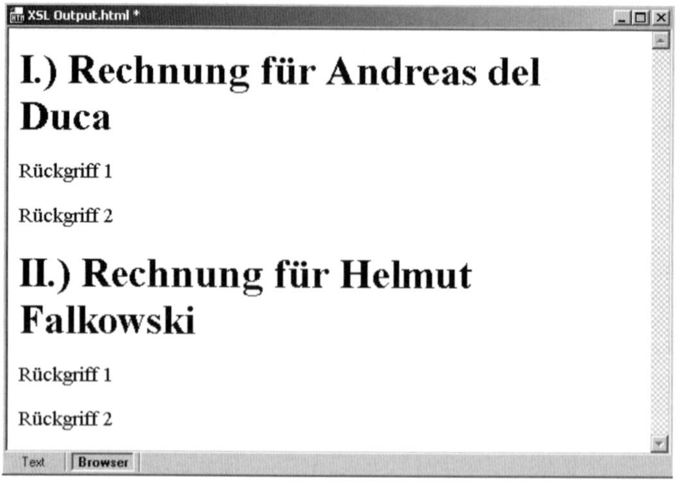

Abb. 10.3: Ausgabe in HTML

XPath 2.0-Funktionen

Die Funktionsbibliothek in XPath 2.0 hat derart beeindruckende Ausmaße angenommen, dass wir zwar die einzelnen Funktionen durchaus hier nennen, aber nicht auf jede Funktion explizit eingehen wollen. Ihre Verwendung und ihre genauen Eigenschaften sind sehr ausführlich in einem eigenen Dokument des W3C[1] erläutert.

A.1 Grundsätzliches

A.1.1 Namensräume

Im Rahmen der Dokumentation werden verschiedene *Namensräume* erwähnt, auf die wir hier nicht ausführlich eingehen, da sie lediglich die einzelnen Strukturen wie Datentypen, Elemente und Funktionen einordnen.

- xs als Präfix für `http://www.w3.org/2001/XMLSchema` für Strukturen von XML Schema
- xsi als Präfix für `http://www.w3.org/2001/XMLSchema-instance`
- xdt als Präfix für `http://www.w3.org/2004/07/xpath-datatypes` für Datentypen von XPath und XQuery
- fn als Präfix für `http://www.w3.org/2004/07/xpath-functions` für Funktionen von XPath und XQuery

A.1.2 Verwendung

Die Verwendung ist – soweit der Prozessor die gewünschte Funktion unterstützt – ebenfalls sehr simpel:

```
fn:function-name($parameter-name as parameter-type, ...) as return-type
```

wäre die allgemeine Syntax für eine Funktion mit einem gegebenen Funktionsnamen und einer Reihe an zu übergebenden Parametern. Da XPath 2.0 auf Datenty-

1 Vgl. XQuery 1.0 and XPath 2.0 Functions and Operators, W3C Working Draft 23 July 2004 unter `http://www.w3.org/TR/2004/WD-xpath-functions-20040723/`

pen achtet und damit im Gegensatz zu XPath 1.0 stark typisiert ist, muss man natürlich auch bei den eingehenden Parametern darauf achten, dass sie die geeigneten Datentypen aufweisen. Einige Funktionen liefern als Rückgabewert einen tatsächlichen Wert mit einem gegebenen Datentyp zurück, andere dagegen eine Knotenmenge, die dann weiter zu verarbeiten ist.

Was die Datentypen anbetrifft, so werden sie teilweise unter einem gemeinsamen Oberbegriff zusammengefasst. In diesem Sinne wird der Datentyp `numeric` für die in XML Schema vorhandenen Zahlendatentypen `xs:integer`, `xs:decimal`, `xs:float`, `xs:double` in der allgemeinen Syntax angegeben. Die meisten Funktionen liefern Rückgabewerte in dem Datentyp zurück, in dem sie auch ihre Eingabewerte erwarten. Die wenigen Ausnahmen sind an einer Hand abzuzählen und sind `op:numeric-divide`, der nach Aufruf mit zwei `xs:integer`-Werten einen `xs:decimal`-Wert zurückliefert, und `op:numeric-integer-divide`, der – wie der Name schon vermuten lässt – immer einen `xs:integer`-Wert zurückliefert.

Verschiedene Funktionen erwarten einen einfachen Wert oder eine leere Sequenz als Argument. Einige liefern auch einen einzigen Wert oder eine leere Sequenz zurück. Dies wird auch in der allgemeinen Syntax durch ein Fragezeichen angedeutet, das dem Datentyp des Parameters oder Rückgabewerts folgt.

```
fn:function-name($parameter-name as parameter-type?) as return-type?
```

Verschiedene Funktionen erwarten als Parameter eine Sequenz, was durch einen Asteriskus angedeutet wird, der dem Datentypnamen der Einheiten der Sequenz folgt. Eine solche Sequenz kann keine oder mehr Einheiten des angegebenen Datentyps enthalten.

Wie Sie schnell bei einem Überfliegen der folgenden Seiten sehen, auf denen die Funktionen kurz umrissen werden, existieren zwei Namensräume, von denen allerdings nur einer in der weiter oben stehenden Namensraumliste erscheint. Dies liegt daran, dass nur einer der beiden hier verwendeten Namensräume `fn` und `op` tatsächlich zu Funktionen gehört, die auch vom Benutzer eingesetzt werden können. Dies ist der Namensraum `fn`, dessen Adresse auch auf die XPath-Funktionen hindeutet: `http://www.w3.org/2004/07/xpath-functions`.

Das Präfix `op` dagegen kennzeichnet solche Funktionen, die einerseits keinen Namensraum besitzen und zweitens auch nicht durch Benutzer aufgerufen werden können und sollen. Sie symbolisieren Aktionen, die z.B. durch Operatoren ausgedrückt werden können, wobei das Ergebnis des Operatoreneinsatzes der Rückgabewert der Funktionen ist.

A.2 Funktionen und Operatoren für Zahlen

fn:abs

- Allgemeine Syntax: `fn:abs($arg as numeric?) as numeric?`
- Bedeutung: Absolutwert

fn:ceiling

- Allgemeine Syntax: `fn:ceiling($arg as numeric?) as numeric?`
- Bedeutung: Nächstgrößere Ganzzahl

fn:floor

- Allgemeine Syntax: `fn:floor($arg as numeric?) as numeric?`
- Bedeutung: Nächstkleinere Ganzzahl

fn:round

- Allgemeine Syntax: `fn:round($arg as numeric?) as numeric?`
- Bedeutung: Runden

fn:round-half-to-even

- Allgemeine Syntax:
  - `fn:round-half-to-even($arg as numeric?, $precision as xs:integer) as numeric?`
  - `fn:round-half-to-even($arg as numeric?) as numeric?`
- Bedeutung: Runden, wobei auch eine Nachkommapräsizion angegeben werden kann.

Beispiele

`fn:abs(-5)` liefert 5

`fn:ceiling(5.2)` liefert 6

`fn:floor(5.7)` liefert 5

`fn:round(5.7)` liefert 6

`fn:round(5.2)` liefert 5

`fn:round-half-to-even(5.7)` liefert 6

`fn:round-half-to-even(5.2)` liefert 5

`fn:round-half-to-even(5.2345, 2)` liefert 5.23

A.3 Zeichenkettenfunktionen

A.3.1 Verarbeitung

fn:codepoints-to-string

- Allgemeine Syntax: `fn:codepoints-to-string($arg as xs:integer*) as xs:string`
- Bedeutung: Wandelt eine übergebene Sequenz (mehrere Argumente in Klammern setzen) an Zahlwerten in ihre Buchstaben (Sonderzeichen und »gewöhnliche« Buchstaben) um.

fn:string-to-codepoints

- Allgemeine Syntax: `fn:string-to-codepoints($arg as xs:string?) as xs:integer*`
- Bedeutung: Wandelt eine übergebene Sequenz an Buchstaben (Wörter in Anführungszeichen setzen) in ihre Zahlwerte um.

A.3.2 Beispiele

`string-to-codepoints("Hallo Welt")` liefert »72 97 108 108 111 32 87 101 108 116«

`codepoints-to-string((88, 83, 76, 84))` liefert »XSLT«

A.3.3 Funktionen für den Zeichenkettenvergleich

fn:compare

- Allgemeine Syntax:
  - `fn:compare($comparand1 as xs:string?, $comparand2 as xs:string?) as xs:integer?`
  - `fn:compare( $comparand1 as xs:string?, $comparand2 as xs:string?, $collation as xs:string) as xs:integer?`
- Bedeutung: Liefert die Werte, 0, 1 oder -1 zurück, wenn die Zeichenkette unter Berücksichtigung einer zusätzlich übergebenen Sprache gleich, am Ende unterschiedlich oder am Anfang unterschiedlich ist.

Beispiele

`compare('Strasse', 'Straße', 'german')` liefert 0, da die beiden Zeichenketten gleich sind

`compare('jumeau', 'jumeaux', 'french')` liefert 1, da die Zeichenketten anfänglich gleich und nachher durch die Pluralbildung unterschiedlich sind `compare('fratelli', 'sorelli', 'italian')` liefert -1, da das Ende der Zeichenketten gleich, der Anfang aber unterschiedlich ist

A.3.4 Funktionen für Zeichenkettenwerte

fn:concat

- Allgemeine Syntax: `fn:concat( $arg1 as xdt:anyAtomicType?, $arg2 as xdt:anyAtomicType?, ... ) as xs:string`
- Bedeutung: Verknüpfung/Verkettung von Zeichenketten, die durch die einzelnen Argumente angegeben werden.

fn:string-join

- Allgemeine Syntax: `fn:string-join($arg1 as xs:string*, $arg2 as xs:string) as xs:string`
- Bedeutung: Verknüpfung/Verkettung von Zeichenketten, die durch eine Folge von `$arg1` angegeben werden. Das zweite Argument dient dabei als Trennzeichen.

fn:substring

- Allgemeine Syntax:
  - `fn:substring( $sourceString as xs:string?, $startingLoc as xs:double) as xs:string`
  - `fn:substring( $sourceString as xs:string?, $startingLoc as xs:double, $length as xs:double) as xs:string`
- Bedeutung: Ermittelt die Unterzeichenketten, wobei im `$sourceString` die zu bearbeitende Zeichenkette angegeben werden muss. Mit den Parametern `$startingLoc` und `$length` gibt man Startposition und Länge für die Auswahl an. Verwendet man die Funktion ohne Längenangabe, wird die Zeichenkette bis zum Ende ausgeschnitten.

fn:string-length

- Allgemeine Syntax:
  - `fn:string-length() as xs:integer`
  - `fn:string-length($arg as xs:string?) as xs:integer`
- Bedeutung: Ermittelt die Länge einer Zeichenkette. Eine leere Zeichenkette hat die Länge 0, was sowohl durch fehlende wie auch durch zwei Hochkommata erreicht wird.

fn:normalize-space

- Allgemeine Syntax:
  - `fn:normalize-space()` as `xs:string`
  - `fn:normalize-space($arg` as `xs:string?)` as `xs:string`
- Bedeutung: Entfernt führende und folgende Leerräume (Tabulator [#x9], Zeilenvorschub [#xA], Wagenrücklauf [#xD] und Leerzeichen [#x20]) und ersetzt Folgen von Leerräumen durch ein Leerzeichen (#x20). Bei leerem Argument erhält man eine Zeichenkette mit Länge 0.

fn:normalize-unicode

- Allgemeine Syntax:
  - `fn:normalize-unicode($arg` as `xs:string?)` as `xs:string`
  - `fn:normalize-unicode( $arg  as xs:string?, $normalizationForm` as `xs:string)` as `xs:string`
- Bedeutung: Führt eine Unicode-Normalisierung durch. Für das Argument `$normalizationForm` können folgende Werte eingetragen werden (http://www.unicode.org/reports/tr15/tr15-23.html).

Wert	Bedeutung
NFC	Unicode Normalization Form C (NFC)
NFD	Unicode Normalization Form D (NFD)
NFKC	Unicode Normalization Form KC (NFKC)
NFKD	Normalization Form KD (NFKD)
FULLY_NORMALIZED	Voll normalisierte Form
Zeichenkette von Länge 0	Keine Normalisierung

Tabelle A.1: Werte für die Normalisierung

fn:upper-case

- Allgemeine Syntax: `fn:upper-case($arg` as `xs:string?)` as `xs:string`
- Bedeutung: Umwandlung in Großbuchstaben

fn:lower-case

- Allgemeine Syntax: `fn:lower-case($arg` as `xs:string?)` as `xs:string`
- Bedeutung: Umwandlung in Kleinbuchstaben

fn:translate

- Allgemeine Syntax: `fn:translate( $arg as xs:string?, $mapString as xs:string, $transString as xs:string) as xs:string`
- Bedeutung: Liefert den Wert von `$arg` in einer übersetzten Form, wobei jeder Buchstabe in `$arg` mit seiner Übereinstimmung in `$mapString` verglichen wird. Die in `$mapString` gefundene Position wird dann verwendet, um den passenden Buchstaben aus `$transString` zu ermitteln.

fn:escape-uri

- Allgemeine Syntax: `fn:escape-uri( $uri-part as xs:string?, $escape-reserved as xs:boolean) as xs:string`
- Bedeutung: Setzt einen URI in Fluchtzeichen um. Wenn `$escape-reserved true` ist, werden alle Zeichen maskiert bis auf a–z A–Z 0–9 % # - _ . ! ~ * '( ). Wenn `$escape-reserved false` ist, werden zusätzliche Zeichen nicht maskiert: ; / ? : @ & = + $, [ ].

Beispiele

`string-join(('Hallo', 'Welt'), ' ')` liefert »Hallo Welt«

`concat('Hallo ', 'Welt')` liefert »Hallo Welt«

`substring('Halli-Hallo Welt', 7)` liefert »Hallo Welt«

`substring('Eene, meene, muh, und weg bist du', 19, 15)` liefert »und weg bist du«

`string-length('1, 2, 3')` liefert 7

`string-length()` liefert 0

`string-length('')` liefert 0

`normalize-space('Quo  vadis ?')` liefert »Quo vadis ?«

`upper-case('Sonnenblume')` liefert »SONNENBLUME«

`lower-case('VeNeDiG')` liefert »venedig«

`translate('abc', 'abc', '123')` liefert 123

`translate('abc', 'cba', '123')` liefert 321

`translate('abc', 'ada', '123')` liefert 1dc

`escape-uri ("http://www.comelio.com/XSLT 2", false())` liefert »http://www.comelio.com/XSLT%202«

A.3.5 Funktionen für Unterzeichenkettenauswahl

fn:contains

- Allgemeine Syntax:
  - `fn:contains($arg1 as xs:string?, $arg2 as xs:string?) as xs:Boolean`
  - `fn:contains( $arg1 as xs:string?, $arg2 as xs:string?, $collation as xs:string) as xs:Boolean`
- Bedeutung: Prüft, ob die Zeichenketten `$arg2` in der Zeichenkette `$arg1` enthalten ist.

fn:starts-with

- Allgemeine Syntax:
  - `fn:starts-with($arg1 as xs:string?, $arg2 as xs:string?) as xs:boolean`
  - `fn:starts-with( $arg1 as xs:string?, $arg2 as xs:string?, $collation as xs:string) as xs:boolean`
- Bedeutung: Prüft, ob die Zeichenketten `$arg1` mit der Zeichenkette `$arg2` beginnt.

fn:ends-with

- Allgemeine Syntax:
  - `fn:ends-with($arg1 as xs:string?, $arg2 as xs:string?) as xs:boolean`
  - `fn:ends-with( $arg1 as xs:string?, $arg2 as xs:string?, $collation as xs:string) as xs:boolean`
- Bedeutung: Prüft, ob die Zeichenketten `$arg1` mit der Zeichenkette `$arg2` endet.

fn:substring-before

- Allgemeine Syntax:
  - `fn:substring-before($arg1 as xs:string?, $arg2 as xs:string?) as xs:string`
  - `fn:substring-before( $arg1 as xs:string?, $arg2 as xs:string?, $collation as xs:string) as xs:string`
- Bedeutung: Liefert die Unter-Zeichenkette aus `$arg1`, die vor dem ersten Auftreten der Zeichenkette `$arg2` liegt.

fn:substring-after

- Allgemeine Syntax:
  - `fn:substring-after($arg1 as xs:string?, $arg2 as xs:string?) as xs:string`
  - `fn:substring-after( $arg1 as xs:string?, $arg2 as xs:string?, $collation as xs:string) as xs:string`
- Bedeutung: Liefert die Unter-Zeichenkette aus `$arg1`, die nach dem ersten Auftreten der Zeichenkette `$arg2` liegt.

Beispiele

`contains('Abrakadabra', 'raka')` liefert `true`

`starts-with('Abrakadabra', 'brak')` liefert `false`

`ends-with('Abrakadabra', 'bra')` liefert `true`

`substring-before('Abrakadabra', 'ra')` liefert »Ab«

`substring-after('Abrakadabra', 'ada')` liefert »bra«

A.3.6 Funktionen für Zeichenketten mit Mustervergleich

fn:matches

- Allgemeine Syntax:
  - `fn:matches($input as xs:string?, $pattern as xs:string) as xs:boolean`
  - `fn:matches($input as xs:string?, $pattern as xs:string, $flags as xs:string) as xs:Boolean`
- Bedeutung: Liefert `true` zurück, wenn der Ausdruck in `$input` zum regulären Ausdruck in `$pattern` passt. Der Mustervergleich kann durch `$flags` zusätzlich beeinflusst werden.

fn:replace

- Allgemeine Syntax:
  - `fn:replace( $input as xs:string?, $pattern as xs:string, $replacement as xs:string) as xs:string`
  - `fn:replace( $input as xs:string?, $pattern as xs:string, $replacement as xs:string, $flags as xs:string) as xs:string`
- Bedeutung: Liefert die Zeichenkette `xs:string`, die durch Ersetzung der Unterzeichenketten in `$input` mit Hilfe von Muster in `$pattern` durch eine Ersetzung in `$replacement` erzeugt wird. Der Mustervergleich kann durch `$flags` zusätzlich beeinflusst werden.

fn:tokenize

- Allgemeine Syntax:
  - `fn:tokenize($input as xs:string?, $pattern as xs:string) as xs:string+`
  - `fn:tokenize( $input as xs:string?, $pattern as xs:string,$flags as xs:string) as xs:string+`
- Bedeutung: Liefert eine Folge von leerzeichenlosen Unterzeichenketten aus `$input`, wobei die Unterzeichenketten als Trenner verwendet werden, die zum Muster in `$pattern` passen und nicht zurückgeliefert werden. Der Mustervergleich kann durch `$flags` zusätzlich beeinflusst werden.

A.3.7 Funktionen für anyURI

fn:resolve-uri

- Allgemeine Syntax:
  - `fn:resolve-uri($relative as xs:string?) as xs:anyURI?`
  - `fn:resolve-uri($relative as xs:string?, $base as xs:string) as xs:anyURI?`
- Bedeutung: Ein relativer URI wird mit dem Basis-URI der Umgebung zusammengesetzt und zurückgeliefert. Ein absoluter URI bleibt erhalten.

A.4 Funktionen für Wahrheitswerte

fn:true

- Allgemeine Syntax: `fn:true() as xs:boolean`
- Bedeutung: Liefert `true`.

fn:false

- Allgemeine Syntax: `fn:false() as xs:boolean`
- Bedeutung: Liefert `false`.

fn:not

- Allgemeine Syntax: `fn:not($arg as item()*) as xs:boolean`
- Bedeutung: Kehrt das gefundene Ergebnis um.

A.5 Zeitfunktionen

A.5.1 Funktionen zur Zeitextraktion

fn:years-from-duration

- Allgemeine Syntax: `fn:years-from-duration($arg as xdt:yearMonthDuration?) as xs:integer?`
- Bedeutung: Liefert einen `xs:integer`-Wert zurück, der die Jahreskomponente in `$arg` beschreibt. Der Wert kann negativ sein.

fn:months-from-duration

- Allgemeine Syntax: `fn:months-from-duration($arg as xdt:yearMonthDuration?) as xs:integer?`
- Bedeutung: Liefert einen `xs:integer`-Wert zurück, der die Monatskomponente in `$arg` beschreibt. Der Wert kann negativ sein.

fn:days-from-duration

- Allgemeine Syntax: `fn:days-from-duration($arg as xdt:dayTimeDuration?) as xs:integer?`
- Bedeutung: Liefert einen `xs:integer`-Wert zurück, der die Tageskomponente in `$arg` beschreibt. Der Wert kann negativ sein.

fn:hours-from-duration

- Allgemeine Syntax: `fn:hours-from-duration($arg as xdt:dayTimeDuration?) as xs:integer?`
- Bedeutung: Liefert einen `xs:integer`-Wert zurück, der die Stundenkomponente in `$arg` beschreibt. Der Wert kann negativ sein.

fn:minutes-from-duration

- Allgemeine Syntax: `fn:minutes-from-duration($arg as xdt:dayTimeDuration?) as xs:integer?`
- Bedeutung: Liefert einen `xs:integer`-Wert zurück, der die Minutenkomponente in `$arg` beschreibt. Der Wert kann negativ sein.

fn:seconds-from-duration

- Allgemeine Syntax: `fn:seconds-from-duration($arg as xdt:dayTimeDuration?) as xs:decimal?`
- Bedeutung: Liefert einen `xs:integer`-Wert zurück, der die Sekundenkomponente in `$arg` beschreibt. Der Wert kann negativ sein.

fn:year-from-dateTime

- Allgemeine Syntax: `fn:year-from-dateTime($arg as xs:dateTime?) as xs:integer?`
- Bedeutung: Liefert einen `xs:integer`-Wert zurück, der die Jahreskomponente in `$arg` beschreibt. Der Wert kann negativ sein.

fn:month-from-dateTime

- Allgemeine Syntax: `fn:month-from-dateTime($arg as xs:dateTime?) as xs:integer?`
- Bedeutung: Liefert einen `xs:integer`-Wert zurück, der die Monatskomponente in `$arg` beschreibt. Der Wert kann negativ sein.

fn:day-from-dateTime

- Allgemeine Syntax: `fn:day-from-dateTime($arg as xs:dateTime?) as xs:integer?`
- Bedeutung: Liefert einen `xs:integer`-Wert zurück, der die Tageskomponente in `$arg` beschreibt. Der Wert kann negativ sein.

fn:hours-from-dateTime

- Allgemeine Syntax: `fn:hours-from-dateTime($arg as xs:dateTime?) as xs:integer?`
- Bedeutung: Liefert einen `xs:integer`-Wert zurück, der die Stundenkomponente in `$arg` beschreibt. Der Wert kann negativ sein.

fn:minutes-from-dateTime

- Allgemeine Syntax: `fn:minutes-from-dateTime($arg as xs:dateTime?) as xs:integer?`
- Bedeutung: Liefert einen `xs:integer`-Wert zurück, der die Minutenkomponente in `$arg` beschreibt. Der Wert kann negativ sein.

fn:seconds-from-dateTime

- Allgemeine Syntax: `fn:seconds-from-dateTime($arg as xs:dateTime?) as xs:decimal?`
- Bedeutung: Liefert einen `xs:integer`-Wert zurück, der die Sekundenkomponente in `$arg` beschreibt. Der Wert kann negativ sein.

fn:timezone-from-dateTime

- Allgemeine Syntax: `fn:timezone-from-dateTime($arg as xs:dateTime?) as xdt:dayTimeDuration?`
- Bedeutung: Liefert einen `xs:integer`-Wert zurück, der die Zeitzonenkomponente in `$arg` beschreibt. Der Wert kann negativ sein.

fn:year-from-date

- Allgemeine Syntax: `fn:year-from-date($arg as xs:date?) as xs:integer?`
- Bedeutung: Liefert einen `xs:integer`-Wert zurück, der die Jahreskomponente in `$arg` beschreibt. Der Wert kann negativ sein.

fn:month-from-date

- Allgemeine Syntax: `fn:month-from-date($arg as xs:date?) as xs:integer?`
- Bedeutung: Liefert einen `xs:integer`-Wert zurück, der die Monatskomponente in `$arg` beschreibt. Der Wert kann negativ sein.

fn:day-from-date

- Allgemeine Syntax: `fn:day-from-date($arg as xs:date?) as xs:integer?`
- Bedeutung: Liefert einen `xs:integer`-Wert zurück, der die Tageskomponente in `$arg` beschreibt. Der Wert kann negativ sein.

fn:timezone-from-date

- Allgemeine Syntax: `fn:timezone-from-date($arg as xs:date?) as xdt:dayTimeDuration?`
- Bedeutung: Liefert einen `xs:integer`-Wert zurück, der die Zeitzonenkomponente in `$arg` beschreibt. Der Wert kann negativ sein.

fn:hours-from-time

- Allgemeine Syntax: `fn:hours-from-time($arg as xs:time?) as xs:integer?`
- Bedeutung: Liefert einen `xs:integer`-Wert zurück, der die Stundenkomponente in `$arg` beschreibt. Der Wert kann negativ sein.

fn:minutes-from-time

- Allgemeine Syntax: `fn:minutes-from-time($arg as xs:time?) as xs:integer?`
- Bedeutung: Liefert einen `xs:integer`-Wert zurück, der die Minutenkomponente in `$arg` beschreibt. Der Wert kann negativ sein.

fn:seconds-from-time

- Allgemeine Syntax: `fn:seconds-from-time($arg as xs:time?) as xs:decimal?`
- Bedeutung: Liefert einen `xs:integer`-Wert zurück, der die Sekundenkomponente in `$arg` beschreibt. Der Wert kann negativ sein.

fn:timezone-from-time

- Allgemeine Syntax: `fn:timezone-from-time($arg as xs:time?) as xdt:dayTimeDuration?`
- Bedeutung: Liefert einen `xs:integer`-Wert zurück, der die Zeitzonenkomponente in `$arg` beschreibt. Der Wert kann negativ sein.

Beispiele

`fn:years-from-duration(xdt:yearMonthDuration("P1Y12M"))` liefert zwei Jahre, da zwölf Monate als ein Jahr gewertet werden

`fn:years-from-duration(xdt:yearMonthDuration("P5Y6M"))` liefert fünf Jahre

`fn:months-from-duration(xdt:yearMonthDuration("P15Y13M"))` liefert einen Monat, da zwölf Monate als ein Jahr gelten

`fn:months-from-duration(xdt:yearMonthDuration("P15Y3M"))` liefert drei Monate

`fn:days-from-duration(xdt:dayTimeDuration("P5DT8H"))` liefert fünf Tage

`fn:days-from-duration(xdt:dayTimeDuration("P5DT24H"))` liefert sechs Tage, da 24 Stunden als ein Tag gelten

`fn:hours-from-duration(xdt:dayTimeDuration("P2DT8H"))` liefert acht Stunden

`fn:hours-from-duration(xdt:dayTimeDuration("P2DT25H"))` liefert eine Stunde, da 24 Stunden als ein Tag gelten

`fn:hours-from-duration(xdt:dayTimeDuration("-P3DT3H"))` liefert minus drei Stunden

`fn:minutes-from-duration(xdt:dayTimeDuration("P5DT10H6M"))` liefert sechs Minuten

`fn:minutes-from-duration(xdt:dayTimeDuration("P5DT10H61M"))` liefert eine Minute, da 60 Minuten als eine Stunde gelten

`fn:seconds-from-duration(xdt:dayTimeDuration("P5DT8H15.8S"))` liefert 5.8 Sekunden

`fn:seconds-from-duration(xdt:dayTimeDuration("P5DT8H61S"))` liefert eine Sekunde, da 60 Sekunden als eine Minute gelten

`fn:year-from-dateTime(xs:dateTime("1978-04-06T04:00:00-05:00"))` liefert 1978

`fn:month-from-dateTime(xs:dateTime("1978-04-06T04:00:00-05:00"))` liefert 4

`fn:day-from-dateTime(xs:dateTime("1978-04-06T04:00:00-05:00"))` liefert 6

`fn:hours-from-dateTime(xs:dateTime("1978-04-06T04:00:00-05:00"))` liefert 4

`fn:minutes-from-dateTime(xs:dateTime("1978-04-06T04:05:00-05:00"))` liefert 5

`fn:seconds-from-dateTime(xs:dateTime("1978-04-06T04:05:10-05:00"))` liefert 10

`fn:timezone-from-dateTime(xs:dateTime("1978-04-06T04:05:10-05:00"))` liefert den `xdt:dayTimeDuration`-Wert -PT5H

`fn:timezone-from-dateTime(xs:dateTime("1978-04-06T04:05:10+05:00"))` liefert den `xdt:dayTimeDuration`-Wert PT5H

`fn:year-from-date(xs:date("1971-04-27"))` liefert den Wert 1971

`fn:month-from-date(xs:date("1971-04-27"))` liefert den Wert 4

`fn:day-from-date(xs:date("1971-04-27"))` liefert den Wert 27 `fn:timezone-from-date(xs:date("1971-04-27+5:00"))` liefert den `xdt:dayTimeDuration`-Wert PT5H

`fn:timezone-from-date(xs:date("1971-04-27-5:00"))` liefert den `xdt:dayTimeDuration`-Wert -PT5H

`fn:hours-from-time(xs:time("10:12:00"))` liefert 10

`fn:minutes-from-time(xs:time("10:12:00"))` liefert 12

`fn:seconds-from-time(xs:time("10:12:05"))` liefert 5

`fn:timezone-from-time(xs:time("10:08:00-05:00"))` liefert den `xdt:dayTimeDuration`-Wert -PT5H

`fn:timezone-from-time(xs:time("10:08:00+05:00"))` liefert den `xdt:dayTimeDuration`-Wert PT5H

A.5.2 Zeitzonenanpassung für Daten und Zeit

fn:adjust-dateTime-to-timezone

- Allgemeine Syntax:
  - `fn:adjust-dateTime-to-timezone($arg as xs:dateTime?) as xs:dateTime?`
  - `fn:adjust-dateTime-to-timezone( $arg as xs:dateTime?, $timezone as xdt:dayTimeDuration?) as xs:dateTime?`
- Bedeutung: Fügt an eine Zeitzone zwischen `-PT14H00M` und `PT14H00M` einen `xs:dateTime`-Wert an.

fn:adjust-date-to-timezone

- Allgemeine Syntax:
  - `fn:adjust-date-to-timezone($arg as xs:date?) as xs:date?`
  - `fn:adjust-date-to-timezone( $arg as xs:date?, $timezone as xdt:dayTimeDuration?) as xs:date?`
- Bedeutung: Fügt an eine Zeitzone zwischen `-PT14H00M` und `PT14H00M` einen `xs:date`-Wert an.

fn:adjust-time-to-timezone

- Allgemeine Syntax:
  - `fn:adjust-time-to-timezone($arg as xs:time?) as xs:time?`
  - `fn:adjust-time-to-timezone( $arg as xs:time?, $timezone as xdt:dayTimeDuration?) as xs:time?`
- Bedeutung: Fügt an eine Zeitzone zwischen `-PT14H00M` und `PT14H00M` einen `xs:time`-Wert an.

Beispiele

`fn:adjust-dateTime-to-timezone(xs:dateTime("2005-05-24T17:00:00"))` liefert 2005-05-24T17:00:00+01:00

`fn:adjust-dateTime-to-timezone(xs:dateTime("2005-05-24T17:00:00"), xdt:dayTimeDuration("PT5H"))` liefert 2005-05-24T17:00:00+05:00

`fn:adjust-dateTime-to-timezone(xs:dateTime("2005-05-24T17:00:00"), xdt:dayTimeDuration("-PT5H"))` liefert 2005-05-24T17:00:00-05:00

`fn:adjust-date-to-timezone(xs:date("2005-05-24"), xdt:dayTimeDuration("-PT5H"))` liefert 2005-05-24-05:00

`fn:adjust-time-to-timezone(xs:time("17:03:00"), xdt:dayTimeDuration("PT5H"))` liefert 17:03:00+05:00

A.5.3 Berechnungsfunktionen für Zeit und Dauer

fn:subtract-dateTimes-yielding-yearMonthDuration

- Allgemeine Syntax: `fn:subtract-dateTimes-yielding-yearMonthDuration( $arg1 as xs:dateTime?, $arg2 as xs:dateTime?) as xdt:yearMonthDuration?`
- Bedeutung: Subtraktion von `xs:dateTime`-Werten mit einem (gerundeten) Wert als `xs:yearMonthDuration`.

fn:subtract-dateTimes-yielding-dayTimeDuration

- Allgemeine Syntax: `fn:subtract-dateTimes-yielding-dayTimeDuration( $arg1 as xs:dateTime?, $arg2 as xs:dateTime?) as xdt:dayTimeDuration?`
- Bedeutung: Subtraktion von `xs:dateTime`-Werten mit einem (gerundeten) Wert als `xs:dayTimeDuration`.

fn:subtract-dates-yielding-yearMonthDuration

- Allgemeine Syntax: `fn:subtract-dates-yielding-yearMonthDuration( $arg1 as xs:date?, $arg2 as xs:date?) as xdt:yearMonthDuration?`
- Bedeutung: Subtraktion von `xs:date`-Werten mit einem (gerundeten) Wert als `xs:yearMonthDuration`.

fn:subtract-dates-yielding-dayTimeDuration

- Allgemeine Syntax: `fn:subtract-dates-yielding-dayTimeDuration($arg1 as xs:date?, $arg2 as xs:date?) as xdt:dayTimeDuration?`
- Bedeutung: Subtraktion von `xs:date`-Werten mit einem (gerundeten) Wert als `xs:dayTimeDuration`.

Beispiele

`fn:subtract-dateTimes-yielding-yearMonthDuration(xs:dateTime("2005-05-15T09:12:00"), xs:dateTime("2001-09-28T19:00:00"))` liefert als `xdt:yearMonthDuration` P3Y7M (drei Jahre, sieben Monate)

`fn:subtract-dateTimes-yielding-yearMonthDuration(xs:dateTime("2005-05-15T09:12:00"), xs:dateTime("2005-03-28T19:00:00"))` liefert als `xdt:yearMonthDuration` P1M (ein Monat)

`fn:subtract-dateTimes-yielding-dayTimeDuration(xs:dateTime("2005-01-05T06:12:00"), xs:dateTime("2004-12-30T09:00:00"))` liefert als `xdt:dayTimeDuration` P5DT21H12M (fünf Tage, 21 Stunden, zwölf Minuten)

`fn:subtract-dates-yielding-yearMonthDuration(xs:date("2005-10-30"), xs:date("2005-05-28"))` liefert als `xdt:yearMonthDuration` P5M (fünf Monate)

A.6 Spezielle XML-Funktionen

A.6.1 Konstruktorfunktionen für QNames

fn:resolve-QName

- Allgemeine Syntax: `fn:resolve-QName($qname as xs:string?, $element as element()) as xs:QName?`
- Bedeutung: Liefert einen `xs:QName` (expandierten `QName` mit Namensraum) aus einer Zeichenkette in der Form eines `xs:QName`-Wertes, wobei als Namensraum der Wert des gerade bearbeiteten Elements verwendet wird.

fn:expanded-QName

- Allgemeine Syntax: `fn:expanded-QName($paramURI as xs:string?, $paramLocal as xs:string) as xs:QName`
- Bedeutung: Liefert für `$paramLocal` einen expandierten `QName` (Namen mit Namensraum) mit dem `$paramURI` als Namensraum.

Beispiele

`fn:expanded-QName("rf", "Tarif")` liefert `rf:Tarif`

A.6.2 Funktionen für QNames

fn:local-name-from-QName

- Allgemeine Syntax: `fn:local-name-from-QName($arg as xs:QName?) as xs:NCNAME?`
- Bedeutung: Liefert als `xs:NCName` den Namen ohne Namensraum eines expandierten `xs:QName`.

fn:namespace-uri-from-QName

- Allgemeine Syntax: `fn:namespace-uri-from-QName($arg as xs:QName?) as xs:anyURI?`
- Bedeutung: Liefert als `xs:anyURI` den Namensraum eines Namens mit Namensraum.

fn:namespace-uri-for-prefix

- Allgemeine Syntax: `fn:namespace-uri-for-prefix( $prefix as xs:string, $element as element()) as xs:anyURI?`
- Bedeutung: Liefert auf Basis des Präfixes den Namensraum-URI des gerade bearbeiteten Elements.

fn:in-scope-prefixes

- Allgemeine Syntax: `fn:in-scope-prefixes($element as element()) as xs:string*`
- Bedeutung: Liefert die Präfixe der Namensräume des gerade bearbeiteten Elements.

Beispiele

`fn:local-name-from-QName(fn:expanded-QName("rf", "Tarif"))` liefert als `xs:NCName` den Wert `Tarif`

`fn:namespace-uri-from-QName(fn:expanded-QName("rf", "Tarif"))` liefert als `xs:anyURI` den Wert `rf`

A.6.3 Funktionen für Knoten

fn:name

- Allgemeine Syntax:
  - `fn:name() as xs:string`
  - `fn:name($arg as node()?) as xs:string`
- Bedeutung: Liefert den Namen mit Namensraum eines Knotens.

fn:local-name

- Allgemeine Syntax:
  - `fn:local-name() as xs:string`
  - `fn:local-name($arg as node()?) as xs:string`
- Bedeutung: Liefert den Namen ohne Namensraum eines Knotens.

fn:namespace-uri

- Allgemeine Syntax:
  - `fn:namespace-uri() as xs:anyURI`
  - `fn:namespace-uri($arg as node()?) as xs:anyURI`
- Bedeutung: Liefert den Namensraum-URI eines Knotens.

fn:number

- Allgemeine Syntax:
  - `fn:number() as xs:double`
  - `fn:number($arg as xdt:anyAtomicType?) as xs:double`
- Bedeutung: Wandelt einen Wert in einen Zahlwert `xs:double` um.

fn:lang

- Allgemeine Syntax:
  - `fn:lang($testlang as xs:string?) as xs:boolean`
  - `fn:lang($testlang as xs:string?, $node as node()) as xs:boolean`
- Bedeutung: Prüft, ob im `xml:lang`-Attribut das angegebene ISO-Sprachkürzel vorhanden ist.

fn:root

- Allgemeine Syntax:
  - `fn:root() as node()`
  - `fn:root($arg as node()?) as node()?`
- Bedeutung: Liefert die Wurzel des Baums, zu dem der Knoten gehört.

A.7 Sequenzen

A.7.1 Funktionen und Operatoren für Sequenzen

fn:boolean

- Allgemeine Syntax: `fn:boolean($arg as item()*) as xs:boolean`
- Bedeutung: Liefert den Wahrheitswert des umgewandelten `$arg`. Der Wert `false` erscheint bei leerer Sequenz, dem Wert `false`, leerer Zeichenkette, den Werten 0 und NaN.

fn:index-of

- Allgemeine Syntax:
  - `fn:index-of( $seqParam as xdt:anyAtomicType*, $srchParam as xdt:anyAtomicType) as xs:integer*`
  - `fn:index-of( $seqParam as xdt:anyAtomicType*, $srchParam as xdt:anyAtomicType, $collation as xs:string) as xs:integer*`
- Bedeutung: Liefert eine Sequenz von Positionsangaben beginnend bei 1 von Werten, die in `$srchParam` angegeben und in `$seqParam` gefunden werden sollen.

fn:empty

- Allgemeine Syntax: `fn:empty($arg as item()*) as xs:boolean`
- Bedeutung: Liefert `true`, wenn `$arg` eine leere Sequenz ist.

fn:exists

- Allgemeine Syntax: `fn:empty($arg as item()*) as xs:boolean`
- Bedeutung: Liefert `true`, wenn `$arg` keine leere Sequenz ist.

fn:distinct-values

- Allgemeine Syntax:
  - `fn:distinct-values($arg as xdt:anyAtomicType*) as xdt:anyAtomicType*`
  - `fn:distinct-values( $arg as xdt:anyAtomicType*, $collation as xs:string) as xdt:anyAtomicType*`
- Bedeutung: Liefert die Sequenz ohne wertmäßige Duplikate (SELECT DISTINCT).

fn:insert-before

- Allgemeine Syntax: `fn:insert-before( $target as item()*, $position as xs:integer, $inserts as item()*) as item()*`
- Bedeutung: Setzt an der Position `$position` des Ziels `$target` den Wert `$inserts`.

fn:remove

- Allgemeine Syntax: `fn:remove($target as item()*, $position as xs:integer) as item()*`
- Bedeutung: Entfernt an der Position `$position` des Ziels `$target` einen Wert.

fn:reverse

- Allgemeine Syntax: `fn:reverse($arg as item()*) as item()*`
- Bedeutung: Dreht die Reihenfolge um.

fn:subsequence

- Allgemeine Syntax:
  - `fn:subsequence($sourceSeq as item()*, $startingLoc as xs:double) as item()*`
  - `fn:subsequence( $sourceSeq as item()*, $startingLoc as xs:double, $length as xs:double) as item()*`
- Bedeutung: Schneidet aus einer Sequenz `$sourceSeq` eine Untersequenz beginnend bei `$startingLoc` bis zum Ende oder auf der Länge `$length` aus.

fn:unordered

- Allgemeine Syntax: `fn:unordered($sourceSeq as item()*) as item()*`
- Bedeutung: Implementationsabhängige Permutation der Werte.

Beispiele

`fn:boolean("true")` liefert `true`

`fn:boolean(NaN)` liefert `false`

`fn:index-of ((1, 2, 3, 3, 2, 1), 2)` liefert als Sequenz 2 und 5

`fn:index-of (("Ki", "Ke", "Ri", "Ki"), "Ki")` liefert als Sequenz 1 und 4

`fn:distinct-values((1, 2.0, 3, 4, 4.5, 2))` liefert eine Sequenz der Werte 1, 2, 3, 4, 4.5 in unterschiedlichen Zahldatentypen

`fn:insert-before(("b","c"), 0, "a")` liefert als Sequenz die Werte a, b und c `fn:insert-before(("b","c"), 2, "a")` liefert als Sequenz die Werte b, a und c

`fn:remove(("a","b","c"), 2)` liefert als Sequenz die Werte a und c

`fn:reverse(("a","b","c"))` liefert als Sequenz die Werte c, b und a

`fn:subsequence(("a","b","c", "d"), 3)` liefert als Sequenz die Werte c und d

`fn:subsequence(("a","b","c", "d"), 2,1)` liefert als Sequenz den Wert b

A.7.2 Funktionen für Kardinalitäten von Sequenzen

fn:zero-or-one

- Allgemeine Syntax: `fn:zero-or-one($arg as item()*) as item()?`
- Bedeutung: Löst einen Fehler aus, wenn nicht genau keine oder eine Einheit in der Sequenz enthalten sind. Liefert ansonsten die Sequenz.

fn:one-or-more

- Allgemeine Syntax: `fn:one-or-more($arg as item()*) as item()+`
- Bedeutung: Löst einen Fehler aus, wenn nicht genau eine oder mehrere Einheiten in der Sequenz enthalten sind. Liefert ansonsten die Sequenz.

fn:exactly-one

- Allgemeine Syntax: `fn:exactly-one($arg as item()*) as item()`
- Bedeutung: Löst einen Fehler aus, wenn nicht genau eine Einheit in der Sequenz enthalten ist. Liefert ansonsten die Sequenz.

Beispiele

`fn:zero-or-one((1,2))` löst einen Fehler aus

`fn:zero-or-one((2))` liefert 2

`fn:one-or-more((2,3))` liefert als Sequenz die Werte 2 und 3

`fn:one-or-more(())` löst einen Fehler aus

`fn:exactly-one((1))` liefert als Sequenz den Wert 1

`fn:exactly-one(())` löst einen Fehler aus

`fn:exactly-one((1,2))` löst einen Fehler aus

A.7.3 Mengenfunktionen für Sequenzen

fn:deep-equal

- Allgemeine Syntax:
  - `fn:deep-equal($parameter1 as item()*, $parameter2 as item()*) as xs:boolean`
  - `fn:deep-equal( $parameter1 as item()*, $parameter2 as item()*, $collation as string) as xs:boolean`
- Bedeutung: Diese Funktion prüft, ob zwei Sequenzen gleich sind. Diese Gleichheit bezieht sich auf verschiedene Bereiche: gleiche atomare Datentypen, Knoten gleicher Art, Knoten gleichen Namens und gleicher Kinder.
  - Leere Sequenzen liefern `true`.
  - Sequenzen unterschiedlicher Länge liefern `false`.
  - Sequenzen gleicher Längen liefern nur dann `true`, wenn die einzelnen Einheiten selbst wieder gleich ihren gespiegelten Partnern sind. Dies geschieht nach folgenden Regelungen:
    - Gleiche Werte bei atomischen Werten in den beiden Einheiten, wobei sprachbezogene Besonderheiten berücksichtigt werden können (Konzept der Collations), liefern `true`.
    - Gleiche Art von Knoten liefert `true`.
    - Gleiche Textwerte für Dokumentknoten bei `$i1/(*|text())` und `$i2/(*|text())` liefern `true`.
    - Gleiche Elementknoten haben den gleichen Namen, die gleiche Anzahl, Art, Namen und Datentypen für Attribute. Bezüglich der Textinhalte gilt entweder, dass bei Speicherung keines Textknotens `$i1/(*|text())` gleich `$i2/(*|text())` sein muss oder dass bei Speicherung eines Textknotens beide Knoten den gleichen Datentyp und Wert haben müssen.
    - Attribute müssen den gleichen Namen und den gleichen Datentyp und Wert haben.
    - Prozessoranweisungen oder Namensraumknoten müssen den gleichen Namen und den gleichen Zeichenkettenwert haben.
    - Text- und Kommentarknoten müssen den gleichen Zeichenkettenwert haben.

Beispiele

`fn:deep-equal((1,2,"a"),(1,2, "a"))` liefert `true`

`fn:deep-equal((1,2,"a"),(1,2, "b"))` liefert `false`

A.7.4 Aggregatfunktionen

fn:count

- Allgemeine Syntax: `fn:count($arg as item()*) as xs:integer`
- Bedeutung: Zählt die Anzahl Einheiten.

fn:avg

- Allgemeine Syntax: `fn:avg($arg as xdt:anyAtomicType*) as xdt:anyAtomicType?`
- Bedeutung: Liefert den Durchschnittswert von Einheiten.

fn:max

- Allgemeine Syntax:
  - `fn:max($arg as xdt:anyAtomicType*) as xdt:anyAtomicType?`
  - `fn:max($arg as xdt:anyAtomicType*, $collation as string) as xdt:anyAtomicType?`
- Bedeutung: Liefert den größten Wert.

fn:min

- Allgemeine Syntax:
  - `fn:min($arg as xdt:anyAtomicType*) as xdt:anyAtomicType?`
  - `fn:min($arg as xdt:anyAtomicType*, $collation as string) as xdt:anyAtomicType?`
- Bedeutung: Liefert den kleinsten Wert.

fn:sum

- Allgemeine Syntax:
  - `fn:sum($arg as xdt:anyAtomicType*) as xdt:anyAtomicType`
  - `fn:sum( $arg as xdt:anyAtomicType*, $zero as xdt:anyAtomicType?) as xdt:anyAtomicType?`
- Bedeutung: Liefert die Summe.

Beispiele

`fn:sum((1,2,3))` liefert 6

`fn:avg((1,2,3))` liefert 2

`fn:max((1,2,3))` liefert 3

`fn:min((1,2,3))` liefert 1

A.7.5 Funktionen zur Erstellung von Sequenzen

fn:id

- Allgemeine Syntax:
  - `fn:id($arg as xs:string*) as element()*`
  - `fn:id($arg as xs:string*, $node as node()) as element()*`
- Bedeutung: Findet die Knoten mit dem angegebenen `xs:ID`-Wert und erlaubt daher das Auffinden von Werten mit Schlüsseln.

fn:idref

- Allgemeine Syntax:
  - `fn:idref($arg as xs:string*) as node()*`
  - `fn:idref($arg as xs:string*, $node as node()) as node()*`
- Bedeutung: Findet die Knoten mit dem angegebenen `xs:IDREF`-Wert und erlaubt daher das Auffinden von referenzierten Werten.

fn:doc

- Allgemeine Syntax: `fn:doc($uri as xs:string?) as document-node()?`
- Bedeutung: Lädt ein Dokument, das über einen URI referenziert wird.

fn:collection

- Allgemeine Syntax: `fn:collection($arg as xs:string?) as node()*`
- Bedeutung: Erkennt die in `$arg` übergebene Zeichenkette als URI und ermittelt Knoten anhand dieses URI.

A.7.6 Kontextfunktionen

fn:position

- Allgemeine Syntax: `fn:position() as xs:integer`
- Bedeutung: Liefert die Positionsnummer eines Knotens.

fn:last

- Allgemeine Syntax: `fn:last() as xs:integer`
- Bedeutung: Liefert `true`, wenn der Knoten der letzte einer Sequenz ist.

fn:current-dateTime

- Allgemeine Syntax: `fn:current-dateTime() as xs:dateTime`

- Bedeutung: Liefert das aktuelle Datum und die aktuelle Zeit.

fn:current-date

- Allgemeine Syntax: `fn:current-date()` as `xs:date`
- Bedeutung: Liefert das aktuelle Datum.

fn:current-time

- Allgemeine Syntax: `fn:current-time()` as `xs:time`
- Bedeutung: Liefert die aktuelle Zeit und Zeitzone.

fn:default-collation

- Allgemeine Syntax: `fn:default-collation()` as `xs:string`
- Bedeutung: Liefert die aktuelle Collation.

fn:implicit-timezone

- Allgemeine Syntax: `fn:implicit-timezone()` as `xdt:dayTimeDuration?`
- Bedeutung: Ermittelt die Zeitzone der Umgebung.

XPath 2.0-Datentypen

Die Funktionsbibliothek in XPath 2.0 hat derart beeindruckende Ausmaße angenommen, dass wir zwar die einzelnen Funktionen durchaus hier nennen, aber nicht auf jede Funktion explizit eingehen wollen. Ihre Verwendung und ihre genauen Eigenschaften sind sehr ausführlich in einem eigenen Dokument des W3C[1] erläutert.

B.1 Namensräume

Im Rahmen der Dokumentation werden verschiedene *Namensräume* für Datentypen erwähnt:

- xs als Präfix für `http://www.w3.org/2001/XMLSchema` für Strukturen von XML Schema
- xdt als Präfix für `http://www.w3.org/2004/07/xpath-datatypes` für Datentypen von XPath und XQuery

B.2 Typologie

Neben den in XML Schema vorhandenen 19 primitiven Datentypen besitzt das Datenmodell von XPath und XQuery fünf weitere Typen.

- *xdt:anyAtomicType* ist ein abstrakter Datentyp und stellt den Basistyp für alle primitiven, atomaren Datentypen von XML Schema dar. Er ist ein Kind von `xs:anySimpleType`. Da er abstrakt ist, kann er nicht in XML Schema-Dokumenten zu Typbeschreibungen oder für Ableitungen zum Einsatz kommen, sondern wird durch die XML Schema-Datentypen ersetzt. Stattdessen wird sein Name als Stellvertreter in z.B. Funktionen eingesetzt, um zu kennzeichnen, dass die 19 erwähnten Datentypen an seiner Stelle verarbeitet werden sollen.
- *xdt:untyped* wird verwendet, um anzugeben, dass der mit ihm gespeicherte Wert nicht durch eine DTD oder ein XML Schema validiert wurde. Er ist Kind von `xs:anyType` und kann nicht in XML Schema-Dokumenten zu Typbeschreibungen oder für Ableitungen zum Einsatz kommen. Stattdessen wird sein

1 Vgl. XQuery 1.0 and XPath 2.0 Functions and Operators, W3C Working Draft 23 July 2004 unter `http://www.w3.org/TR/2004/WD-xpath-functions-20040723/`.

Name in z.B. Funktionen eingesetzt, um zu kennzeichnen, dass untypisierte Daten an seiner Stelle verarbeitet werden sollen.

- *xdt:untypedAtomic* wird verwendet, um anzugeben, dass der mit ihm gespeicherte Wert nicht durch eine DTD oder ein XML Schema validiert wurde. Er ist Kind von `xdt:anyAtomicType` und kann nicht in XML Schema-Dokumenten zu Beschreibungen von atomaren Typen oder für Ableitungen zum Einsatz kommen. Stattdessen wird sein Name in z.B. Funktionen eingesetzt, um zu kennzeichnen, dass untypisierte atomare Daten an seiner Stelle verarbeitet werden sollen.

- *xdt:dayTimeDuration* ist ein Kind von `xs:duration`, wobei die lexikalische Repräsentation so verringert wurde, dass nur Tage, Stunden, Minuten und Sekunden gespeichert werden können. Die Kurzschreibweise – im Gegensatz zum regulären Ausdruck in der allgemeinen Syntax – lautet `PnDTnHnMnS`, wobei `nD` für die Anzahl der Tage, `T` für den Trenner von Datum und Zeit, `nH` für die Anzahl von Stunden, `nM` für die Anzahl von Minuten und `nS` für die Anzahl von Sekunden stehen. Für die Wertermittlung werden einfache Umrechnungen wie 60 Sekunden für eine Minute oder 24 Stunden für einen Tag vorgenommen.

```
<xs:simpleType name='dayTimeDuration'>
 <xs:restriction base='xs:duration'>
  <xs:pattern value="[\-]?P([0-9]+D(T([0-9]+(H([0-9]+(M([0-9]+(\.[0-9]*)?S
          |\.[0-9]+S)?|(\.[0-9]*)?S)|(\.[0-9]*)?S)?|M([0-9]+
          (\.[0-9]*)?S|\.[0-9]+S)?|(\.[0-9]*)?S)|\.[0-9]+S))?
          |T([0-9]+(H([0-9]+(M([0-9]+(\.[0-9]*)?S|\.[0-9]+S)?
          |(\.[0-9]*)?S)|(\.[0-9]*)?S)?|M([0-9]+(\.[0-9]*)?S|\.
           [0-9]+S)?
          |(\.[0-9]*)?S)|\.[0-9]+S))"/>
 </xs:restriction>
</xs:simpleType>
```

- *xdt:yearMonthDuration* ist ein Kind von `xs:duration`, wobei die lexikalische Repräsentation so verringert wurde, dass nur Jahr und Monat für die Angabe einer Dauer gespeichert werden können. Die Kurzschreibweise – im Gegensatz zum regulären Ausdruck in der allgemeinen Syntax – lautet `PnYnM`, wobei `nY` für die Anzahl der Jahre und `nM` für die Anzahl der Monate steht. Die Monate sollen nur bis 11 angegeben werden; zwölf Monate werden dann wieder als ein Jahr verarbeitet. Die Werte für Jahre können auch negativ sein.

```
<xs:simpleType name='yearMonthDuration'>
 <xs:restriction base='xs:duration'>
  <xs:pattern value="[\-]?P[0-9]+(Y([0-9]+M)?|M)"/>
 </xs:restriction>
</xs:simpleType>
```

B.3 Konstruktoren

Mit Hilfe der Konstruktoren lassen sich für vorgegebene Werte bestimmte Datentypen erzeugen, ohne auf eine Automatik zu vertrauen. Bei den Beispielen im vorherigen Anhang finden Sie verschiedene Beispiele dazu. Die Verwendung entspricht grundsätzlich der in anderen Programmiersprachen.

B.3.1 XML Schema-Datentypen

- xs:string($arg as xdt:anyAtomicType?) as xs:string?
- xs:boolean($arg as xdt:anyAtomicType?) as xs:boolean?
- xs:decimal($arg as xdt:anyAtomicType?) as xs:decimal?
- xs:float($arg as xdt:anyAtomicType?) as xs:float?
- xs:double($arg as xdt:anyAtomicType?) as xs:double?
- xs:duration($arg as xdt:anyAtomicType?) as xs:duration?
- xs:dateTime($arg as xdt:anyAtomicType?) as xs:dateTime?
- xs:time($arg as xdt:anyAtomicType?) as xs:time?
- xs:date($arg as xdt:anyAtomicType?) as xs:date?
- xs:gYearMonth($arg as xdt:anyAtomicType?) as xs:gYearMonth?
- xs:gYear($arg as xdt:anyAtomicType?) as xs:gYear?
- xs:gMonthDay($arg as xdt:anyAtomicType?) as xs:gMonthDay?
- xs:gDay($arg as xdt:anyAtomicType?) as xs:gDay?
- xs:gMonth($arg as xdt:anyAtomicType?) as xs:gMonth?
- xs:hexBinary($arg as xdt:anyAtomicType?) as xs:hexBinary?
- xs:base64Binary($arg as xdt:anyAtomicType?) as xs:base64Binary?
- xs:anyURI($arg as xdt:anyAtomicType?) as xs:anyURI?
- xs:QName($arg as xdt:anyAtomicType?) as xs:QName?
- xs:normalizedString($arg as xdt:anyAtomicType?) as xs:normalized-String?
- xs:token($arg as xdt:anyAtomicType?) as xs:token?
- xs:language($arg as xdt:anyAtomicType?) as xs:language?
- xs:NMTOKEN($arg as xdt:anyAtomicType?) as xs:NMTOKEN?
- xs:Name($arg as xdt:anyAtomicType?) as xs:Name?
- xs:NCName($arg as xdt:anyAtomicType?) as xs:NCName?
- xs:ID($arg as xdt:anyAtomicType?) as xs:ID?
- xs:IDREF($arg as xdt:anyAtomicType?) as xs:IDREF?
- xs:ENTITY($arg as xdt:anyAtomicType?) as xs:ENTITY?

- `xs:integer($arg as xdt:anyAtomicType?) as xs:integer?`
- `xs:nonPositiveInteger($arg as xdt:anyAtomicType?) as xs:nonPositiveInteger?`
- `xs:negativeInteger($arg as xdt:anyAtomicType?) as xs:negativeInteger?`
- `xs:long($arg as xdt:anyAtomicType?) as xs:long?`
- `xs:int($arg as xdt:anyAtomicType?) as xs:int?`
- `xs:short($arg as xdt:anyAtomicType?) as xs:short?`
- `xs:byte($arg as xdt:anyAtomicType?) as xs:byte?`
- `xs:nonNegativeInteger($arg as xdt:anyAtomicType?) as xs:nonNegativeInteger?`
- `xs:unsignedLong($arg as xdt:anyAtomicType?) as xs:unsignedLong?`
- `xs:unsignedInt($arg as xdt:anyAtomicType?) as xs:unsignedInt?`
- `xs:unsignedShort($arg as xdt:anyAtomicType?) as xs:unsignedShort?`
- `xs:unsignedByte($arg as xdt:anyAtomicType?) as xs:unsignedByte?`
- `xs:positiveInteger($arg as xdt:anyAtomicType?) as xs:positiveInteger?`
- `xdt:yearMonthDuration($arg as xdt:anyAtomicType?) as xdt:yearMonthDuration?`
- `xdt:dayTimeDuration($arg as xdt:anyAtomicType?) as xdt:dayTimeDuration?`
- `xdt:untypedAtomic($arg as xdt:anyAtomicType?) as xdt:untypedAtomic?`

B.3.2 Eigene Datentypen

Sofern ein XML Schema im Transformationsdokument durch Einbindung zur Verfügung steht, steht auch für jeden benutzerdefinierten Datentyp ein Konstruktor mit dem Namen dieses Datentyps zur Verfügung: `xs:TYPE(arg)`. Dies gilt für alle einfache Datentypen, die von einem einfachen primitiven Datentyp außer `xs:NOTATION` abgeleitet werden.

B.4 Operatoren

Die hier beschriebenen Operatoren wirken zunächst wie Funktionen, stellen allerdings nur Pseudofunktionen dar, die nicht vom Benutzer aufgerufen werden können. Ihr Nutzen liegt darin, dass Sie mit dieser Liste genau nachvollziehen können, welche Operationen (Addition, Subtraktion usw. oder Vergleiche) auf unterschiedliche Datentypen angewandt werden können.

B.4.1 Operatoren für Zahlen

op:numeric-add

- Allgemeine Syntax: `op:numeric-add($arg1 as numeric, $arg2 as numeric) as numeric`
- Bedeutung: Addition, Operator +

op:numeric-subtract

- Allgemeine Syntax: `op:numeric-subtract($arg1 as numeric, $arg2 as numeric) as numeric`
- Bedeutung: Subtraktion, Operator -

op:numeric-multiply

- Allgemeine Syntax: `op:numeric-multiply($arg1 as numeric, $arg2 as numeric) as numeric`
- Bedeutung: Multiplikation, Operator *

op:numeric-divide

- Allgemeine Syntax: `op:numeric-divide($arg1 as numeric, $arg2 as numeric) as numeric`
- Bedeutung: Division, Operator `div`

op:numeric-integer-divide

- Allgemeine Syntax: `op:numeric-integer-divide($arg1 as xs:numeric, $arg2 as xs:numeric) as xs:integer`
- Bedeutung: Ganzzahldivision, die nur den Ganzzahlanteil ausgibt, Operator `div`.

op:numeric-mod

- Allgemeine Syntax: `op:numeric-mod($arg1 as numeric, $arg2 as numeric) as numeric`
- Bedeutung: Modulorechnung/Rest der Ganzzahldivision, Operator `mod`

op:numeric-unary-plus

- Allgemeine Syntax: `op:numeric-unary-plus($arg as numeric) as numeric`
- Bedeutung: Plus-Zeichen als Vorzeichen, Operator +

op:numeric-unary-minus

- Allgemeine Syntax: `op:numeric-unary-minus($arg as numeric) as numeric`
- Bedeutung: Minus-Zeichen als Vorzeichen, Operator -

op:numeric-equal

- Allgemeine Syntax: `op:numeric-equal($arg1 as numeric, $arg2 as numeric) as xs:boolean`
- Bedeutung: Gleichheit, Operator =

op:numeric-less-than

- Allgemeine Syntax: `op:numeric-less-than($arg1 as numeric, $arg2 as numeric) as xs:boolean`
- Bedeutung: Kleiner als, Operator <

op:numeric-greater-than

- Allgemeine Syntax: `op:numeric-greater-than($arg1 as numeric, $arg2 as numeric) as xs:boolean`
- Bedeutung: Größer als, Operator >

B.4.2 Operatoren für anyURI

op:anyURI-equal

- Allgemeine Syntax: `op:anyURI-equal($arg1 as xs:anyURI, $arg2 as xs:anyURI) as xs:Boolean`
- Bedeutung: Prüft, ob zwei URIs gleich sind, Operatoren `eq` und `ne`.

B.4.3 Operatoren für Wahrheitswerte

op:boolean-equal

- Allgemeine Syntax: `op:boolean-equal($value1 as xs:boolean, $value2 as xs:boolean) as xs:boolean`
- Bedeutung: Prüft, ob zwei Wahrheitswerte gleich sind, Operatoren `eq`.

op:boolean-less-than

- Allgemeine Syntax: `op:boolean-less-than($arg1 as xs:boolean, $arg2 as xs:boolean) as xs:boolean`

- Bedeutung: Liefert `true`, wenn `$arg1` `false` und `$arg2` `true` ist, ansonsten `false`, Operator <.

op:boolean-greater-than

- Allgemeine Syntax: `op:boolean-greater-than($arg1 as xs:boolean, $arg2 as xs:boolean) as xs:boolean`
- Bedeutung: Liefert `true`, wenn `$arg2` `false` und `$arg1` `true` ist, ansonsten `false`, Operator >.

B.4.4 Operatoren für die Zeit

Zeit		Dauer
xs:dateTime xs:date xs:time xs:gYearMonth	xs:gYear xs:gMonthDay xs:gMonth xs:gDay	xdt:yearMonthDuration xdt:dayTimeDuration

Tabelle B.1: Zeitdatentypen

op:yearMonthDuration-equal

- Allgemeine Syntax: `op:yearMonthDuration-equal($arg1 as xdt:yearMonthDuration, $arg2 as xdt:yearMonthDuration) as xs:boolean`
- Bedeutung: Prüft auf Gleichheit für zwei Werte vom Datentyp `xdt:yearMonthDuration`, Operatoren `eq` und `ne`.

op:yearMonthDuration-less-than

- Allgemeine Syntax: `op:yearMonthDuration-less-than($arg1 as xdt:yearMonthDuration, $arg2 as xdt:yearMonthDuration) as xs:boolean`
- Bedeutung: Prüft auf Ungleichheit für zwei Werte vom Datentyp `xdt:yearMonthDuration`, Operatoren `lt` und `ge`.

op:yearMonthDuration-greater-than

- Allgemeine Syntax: `op:yearMonthDuration-greater-than($arg1 as xdt:yearMonthDuration, $arg2 as xdt:yearMonthDuration) as xs:boolean`
- Bedeutung: Prüft auf Ungleichheit für zwei Werte vom Datentyp `xdt:yearMonthDuration`, Operatoren `gt` und `le`.

op:dayTimeDuration-equal

- Allgemeine Syntax: `op:dayTimeDuration-equal($arg1 as xdt:dayTimeDuration, $arg2 as xdt:dayTimeDuration) as xs:boolean`
- Bedeutung: Prüft auf Gleichheit für zwei Werte vom Datentyp `xdt:dayTimeDuration`, Operatoren `eq` und `ne`.

op:dayTimeDuration-less-than

- Allgemeine Syntax: `op:dayTimeDuration-less-than($arg1 as xdt:dayTimeDuration, $arg2 as xdt:dayTimeDuration) as xs:boolean`
- Bedeutung: Prüft auf Ungleichheit für zwei Werte vom Datentyp `xdt:dayTimeDuration`, Operatoren `lt` und `ge`.

op:dayTimeDuration-greater-than

- Allgemeine Syntax: `op:dayTimeDuration-greater-than($arg1 as xdt:dayTimeDuration, $arg2 as xdt:dayTimeDuration) as xs:boolean`
- Bedeutung: Prüft auf Ungleichheit für zwei Werte vom Datentyp `xdt:dayTimeDuration`, Operatoren `gt` und `le`.

op:dateTime-equal

- Allgemeine Syntax: `op:dateTime-equal($arg1 as xs:dateTime, $arg2 as xs:dateTime) as xs:boolean`
- Bedeutung: Prüft auf Gleichheit für zwei Werte vom Datentyp `xs:dateTime`, Operatoren `eq` und `ne`.

op:dateTime-less-than

- Allgemeine Syntax: `op:dateTime-less-than($arg1 as xs:dateTime, $arg2 as xs:dateTime) as xs:boolean`
- Bedeutung: Prüft auf Ungleichheit für zwei Werte vom Datentyp `xs:dateTime`, Operatoren `lt` und `ge`.

op:dateTime-greater-than

- Allgemeine Syntax: `op:dateTime-greater-than($arg1 as xs:dateTime, $arg2 as xs:dateTime) as xs:boolean`
- Bedeutung: Prüft auf Ungleichheit für zwei Werte vom Datentyp `xs:dateTime`, Operatoren `gt` und `le`.

op:date-equal

- Allgemeine Syntax: `op:date-equal($arg1 as xs:date, $arg2 as xs:date) as xs:boolean`
- Bedeutung: Prüft auf Gleichheit für zwei Werte vom Datentyp `xs:date`, Operatoren `eq` und `ne`.

op:date-less-than

- Allgemeine Syntax: `op:date-less-than($arg1 as xs:date, $arg2 as xs:date) as xs:boolean`
- Bedeutung: Prüft auf Ungleichheit für zwei Werte vom Datentyp `xs:date`, Operatoren `lt` und `ge`.

op:date-greater-than

- Allgemeine Syntax: `op:date-greater-than($arg1 as xs:date, $arg2 as xs:date) as xs:boolean`
- Bedeutung: Prüft auf Ungleichheit für zwei Werte vom Datentyp `xs:date`, Operatoren `gt` und `le`.

op:time-equal

- Allgemeine Syntax: `op:time-equal($arg1 as xs:time, $arg2 as xs:time) as xs:boolean`
- Bedeutung: Prüft auf Gleichheit für zwei Werte vom Datentyp `xs:time`, Operatoren `eq` und `ne`.

op:time-less-than

- Allgemeine Syntax: `op:time-less-than($arg1 as xs:time, $arg2 as xs:time) as xs:boolean`
- Bedeutung: Prüft auf Ungleichheit für zwei Werte vom Datentyp `xs:time`, Operatoren `lt` und `ge`.

op:time-greater-than

- Allgemeine Syntax: `op:time-greater-than($arg1 as xs:time, $arg2 as xs:time) as xs:boolean`
- Bedeutung: Prüft auf Ungleichheit für zwei Werte vom Datentyp `xs:time`, Operatoren `gt` und `le`.

op:gYearMonth-equal

- Allgemeine Syntax: `op:gYearMonth-equal($arg1 as xs:gYearMonth, $arg2 as xs:gYearMonth) as xs:boolean`
- Bedeutung: Prüft auf Gleichheit für zwei Werte vom Datentyp `xs:gYearMonth`, Operatoren `eq` und `ne`.

op:gYear-equal

- Allgemeine Syntax: `op:gYear-equal($arg1 as xs:gYear, $arg2 as xs:gYear) as xs:boolean`
- Bedeutung: Prüft auf Gleichheit für zwei Werte vom Datentyp `xs:gYear`, Operatoren `eq` und `ne`.

op:gMonthDay-equal

- Allgemeine Syntax: `op:gMonthDay-equal($arg1 as xs:gMonthDay, $arg2 as xs:gMonthDay) as xs:boolean`
- Bedeutung: Prüft auf Gleichheit für zwei Werte vom Datentyp `xs:gMonthDay`, Operatoren `eq` und `ne`.

op:gMonth-equal

- Allgemeine Syntax: `op:gMonth-equal($arg1 as xs:gMonth, $arg2 as xs:gMonth) as xs:boolean`
- Bedeutung: Prüft auf Gleichheit für zwei Werte vom Datentyp `xs:gMonth`, Operatoren `eq` und `ne`.

op:gDay-equal

- Allgemeine Syntax: `op:gDay-equal($arg1 as xs:gDay, $arg2 as xs:gDay) as xs:boolean`
- Bedeutung: Prüft auf Gleichheit für zwei Werte vom Datentyp `xs:gDay`, Operatoren `eq` und `ne`.

B.4.5 Operatoren für die Dauer

op:add-yearMonthDurations

- Allgemeine Syntax: `op:add-yearMonthDurations($arg1 as xdt:yearMonthDuration, $arg2 as xdt:yearMonthDuration) as xdt:yearMonthDuration`
- Bedeutung: Addition von `xdt:yearMonthDuration`-Werten, Operator +

op:subtract-yearMonthDurations

- Allgemeine Syntax: `op:subtract-yearMonthDurations($arg1 as xdt:yearMonthDuration, $arg2 as xdt:yearMonthDuration) as xdt:yearMonthDuration`
- Bedeutung: Subtraktion von `xdt:yearMonthDuration`, Operator -

op:multiply-yearMonthDuration

- Allgemeine Syntax: `op:multiply-yearMonthDuration($arg1 as xdt:yearMonthDuration, $arg2 as xs:double) as xdt:yearMonthDuration`
- Bedeutung: Multiplikation von `xdt:yearMonthDuration`, Operator *

op:divide-yearMonthDuration

- Allgemeine Syntax: `op:divide-yearMonthDuration($arg1 as xdt:yearMonthDuration, $arg2 as xs:double) as xdt:yearMonthDuration`
- Bedeutung: Division von `xdt:yearMonthDuration`, Operator `div`

op:divide-yearMonthDuration-by-yearMonthDuration

- Allgemeine Syntax: `op:divide-yearMonthDuration($arg1 as xdt:yearMonthDuration, $arg2 as xdt:yearMonthDuration) as xs:decimal`
- Bedeutung: Division von `xdt:yearMonthDuration`, Operator `div`

op:add-dayTimeDurations

- Allgemeine Syntax: `op:add-dayTimeDurations($arg1 as xdt:dayTimeDuration, $arg2 as xdt:dayTimeDuration) as xdt:dayTimeDuration`
- Bedeutung: Addition von `xdt:dayTimeDuration`, Operator +

op:subtract-dayTimeDurations

- Allgemeine Syntax: `op:subtract-dayTimeDurations($arg1 as xdt:dayTimeDuration, $arg2 as xdt:dayTimeDuration) as xdt:dayTimeDuration`
- Bedeutung: Subtraktion von `xdt:dayTimeDuration`, Operator -

op:multiply-dayTimeDuration

- Allgemeine Syntax: `op:multiply-dayTimeDuration($arg1 as xdt:dayTimeDuration, $arg2 as xs:double) as xdt:dayTimeDuration`
- Bedeutung: Multiplikation von `xdt:dayTimeDuration`, Operator *

op:divide-dayTimeDuration

- Allgemeine Syntax: `op:divide-dayTimeDuration($arg1 as xdt:dayTime-Duration, $arg2 as xs:double) as xdt:dayTimeDuration`
- Bedeutung: Division von `xdt:dayTimeDuration`, Operator `div`

op:divide-dayTimeDuration-by-dayTimeDuration

- Allgemeine Syntax: `op:divide-dayTimeDuration($arg1 as xdt:dayTime-Duration, $arg2 as xdt:dayTimeDuration) as xs:decimal`
- Bedeutung: Division von `xdt:dayTimeDuration`, Operator `div`

B.4.6 Operatoren für Zeit und Dauer

op:subtract-times

- Allgemeine Syntax: `op:subtract-times($arg1 as xs:time, $arg2 as xs:time) as xdt:dayTimeDuration`
- Bedeutung: Subtraktion von `xs:time`-Werten, Operator -

op:add-yearMonthDuration-to-dateTime

- Allgemeine Syntax: `op:add-yearMonthDuration-to-dateTime($arg1 as xs:dateTime, $arg2 as xdt:yearMonthDuration) as xs:dateTime`
- Bedeutung: Addition von `xs:dateTime` und `xdt:yearMonthDuration`, Operator +

op:add-dayTimeDuration-to-dateTime

- Allgemeine Syntax: `op:add-dayTimeDuration-to-dateTime($arg1 as xs:dateTime, $arg2 as xdt:dayTimeDuration) as xs:dateTime`
- Bedeutung: Addition von `xs:dateTime` und `xdt:dayTimeDuration`, Operator +

op:subtract-yearMonthDuration-from-dateTime

- Allgemeine Syntax: `op:subtract-yearMonthDuration-from-dateTime ($arg1 as xs:dateTime, $arg2 as xdt:yearMonthDuration) as xs:date-Time`
- Bedeutung: Subtraktion von `xs:dateTime` und `xdt:yearMonthDuration`, Operator -

op:subtract-dayTimeDuration-from-dateTime

- Allgemeine Syntax: `op:subtract-dayTimeDuration-from-dateTime($arg1 as xs:dateTime, $arg2 as xdt:dayTimeDuration) as xs:dateTime`
- Bedeutung: Subtraktion von `xs:dateTime` und `xdt:dayTimeDuration`, Operator -

op:add-yearMonthDuration-to-date

- Allgemeine Syntax: `op:add-yearMonthDuration-to-date($arg1 as xs:date, $arg2 as xdt:yearMonthDuration) as xs:date`
- Bedeutung: Addition von `xs:date` und `xdt:yearMonthDuration`, Operator +

op:add-dayTimeDuration-to-date

- Allgemeine Syntax: `op:add-dayTimeDuration-to-date($arg1 as xs:date, $arg2 as xdt:dayTimeDuration) as xs:date`
- Bedeutung: Addition von `xs:date` und `xdt:dayTimeDuration`, Operator +

op:subtract-yearMonthDuration-from-date

- Allgemeine Syntax: `op:subtract-yearMonthDuration-from-date($arg1 as xs:date, $arg2 as xdt:yearMonthDuration) as xs:date`
- Bedeutung: Subtraktion von `xs:date` und `xdt:yearMonthDuration`, Operator -

op:subtract-dayTimeDuration-from-date

- Allgemeine Syntax: `op:subtract-dayTimeDuration-from-date($arg1 as xs:date, $arg2 as xdt:dayTimeDuration) as xs:date`
- Bedeutung: Subtraktion von `xs:date` und `xdt:dayTimeDuration`, Operator -

op:add-dayTimeDuration-to-time

- Allgemeine Syntax: `op:add-dayTimeDuration-to-time($arg1 as xs:time, $arg2 as xdt:dayTimeDuration) as xs:time`
- Bedeutung: Addition von `xs:time` und `xdt:dayTimeDuration`, Operator +

op:subtract-dayTimeDuration-from-time

- Allgemeine Syntax: `op:subtract-dayTimeDuration-from-time($arg1 as xs:time, $arg2 as xdt:dayTimeDuration) as xs:time`
- Bedeutung: Subtraktion von `xs:time` und `xdt:dayTimeDuration`, Operator -

B.4.7 Operatoren für QNames

op:QName-equal

- Allgemeine Syntax: `op:QName-equal($arg1 as xs:QName, $arg2 as xs:QName) as xs:boolean`
- Bedeutung: Prüft auf Gleichheit von zwei `xs:QName`-Werten, Operatoren `eq` und `ne`.

B.4.8 Operatoren für Binärdaten

op:hexBinary-equal

- Allgemeine Syntax: `op:hexBinary-equal($value1 as xs:hexBinary, $value2 as xs:hexBinary) as xs:boolean`
- Bedeutung: Prüft auf Gleichheit von zwei `xs:hexBinary`-Werten, Operatoren `eq` und `ne`.

op:baseBinary-equal

- Allgemeine Syntax: `op:base64Binary-equal($value1 as xs:base64Binary, $value2 as xs:base64Binary) as xs:boolean`
- Bedeutung: Prüft auf Gleichheit von zwei `xs:base64Binary`-Werten, Operatoren `eq` und `ne`.

B.4.9 Operatoren für NOTATION

op:NOTATION-equal

- Allgemeine Syntax: `op:NOTATION-equal($arg1 as xs:NOTATION, $arg2 as xs:NOTATION) as xs:boolean`
- Bedeutung: Prüft auf Gleichheit von zwei `xs:NOTATION`-Werten, Operatoren `eq` und `ne`.

B.4.10 Operatoren für Knoten

op:is-same-node

- Allgemeine Syntax: `op:is-same-node($parameter1 as node(), $parameter2 as node()) as xs:boolean`
- Bedeutung: Prüft auf Gleichheit von zwei Knoten, `is`-Operator.

op:node-before

- Allgemeine Syntax: `op:node-before($parameter1 as node(), $parameter2 as node()) as xs:boolean`
- Bedeutung: Prüft, ob der Knoten `$parameter1` vor dem Knoten `$parameter2` auftritt, Operator <<.

op:node-after

- Allgemeine Syntax: `op:node-after($parameter1 as node(), $parameter2 as node()) as xs:boolean`
- Bedeutung: Prüft, ob der Knoten `$parameter1` nach dem Knoten `$parameter2` auftritt, Operator >>.

B.4.11 Operatoren für Sequenzen

op:concatenate

- Allgemeine Syntax: `op:concatenate($seq1 as item()*, $seq2 as item()*) as item()*`
- Bedeutung: Erzeugt eine Verkettung bzw. eine Sequenz der übergebenen Einheiten, Operator `,`.

B.4.12 Mengen-Operatoren für Sequenzen

op:union

- Allgemeine Syntax: `op:union($parameter1 as node()*, $parameter2 as node()*) as node()*`
- Bedeutung: Erzeugt eine Verkettung bzw. eine Sequenz der übergebenen Knoten, wobei Duplikate ausgeschlossen werden, Operator `|`.

op:intersect

- Allgemeine Syntax: `op:intersect($parameter1 as node()*, $parameter2 as node()*) as node()*`
- Bedeutung: Erzeugt eine Verkettung bzw. eine Sequenz in Form einer Schnittmenge der übergebenen Knoten, `intersect`-Operator.

op:except

- Allgemeine Syntax: `op:except($parameter1 as node()*, $parameter2 as node()*) as node()*`

- Bedeutung: Erzeugt eine Verkettung bzw. eine Sequenz in Form einer Differenzmenge (die Knoten, die in `$parameter1` und nicht in `$parameter2` enthalten sind) der übergebenen Knoten, `except`-Operator.

B.4.13 Operatoren zur Erstellung von Sequenzen

op:to

- Allgemeine Syntax: `op:to($firstval as xs:integer, $lastval as xs:integer) as xs:integer*`
- Bedeutung: Liefert die Sequenz, die durch die monotone Folge zwischen `$firstval` und `$lastval` aufgespannt wird, wobei `$lastval` größer als `$firstval` sein muss.

B.5 Typumwandlung

B.5.1 Abkürzungen

uA = xdt:untypedAtomic
aURI = xs:anyURI
b64 = xs:base64Binary
bool = xs:boolean
dat = xs:date
gDay = xs:gDay
dbl = xs:double
dec = xs:decimal
dT = xs:dateTime
dTD = xdt:dayTimeDuration
dur = xs:duration
flt = xs:float
hxB = xs:hexBinary
gMD = xs:gMonthDay
gMon = xs:gMonth
int = xs:integer
NOT = xs:NOTATION
QN = xs:QName
str = xs:string
tim = xs:time
gYM = xs:gYearMonth
yMD = xdt:yearMonthDuration
gYr = xs:gYear

S\T	uA	str	flt	dbl	dec	int	dur	yMD	dTD	dT	tim	dat	gYM	gYr	gMD	gDay	gMon	bool	b64	hxB	aURI	QN	NOT
uA	J	J	T	T	T	T	T	T	T	T	T	T	T	T	T	T	T	T	T	T	T	T	N
str	J	J	T	T	T	T	T	T	T	T	T	T	T	T	T	T	T	T	T	T	T	T	N
flt	J	J	J	J	T	T	N	N	N	N	N	N	N	N	N	N	N	J	N	N	N	N	N
dbl	J	J	J	J	T	T	N	N	N	N	N	N	N	N	N	N	N	J	N	N	N	N	N
dec	J	J	J	J	J	J	N	N	N	N	N	N	N	N	N	N	N	J	N	N	N	N	N
int	J	J	J	J	J	J	N	N	N	N	N	N	N	N	N	N	N	J	N	N	N	N	N
dur	J	J	N	N	N	N	J	J	J	N	N	N	N	N	N	N	N	N	N	N	N	N	N
yMD	J	J	N	N	N	N	J	J	N	N	N	N	N	N	N	N	N	N	N	N	N	N	N
dTD	J	J	N	N	N	N	J	N	J	N	N	N	N	N	N	N	N	N	N	N	N	N	N
dT	J	J	N	N	N	N	N	N	N	J	J	J	J	J	J	J	J	N	N	N	N	N	N
tim	J	J	N	N	N	N	N	N	N	J	J	N	N	N	N	N	N	N	N	N	N	N	N
dat	J	J	N	N	N	N	N	N	N	J	N	J	J	J	J	J	J	N	N	N	N	N	N
gYM	J	J	N	N	N	N	N	N	N	N	N	N	J	N	N	N	N	N	N	N	N	N	N
gYr	J	J	N	N	N	N	N	N	N	N	N	N	N	J	N	N	N	N	N	N	N	N	N
gMD	J	J	N	N	N	N	N	N	N	N	N	N	N	N	J	N	N	N	N	N	N	N	N
gDay	J	J	N	N	N	N	N	N	N	N	N	N	N	N	N	J	N	N	N	N	N	N	N
gMon	J	J	N	N	N	N	N	N	N	N	N	N	N	N	N	N	J	N	N	N	N	N	N
bool	J	J	J	J	J	J	N	N	N	N	N	N	N	N	N	N	N	J	N	N	N	N	N
b64	J	J	N	N	N	N	N	N	N	N	N	N	N	N	N	N	N	N	J	J	N	N	N
hxB	J	J	N	N	N	N	N	N	N	N	N	N	N	N	N	N	N	N	J	J	N	N	N
aURI	J	J	N	N	N	N	N	N	N	N	N	N	N	N	N	N	N	N	N	N	J	N	N
QN	N	N	N	N	N	N	N	N	N	N	N	N	N	N	N	N	N	N	N	N	N	J	N
NOT	J	J	N	N	N	N	N	N	N	N	N	N	N	N	N	N	N	N	N	N	N	N	J

Dokumente

Für die Erstellung unserer eigenen Bücher, Spezifikationen oder Dokumente für Kunden verlassen wir uns in technischer Hinsicht durchaus nicht nur auf eigene oder fremde Bücher. Diese sollen bei dem Erlernen von neuen Techniken sowie bei der täglichen Arbeit unterstützen. Es existiert jedoch eine Vielzahl von offiziellen Texten, die insbesondere – auch für Autoren – eher »trocken-langweilige« theoretische Ausführungen bieten, die in keinem Buch in dieser Tiefe zu finden sind. Allerdings findet man in solchen Texten notwendige Definitionen und bestimmte Themen in aller Ausführlichkeit. Werfen Sie daher durchaus einen Blick in die Originalliteratur.

C.1 XML

HTML World Wide Web Consortium. HTML 4.01 specification. W3C Recommendation. Siehe `http://www.w3.org/TR/html4/`

XML Information Set World Wide Web Consortium. XML Information Set. W3C Recommendation. Siehe `http://www.w3.org/TR/xml-infoset/`

Unicode Normalization Unicode Consortium. Unicode Normalization Forms. Unicode Standard Annex #15. Siehe `http://www.unicode.org/unicode/reports/tr15/`

XHTML 1.0 World Wide Web Consortium. XHTML 1.0: The Extensible HyperText Markup Language. W3C Recommendation. Siehe `http://www.w3.org/TR/xhtml1/`. Hinweis: Eine zweite Ausgabe dieser Spezifikation befindet sich in der Vorbereitung.

XHTML 1.1 World Wide Web Consortium. XHTML 1.1: Module-Based XHTML. W3C Recommendation. Siehe `http://www.w3.org/TR/xhtml11/`

XML 1.0 World Wide Web Consortium. Extensible Markup Language (XML) 1.0 (Second Edition) W3C Recommendation. Siehe `http://www.w3.org/TR/2000/REC-xml-20001006`

XML 1.1 World Wide Web Consortium. Extensible Markup Language (XML) 1.1 W3C Candidate Recommendation. Siehe `http://www.w3.org/TR/xml11/`

XML Namespaces 1.0 World Wide Web Consortium. Namespaces in XML. W3C Recommendation. Siehe `http://www.w3.org/TR/REC-xml-names/`

XML Namespaces 1.1 World Wide Web Consortium. Namespaces in XML. W3C Recommendation. Siehe `http://www.w3.org/TR/xml-names11/`

C.2 XML Schema

XML Schema World Wide Web Consortium. XML Schema Part 1: Structures and XML Schema Part 2: Data Types. W3C Recommendation. Siehe `http://www.w3.org/TR/xmlschema-1/` und `http://www.w3.org/TR/xmlschema-2/`

C.3 XSLT

XSL Formatting Objects World Wide Web Consortium. Extensible Stylesheet Language (XSL). W3C Recommendation. Siehe `http://www.w3.org/TR/xsl/`

XSLT 1.0 World Wide Web Consortium. XSL Transformations (XSLT) Version 1.0 W3C Recommendation. Siehe `http://www.w3.org/TR/xslt`

XSLT 2.0 Requirements World Wide Web Consortium. XSLT Requirements Version 2.0 W3C Working Draft. Siehe `http://www.w3.org/TR/xslt20req`

XML Stylesheet World Wide Web Consortium. Associating Style Sheets with XML documents. W3C Recommendation. Siehe `http://www.w3.org/TR/xml-stylesheet/`

XSLT and XQuery Serialization World Wide Web Consortium. XSLT 2.0 and XQuery 1.0 Data Model Serialization. W3C Recommendation. Siehe `http://www.w3.org/TR/xslt-xquery-serialization/`

C.4 XPath und XQuery

Data Model World Wide Web Consortium. XQuery 1.0 and XPath 2.0 Data Model W3C Working Draft. Siehe `http://www.w3.org/TR/xpath-datamodel/`

Functions and Operators World Wide Web Consortium. XQuery 1.0 and XPath 2.0 Functions and Operators. W3C Working Draft. Siehe `http://www.w3.org/TR/xpath-functions/`

XPath 2.0 World Wide Web Consortium. XML Path Language Version 2.0 W3C Working Draft. Siehe `http://www.w3.org/TR/xpath20/`

C.5 Sonstige W3C-Standards

DOM2 World Wide Web Consortium. Document Object Model (DOM) Level 2 Core Specification. W3C Recommendation. Siehe `http://www.w3.org/TR/DOM-Level-2-Core/`

XInclude World Wide Web Consortium. XML Inclusions (XInclude) W3C Recommendation. Siehe `http://www.w3.org/TR/xinclude/`

XMLBASE World Wide Web Consortium. XML Base. W3C Recommendation. Siehe `http://www.w3.org/TR/xmlbase/`

XPointer World Wide Web Consortium. XML Pointer Language (XPointer) Version 1.0 W3C Candidate Recommendation. Siehe `http://www.w3.org/TR/xptr/`

Stichwortverzeichnis

D

E

F

G

T

U

V

W

X

Y

Z